L'aventure à moto

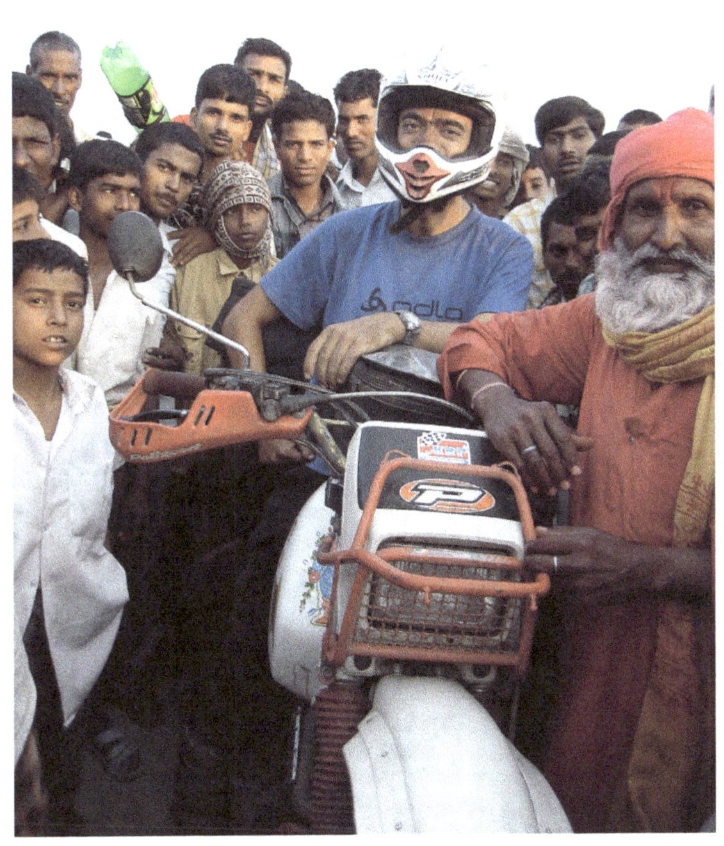

Cinquième édition, octobre 2017.

Couverture : plateau du Pamir au Tadjikistan.
Page précédente : l'auteur dans un petit village du Nord de l'Inde.
Double-page suivante : piste ravinée au Congo (RDC).

http://www.overlandaventure.com

ISBN : 979-10-92373-01-1

Laurent Bendel

L'AVENTURE À MOTO

Manuel à l'intention des voyageurs autour du monde

Overland Aventure

Partir pour un lointain voyage dans des contrées inconnues compte, me semble-t-il, parmi les plus heureux moments de l'existence. En se libérant d'un seul sursaut des entraves de l'habitude, de la chape de plomb de la routine, de la tunique des égards et de l'esclavage du chez-soi, l'homme se sent tout à coup inondé de bonheur. Dans ses veines le sang circule aussi prestement que du temps de son enfance... De nouveau pointe l'aube de la vie...

Sir Richard Burton, *Journal*, 2 décembre 1856

Partie I : Préparation

Partie II : Destinations

Table des itinéraires détaillés

Table des cartes

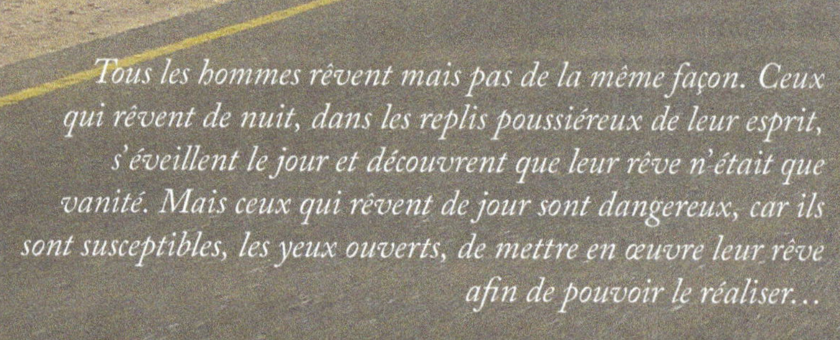

Tous les hommes rêvent mais pas de la même façon. Ceux qui rêvent de nuit, dans les replis poussiéreux de leur esprit, s'éveillent le jour et découvrent que leur rêve n'était que vanité. Mais ceux qui rêvent de jour sont dangereux, car ils sont susceptibles, les yeux ouverts, de mettre en œuvre leur rêve afin de pouvoir le réaliser…

T.E. Lawrence, les sept piliers de la sagesse.

Introduction

J'AI EU LA CHANCE de pouvoir réaliser mon rêve, laisser derrière moi ma vie bien tranquille et partir à travers le monde au guidon de ma moto, pendant plusieurs années. Beaucoup d'amis et de collègues motards m'ont envié et m'ont avoué qu'ils auraient bien voulu faire pareil. Ma réplique a toujours été: «eh bien, pourquoi ne le fais-tu pas?» S'ensuivent une longue liste de raisons: c'est trop difficile, trop dangereux, trop long, trop cher, j'ai des attaches familiales, une famille, un boulot, etc. Le fait est que ce genre de voyage n'est pas si difficile qu'il n'a l'air, l'essentiel étant d'avoir l'envie et la volonté de le réaliser. A travers ce livre, j'aimerais encourager tous les motards à franchir le pas et tenter eux-même l'expérience de l'aventure à moto. Que vous partiez pour un mois ou pour un an, ou même sans date de retour, sur une bonne vieille AfricaTwin ou une GS1200 flambant neuve, seul ou en groupe, avec un budget confortable ou en «classe éco», ce livre est là pour vous guider dans la préparation et la planification de votre expédition.

Le voyage et la moto ont toujours été associés, et cela depuis la naissance de ce moyen de transport au début du XXème siècle. Dès qu'on se met au guidon d'une moto, on éprouve un appel au voyage, on devine que l'on est capable de partir au bout du monde, un sentiment de liberté qui n'est guère présent lorsqu'on utilise un autre véhicule. Pourquoi ? Quelle est la spécificité de cette machine qui la distingue indubitablement de toute autre ? Est-ce le contact avec l'environnement, les odeurs et bruits extérieurs qui nous parviennent instantanément alors que l'habitacle de la voiture nous enferme dans un cocon aseptisé ? Est-ce le fait que la moto fait corps avec le pilote et que l'on conduit « avec ses fesses », que l'on ressent et accompagne chaque mouvement de la route ? Est-ce que l'aspect physique du pilotage d'une moto renforce l'idée d'une extension de soi-même ? Quelles qu'en soient les raisons, une évidence s'impose: une fois qu'on a attrapé le virus, on ne peut s'empêcher de rêver d'aller plus loin, plus longtemps. Après le Maroc, le Sénégal et la Côte d'Ivoire. Après la Turquie, l'Iran et l'Inde.

Alors faut-il être un peu fou pour partir dans des pays comme le Pakistan, le Mali ou l'Iran ? Quelles sont les chances d'en revenir indemne ? Et ne faut-il pas des années de préparation et d'organisation pour y aller ? Quelle moto dois-je acheter pour y parvenir ? Quels sont les plus beaux itinéraires à parcourir à moto autour du monde et que faut-il savoir pour s'y rendre ?

La première partie de ce livre examine les différentes étapes de préparation d'un tel voyage au long cours, en démontrant que l'exercice n'est pas si difficile que cela et même plutôt excitant. Il faut commencer par vous demander quel est le type de voyage que vous recherchez: la détente ou l'aventure, les routes faciles ou les pistes exigeantes; en solo ou en groupe et pour combien de temps. C'est le sujet du premier chapitre. Ensuite il vous faudra décider d'un itinéraire. Les cinq continents sont propices à la découverte et à l'aventure, chacun avec ses particularités et ses contraintes, qui sont examinées en chapitre 2. Le chapitre 3 traite d'un sujet sensible, le budget qu'il faut prévoir pour son voyage. Nous verrons que la réponse, comme la façon de voyager, est à géométrie variable.

Les chapitres 4, 5 et 6 traitent de la préparation du voyage, que cela soit le choix de la moto elle-même (le modèle, la cylindrée, etc), de son équipement et des documents qui sont nécessaires.

La deuxième partie décrit les principales routes intercontinentales empruntées par les baroudeurs sur les cinq continents,

---

Double-page précédente : route traversant Oman du Nord au Sud.

les formalités nécessaires pour entrer dans les pays traversés ainsi que des conseils pour franchir au mieux les frontières. Tout au long de ces routes, je décris très en détail les plus fantastiques itinéraires qu'un baroudeur rêve de faire dans sa vie, certains sont classiques, d'autres hors des sentiers battus. Ces routes m'ont fait tant fantasmer que j'ai parcouru des milliers de kilomètres et franchi des dizaines de frontières rien que pour avoir le plaisir d'y rouler. Mes bourlingages, ainsi que ceux de collègues *overlanders* rencontrés au fil

des routes, m'ont permis de réunir en un seul volume les plus beaux itinéraires sur cette planète.

Ce tour d'horizon des cinq continents vous permettra de préciser les grandes lignes de votre voyage et de le préparer au mieux. Les 38 cartes de ce livre vous seront d'une aide précieuse car elles font ressortir les éléments spécifiques au voyage à moto que vous ne retrouverez pas dans d'autres guides : quelles sont les frontières fermées et quels sont les pays qui refusent l'entrée aux motos ; quelles sont les principales routes intercontinentales et quel est leur niveau de difficulté. Elles permettent aussi de localiser facilement les 21 itinéraires décrits ici et de répondre à des questions comme : quelles sont les options pour passer du Kenya en Éthiopie ? Où est situé le salar d'Uyuni ? Où est le point de départ de la Carretera Austral ? Comment accéder à Magadan ?

Comme ce livre met l'accent sur le côté « aventure » et « baroudeur » du voyage, vous n'y trouverez pas de *roadbook* détaillé ou de listes de *waypoints* à suivre, comme dans d'autres guides spécialisés. Même si les cartes et les itinéraires décrits dans ces pages sont très précis et tirés de mes propres traces GPS et de celles d'amis motards, ils vous seront surtout utiles dans la phase de préparation du voyage et non pas pour vous faire guider pas à pas par votre GPS sur la piste. L'idée du voyage que je soutiens dans ce livre, est que c'est vous-même qui décidez de votre parcours et non pas une agence ou un guide. Lorsque vous choisissez de suivre un des itinéraires proposés ici, vous tracerez dans tous les cas votre propre trace en toute liberté - c'est surtout vrai pour des destinations comme la Mongolie où les routes sont rares et où on prend plaisir à découvrir et tracer sa route à son rythme.

De leur côté, les guides de voyage bien connus offrent tous des listes d'hôtels et de restaurants recommandés et ce livre n'a pas la prétention de vouloir les remplacer. Il est conçu comme une aide à la préparation et à la planification d'un voyage à moto et couvre plus particulièrement ce qui lui est spécifique. Par exemple, lorsqu'un hôtel permet de camper gratuitement sur son terrain, dans une grande ville comme Nairobi ou Ouagadougou, cela est rarement mentionné dans d'autres guides qui prennent comme hypothèse que vous voyagez en transport public. Certaines adresses décrites ici sont parfois loin d'être les meilleurs hébergements de la ville, mais elles sont devenues au cours du temps des points de ralliement des overlanders qui les rendent incontournables pour qui cherche à partager des histoires et échanger des tuyaux. Les coordonnées GPS de ces lieux sont formatées ici en degré - minute - fractions de minutes, qui est un des formats accepté tel quel par les GPS, les applications Garmin ou Google Earth et les sites comme Google Maps ou OpenStreetMap (souvent noté *hddd°mm.mmm* dans les préférences de ces outils).

Malgré tout, les informations de ce genre sont périssables, les infrastructures et surtout les politiques des différents pays variant souvent. La meilleure source pour obtenir les dernières informations à jour sont les autres overlanders que vous rencontrez sur la route, ou qui échangent des messages sur les divers forums internet, en premier lieu le HUBB (en anglais) :

www.horizonsunlimited.com/hubb/

Pour ce qui est des cartes et de la situation politique générale, des mises à jour sont publiées sur le site :

www.overlandaventure.com

Vous y trouverez également les errata, les adresses web citées dans ces pages sous forme « clickable » et les coordonnées GPS en format GPX et KML.

J'espère ainsi avoir contribué à ce que certains se découvrent une âme d'aventurier et profitent au maximum de leur voyage sur les cinq continents. J'ai inséré quelques anecdotes personnelles tout au long des chapitres en espérant apporter ces petites touches d'insolite et d'humour qui sont indissociables d'un tel voyage. En toute fin du livre vous trouverez le récit complet d'un itinéraire spectaculaire qui représente l'aspect le plus extrême du voyage aventureux, pas du tout représentatif d'un voyage autour du monde (heureusement) mais qui donne une idée de ce qu'il est possible de vivre sans être ni professionnel, ni particulièrement fou !

Je me vois obligé d'insérer ici cette mise en garde : les conseils contenus dans ces pages sont des avis personnels, basés sur mon expérience ainsi que celle des nombreux baroudeurs que j'ai rencontrés. Je ne pourrai en aucun cas être tenu responsable des éventuelles déconvenues de vos voyages. En particulier, il ne m'est pas possible de recommander de se rendre dans un pays que le ministère des affaires étrangères conseille d'éviter. Simplement, au cas où vous prendriez la décision de vous y rendre, ce livre vous permettra d'en profiter au maximum en connaissance de cause. Il y a un gouffre entre l'avis du gouvernement guidé par des raisons légales d'un côté, le bon sens et le goût de l'aventure des baroudeurs de l'autre. A vous de prendre vos responsabilités.

Édition 2018

Grâce à l'impression à la demande, je peux régulièrement mettre à jour ce guide avec les derniers grands changements, notamment :

- *Les règles pour entrer en Azerbaïdjan avec son véhicule (p. 181).*
- *Précisions sur les règles d'entrée au Haut-Karabakh (p. 184).*
- *Vignette électronique pour les péages turcs (p. 219).*
- *Formalités d'entrée en Iran mises à jour (p. 220).*
- *Une nouvelle route entre le Népal et la Chine est ouverte (p. 223).*
- *Une nouvelle route permet de passer d'Égypte au Soudan (p. 416).*

A droite : essai de l'Ural, la side-car à tout faire made in URSS.

Remerciements

J'aimerais remercier tout d'abord mes compagnons de route lors de mes différents voyages, Anders, Khim, Daniel, Mat, Sean, Michnus, et bien d'autres, avec qui j'ai partagé des moments très forts comme seuls des voyages de ce type peuvent en donner, dans les galères comme dans les jubilations. Merci à eux également pour leurs photos qui apparaissent dans ce livre. J'en profite pour saluer et remercier Ptiluc, grand baroudeur — et blogueur — devant l'éternel, pour le dessin qui apparaît en fin d'ouvrage (p. 463). A part mes collègues motards, j'ai aussi eu la joie de partager la route et la selle de ma moto avec Cécile, la femme de ma vie, ce qui n'a pas toujours été facile pour elle mais elle a su remarquablement bien s'adapter et a supporté mon mauvais caractère (voir les deux encadrés p. 129 et p. 426 pour un avis plus féminin sur le voyage en couple).

Ce livre n'aurait jamais pu voir le jour sans le support inconditionnel de ma femme durant les longs mois de rédaction, sans ses encouragements, ses conseils et ses corrections. Je voudrais aussi remercier ma mère pour son indispensable travail de relecture, mon beau-frère pour les séances de bricolage sur la (les) motos, mes beaux-parents pour avoir supporté mes épaves de moto dans leur garage et Raymonde Parayre pour son excellent travail de correction.

Vous trouverez ici de nombreux conseils sur les motos, leur équipement, le matériel électronique ainsi que quelques adresses d'hébergement. Ces avis sont personnels, je les ai construits au cours de mes voyages et lors de nombreuses discussions avec d'autres motards. Je n'ai pas la prétention d'être totalement objectif (on ne l'est jamais entièrement), mais en tous cas je n'ai jamais été sponsorisé ni pour la rédaction de ce livre, ni pour aucun de mes voyages et je n'ai jamais reçu aucun avantage de quelque sorte d'un constructeur de moto ou d'un équipementier. L'aide la plus importante et la plus précieuse que j'ai reçue est venue des habitants de ces contrées lointaines qui m'ont hébergé lorsqu'ils l'ont pu, qui ont montré une générosité inversement proportionnelle à leur richesse matérielle et qui conservent une tradition d'accueil qui fait souvent défaut à nos pays occidentaux.

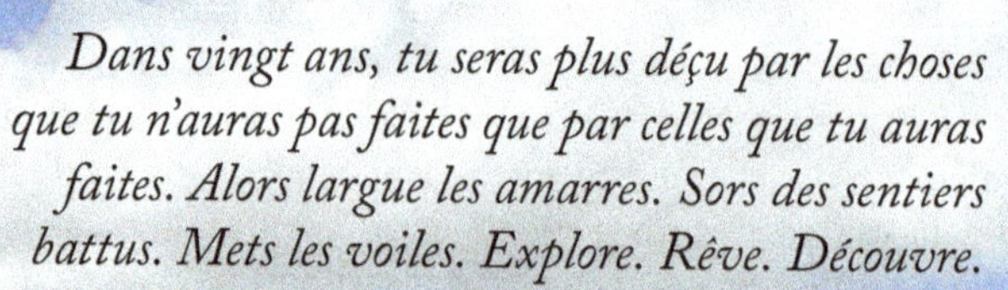

Dans vingt ans, tu seras plus déçu par les choses
que tu n'auras pas faites que par celles que tu auras
faites. Alors largue les amarres. Sors des sentiers
battus. Mets les voiles. Explore. Rêve. Découvre.
Mark Twain

1

Le voyage et la moto

IL EXISTE DE NOMBREUSES manières de voyager, mais l'important est d'abord d'avoir cette envie de découvrir le monde et sortir du carcan de notre société dite développée. La première étape est d'arriver dans le pays qui nous fait rêver, ce qui est très facile depuis que les billets d'avion sont devenus extrêmement bon marché. Une fois arrivé sur place, en général dans la capitale

sites majeurs. Ils sont lents et (souvent) inconfortables et obligent à s'adapter à des horaires et des trajets qui n'ont pas forcément notre préférence - pour autant qu'il y ait des horaires bien définis.

Mais le but premier est-il vraiment de se rendre à un endroit particulier? La finalité du voyage est-elle de se téléporter en quelques heures auprès du Taj Mahal afin de l'admirer, ou le chemin

ou une grande ville, la deuxième étape est de partir à la découverte de la région et d'entrer en contact avec les gens. Pour visiter une grande ville comme New-York ou Hong-Kong, l'avion et les transports publics locaux sont le moyen idéal. Il ne viendrait à l'idée de personne de partir à Londres à moto, par exemple. Par contre, les trains et les bus ne relient en général que les grandes villes ou les

pour y parvenir ne réserve-t-il pas de plus belles surprises que le monument ou la ville définis comme but de voyage? Il est bien sûr possible de prendre un taxi pour se déplacer à peu près partout, mais nos mouvements restent tributaires de la bonne volonté d'un chauffeur et se trouvent restreints par les tarifs pratiqués. Voyager à l'aide de son propre véhicule permet de s'affranchir de ce genre de contraintes, d'entrer plus facilement

---

Ci-dessus: les joies des transports en commun en Afrique et en Asie.
A droite: tous les moyens sont bons pour voyager, ici un vélo-couché.
Double-page précédente: les Mongols sont toujours très accueillants.

en contact avec les habitants, d'éviter l'enveloppe touristique qui dénature les liens entre les locaux et le voyageur. Cette liberté permet également de dormir à la belle étoile ou de se faire inviter chez l'habitant, de découvrir la vie courante des villages reculés à son rythme. C'est surtout vrai dans les pays du Moyen-Orient ou en Mongolie, où la tradition veut que le voyageur soit toujours bien accueilli. De manière générale plus le pays est riche et moins l'accueil est chaleureux. Je n'ose pas imaginer ce que doit penser un Iranien qui voyage dans nos pays.

Le véhicule

A part les quelques idéalistes qui partent sur la route à pied, il existe trois moyens de transports très populaires qui ont chacun leurs avantages : le vélo, la moto et la voiture (4x4, camping-car, camion aménagé, etc.) La voiture a comme point fort d'offrir la possibilité de partir en autonomie complète pour plusieurs jours - voir plusieurs semaines - dans des régions reculées et difficiles d'accès, tout cela dans un confort maximal. Par contre, elle vous enferme dans une bulle séparée des éléments extérieurs, quel que soit le nombre de fenêtres ouvertes. Certes, cela permet parfois d'échapper à ce sentiment d'agression sensorielle, olfactive et auditive que le voyageur occidental ressent lors de la traversée d'une ville d'Inde ou d'Afrique de l'Ouest. Pour le motard baroudeur, c'est au contraire cette immersion complète et forcée, avec ses hauts et ses bas, qui reste gravée dans la mémoire et qui pousse à revenir y goûter.

Cela est valable également pour le vélo, ce qui explique que l'on rencontre autant de cyclistes au long cours sur les routes les plus improbables, malgré les efforts physiques insensés que cela représente. Certains diront même que le contact avec la population et l'environnement en général est renforcé par la faible vitesse et l'absence de bruit du moteur. On comprend pourquoi le vélo est attractif: il est simple, bon marché et facilement accessible. Par sa lenteur il impose un rythme complètement différent, idéal pour les plus contemplatifs, mais sûrement ennuyeux lorsque la route est longue et monotone, d'autant plus quand le vent et la pluie s'en mêlent. Le vélo a deux avantages cruciaux sur la moto (et encore plus sur la voiture): d'abord, il ne nécessite aucun papier ni permis particulier, pour les douanes ce n'est qu'un bagage comme les autres. Pas de problème d'assurance ou de carnet de passage (p. 147), pas de droit de

douane ni de paperasse aux passages de frontière. Cela ouvre la porte aux pays où il est quasiment impossible d'entrer en moto ou en voiture, la Chine notamment. De plus, il est léger et peut être transporté très facilement comme bagage dans un avion, un train, un bateau ou un bus, de manière très économique.

En Mongolie, la moto est un moyen de transport très prisé, juste derrière le cheval. De plus, la tradition veut que la yourte (appelée *ger* en Mongolie) soit toujours ouverte aux visiteurs. Le lit de gauche en entrant leur est d'ailleurs réservé. Il est donc tout naturel pour un Mongol en visite de garer sa moto près de la ger, d'entrer, de s'asseoir et de faire servir un bol de lait de jument fermenté et quelques morceaux de fromage. Et tout cela sans un mot ou presque. Bien sûr, j'ai eu de la peine à oublier mon éducation occidentale et j'ai toujours hésité à entrer chez des étrangers sans y être invité. Mais c'est une belle tradition qui s'inscrit naturellement dans le mode de vie nomade qui est le leur - et qu'ils reconnaîtront également chez le motard qui s'arrête devant leur campement.

Les passages les plus difficiles ou monotones peuvent être traversés en bus ou en train et les transferts entre continents sont infiniment moins chers que pour une moto (sans parler d'un 4x4 ou d'un camion). Bien sûr, il faut avoir du temps, un physique irréprochable - et un moral d'acier !

Chaque moyen de transport a ses avantages et ses inconvénients, mais pour le motard convaincu (et j'espère que vous faites partie de cette catégorie), le choix de la moto est évident et non négociable. Elle permet de se déplacer plus vite qu'un vélo et offre presque tout ce qu'une voiture peut offrir - le confort en moins. Et c'est à travers cet inconvénient apparent que se révèle une particularité essentielle de la moto : dans de nombreux pays elle est considérée comme impropre aux voyages à longue distance. Plus la moto est populaire comme moyen de déplacement local - et elle l'est énormément dans le sud-est asiatique, en Inde

Ci-dessus : deux moyens de transports complémentaires.

et en Afrique noire - moins elle est utilisée pour parcourir de longues distances. Ce simple constat fait qu'un étranger arrivant dans ces pays au guidon d'une moto passe immédiatement du statut de touriste à celui de curiosité, les locaux le prenant pour quelqu'un de courageux mais un peu cinglé, donc sympathique. C'est un avantage appréciable lorsqu'il faut négocier avec les autorités, en particulier la police et les douanes, qui dans certains pays ont l'habitude de prendre les touristes occidentaux pour des distributeurs d'argent, mais qui sont prêts à faire une exception pour le dingue qui débarque avec son énorme moto surchargée. L'effet est exactement contraire de celui que produit un 4x4 entièrement équipé avec autocollants publicitaires, peinture bariolée et longues-portées sur le toit. Dans tous les pays du monde, un 4x4 est un véhicule très cher, qui sert soit à l'armée ou à la police, soit de taxi-brousse ou de transporteur dans les régions les plus reculées, soit de moyen de transport pour les riches ou les expats grassement payés.

Cette dernière catégorie est bien entendu irrésistible pour les racketteurs et arnaqueurs de toute sorte, selon l'équation simple: *conducteur de 4x4* = personne riche et naïve, *conducteur de moto* = quelqu'un d'ordinaire, un peu bizarre, original et qui attire la sympathie.

Le contact avec les habitants devient très direct et enrichissant: les locaux sont moins impressionnés par une voiture et s'identifient plus facilement à un motard, étant souvent eux-mêmes propriétaire d'une moto (en général une petite 125cc). S'il est courant de se déplacer à 2 - voir à 3 ou 4 - sur une petite moto chinoise de 125cc à la fiabilité douteuse et aux suspensions fatiguées sur des routes défoncées, il ne leur viendrait pas à l'idée de partir pour de longues distances sur ce véhicule. Qu'un étranger le fasse est pour eux la preuve d'une certaine dose de courage et d'abnégation et peut-être d'un porte-feuille pas assez garni pour avoir pu s'acheter une vraie voiture.

Ce sentiment est bien sûr limité car l'occidental gardera toujours une image d'opulence qui encouragera le vendeur à doubler ou tripler ses tarifs, mais l'attitude vis-à-vis d'un motard sera quand même plus bienveillante que face à un voyageur en voiture. Un occidental sur 4 roues, qu'il soit voyageur ou *expat* restera toujours une vache à lait, alors que le motard gardera une certaine aura de pur voyageur - même si bien entendu il existe également de vrais touristes chez les motards.

Enfin, il reste pour une grande partie des motards le plaisir pur du pilotage qui entre en grande partie dans le choix de partir en moto. Telle piste, qui se révèle être très joueuse au guidon, peut souvent être un calvaire en voiture. En revanche, tout le plaisir peut disparaître si sa machine est trop lourde ou surchargée. Je reviendrai sur ce facteur «fun» comme critère de sélection de la moto («Choisir une moto», p. 105).

En fin de compte, chacun trouvera ses propres raisons de partir en voyage à moto. A sa manière. Ou au contraire de préférer le confort du 4x4 ou la sociabilité d'un camping-car. Ce livre aura atteint son but s'il permet aux motards convaincus de préparer au mieux leur voyage et aux indécis de leur instiller le désir de se jeter à l'eau et de partir à l'aventure.

Pourquoi voyager ?

Un voyage se passe de motif. Il ne tarde pas à prouver qu'il se suffit à lui-même.

Nicolas Bouvier, *L'usage du monde.*

UNE DES QUESTIONS QUE m'ont le plus fréquemment posée les habitants des pays les plus pauvres est : «quelle est votre mission ?» ou plus simplement «pourquoi viens-tu ici ?». Dans ces pays, le voyage s'entreprend parce qu'il permet de retrouver la famille, d'aller livrer ou chercher une marchandise, ou encore pour aller chercher du travail. Il est impensable que cela puisse être un but en soi et il est très difficile de faire comprendre qu'il est possible de voyager pour le plaisir de voyager, de découvrir et de rencontrer.

Certains voyageurs à moto ont des objectifs bien précis : faire le tour du monde, aller en Australie ou traverser l'Afrique jusqu'au Cap. Pour d'autres, c'est moins la destination que la manière de voyager qui procure la motivation : relier l'Alaska à Ushuaia le plus rapidement possible ou être le premier à emprunter telle route - premier étant une notion gratifiante mais très aléatoire car beaucoup de motards ont accompli de vrais exploits sans forcément le clamer sur tous les toits. Le problème est que si, pour une quelconque raison, le plan initial tombe à l'eau, la déception risque d'être telle que la suite du voyage perdra tout intérêt.

Un voyage autour du monde, ou en tous cas au long cours, est une entreprise très exigeante, donc il faut être sûr de sa motivation. Prenez une minute et demandez-vous ce que vous recherchez, ce que vous ferez quand vous aurez atteint votre but et surtout, comment vous allez réagir si vous n'y arrivez pas. Peut-être que vous désirez seulement vous extirper du train-train habituel, vous ouvrir de nouveaux horizons. Ou ressentez-vous plutôt le besoin de vous lancer un défi, de vous prouver que vous pouvez le relever. Ou alors vous cherchez à faire de nouvelles rencontres, dans un contexte culturel différent. Si par contre vous voulez fuir vos ennuis actuels, demandez-vous si voyager est la bonne solution et si vos problèmes ne vont pas vous suivre dans le voyage et le rendre insupportable.

Au cas où vous partiriez accompagné (p. 26), il faut que vous soyez sûr que le projet de votre compagnon de route - femme, mari, parent, ami, connaissance - est le même que le vôtre, que vous partagez les mêmes objectifs et un mode de vie similaire.

Quelles que soient vos motivations, toutes les raisons sont bonnes pour voyager, le principal étant de franchir le pas et partir. Ce livre permettra je l'espère de vous convaincre que l'aventure est à votre portée ou de vous rassurer que vous avez pris la bonne décision - si cela était nécessaire.

Voyage ou aventure ?

Un des grands malheurs de la vie moderne, c'est le manque d'imprévu, l'absence d'aventure.

Théophile Gautier

L'AVENTURE. VOILÀ UN TERME à ce point galvaudé qu'il devient difficile de savoir ce qu'il recouvre. On pense à des héros de film (*Les Aventuriers de l'arche perdue*) mais aussi à des têtes brûlées inconscientes. On l'associe au danger, aux galères, aux situations inextricables, à des pays exotiques où l'on hésite à mettre les pieds. Le terme est à la mode, c'est pour cela qu'apparaissent quantité de compagnies qui organisent des voyages en mettant en avant le côté « aventure ». Mais un voyage organisé peut-il être une aventure ? L'aventure peut-elle naître si tout est réglé à l'avance ? La vraie aventure n'est-elle pas de partir dans l'inconnu sans aucune préparation - et dans ce cas faut-il tout de suite refermer ce livre et charger sa moto ? Bien sûr que non, la préparation fait partie du voyage mais l'imprévu est un ingrédient indispensable pour qu'il soit réussi (même si les passagers du Costa Concordia sont peut-être d'un autre avis).

Revenons un peu dans le temps. Le premier grand voyage à moto - le premier qui a été relaté par écrit en tous cas - offre une bonne définition de l'aventure. En 1913, Carl Stearns Clancy achète une moto aux États-Unis et l'envoie par bateau en Irlande, avec l'intention de faire le tour du monde. A l'époque où traverser un continent en voiture était déjà un exploit en soi (la première traversée des États-Unis date de 1903), un tour du monde en moto était considéré comme illusoire. La plupart des pays manquaient presque entièrement de routes carrossables et les cartes étaient inexistantes ou imprécises. Les ravitaillements en essence et en huile étaient incertains, les pneus introuvables et les communications par télégraphe compliquées. Partir dans ces conditions demandait un authentique esprit aventurier.

100 ans plus tard, le terme d'aventure est complètement galvaudé. Traverser l'Amérique du Sud jusqu'à Ushuaia en groupe organisé en ne quittant pas les routes nationales et en dormant tous les soirs à l'hôtel reste dans les mémoires de certains motards comme une aventure épique. D'autres vont vivre l'aventure de leur vie en traversant les États-Unis en Harley-Davidson. Et que dire de BMW qui vend ses machines sous l'appellation Adventure ? Combien de 1200GS Adventure sont vendues qui ne quitteront jamais l'asphalte des routes occidentales bien entretenues ? Au moins 90%...

L'aventure est une notion tellement relative qu'elle est difficile à généraliser. Est-ce que concourir dans le Dakar constitue encore une aventure ? On peut en douter quand on voit les norias d'hélicoptères et d'équipes de télévision, le « bivouac » transformé en hôtel-restaurant trois-étoiles et les équipes d'assistance confortablement installées, surtout quand on se souvient des premières éditions, qui, elles, exigeaient un véritable esprit aventurier. Et pourtant, pour les rares motards individuels de l'épreuve, sans aucune assistance, cette course reste une vraie aventure.

Les plus sportifs vont essayer de choisir la route la plus difficile, la faire la plus vite possible et avec la machine la mieux équipée. Leur définition de l'aventure est plutôt un défi. D'autres partiront avec une moto non préparée dans des pays pauvres et à l'infrastructure balbutiante, avec un budget très limité.

Tous auront raison en ce qui les concerne. Chacun se fera sa propre définition de l'aventure, mais pour se placer dans la lignée des célèbres aventuriers-écrivains que sont Clancy, Fulton et Simon (p. 30), si vous cherchez l'aventure, votre voyage devra :

1. Etre unique et personnel. Prenez le temps de préparer votre voyage vous-même. C'est la première phase du voyage, celle où l'on rêve en lisant des récits de voyage et en se plongeant dans des cartes de géographie. L'aventure peut déjà commencer lorsqu'il s'agit d'aller demander un visa à l'ambassade à deux pas de chez vous ou au moment d'emballer votre moto sur une palette. Suivre un groupe dans un voyage organisé enlève une grande partie de l'excitation de la découverte et la gratification de faire sa propre trace.

2. Quitter les pays occidentaux où l'infrastructure est irréprochable. Il restera toujours aventureux de traverser le Canada ou l'Australie uniquement par les pistes, mais «faire la Route 66 en Harley» vous rapproche dangereusement du touriste lambda.

3. Garder une place pour l'imprévu. Avoir le parcours pré-enregistré dans son GPS et le programme de la journée décrit à l'avance enlève une grande partie de l'intérêt au voyage et étouffe sa propre capacité d'adaptation et d'improvisation. Ce qui ne veut pas dire qu'il ne faut se fier qu'au hasard : ce livre est là précisément pour vous aider à valider ou modifier vos idées, à apporter un minimum d'informations essentielles qui permettent d'éviter les catastrophes et les déconvenues, sans toutefois imiter un certain guide de voyage avec un sac au dos en forme de globe terrestre sur la couverture. Dans certains pays, la planification est un mot étranger et l'improvisation et l'adaptation sont de règle.

Ces critères sont juste un avis personnel, il ne faut voir là aucune catégorisation des baroudeurs. Chacun organise son voyage à sa façon et dans tous les cas prenez les conseils avec un peu de recul, surtout ceux que l'on vous assénera de manière péremptoire : il n'y a pas de vérité absolue et pour toute règle on peut toujours trouver le parfait contre-exemple.

Lorsque la décision de partir est prise, il faut s'accorder un peu de temps pour la préparation du voyage. Mais encore faut-il éviter le piège de la sur-planification : s'il peut apparaître utile de préparer en détail et au jour-le-jour le déroulement du voyage pour éviter les mauvaises surprises, cet effort se révélera non seulement vain, mais probablement aussi contre-productif. Sauf pour un voyage de courte durée dans nos contrées européennes, il est garanti que les choses ne vont pas se dérouler comme prévu. Les impondérables sont multiples : les horaires de ferries changent, les routes sont coupées par les intempéries, les douanes ferment pour des fêtes inconnues, les grèves provoquent des pénuries de carburant, des pays entrent en guerre ou changent les règles d'obtention de visa, etc. Dans tous ces cas-là il faut être préparé à modifier ses plans et à s'adapter à de nouvelles situations. Et de plus, il est courant de changer ses plans tout simplement parce qu'une fois sur place, un pays apparait sous un nouveau jour et invite à y passer beaucoup plus - ou beaucoup moins - de temps que prévu.

La surplanification peut conduire à de grandes déceptions pour celui qui rêvait depuis des mois de voir un certain endroit, par exemple les pyramides d'Égypte, inaccessibles pour cause de révolution en cours. Par contre le détour imposé sera peut-être l'occasion de découvrir des merveilles insoupçonnées, ou de faire des rencontres inattendues. Il faut donc garder de la place pour l'improvisation et se ménager des surprises. C'est aussi le meilleur moyen de ne pas être déçu.

Pour certains, l'imprévu est vécu comme une catastrophe; pour d'autres, par contre, il fait partie de l'aventure. On rentre ici dans le côté personnel du «comment voyager». Certaines personnes sont angoissées à l'idée de ne pas savoir exactement comment va se dérouler la suite du parcours. Elles seront alors peut-être plus à l'aise en ayant recours aux services d'une agence de voyage et en intégrant un groupe déjà organisé. Mais où est alors l'aventure?

Ceci dit, il serait dommage de se faire refuser l'entrée d'un pays simple- ment parce qu'il manque un papier, par exemple un certificat de vaccination contre la fièvre jaune. Le but de ce livre est donc de donner les conseils de base pour préparer sa moto, ses bagages et ses papiers, ainsi que de fournir des références et des liens vers des sources d'informations détaillées où on trouvera des check-list complètes.

N'oubliez pas, la préparation du voyage fait déjà partie du voyage, il faut savoir apprécier cette étape.

Ça y est, vous êtes décidé, vous allez partir? Il reste une question cruciale: avec qui?

Pour rouler au hasard, il faut être seul. Dès qu'on est deux on va toujours quelque part.

Alfred Hitchcock, *Vertigo*

Vous avez probablement déjà choisi si vous partirez seul, en couple, ou en groupe. Cela fait partie des décisions essentielles qui accompagnent la naissance même de l'idée de voyage. Il n'y a guère de choix plus personnel que celui-là. Le voyageur solitaire porte dans ses gènes le goût de la solitude, pour lui le voyage ne se conçoit que comme une séparation de ses attaches originales, une liberté absolue et le plaisir égoïste de la rencontre des autres. Il est d'ailleurs intéressant de

Partir seul est évidemment la garantie d'une liberté maximale, de ne devoir composer avec rien d'autre que ses propres envies (et les aléas de la géopolitique, voir p. 35). La possibilité de pouvoir remettre en cause son programme à n'importe quel moment sans devoir se justifier est un luxe rare. Les décisions les plus simples sont immédiatement prises sans aucune arrière pensée. A quelle heure se lève-t-on ? quand s'arrête-t-on pour manger ? à quel rythme roule-t-on ? car voyager en groupe veut

noter que la plupart des célèbres récits de voyage (listés en bibliographie) sont le fait de voyageurs solitaires - mais pas asociaux, bien au contraire.

dire rouler ensemble, pour ne pas se perdre, quels que soient la circulation, les intersections, les arrêts inopinés, etc.

Ci-dessus : pour laisser la place à un(e) passager(ère), la moto est forcément un peu surchargée, même en prenant le minimum.
A droite : solidarité des motards : pendant que l'un répare sa roue, l'autre prépare les pâtes (en distillant d'inutiles conseils).

D'un autre côté, la solitude est un sentiment parfois difficile à supporter. Certes, la moto est par essence un sport solitaire, qui exige (et permet) de longues heures de route sans échanger un mot. Mais quand on s'arrête à la fin de la journée dans un pays étranger dont on ne connait pas la langue, échanger quelques mots avec un ami est très apprécié. Il n'en reste pas moins vrai que s'arrêter pour la nuit au milieu du désert et savourer la solitude avec la nature et le silence complet est un plaisir unique et impossible à partager.

Il faut souligner une singularité du voyage en solo qui est la facilité avec laquelle on entre en contact avec les gens sur la route. Le fait d'être seul vous pousse naturellement à aller vers les autres et, de manière symétrique, les gens que vous croisez abordent plus facilement une personne seule qu'un groupe formé. Il est probable que tout ceux qui ont voyagé seuls ont connu cette expérience, qui montre bien que le voyageur en solo n'est pas pour autant solitaire et

qu'il revient toujours avec des souvenirs de rencontres incroyables.

De manière plus prosaïque, il est également plus facile de demander le gîte à un habitant en étant seul. Un couple ne pose pas de problème, mais une expédition d'une demi-douzaine de motards va déjà excéder les limites de l'hospitalité de la plupart des habitants. Ceux qui ont voyagé en groupe n'ont que rarement eu l'occasion de partager le quotidien des habitants de pays pourtant connus pour leur tradition d'hospitalité.

Ces considérations sont bien connues de tout voyageur, mais au guidon d'une moto il y a d'autres critères très importants à prendre en compte, en particulier la sécurité, celle de sa machine, de ses bagages et surtout son intégrité corporelle. Un des inconvénients majeurs de la moto est que les bagages sont presque toujours exposés. Il est certes possible de tout ranger dans des valises et top-cases, mais c'est une solution peu adaptée lorsque le terrain devient difficile. A plusieurs, il est toujours possible de laisser quelqu'un garder les motos lorsqu'on s'arrête pour faire des courses au supermarché, pour visiter un hôtel ou pour remplir des formalités douanières par exemple.

Plus important encore, rouler en groupe est l'assurance d'avoir une assistance en cas de coup dur : c'est même vital pour partir dans de longues traversées désertiques à l'écart des routes fréquentées. La panne est toujours possible même pour la machine la mieux préparée et l'accident peut survenir en dépit de toutes les précautions. Se retrouver seul dans ces cas-là peut être synonyme de fin de voyage, au mieux, de danger de mort, au pire. Le motard solitaire qui veut vivre vieux hésitera donc à partir dans des grands raids en solo. A deux - ou plus - il est nettement plus facile de s'engager dans des trajets très dangereux. L'idéal est de former un petit groupe de motards bien déterminés et travaillant en équipe pour négocier les itinéraires les plus difficiles, p.ex. le Kolyma Highway (p. 194), le Lac Turkana (p. 430) ou le désert de Simspon (p. 301). Dans certains cas, des alliances de motards se forment temporairement à l'abord des passages critiques pour ensuite se séparer lorsque la route redevient facile et les objectifs de chacun divergents.

En groupe il faudra bien sûr passer sur les petits problèmes quotidiens qui peuvent rapidement mettre ses nerfs à rude épreuve, comme être sûr que personne ne se perde, que chacun puisse s'arrêter pour son arrêt photo/pipi/cigarette et attendre que tous les participants se mettent d'accord sur l'horaire et l'itinéraire !

D'autres enfin trouveront naturel de partir en voyage en couple : quand on aime quelqu'un on a envie de pouvoir partager les meilleurs moments de sa vie avec elle/lui. Il faut simplement savoir que le fait d'être 24 heures sur 24 et 7 jours sur 7 ensemble va mettre à rude épreuve la plus solide alliance et risque de la briser ou au contraire de la renforcer durablement.

Finalement, le voyage peut se concevoir en solo autant qu'en groupe, l'un et l'autre ayant des avantages et des inconvénients. Il est même fréquent de changer de configuration en cours de route, de partir seul et rencontrer des compagnons de voyage. Ou inversement de partir en groupe, se rendre compte que cela n'est pas sa tasse de thé et finir le voyage en solo.

Ci-dessus : on peut souvent garer une, voire deux motos dans le hall d'un hôtel. Mais si vous arrivez à six ou dix motos, elles passeront forcément la nuit dehors.
A droite : grand groupe + véhicule de support = frustration quotidienne.

Véhicule de support

JUSQUE-LÀ IL N'A ÉTÉ question que de groupe de motards, avec ou sans passagers. Voyager avec une ou des voitures est un cas à part. Il est facile de se laisser tenter par le confort d'un véhicule d'assistance : lui confier tous les bagages, voyager léger et retrouver le luxe d'un voyage en voiture lors du bivouac : table, chaises, barbecue, bières fraîches… Dans certains cas un véhicule d'assistance est indispensable pour pouvoir être en autonomie complète sur plusieurs jours, afin de pouvoir traverser un grand désert par exemple, une moto ne pouvant transporter qu'une quantité des grandes routes bien entretenues. La moto est souvent bien plus rapide quand le terrain devient technique ; de même dans les embouteillages des grandes villes où une moto se faufile plus facilement. La solution est de se donner des rendez-vous journaliers, mais cela nécessite une planification stricte et oblige à rester en contact par téléphone en cas de coup dur. Un véhicule de support est donc confortable mais très contraignant, c'est pour cela qu'il est rare de rencontrer des motards roulant avec des voitures, sauf dans des voyages organisés ou dans des cas extrêmes. Par exemple, un couple

limitée d'essence et d'eau. Et pour des destinations où un guide est obligatoire, il n'y a pas d'autre solution (p. ex. Chine, Algérie).

Pourtant voyager ainsi pose un sérieux problème : les rythmes de déplacement des voitures et des motos sont radicalement différents dès qu'on sort en duo sur une moto s'est lancé dans la traversée de la RDC (p. 440) pendant la saison des pluies. Heureusement, ils étaient accompagnés d'une voiture et c'est seulement une fois qu'il s'est allégé de sa passagère et de ses bagages que le pilote a réussi à franchir les océans de boue que sont les routes à cette période.

LES VOYAGES AU LONG cours en moto sont devenus maintenant relativement populaires. S'il fallait évaluer le nombre de motards en route en voyage transcontinental en tout temps quelque part dans le monde, je dirais qu'il y en a probablement quelques dizaines. Même si ces voyages sont maintenant devenus très abordables, il serait faux de croire qu'ils ne sont devenus possibles que depuis l'apparition des motos modernes. Le premier compte-rendu d'une expédition d'envergure à moto date d'un tour du monde en 1913 ! A cette époque Carl Stearns Clancy, un aventurier américain, a eu l'idée un peu insensée de choisir un de ces deux-roues sur lesquels on avait greffé un moteur pour partir conquérir le monde, qui était à l'époque, ne l'oublions pas, encore très partiellement cartographié. Prudemment il n'a fait que des sauts de puce en Europe, en Afrique et en Asie, mais sa traversée des États-Unis d'ouest en est ressemble en difficulté à la traversée de l'Afrique actuellement ! Il est étonnant de voir à quel point les problèmes qu'il a rencontrés semblent familiers, quoique décalés géographiquement : il s'est fait arnaquer par les dockers à Alger et par le propriétaire du bateau en Italie, il a dû se faire envoyer des pneus en avance en Asie...

d'autres semblent un peu décalés : des problèmes de visa en Europe, le coût de la vie plus faible à Paris qu'en province, une absence totale de routes en Inde. Il faut se souvenir que l'Espagne était alors largement sous-développée et que les routes manquaient au sud de Barcelone, au contraire de la route d'Alger à Tunis qui était bien entretenue.

Il est étonnant de constater que les raids à moto les plus célèbres ont été effectués en solo et avec de très petits moyens. Mis à part l'ovni qu'est Clancy, le véritable pionnier de la discipline est sans conteste Robert Fulton, qui en 1932, part seul sur sa Douglas et effectue un vrai tour du monde épique. Sa moto était plutôt rustique : bi-cylindres de 600 cc, 6 chevaux, mais montée avec des pneus de voiture, ce qui simplifiait la logistique.

Bien sûr on ne se souvient que des voyages qui ont ensuite été relatés par écrit, il est donc possible que d'autres cinglés aient fait ce genre de voyage sans jamais en parler. L'autre précurseur célèbre est Ted Simon, qui en 1973 se procure une Triumph Tiger de 500cc, une des dernières assemblées avant la grève qui précéda la faillite de la firme, et qui traversera les cinq continents au cours des 4 années qui suivirent. Non seule-

Ci-dessus : Carl Stearns Clancy en 1913.

Année	Pilote	Moto	Parcours
1912 - 1913	Carl Stearns Clancy	Henderson 900 cc 4 cylindres, 7 chevaux 1 seule vitesse phare éclairé au gaz	Irlande - Barcelone Alger - Tunis Ceylan, Shanghai, Japon San Francisco - New York
1932 - 1933	Robert Edward Fulton	Douglas 600 cc 2 cylindres, 6 chevaux	Londres - Baghdad Inde - Afghanistan Singapour - Chine
1933 - 1934	Max Reisch	Puch 250 cc, 6 chevaux	Vienne - Istanbul - Baghdad - Téhéran - Bombay
1973 - 1977	Ted Simon	Triumph Tiger 500cc 2 cylindres, 27 chevaux	Afrique de l'Est, Amérique du Sud et du Nord, Australie, Asie du Sud
1982 - 1992	Helge Pederson	BMW R80GS	Plusieurs voyages autour du monde sur 10 ans
1985 - 1995	Emilio Scotto	Honda Goldwing 1100cc	Partout! 750 000 km sur une dizaine d'années.
1995 - 1996	Austin Vince et al.	Suzuki DR 350	Londres - Magadan Alaska - Chili Le Cap - Londres
2001 - 2003	Ted Simon	BMW R80GS	**Réédition de son voyage de 1973**

ment ces aventuriers ont montré que c'était possible, ils ont aussi fait preuve, chacun à leur manière, d'un remarquable talent de conteur (et Ted a remis le couvert 30 ans plus tard).

Au début du XXème siècle, les voitures ont ouvert la voie aux raids intercontinentaux, notamment l'incroyable exploit du Prince Borghese qui a gagné le Pékin - Paris de 1907 au volant d'une Itala de 7 litres, 4 cylindres et 40 chevaux, en 44 jours. La particularité des tout premiers raids est leur organisation de type expéditionnaire, voire militaire, à l'infrastructure lourde qui en excluait de facto les motos. C'était absolument nécessaire pour traverser l'Afrique ou l'Asie. Il faut lire le récit de la croisière jaune (Beyrouth - Gilgit et Pékin - Urumqi - Pékin) pour se rendre compte de la difficulté de l'opération.

Ce n'est que dans les années 70 et grâce à l'arrivée de motos révolutionnaires pour leur époque (Yamaha XT 500, BMW R80GS) que les motos prennent part aux premiers vrais rallyes raids comme le Côte/Côte (Côte d'Ivoire - Côte d'Azur) de 1976/77. A l'époque cette compétition était une vraie aventure : la première étape se déroulait entre Abidjan et Niamey, soit 1725 km à finir en moins de 31 heures ! Thierry Sabine y participa et se perdit dans le désert de Libye au guidon de sa XT 500, une expérience qui l'a fortement marqué puisqu'il créera deux ans plus tard le Paris-Dakar. Celui-ci a connu ses heures de gloire entre 1979 et 1991, boosté par l'émergence de la nouvelle génération de trails. Les éditions suivantes seront de plus en plus commerciales et de moins en moins aventurières.

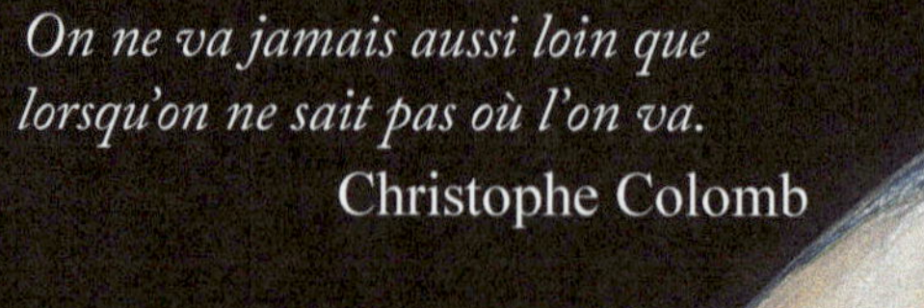

On ne va jamais aussi loin que
lorsqu'on ne sait pas où l'on va.
Christophe Colomb

2

Où aller ?

LA TERRE EST UN immense terrain de jeu et de découvertes pour le motard intrépide. Les destinations qui font rêver sont nombreuses. Avez-vous envie de vous perdre dans de grands espaces sauvages ou au contraire de découvrir de nouvelles cultures et de faire des rencontres? Préférez-vous les belles routes goudronnées ou les défis des pistes techniques? Quels risques êtes-vous prêt à prendre? Vous avez probablement déjà une idée derrière la tête, une image d'un livre ou d'un reportage qui vous a fait rêver. Ou alors tout simplement vous voulez accomplir ce que certains considèrent comme le Graal: le tour du monde à moto. Mais comment construire votre itinéraire? Etant donnée la situation géopolitique, toutes les frontières ne sont pas ouvertes. Et pour explorer les continents par-delà les océans, comment faire transporter sa moto à l'autre bout du monde? A quelle saison partir? Ce chapitre est là pour mettre à plat toutes ces questions, vous permettre de voir un peu plus clair dans vos plans, vous offrir un catalogue des routes les plus belles, les plus folles, les plus populaires ou les plus reculées, dans lequel vous ferez votre choix selon vos envies, votre budget et vos contraintes.

Avant de se lancer à la découverte du monde, il faut avoir conscience que tous les pays ne sont pas accessibles aux voyageurs à moto. Il y a bien évidemment les pays en guerre ou dangereux qu'il vaut mieux éviter (voir «sécurité» p.58); mais aussi les pays qui n'acceptent pas — ou très difficilement les véhicules étrangers; ceux qui ne sont accessibles qu'au prix de tracasseries administratives qui peuvent s'avérer très pesantes et/ou très coûteuses; et enfin des pays bordés de frontières naturelles infranchissables par la route.

Régions à éviter

A part les pays bien connus qui sont ravagés par la violence (Afghanistan, Irak, Syrie, Somalie), il existe des pays dont certaines régions sont extrêmement dangereuses alors que le reste du territoire est sûr. Ceci concerne:

■ la plupart des pays du Sahara au Mali, Mauritanie, Niger, Libye, Algérie, Soudan, Égypte;

■ les républiques russes du Caucase du Nord (Ingouchie, Daguestan, Tchétchénie) ainsi que l'Ossétie du Sud;

■ le Darfour (au Soudan à la frontière du Tchad);

■ le Nord-Kivu (au nord-est de la RDC, à la frontière de l'Ouganda et du Rwanda);

■ les régions tribales du Pakistan, à la frontière de l'Afghanistan, ainsi que le Baloutchistan entre l'Iran et le Pakistan...

Il faut souligner que cette liste reflète seulement la situation début 2014, qu'elle n'est pas — et ne peut pas être — exhaustive et qu'elle est à prendre à titre indicatif uniquement.

De plus, la situation entre le moment où vous planifiez le voyage et celui où vous pénétrez effectivement dans le pays peut être dramatiquement différente. Il est donc indispensable de se renseigner sur la situation réelle lorsque vous êtes sur le point d'entrer dans des pays réputés instables.

Pays problématiques

Hormis les problèmes de guerre, il faut également tenir compte des pays qui imposent des restrictions aux voyageurs. En voici une liste exhaustive mais qui exclut les destinations de toute façon

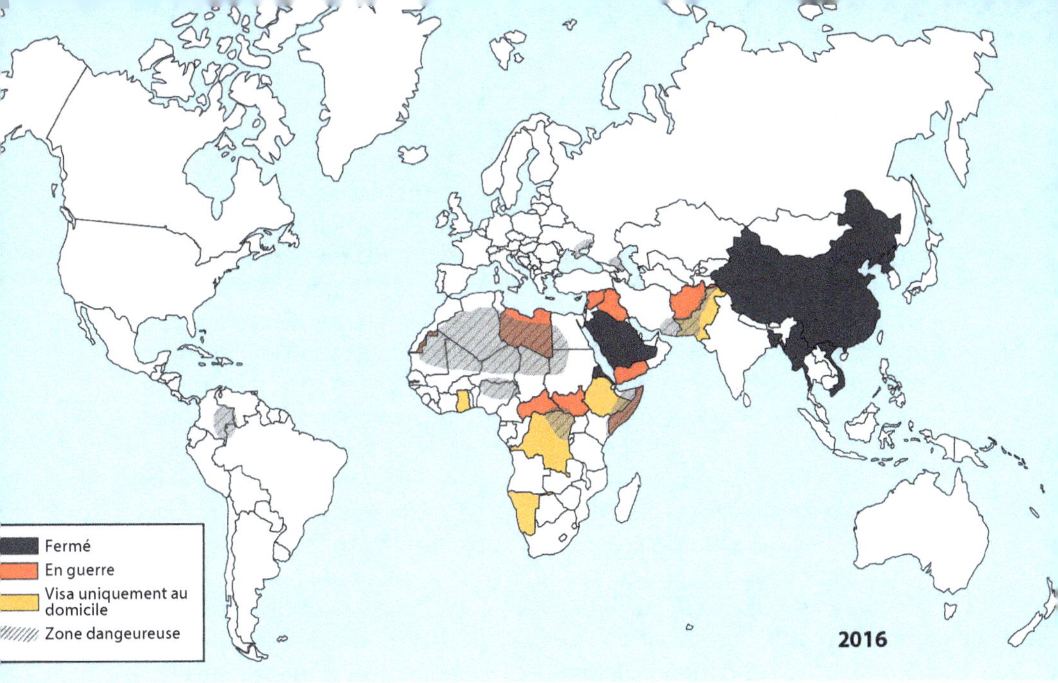

CARTE 1. Pays les moins accueillants du monde

difficilement accessibles aux motards (comme par exemple les Maldives ou Fidji).

1. Les pays totalitaires qui ne sont pas en guerre, mais n'acceptent pas pour autant les touristes, sauf en tour organisé et certainement pas au guidon d'une moto :

■ la Corée du Nord ;

■ l'Arabie Saoudite ;

■ l'Érythrée, où l'on ne peut se déplacer librement que dans la capitale.

2. Les pays qui acceptent les touristes, mais à un prix exorbitant :

■ le Bouthan, que l'on peut visiter uniquement en payant un minimum de 250 $/jour ;

■ Singapour, qui a mis en place un système compliqué de taxes routières et impose une assurance de 250 € minimum pour les véhicules étrangers ;

■ l'Égypte qui oblige les véhicules étrangers à circuler avec des plaques provisoires et demande diverses taxes, qui ne s'obtiennent en général que grâce à un *fixer* (un intermédiaire local) et un certain nombre de bakchichs quasi obligatoires (p. 412). Sans compter le carnet de passage bien sûr.

3. Les pays qui n'acceptent pas les véhicules étrangers, sauf en convoi accompagnés par un guide et pour un prix délirant :

■ le Vietnam ;

■ la Chine ;

■ la Birmanie ;

■ le Sud Algérien qui, quand il est ouvert, ne se visite qu'accompagné d'un guide pour 100-150 €/jour,

■ la Thaïlande.

4. Les pays qui rendent les formalités bien plus compliquées qu'elles ne le de-

A côté des états officiels et reconnus internationalement, en général membres de l'ONU, il existe un certain nombre de pseudo-États qui sont *de facto* indépendants mais qui ne sont reconnus que par très peu de pays. Beaucoup sont issus de l'éclatement de l'Union Soviétique, notamment dans le Caucase (carte 9, p. 184) : l'Abkhazie, l'Ossétie du Sud et le Haut-Karabakh (p. 184), ainsi que l'état fantoche de Transnistrie (p. 187). Le Kosovo est également dans ce cas, bien qu'il soit reconnu par la plupart des pays européens. Le Kurdistan irakien (p. 220) bénéficie d'une autonomie très grande, proche de l'indépendance. En Afrique, le Somaliland (p. 425) est un autre pays sécessionniste qui est maintenant complètement séparé de la Somalie. A l'inverse, le Sahara occidental (p. 365) est considéré par l'ONU comme un territoire colonisé qui devrait pouvoir voter pour son indépendance, mais qui est dans les faits entièrement contrôlé par le Maroc. La Palestine (ou territoires palestiniens, p. 412) a un statut d'autonomie partielle à moitié reconnu par la communauté internationale, mais économiquement et militairement entièrement sous la coupe d'Israël. Timor Leste (p. 282) et dernièrement le Sud-Soudan (p. 433) sont sortis de cette liste et ont réussi à gagner officiellement leur indépendance, reconnue aujourd'hui universellement. Ils ne sont par contre pas encore indépendants économiquement et vivent sous perfusion de l'aide internationale, ce qui en fait des destinations particulièrement onéreuses.

Tous ces territoires un peu bizarres ne sont pas forcément situés dans des zones de conflit, la plupart des motards en connaissent un très près de chez nous, l'Île de Man, célèbre grâce au Tourist Trophy. C'est un territoire qui garde un statut juridique séparé du Royaume-Uni, ce qui lui permet notamment de ne pas imposer de limite de vitesse. Comme les îles anglo-normandes, Gibraltar et les autres dépendances de la Couronne, leur intérêt est surtout d'être des paradis fiscaux et d'accueillir toutes sortes de sociétés-écrans, tout en bénéficiant de la protection des Britanniques.

vraient en forçant les touristes à prendre leur visa dans leur pays de domicile :

- l'Angola ;

- le Ghana ;

- la République démocratique du Congo (RDC) ;

- l'Éthiopie ;

- le Pakistan.

5. Les pays qui veulent bien vous laisser entrer, seuls, mais pas trop longtemps quand même :

- le Turkménistan (seul le visa de transit de 5 jours au maximum est possible sans guide) ;

- l'Angola (seuls les visas de transit de 5 jours sont accordés, ou presque).

6. Pour compliquer le tout, les conditions d'accès à certains pays varient selon

les nationalités et les questions géostratégiques. Ainsi les Israéliens sont bannis de certains pays musulmans comme l'Iran ou la Syrie; les Indiens ne sont pas les bienvenus au Pakistan (et inversement) et les Américains ne peuvent entrer en Iran qu'accompagnés par un guide.

7. Enfin, les guerres passées et rancunes tenaces provoquent encore la fermeture de certaines frontières: Maroc-Algérie, Arménie-Turquie, Azerbaïdjan-Arménie, Éthiopie-Érythrée, Inde-Chine, etc. Pire, certains pays vous refouleront s'ils trouvent une preuve de votre passage dans un pays «ennemi»: c'est le cas de plusieurs pays arabes (Syrie, Liban, Yémen, Iran, Soudan, Libye) si vous avez le fameux tampon israélien (p. 410) ou de l'Azerbaïdjan avec le tampon du Haut-Karabakh, ou encore de la Géorgie avec l'Abkhazie (p. 185).

Attention, certaines régions «sensibles» sont ouvertes au tourisme mais demandent un permis spécial, qui peut être une simple formalité (par exemple la vallée du Spiti en Inde, le Pamir au Tadjikistan ou certaines régions aborigènes d'Australie), ou plus compliqué à obtenir (la province du Nord-Ouest au Pakistan, l'état d'Arunachal Pradesh en Inde). Le permis pour le Tibet est très rarement accordé à un voyageur indépendant, mais vu qu'il est impossible au baroudeur d'entrer en Chine avec son véhicule, la question ne se pose en général pas.

Pour ceux qui voudraient faire du hors-piste, n'oubliez pas que certaines régions sont minées, notamment au Sahara occidental, au Tchad, en Angola, au Cambodge, mais aussi plus près de nous: la Bosnie n'a pas encore fini de se débarrasser de ses mines antipersonnelles. Pour ce qui est de l'Afrique, qui

est concernée au premier chef, un site recueille les dernières cartes disponibles:

www.desert-info.ch/desert-info-forum/viewforum.php?f=40

Barrières naturelles

Hormis les guerres et les difficultés géopolitiques, des barrières naturelles empêchent aussi parfois le passage d'un pays à l'autre. Il n'existe tout simplement pas de route dans la jungle entre le Panama et la Colombie ni entre le Venezuela et le Guyana et des montagnes infranchissables séparent le Bouthan de la Chine. Le fait que la nature se charge d'empêcher le trafic à travers ces frontières arrange d'ailleurs bien ces pays. Il n'y a pas non plus de routes dans l'extrême nord-est de la Sibérie ni à l'ouest de l'Alaska, qui permettraient de passer des États-Unis à la Russie par le détroit de Béring. Quand à la Papouasie-Nouvelle-Guinée, il existe très peu de vraies routes à travers l'île et de fait, l'avion est le seul moyen de transport pour relier les principales villes entre elles. En Afrique, certaines routes importantes sont encore non goudronnées et deviennent infranchissables pendant la saison des pluies comme entre le Cameroun et le Nigéria ou entre l'Éthiopie et le Kenya.

Vous trouverez le détail de toutes les informations concernant les conditions d'accès à chaque pays dans la deuxième partie de ce livre. Vous constaterez que les chapitres sur l'Asie et l'Afrique sont beaucoup plus détaillés que ceux sur l'Australie ou l'Amérique, car ces derniers ne posent que très peu de problèmes. Il suffit d'y faire transporter sa moto et vous êtes ensuite à peu près libre d'aller où bon vous semble sans vous poser trop de questions. D'autre part, ces régions ont une bien meilleure infrastructure routière et elles sont aussi

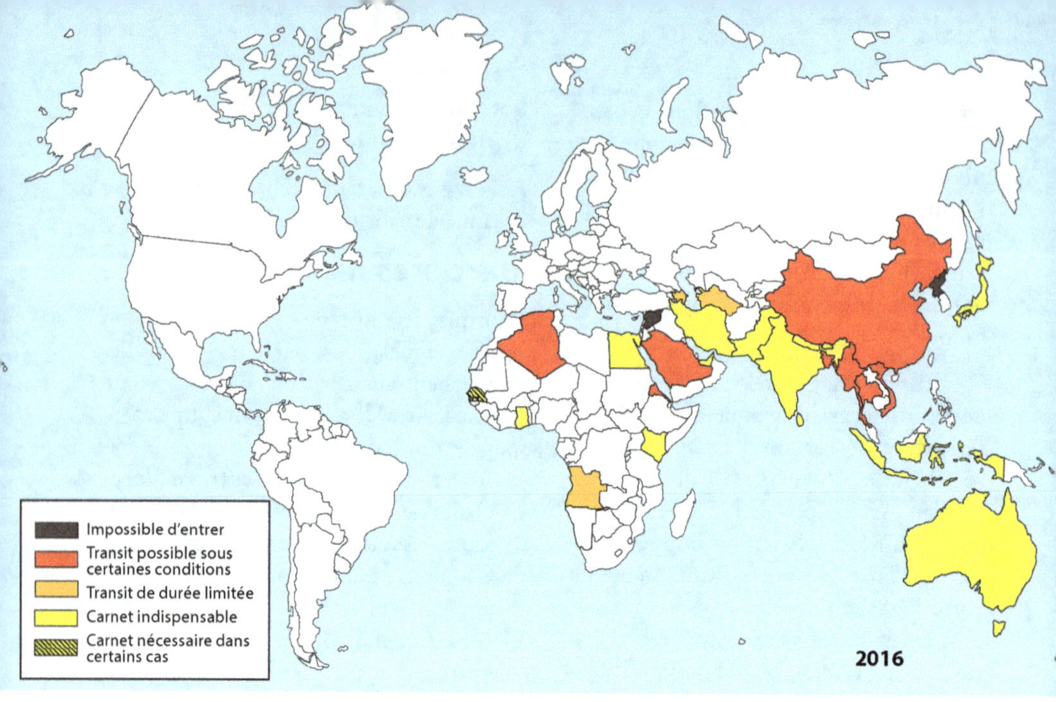

CARTE 2. Carnet de passage ou autres restrictions

beaucoup mieux couvertes par des cartes précises et des guides de voyage, surtout l'Amérique du Nord et l'Australie.

Carnet de passage

Une autre difficulté vient du fameux carnet de passage en douane (voir p. 147 pour une explication de ce qu'est ce document). Si vous n'avez pas ce document, un certain nombre de pays se ferment à vous. Heureusement, toute l'Amérique du Nord et du Sud, l'Asie du Nord et centrale, ainsi que la plupart des pays Africains peuvent se visiter sans carnet.

La carte 2 donne une image beaucoup plus exacte que la liste imprimée au dos du carnet de passage lui-même, qui est complètement fantaisiste. Notez que cette carte est valable pour des voyages par voie terrestre. Étrangement, certains pays exigent un carnet lorsqu'un véhicule entre par un port ou un aéroport mais pas s'il arrive par la route. C'est le cas notamment de l'Afrique du Sud et du Brésil. Dans le cas du Japon,

un carnet est exigé dans tous ses ports et aéroports sauf à Wakkanaï, pour les véhicules qui sortent du ferry en provenance de Russie (p. 193). Enfin au Sénégal, seuls les véhicules âgés de moins de six ans peuvent entrer avec un permis d'importation temporaire (passe-avant), les plus vieux doivent faire tamponner leur carnet. Le Kenya et l'Éthiopie sont en principe des pays qui demandent un carnet, mais dans les faits, il est possible d'y entrer sans. Comme toujours en Afrique, les règles peuvent changer du jour au lendemain...

Pour avoir une idée de ce qui vous attend à un passage de douane, reportez-vous à la description du chapitre sur l'Amérique centrale, p. 321.

De manière générale, les informations de ce livre reflètent la situation début 2014. Pour visualiser des cartes à jour, connectez-vous sur le site web associé à ce livre :

http://www.overlandaventure.com

Les grands classiques

COMPTE TENU DES DIFFICUL-
TÉS mentionnées plus haut, les
options pour traverser certains
continents comme l'Asie ou l'Afrique
sont réduites. En y ajoutant les points
d'attraction incontournables que sont
les lieux touristiques majeurs (Chutes
Victoria, Angkor, Machu Pichu) et les
itinéraires à ne pas rater (Salar de Uyuni, Pamir, Kaokoveld), on obtient la
carte 3, p. 40, qui donne un aperçu
des principales routes parcourues par
les *overlanders*. Ces routes et itinéraires
sont détaillés dans la seconde partie de
ce livre. A vous de choisir votre route, en
fonction de vos envies, de votre budget
et de votre temps disponible.

Je ne parlerai pas ici de l'Europe
qui offre des itinéraires magnifiques
de balade à moto très bien documentés
par de nombreux guides. Il est difficile
de trouver l'aventure sur ce continent
si bien organisé où l'immense majorité
des routes sont goudronnées et les rares
pistes restantes sont souvent privées ou
interdites au trafic. Au mieux – ou au
pire, c'est selon – il faut aller en Rou-
manie ou en Bulgarie pour trouver un
peu d'aventureuses. C'est en Albanie,
pays fermé jusqu'en 1990, comparable
à la Corée du Nord, qui ne comptait

alors que 500 voitures particulières, réservées à l'élite du parti, que les routes
sont les plus mal entretenues. Mais dé-
pêchez-vous d'y aller, car cela ne sera
peut-être plus le cas demain.

Comme on le devine, au départ
d'Europe, seules l'Asie et l'Afrique
sont atteignables par la route (et par
un court ferry en ce qui concerne le
Maroc). Toutes les autres destinations,
l'Amérique du Nord et du Sud, mais
aussi l'Asie du Sud-Est ainsi que l'Australie ne sont pas atteignables par voie
terrestre ou par ferry et demandent donc
un peu plus de logistique. Faire
transporter sa moto à l'autre bout
du globe n'est pas aussi simple
que d'envoyer un paquet par la
poste mais cela reste à portée de
tout un chacun qui dispose d'un
peu de temps, comme on le verra
un peu plus loin (p. 54).

Routes 1 et 2

L'Asie du Nord et l'Asie centrale font
partie des destinations les plus faciles:
peu de visas, pas de formalités particulières pour les véhicules. C'est une partie
du monde qui a été complètement fermée pendant 70 ans sous l'ère soviétique
et qui commence seulement à s'ouvrir au
tourisme. A l'inverse de l'Asie du Sud et
de l'Afrique, la densité de population y
est très faible, c'est donc le rêve pour les
amoureux des grands espaces sauvages
qui ne rencontreront jamais un problème pour bivouaquer à l'écart de tout.

Les distances sont énormes et donc
il faut du temps pour visiter cette région
du monde. Une première approche serait

Ci-dessus: comparaison de la taille de la France avec celle de la Russie, de la Mongolie et du Kazakhstan.

CARTE 3. Principales routes intercontinentales et itinéraires détaillés

de faire le tour de la Mer Noire, à cheval entre l'Orient et le monde slave, un itinéraire extrêmement varié par la diversité des peuples rencontrés et les types de paysages traversés, qui de plus est aux portes de l'Europe (p. 186).

La Mongolie en particulier est une des plus belles destinations qui soit pour un motard, à voir avant que le goudron n'ait envahi tout le pays. Vous pouvez y accéder soit en traversant toute la Russie (**1**), soit en passant par les « stans », les ex-républiques soviétiques d'Asie centrale (**2**). L'Ouzbékistan, le Kirghizstan et le Tadjikistan offrent des paysages magnifiques, une grande richesse culturelle sur la route de la soie historique et des routes de montagne fantastiques. La Pamir Highway (p. 212) est certainement une des plus belles routes du monde (voir « Asie du Nord », p. 189 et « Asie centrale », p. 207).

Route 3

L'Asie du Sud présente un univers très différent du Nord. C'est l'Orient, le monde musulman et la richesse de la culture indienne. Mais c'est aussi l'Himalaya, qui forme une barrière presque infranchissable entre l'Asie du Nord et du Sud, mais qui offre aussi aux motards les plus hauts et les plus beaux cols du monde en Inde et au Pakistan.

La route Istanbul-Katmandou (**3**) reste un mythe pour les voyageurs : l'Iran

en particulier est un pays fascinant où vous ferez des rencontres formidables et où vous vous sentirez en totale sécurité. La péninsule arabique est difficile d'accès mais si vous avez la chance de pouvoir y parvenir, vous y découvrirez des pistes d'une variété insoupçonnée et une population très accueillante.

Vous trouverez en Inde du nord et au Népal une concentration incroyable de cols spectaculaires et de pistes assez techniques dans des paysages de montagne époustouflants, comme la célèbre route vers le Ladakh entre Manali et Leh (Itinéraire 6, p. 255). Le sud de l'Inde vous permettra de vous immerger dans ce pays de 1 milliard d'habitants hors des circuits touristiques habituels : Rajasthan, Taj Mahal, etc. Vous y trouverez encore de très belles petites routes au milieu des plantations de thé et des grandes routes jamais ennuyeuses.

Le point noir de cette route est le problème de sécurité qui rend la traversée du Pakistan un peu tendue et parfois impossible, ainsi que la nécessité d'avoir un carnet de passage. Mais ces difficultés ne devraient pas vous décourager de visiter cette région fantastique (voir « Asie du Sud et péninsule arabique », p. 219).

L'Asie du Sud-Est est malheureusement coupée du reste de l'Asie par l'interdiction de circuler en Chine et en Birmanie (Myanmar). Heureusement, cela fait partie des problèmes facilement réglés en faisant

Ci-dessus : taxi en Inde : huit personnes à l'intérieur et une vingtaine à l'extérieur

transporter votre moto par avion ou bateau depuis le Népal vers la Thaïlande. Il est difficile de résister à la perspective de circuler librement dans ces pays si accueillants et agréables à vivre. Non seulement les paysages sont magnifiques, mais le patrimoine culturel est bien conservé : Angkor à lui seul mérite le voyage. Si on y ajoute une nourriture agréable et un coût de la vie très bon marché, il n'est pas étonnant que certains baroudeurs finissent par s'y établir.

La Thaïlande, le Laos, le Cambodge et la Malaisie présentent suffisamment de possibilités pour y voyager pendant quelques mois. Le nord est très montagneux, ce qui offre au motard de belles routes sur du goudron bien entretenu (Itinéraire 8, p. 279). Le Vietnam interdit l'entrée aux véhicules étrangers, par contre on peut facilement le visiter en louant une moto sur place. La Thaïlande s'engage sur la même voie, malheureusement. L'Indonésie a beau être un archipel de centaines d'îles, il est très facile d'y circuler car les ferries sont nombreux et transportent couramment des motos. La succession d'îles permet de rejoindre sans problème Timor, à quelques encablures de l'Australie (voir « Asie du Sud-Est », p. 274).

Route 4

Les routes d'Amérique du Nord et du Sud sont bien connues et relativement bien entretenues. Il est difficile de résumer ici l'incroyable quantité d'itinéraires qui s'offrent au motard sur ce continent. Le Canada, un peu comme la Russie, est un pays très peu peuplé par rapport à sa taille, ce qui fait que les possibilités de rouler sur piste sont sans communes mesures avec l'Europe. L'Ouest des États-Unis n'est plus à présenter, les paysages de western font rêver tous les motards.

Contrairement aux autres continents, il n'existe pas vraiment de route type pour traverser l'Amérique du Nord, tellement les possibilités sont nombreuses. En Amérique centrale, l'étroitesse des pays fait que le choix des routes est beaucoup plus restreint. En Amérique du Sud, l'itinéraire des overlanders est dicté surtout par le relief du terrain : les plus belles routes se trouvent sans aucun doute dans les Andes (4a). Le Brésil et les Guyanes sont tout aussi agréables à visiter, mais peut-être un peu moins intéressants en plaisir de pilotage pur (4b).

Par rapport à l'Asie ou à l'Afrique, voyager en Amérique du Nord et du Sud est beaucoup plus facile en terme de bureaucratie et de sécurité. En effet, les frontières sont presque toutes ouvertes. Le carnet de passage n'est pas nécessaire et, à part le Suriname, les Européens peuvent visiter tous les pays des deux Amériques sans visa. Le seul petit problème logistique sera de gérer le transport de votre moto entre Panama et la

Ci-dessus : la Harley-Davidson, icône des USA.

Colombie si vous voulez passer d'Amérique du Nord au Sud (ou inversement). Evidemment, à moins d'acheter une moto sur place, il faudra aussi organiser le transport de votre machine jusque là-bas. Le Canada, le Chili et l'Uruguay sont de manière générale les pays d'entrée (ou de sortie) qui posent le moins de problèmes bureaucratiques (voir « Amérique » p. 306).

Route 5

L'Afrique est peut-être la destination qui fait le plus rêver, par son côté sauvage et mystérieux, mais aussi par la rudesse de l'environnement. C'est le continent qui bouge le plus, qui évolue sans arrêt, pour le meilleur comme pour le pire. Il offre à la fois des rencontres inoubliables avec la population locale et des paysages à couper le souffle, tout cela dans une atmosphère qui est à des années-lumière du stress et du modernisme des pays occidentaux européens, de l'Amérique ou de l'Australie. On rentre rarement inchangé d'un voyage autour du monde, mais le choc de l'Afrique est particulièrement violent. Certains détestent, d'autres en tombent amoureux.

Vu l'étendue des régions qui sont inaccessibles et l'infrastructure routière très pauvre, les overlanders se retrouvent en général sur une poignée de routes. En particulier, il n'existe plus que deux routes pour traverser le Sahara le long des côtes Ouest et Est et plus beaucoup de possibilités de rencontrer des Touaregs.

Beaucoup de baroudeurs décident d'attaquer l'Afrique par l'ouest, qui est facilement atteignable depuis l'Europe : une bonne route goudronnée traverse le Maroc, la Mauritanie et le Sénégal jusqu'à Dakar (**5a**). C'est après que cela se complique. Il existe plusieurs routes en Afrique noire, plus ou moins recommandées selon la situation sécuritaire au Sahel (**5a**) ou dans les pays du golfe de Guinée (**5b**). La traversée de l'Afrique centrale est relativement difficile, surtout en saison des pluies, car les routes y sont peu ou pas entretenues. Il faut aussi compter avec quelques casse-têtes administratifs avec l'Angola, la RDC ou le Ghana notamment. C'est la partie la moins développée, mais la plus peuplée et la plus vivante. C'est aussi là que vous passerez le plus de temps à parlementer avec des policiers ou des douaniers, ce qu'il faut prendre avec la décontraction et la bonne humeur qui caractérise les Africains (voir « Côte Ouest », p. 364).

La route du Nil, sur la côte Est de l'Afrique (**5c**), était très populaire avant que la Syrie ne plonge dans la guerre civile et coupe la seule voie d'accès terrestre. L'Égypte est actuellement accessible uniquement par ferry, la traversée de la Libye étant fortement déconseillée. Il faut espérer que la région se stabilise au plus tôt, pour le bien des populations locales avant tout. Notez que même avant le printemps arabe, l'Égypte était reconnue pour sa bureaucratie extrêmement lourde et parce que c'est le seul pays d'Afrique où le carnet de passage est indispensable.

Par rapport à l'Afrique de l'Ouest et équatoriale, les pays traversés sur la côte Est sont stables et relativement bien organisés et les routes sont en général bien meilleures. Il ne reste plus que quelques kilomètres à goudronner entre l'Ethiopie et le Kénya pour que l'on puisse rouler du Caire au Cap avec n'importe quel véhicule et en tous temps.

La densité de population en Afrique de l'Est est bien moindre qu'à l'Ouest, ce qui fait que des pays comme le Kenya et la Tanzanie ont pu créer d'immenses parcs animaliers afin de protéger l'habitat des lions et des éléphants, alors qu'à l'Ouest il ne reste que quelques parcs au Bénin ou au Burkina. Par contre, comme ces parcs sont interdits aux motards, cela ne changera pas grand chose pour vous. Soyez rassurés, il ne reste pratiquement plus d'animaux sauvages en dehors des parcs en Afrique, donc la probabilité de rencontrer un fauve par accident est extrêmement faible.

Le clou de la côte Est se trouve en Éthiopie, un des rares pays qui n'a jamais été entièrement colonisé et qui garde donc une culture très forte, sans compter des paysages de haute mon-

l'Est. L'Afrique du Sud offre un répit bien mérité pour le baroudeur qui a traversé tout le continent et qui attend probablement avec impatience la possibilité de changer de pneus et de faire de la maintenance chez un concessionnaire. A part les parcs animaliers, qui ne se visitent qu'en voiture, l'attrait majeur de la région pour le motard sont les magnifiques pistes très bien entretenues qui sont parfaitement inconnues en Europe et même en Asie (voir «Afrique australe», p. 390).

Route 6

L'Australie est une île-continent im-

tagne extraordinaires (voir «Proche-Orient et Côte Est», p. 410).

L'Afrique australe, dominée par l'Afrique du Sud, est caractérisée par une infrastructure plutôt bonne et de grands espaces vierges qui ont presque disparu en Afrique de l'Ouest et de

mense où l'on trouve deux environnements bien distincts : une côte très développée avec des autoroutes bien entretenues et, dans le centre désertique, de nombreuses et magnifiques pistes qui sont un vrai bonheur en moto. L'accueil et la spontanéité des Australiens vous

Ci-dessus : passage de l'équateur au Gabon

laisseront de très beaux souvenirs. Il n'existe pas de ferry entre Timor Leste et l'Australie, pour relier les routes **3** et **6**, il faut donc envoyer sa moto par conteneur vers Darwin. Il est aussi possible de faire transporter directement sa machine d'Europe en Australie. La Nouvelle-Zélande, l'Île du Sud en particulier, serait une destination favorite des *overlanders* si elle n'était si éloignée et donc si chère (voir « Australie », p. 296).

Autres destinations

Vous aurez remarqué que les pays d'Extrême-Orient sont absents de la carte, mais comment peut-on passer sous silence la patrie des plus grands constructeurs moto, le Japon ? Comme pour l'Europe ou l'Amérique du Nord, vous ne trouverez pas d'itinéraires détaillés pour le Japon, ni pour Taïwan ou la Corée du Sud. Ces pays sont très développés et bien cartographiés (même si la lecture des cartes locales reste un challenge), il suffit de se procurer un guide et de rouler. D'autre part, ces pays ne sont accessibles que par bateau ou par avion, donc forcément moins fréquentés par les overlanders. Vous trouverez toutefois une description des ferries pour atteindre le Japon et la Corée dans le chapitre sur la Russie (p. 193). Les Philippines sont également difficiles à atteindre (même s'il existe un ferry depuis Bornéo) et de plus les douanes exigent un dépôt de garantie équivalent au prix du véhicule.

Région	Paperasse	Routes	Nourriture	Budget
Asie du Nord et centrale	Facile, peu de visas	Très faciles à très difficiles	Quelconque. Alcool abondant	Moyen
Sous-continent indien	Carnet de passage, visas	Routes de montagne exceptionnelles	Excellente. Alcool souvent prohibé	Très bon marché
Asie du Sud-Est	Plus difficile depuis 2016 (c.f. Thaïlande)	Petites routes en général goudronnées	Excellente. Bière partout et bon marché	Très bon marché
Australie	Facile	Autoroutes + pistes très bien entretenues	Moyenne, sauf pour les amateurs de BBQ. Bière chère mais bonne	Cher
Afrique côte Ouest	Difficile, visas problématiques	Difficiles à très difficiles	Très moyenne. Bière abondante en Afrique noire	Moyen à cher
Afrique côte Est	Facile sauf Égypte et Éthiopie	Facile si on reste sur le goudron	Moyenne. Bière partout sauf au Soudan	Moyen à cher
Amérique du Nord	Très facile	Bonnes routes, grandes distances	Moyenne à bonne. Bière pas terrible	Cher
Amérique du Sud	Très facile	Bonnes routes, belles routes de montagne + pistes magnifiques	Moyenne, sauf pour les amateurs de viande ! Bière disponible partout	Cher

QUELS SONT LES PLUS hauts cols du monde, quelle est la pire route du monde sont des questions fréquemment discutées. Voici donc quelques destinations particulières qui peuvent un jour faire partie de vos records personnels.

Plus haute route du monde

Tout dépend de la définition que l'on fait de « route ». Une jeep est montée au sommet de l'Ojos del Salado, un volcan des Andes, à 6642 m. Et il est probable que l'on pourrait monter en 4x4 quasiment jusqu'au sommet de l'Aconcagua à 6962 m, si les rangers l'autorisaient. Mais bien sûr, il n'y a pas de route et en moto c'est bien plus compliqué qu'en 4x4. La vraie route/piste la plus haute du monde est maintenant impraticable : elle desservait une mine au sommet de l'Aucanquilcha à 6195 m en Argentine. Toutefois ce n'était pas vraiment une route ouverte au tourisme et elle finissait en cul-de-sac. C'est d'ailleurs également le cas pour la route voisine du Cerro Uturuncu en Bolivie.

Col / montagne	Pays	Alt. (m)	Note
Aucanquilcha	Argentine	6195	Route détruite
Cerro Uturuncu	Bolivie / Lipez	5700	Impraticable au-dessus de 5400m
Mana Pass	Inde / Uttarakhand	5608	Piste interdite aux civils après le village de Mana, à 3200 m
Marsimik La	Inde / Ladakh	5582	Piste réservée aux militaires
Semo La	Chine / Tibet	5565	D'autres cols du Tibet sont à peu près à la même altitude
Kakasang La	Inde / Ladakh	5450	Accessible qu'aux Indiens
Khardung La	Inde / Ladakh	5359	Faussement déclaré à 5602 m
Chacaltaya	Bolivie / La Paz	5200	Plus haut ski lift du monde (cul-de-sac)
Camp de base de l'Everest (nord)	Chine / Tibet	5200	
Abra de Acay	Argentine / Salta	4972	Plus haut col d'Amérique du Sud
Pikes Peak	États-Unis	4300	Site du fameux rallye, route désormais entièrement asphaltée
Tullu Deemtu	Ethiopie / Bale	4270	Plus haute route d'Afrique (cul-de-sac)
Mauna Kea	États-Unis / Hawaii	4200	Plus longue montée : 0 à 4200 m en 80 km
(Pico Veleta)	Espagne / Sierra Nevada	3392	Plus haute route d'Europe, mais actuellement fermée aux véhicules au-dessus de 2500 m
Cime de la Bonnette	France / Alpes	2802	Plus haute route goudronnée d'Europe

La plus haute altitude que l'on peut actuellement atteindre sur une route normale est à chercher au Tibet, sur un col qui est hors de portée de la plupart d'entre nous vu les difficulté pour entrer en Chine. Le célèbre Khardung La au Ladakh, à 5339 m, est donc bien la plus haute route facilement accessible. Plusieurs cols sont d'ailleurs à des altitudes similaires dans la région du Ladakh.

Inversement, le point le plus bas du monde, à -423 mètres, est beaucoup plus accessible : il suffit de se rendre au bord de la mer Morte, en Israël ou en Jordanie.

Latitudes extrêmes

La route la plus au nord est la Nordkapp/ E69 en Norvège, qui se termine au Cap Nord à 71° de latitude Nord. Elle est très touristique car le Gulf Stream rend les conditions beaucoup moins polaires que sur les autres routes du grand nord, comme la Dalton Highway ou la Dempster Highway par exemple.

Route	Latitude	Asphalte	Longueur	Autonomie	Ferries
Nordkapp / E69 (Norvège)	71° N	Oui	129 km	-	-
Dalton Highway (Alaska)	70° N	50.0 %	666 km	380 km	-
Dempster Highway (Canada)	68° N	Non	736 km	370 km	2
Route Transtaïga (Québec)	54° N	Non	666 km	616 km	-
Carretera Austral (Chili)	48° S	50.0 %	1240 km		3
Ruta 40 (Argentine)	52°S	50.0 %	5140 km	360 km	-
Kolyma Trakt (Road of Bones) (Sibérie)	64° N	Non	1800 km	311 km	-

Ci-dessus : le plus haut rouleau compresseur du monde ? Tanglang La, 5328 m.

La route la plus au sud est la Ruta 40 qui arrive à Ushuaïa, par 52° Sud. Il est impossible d'aller plus au sud, sauf à mettre des pneus à clous et se téléporter sur la Traverse du Pôle Sud, une route de glace créée sur l'Antarctique pour ravitailler les bases des scientifiques par camion (un Japonais complètement déjanté a déjà atteint le pôle Sud en moto). Mais là on ne peut vraiment pas parler de « route ».

Plus longues routes

Qu'est-ce qu'une « route » ? Quand est-ce que l'on passe d'une route à l'autre ? La définition est vague, surtout quand la route traverse plusieurs pays. La *Carretera Panamericana*, ou route panaméricaine, est considérée comme la plus longue route au monde, surtout si on y ajoute la traversée du Canada et des États-Unis et sa branche vers Ushuaïa; notez qu'elle est discontinue puisqu'elle est interrompue entre le Panama et la Colombie.

La Ruta 40 en Argentine est la plus longue route des deux continents et une des plus célèbres. On y trouve aussi le plus haut col d'Amérique du sud à 4972 mètres et le point le plus sud du continent (hors Terre de Feu).

Un des défis à la mode actuellement est de parcourir ces routes le plus rapidement possible. Il semble que le record pour la panaméricaine soit de 21 jours et 2 heures et pour Le Cap - Alger, de 8 jours, 22h. Quand au « tour du monde »,

Route	Pays	Longueur
Route panaméricaine	États-Unis - Argentine	24 000 km
Ruta 40	Argentine	5100 km
Transafricaine / Le Caire - Le Cap	Afrique de l'Est	10 300 km
Paris - Pékin	Asie	10 500 km
Route transsibérienne	Russie	9 000 km

Ci-dessus: départ de Mascate pour une longue route à travers le désert.

A Oman se trouve une route qui relie le nord et le sud du pays, 750 km dans le désert d'Arabie, un des déserts les plus arides du monde, sans aucune localité sauf une station service et un restaurant (et quelques campements de travailleurs du pétrole). Elle n'est pas parfaitement droite, et elle est défoncée en plusieurs endroits, donc pas question de s'endormir. En arrivant au bout à Salalah, la première question qu'on m'a posée en me voyant arriver sur ma moto est : combien de temps ai-je mis ? Après leur avoir répondu un jour et demi (j'ai campé dans le désert), j'ai perçu une légère déception dans leur regard. Le jeu ici apparemment est de parcourir la route à tombeau ouvert dans son 4x4 V8, le temps de parcours étant probablement un symbole de virilité.

certains se vantent de l'avoir fait en 19 jours quoique cela ne veut pas dire grand-chose (voir plus bas). On peut être étonné de la performance, mais je suis pour ma part bien plus impressionné par le récit des aventures vécues par ceux qui font le tour du monde en plusieurs années.

La plus longue route, est-ce que cela veut dire aussi la plus… monotone ? Chacun pourra se faire son idée, mais la plus longue section de route parfaitement droite se trouve comme on peut l'imaginer en plein désert, en Arabie Saoudite, sur 260 km (N24 08.0 E50 20.0). Peu de chance d'y parvenir pour nous motards, donc.

La route de l'Atlantique entre Nouadhibou en Mauritanie et Laâyoune au Sahara occidental est beaucoup plus connue et tout aussi ennuyeuse : 850 kilomètres de paysages de sable et de rocher sur un goudron tout à fait correct. Heureusement, il y a quelques villes entre les deux, et le fameux no man's land entre le Maroc et la Mauritanie. Avec souvent un gros vent de travers qui vous dévisse les vertèbres, ce n'est jamais une partie de plaisir mais c'est la seule liaison sûre avec l'Afrique de l'Ouest.

Les pires routes du monde

L'état des routes est souvent plus intéressant pour le motard que leur longueur. Si la plupart chercheront les meilleures conditions pour économiser leur machine et leur dos, certains au contraire se mettront au défi de parcourir les pires routes du monde. « Pire », bien sûr, tout comme « route » d'ailleurs, sont des notions très subjectives. La traversée du Sahara par les dunes ne peut pas être considérée comme une route. On sait qu'il n'y a aucune route entre le Panama et la Colombie (p. 322), donc même si cette région a déjà été traversée en portant une moto plus qu'en roulant, on n'y reviendra pas ici. La route du BAM en Sibérie (p. 192) est abandonnée depuis la fin des travaux de construction de la voie ferrée et il manque tous les ponts. Enfin des milliers de kilomètres de routes en terre dans les régions équatoriales deviennent tout simplement infranchissables pendant la saison des pluies.

Route des Yungas, Bolivie, ou *Camino de la Muerte*. Cette route est devenue célèbre grâce à un reportage de la BBC qui énumérait le nombre de morts chaque année et qui l'a surnommée la « route de la mort ». C'est une route de montagne qui relie La Paz à Coroi-

co, elle est très étroite, mal entretenue et rendue glissante par les pluies fréquentes. D'ailleurs on y roule à gauche afin que le conducteur puisse voir ses roues se poser à quelques centimètres du vide (Voir Bolivie, p. 331).

Depuis quelques années, une déviation permet d'éviter le secteur le plus dangereux, mais elle est encore très fréquentée par les touristes qui la descendent en VTT, une activité très lucrative pour les agences de voyage. L'absence de bus et de camions en fait un parcours sympa en moto, en faisant attention bien sûr aux 800 m de précipice (et aux cyclotouristes inconscients).

Col de Lowari, Pakistan. Ce col à 3100 m relie Dir à Chitral, dans une zone difficile d'accès et instable appelée *North-West Frontier Province*. La route est essentielle pour rejoindre la vallée de Chitral depuis Peshawar, car la route d'accès «historique» passe par l'Afghanistan. Les chauffeurs de camion pakistanais y risquent leur vie à cause des glissements de terrain, de la glace et de l'entretien aléatoire de leur poids-lourd. Pour les étrangers, l'accès nécessite un permis car elle est proche de l'Afghanistan et des régions tribales. L'autre accès à la vallée passe par Gilgit sur le KKH et le Shandur Top, à 3800 mètres, qui est encore plus isolé (Voir Pakistan, p. 247).

Route M56 «Kolyma», Russie, également connue en anglais sous le nom de *Road of Bones* qui lui a été donné parce que, selon la légende, les prisonniers de goulag morts en la construisant ont été enterrés directement dessous. Cette route d'environ 2000 kilomètres est le seul lien par la terre entre Yakoutsk et Magadan sur la côte pacifique. Elle a été récemment refaite avec un tra-

Ci-dessus : route des Yungas.
A droite : un pont en bois sur la route «Kolyma» en Sibérie.

cé légèrement différent et est maintenant facilement accessible – par bonnes conditions météorologiques seulement car elle n'est toujours pas asphaltée. L'ancienne route qui passe par Tomtor et qui n'est plus entretenue est devenue le dernier vrai challenge à réaliser sur ce trajet mythique. La principale difficulté est le passage de plusieurs rivières à gué, les conditions météo très changeantes et la température qui oscille entre 0 et 20 degrés au plus fort de l'été. La navigation ne pose aucun problème puisqu'il n'existe de fait qu'une seule route, il suffit de ne pas rater les ravitaillements en essence (p. 194).

Paradoxalement, les routes de Sibérie sont plus faciles en hiver quand le terrain est gelé et que les chasse-neiges tracent des pistes bien plates. Toutefois la température descend régulièrement aux alentours de -40 degrés dans la région de Yakoutsk et Tomtor (on y a enregistré le record mondial en région habitée à -67 degrés)! Même les camions russes doivent être spécialement équipés pour résister à ces températures.

Kinshasa - Lubumbashi, RDC. Cette route relie les deux villes principales de RDC (ex-Zaïre), un des plus grands pays d'Afrique. Au moment de la décolonisation, le réseau routier du Congo belge était bien entretenu (quoique au prix d'une extrême brutalité envers les Congolais) et les communications relativement faciles. Depuis, l'entretien a été progressivement abandonné au fur et à mesure que l'État se désintégrait. Actuellement, les routes sont dans un état tellement catastrophique que seuls quelques camions 6x6 s'y risquent, ainsi que les 4x4 de MSF et parfois les blindés des forces de maintien de la paix des Nations Unies. Les voies ferrées ne sont pas en meilleur état et les voies fluviales presque inutilisées. Le gros du transport de marchandises se fait… à vélo! Alors que les plus riches peuvent prendre l'avion, pour l'immense majorité des villageois rejoindre la capitale provinciale est déjà trop long et compliqué. Ceci est encore plus vrai pour rejoindre la capitale Kinshasa qui est carrément dans un autre monde.

Du fait de ces conditions, cette route n'est jamais inscrite au programme des overlanders. Et pourtant lorsqu'on s'est vu refuser un visa pour l'Angola, elle reste la seule route permettant de joindre l'Afrique de l'Ouest à l'Afrique australe. C'est certainement la dernière grande aventure en Afrique, voire dans le monde, qui soit hors des zones de guerre et relativement sûre. Le Nord-Est du pays est par contre une zone de guérilla très active, alors que c'est là qu'on trouvait, il y a cinquante ans les meilleures routes pour traverser le continent du nord au sud.

Concrètement, il est possible d'effectuer le trajet en deux semaines pour un motard très motivé, mais uniquement

en saison sèche (soit en juillet-août). En période des pluies, la boue rend la situation extraordinairement difficile ; seule une moto légère avec un véhicule d'assistance aurait des chances de traverser (voir p. 440 pour un récit complet).

La route du lac Turkana, Kenya, est l'alternative à la route Moyale - Marsabit - Isiolo maintenant goudronnée entre l'Éthiopie et le Kenya. Elle traverse des régions désertiques, éloignées de tout, où on a d'ailleurs trouvé les premiers fossiles connus d'hommes préhistoriques. La piste est à peine tracée et le terrain varie entre le sable et les pierres volcaniques très difficiles à négocier. La principale difficulté est le ravitaillement, il faut emporter une grande quantité d'essence et d'eau. Le paysage est toutefois grandiose et en s'associant avec un 4x4 pour transporter le ravitaillement, c'est un parcours inoubliable et aussi loin des sentiers battus que possible (p. 430).

Ci-dessus : route Nationale 1 entre Kinshasa et Lubumbashi.
A droite : quelque part dans le désert sur la route Moyale - Marsabit.

BR-319 Manaus - Porto Velho, Brésil. Cette route de 885 km a été ouverte en 1973 pour relier Manaus au reste du réseau routier brésilien. Elle traverse une partie très dense de l'Amazonie et comme elle n'est pas asphaltée, elle est complètement impraticable pendant la saison des pluies et souvent coupée le reste de l'année après un gros orage. Entre juin et août les probabilités sont les plus hautes de trouver la route sèche et praticable, le plus gros problème étant alors d'assurer une autonomie complète sur un trajet de 600 kilomètres et de deux ou trois jours. Il faut aussi passer de nombreuses rivières alors que les ponts peuvent avoir été emportés par les crues ou détruits par un camion. Le gouverne-ment brésilien a récemment débloqué un budget pour refaire et asphalter la route, alors dans quelques années vous risquez d'y rencontrer des camping-cars! (p. 345).

Zahedan - Quetta, Iran/Pakistan. La route est relativement bonne, le problème est qu'elle traverse une zone très instable et dangereuse. Les autorités pakistanaises imposent aux voyageurs une escorte qui ajoute encore à la confusion ambiante. Si cette route est encore accessible au moment d'écrire ceci, elle ne le restera peut-être pas longtemps, comme le sont actuellement les routes d'Afghanistan, d'Irak, de Somalie ou du Yémen (p. 240).

Faire transporter sa moto

À MOINS DE LOUER un véhicule sur place, pour visiter l'Amérique ou l'Australie au guidon d'une moto il faudra bien faire transporter la vôtre jusque là-bas. Et si vous partez pour un tour du monde il faudra traverser plusieurs océans. Il existe deux alternatives pour cela : le bateau et l'avion, qui ont chacun des avantages et des inconvénients.

Pour choisir entre les deux, il faut commencer par déterminer quelles sont les destinations desservies depuis le port ou l'aéroport de départ, puis obtenir un devis. Les destinations majeures ne posent pas de problème, mais dans certains cas c'est plus compliqué : par exemple, il est difficile de trouver un avion entre l'Asie centrale et le Pakistan ou l'Inde et il n'y a pas d'entreprise de transport (officielle) entre Oman et Djibouti. En revanche, au départ de Paris ou du Havre vers l'Amérique du Sud ou l'Australie, les offres sont nombreuses.

Tout d'abord, ne vous précipitez pas vers Air France ou la CMA-CGM, la règle dans ce milieu est de passer par un transitaire ou *freight forwarder*, qui va effectuer les démarches auprès de la compagnie aérienne, du transporteur et des autorités portuaires pour que la marchandise soit embarquée, les douanes et les diverses taxes payées et, finalement, obtenir le *bill of lading*, un papier essentiel qui sert de reçu et permet de récupérer sa marchandise à destination. Dans les pays exotiques, le choix d'un agent compétent fait la différence entre une opération longue et coûteuse mais couronnée de succès et une course sans fin qui viendra vite à bout de vos nerfs (et de votre budget bakchich).

Une fois les devis reçus, le bateau paraîtra forcément meilleur marché, mais c'est trompeur car l'agent ne compte pas les frais facturés par le port d'arrivée qui sont très élevés et soigneusement ignorés par le transitaire. Il faut savoir qu'en pénétrant dans un port, on met les pieds dans un monde très particulier qui a ses propres règles, qui brasse des tonnes de paperasse et où toute opération de manutention se monnaie au prix fort. De plus, les horaires des bateaux sont très aléatoires, les retards fréquents et les itinéraires changent sans préavis. Arrivée à

Ci-dessus : confection d'une caisse sur mesure pour une R100GS. La roue avant est démontée pour gagner de la place.
A droite : prêt pour l'emballage final. Notez que tous les bagages n'arriveront pas à bon port, la caisse fermée ne découragera pas les voleurs.

destination, la marchandise doit encore être déchargée et passer par des circuits tortueux formés par des décennies de luttes syndicales et de contamination mafieuse.

En comparaison, envoyer sa moto par avion est beaucoup plus agréable, les règles sont plus simples, les horaires sont fixes et les délais respectés. La moto est plus facile à emballer et les risques de vol ou de dégradation sont bien moindres. Et surtout les frais de manutention sont beaucoup moins élevés. Cela fait beaucoup d'avantages pour l'avion et quand tout est pris en compte, le prix final n'est pas beaucoup plus élevé que pour un transport en bateau.

Actuellement, la plupart des marchandises (hors matières premières) sont envoyées par bateau dans des conteneurs standards de 20 ou 40 pieds. Pour envoyer sa moto il est nécessaire de l'emballer dans une caisse fermée en bois, car celle-ci partagera un conteneur avec d'autres marchandises de même destination. C'est ce que les agents appellent LCL (*Less than Container Load*). L'idéal est de pouvoir grouper l'envoi de plusieurs motos simultanément et les placer dans un conteneur dédié (FCL = *Full Container Load*). Les frais sont moins élevés, on n'a pas besoin d'emballer les motos dans une caisse, il suffit de les sangler très solidement au container et la tentation de «jeter un coup d'œil» à l'intérieur est moins grande pour les dockers.

Attention, si vous envoyez votre moto par bateau, il vaut mieux rester sur place jusqu'à ce que vous ayez reçu la confirmation que votre caisse a été embarquée. Des difficultés de dernière minute avec la douane (typiquement) peuvent empêcher le chargement de votre machine sur le bateau prévu et elle risque ensuite de rester bloquée au port si vous n'êtes pas sur place pour faire bouger les choses. Il est recommandé de ne

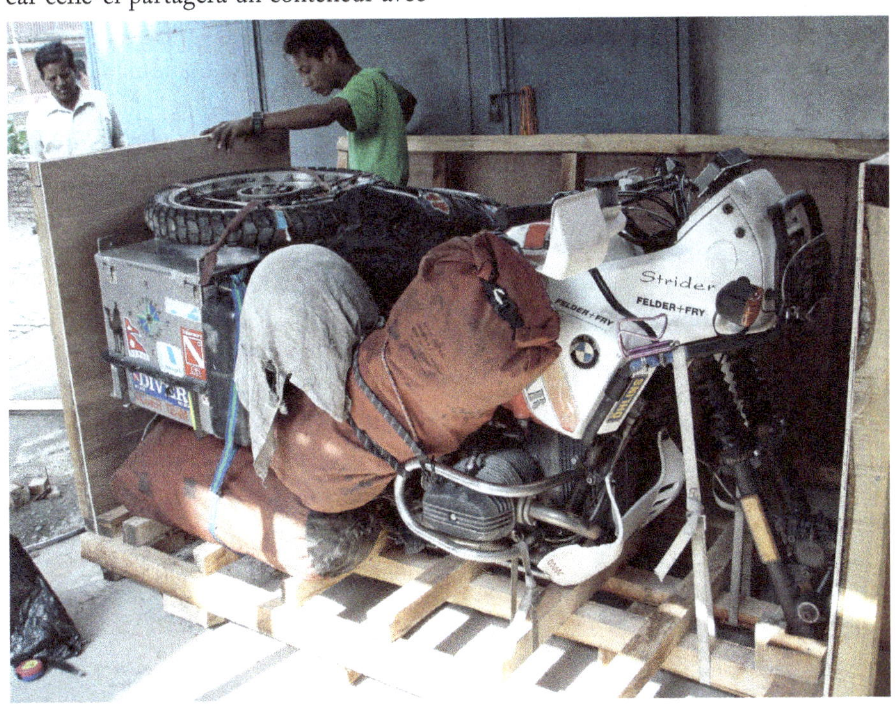

pas réserver de billet d'avion à l'avance et d'attendre d'avoir reçu le très important *bill of lading* avant de quitter le pays, à moins que vous ayez une confiance totale en un agent local.

A côté de ces deux moyens principaux il faut mentionner un service de ferry roulier (*roll-on roll-out* ou *ro-ro* en anglais) entre l'Europe, l'Afrique de l'Ouest et l'Amérique du Sud, mais ces bateaux sont peu fréquents, lents et relativement coûteux, plus adaptée à l'envoi de gros véhicules qui ne rentrent ni dans un avion, ni dans un conteneur. Les procédures sont par contre beaucoup plus faciles, comme dans n'importe quel ferry, il suffit de rouler avec sa moto et l'attacher sur un flanc du navire, pas besoin de la transporter dans une caisse. A l'arrivée, il y a également beaucoup moins de manutention et de paperasserie.

Si l'option du ferry semble plus simple, cela n'est vrai que pour les pays occidentaux. La fameuse barge entre l'Égypte et le Soudan en était un bon exemple mais il a été récemment supprimé (p. 416). L'inénarrable ferry entre Kinshasa et Brazzaville est la définition même d'un chaos organisé et d'une bureaucratie réduite au minimum : pas de paperasse, il suffit que le chef dise OK –

mais un OK qui coûte particulièrement cher et obtenu uniquement après des négociations ardues.

Il reste la possibilité de charger votre moto sur des bateaux *ad-hoc*, comme cela se fait couramment avec des bateaux de croisière entre le Panama et la Colombie (p. 322), ou entre la Malaisie et l'Indonésie (p. 291). Dans les pays les moins développés, il est possible de discuter directement avec le propriétaire d'un bateau et de s'entendre sur un prix pour placer votre moto dans la cale ou sur le pont, comme par exemple entre le Mozambique et Madagascar ou entre le Yémen et Djibouti (p. 259). Dans ce cas-là, vous êtes à la merci du bon vouloir du capitaine, des autorités portuaires et des douanes. Notez que dans certains pays cela est interdit, notamment entre l'Inde et le Sri Lanka, malheureusement (p. 223). Il y a aussi des capitaines de voiliers qui cherchent des passagers pour partager les frais, essayez sur : floatplan.

com, crewfinders.com ou desperatesailors.com.

Finalement, il faut mentionner qu'il est aussi possible de faire transporter sa moto par camion ou par train. Au premier abord cela semble aller à l'encontre du but recherché, car la plupart du temps, quand il y a une voie ferrée, il y a aussi une route (à quelques exceptions près, comme le tunnel sous la Manche). Jusqu'à ce qu'on regarde une carte de la Russie et que l'on prenne conscience de la distance astronomique à parcourir pour traverser le pays… C'est une chose de parcourir 5000 kilomètres entre Moscou et Irkoutsk pour enfin atteindre la Mongolie ou la Road of Bones ; c'en est une autre de parcourir 9000 km entre Vladivostok et Moscou au retour ! Dans ce cas-là, pouvoir charger sa moto sur le transsibérien est très apprécié (p. 196). Les règles concernant le voyage en train sont très différentes d'une compagnie à l'autre – et d'une gare à l'autre aussi. Dans certains cas, il suffit d'attacher la moto à l'intérieur du wagon ; dans d'autres il faut l'emballer, dans une caisse.

Transporter une moto par train ou camion à l'intérieur d'un pays ne pose pas de problème ; par contre pour passer des frontières, par exemple pour faire revenir votre moto de Mongolie en Europe, il faut en général obtenir un carnet ATA, ce qui complique les choses (le carnet ATA est différent d'un carnet de passage en douane, voir p. 147). Certains agents de transport aérien ou maritime proposent également de venir chercher votre moto par camion à l'intérieur du pays ou de la livrer à un autre endroit que le port ou l'aéroport d'arrivée.

A gauche : transport improvisé en boutre entre le Yémen et Djibouti.
Ci-dessus : déchargement du transsibérien sur le quai de gare.

Sécurité

Aucun voyage, fût-il parfaitement préparé, n'est exempt de danger. Malgré le port du casque et des équipements de protection en toutes circonstances, personne n'est à l'abri d'un accident. A ces dangers, s'ajoutent les risques associés aux voyages dans les pays sensibles : violence, guerre, enlèvements, etc.

La recherche de la sécurité maximale ne peut se faire qu'au détriment du côté aventure ; si le voyage est absolument sans danger, cela veut dire qu'il a été fait et refait, balisé et aseptisé. Nous vivons dans des contrées où tout risque potentiel, même hypothétique, est soigneusement écarté par des dizaines de lois et d'interdictions, dans une société qui refuse le moindre danger. C'est flagrant aux États-Unis où les tribunaux sont saisis dès qu'un coup du sort s'abat sur quelqu'un, mais c'est également le cas en France par exemple où se multiplient les panneaux « baignade interdite », « in-terdiction de sortir des pistes balisées » ou « canyoning interdit ». Pourquoi est-il impossible de déconnecter de manière permanente l'ABS des dernières BMW (p. 111) ? Le motard est-il trop immature pour évaluer le danger par lui-même ?

Une dérive préoccupante est la tendance à compter sur l'État-providence pour nous sortir d'un mauvais pas, quels que soient les risques encourus. Il est de plus en plus courant de voir des promeneurs partir en haute montagne en baskets et tee-shirt, avec un portable en poche et appeler l'hélicoptère de la gendarmerie si le temps se gâte ou s'ils se sont tordu une cheville. En conséquence de quoi, l'État français édicte des « recommandations aux voyageurs » qui découragent de visiter une bonne moitié des pays du monde ! La Belgique, la Suisse et le Canada font de même (voir encadré).

Ci-dessus : reste de la guerre civile au Tadjikistan.

Sites des ministères des affaires étrangères :

Français : www.diplomatie.gouv.fr/fr/conseils-aux-voyageurs/

Suisse : www.eda.admin.ch/eda/fr/home/travad.html

Belge : diplomatie.belgium.be/fr/Services/voyager_a_letranger/

Canadien : voyage.gc.ca/voyager/avertissements

Britannique : www.gov.uk/foreign-travel-advice

Il est évidemment intéressant de consulter ces recommandations. Toutefois le ministère a tendance à peindre le diable sur la muraille et à sortir le crayon rouge dès que la situation est un peu tendue – ce qui, il faut le reconnaître, est le cas dans beaucoup de pays d'Afrique et du Moyen-Orient notamment. En effet, en cas de coup dur, l'État est tenu de porter assistance à ses ressortissants, ce qui est coûteux, donc il a tout intérêt à dramatiser la situation. Si les mêmes règles étaient appliquées en France, il serait déconseillé de voyager en Corse ou dans certains quartiers de Marseille !

Le ministère déconseille par exemple les voyages en Iran, alors que c'est un des pays du monde où l'on est le mieux accueilli et où la sécurité est bien meilleure que dans beaucoup de pays d'Afrique ou d'Asie – au moment de la rédaction de ce livre en tous cas (voir Iran p. 229).

Ces classements officiels sont donc à prendre avec du recul. Seules les agences de voyages sont liées légalement à ces recommandations : en présence d'un avertissement sécuritaire du ministère des Affaires Etrangères, les voyagistes ne sont en effet plus couverts par leur assurance ; comme il est exclu pour eux de supporter les frais de sauvetage et de rapatriement en cas de problème, des zones très touristiques peuvent se retrouver désertées quasiment du jour au lendemain et des milliers d'employés mis au chômage : c'est ce qui s'est passé en Mauritanie et au Mali en pays Dogon.

Il n'aura échappé à personne que la liste des pays en crise s'est étoffée dernièrement en particulier de pays qui ont connu le printemps arabe. Il est malheureux de constater que la lutte légitime des peuples contre les dictatures qui les oppressent font passer un pays généralement stable, malgré les violations répétées des droits de l'homme, à un pays rongé par les contestations de rue (Tunisie, Égypte), l'implosion du pouvoir central au profit des tribus (Libye, Yémen) ou la guerre civile ouverte comme en Syrie. En Libye, les effets collatéraux de la guerre se sont de plus propagés jusque dans le Sahel, provoquant la guerre au Mali et la fermeture de 90 % du Sahara entre la Mauritanie et l'Égypte.

On dit qu'une révolution se fait toujours dans le sang. Il faut se souvenir que la Révolution Française s'est passée dans un bain de sang et a été suivie de plusieurs dictatures et retours de la royauté avant que la démocratie ne s'impose durablement. Pourquoi en serait-il autrement dans les pays arabes ? Ce n'est pas être cynique que de constater que les voyages sont beaucoup plus faciles dans des pays autoritaires que lorsque ceux-ci se libèrent de leur dictature : témoins en sont la Tunisie, l'Égypte, la Syrie ou la Libye, des pays qui étaient des destinations touristiques prisées et extrêmement intéressantes pour le motard « africain », mais qui actuellement sont devenues très instables, en proie aux grèves générales et manifestations monstres, quand ce n'est pas la guerre civile.

L'inverse est vrai également, l'Amérique du Sud des années 70 était en grande partie écrasée sous une chape de plomb imposée par les juntes militaires (Brésil - Argentine - Chili) ou déchirée par la guerre civile (Pérou, Colombie). Quant à l'Amérique centrale, elle était aux mains des guérillas alternativement révolutionnaires et contre-révolutionnaires (Costa Rica mis à part). Quelques décennies plus tard, il est heureux de constater que le continent est maintenant quasiment stabilisé.

Cela ne veut pas dire que des foyers de violence et d'insécurité ne subsistent pas, mais il est aisé de les éviter: la jungle entre la Colombie, le Venezuela et le Brésil est toujours sous la menace des guérilleros mais c'est aussi une zone dépourvue de routes; le Caucase russe (Daguestan et Ingouchie surtout, la Tchétchénie est beaucoup plus calme actuellement) voit régulièrement des bombes exploser; le nord-est de la RDC est une zone de non-droit où l'armée du gouvernement se fait régulièrement chasser par les rebelles. L'Europe a beau être généralement sûre, il est plus probable de se faire braquer un soir à Paris ou à Milan que dans un village du Mali. Et c'est encore plus vrai dans les grandes villes où règne souvent la misère: Kinshasa et Johannesburg connaissent des taux de criminalité record, de même que certaines villes mexicaines où les cartels de la drogue font régner la terreur. Faut-il pour autant écarter l'Afrique du Sud ou le Mexique de son itinéraire ? Certainement pas !

Partir à l'aventure ne veut pas non plus dire s'exposer au danger à tout prix. Il est ridicule de vouloir chercher à traverser l'Afghanistan ou la Somalie uniquement parce que la guerre y règne et que personne ne l'a fait. Le passage dans des régions instables est rarement inévitable, mais lorsqu'il n'y a pas d'autre alternative il faut s'efforcer de limiter les risques en respectant des précautions de base : rester sur les axes principaux, être installé dans un hôtel à la nuit tombée, suivre les conseils des autorités.

Certains voyageurs sont furieux quand les Pakistanais leur imposent une escorte à leur entrée en provenance d'Iran (p. 240), mais les forces de sécurité ne font pourtant que leur travail et visent uniquement à s'éviter des ennuis supplémentaires au cas où le voyageur imprudent s'égarerait en zone tribale. Parfois, c'est vrai, il est légitime de se demander si l'escorte n'est pas contre-productive et ne fait qu'attirer l'attention et attiser le danger. Et finalement quand le trajet se déroule sans mauvaise rencontre, on peut penser que le déploiement de force a été excessif. C'est le paradoxe de ce genre de situation : si le voyage s'est passé sans aucun problème, est-ce parce que la région est sûre, ou justement parce que l'escorte a dissuadé les attaques ? En fin de compte, malgré l'écueil de la langue, tout se passe en général dans un bon esprit, les militaires/ policiers sont plutôt accueillants et cela fournit une nouvelle anecdote à échanger dans le prochain guesthouse ou à raconter de retour à la maison.

Aux dangers propres aux voyages dans les pays sensibles (violence, guerre, enlèvements, etc.) s'ajoutent les risques inhérents à la pratique de la moto, les risques d'accident de circulation (p. 80) ou de chute.

Ainsi, veiller à sa sécurité veut également dire pouvoir éviter – ou en tous cas survivre – à un accident. Une mauvaise chute suivie d'une fracture de la clavicule peut empêcher de remonter sur la moto et rejoindre la prochaine ville. Chez nous, il suffit d'un appel sur le mobile et une ambulance ou un hélicoptère vous emmène dans l'heure à l'hôpital. Au milieu du désert iranien ou dans la steppe mongole, c'est une autre histoire. Il existe des téléphones satellites qui fonctionnent partout sur le globe (p. 175), mais qui allez-vous appeler et quels secours pouvez-vous espérer si vous vous blessez sur une piste isolée du Soudan ? Il ne reste qu'à attendre des heures ou des jours le passage du prochain véhicule. Sans être paranoïaque, il est nécessaire de garder cela en tête lorsqu'on se rend dans ces régions. L'idéal est d'être en groupe, une personne valide pouvant organiser les secours (voir aussi « Seul ou en groupe », p. 26). Il est fortement conseillé de souscrire à une assurance rapatriement (voir p. 152) avant de partir et une petite pharmacie d'urgence est indispensable pour les pays où même les hôpitaux manquent de médicaments.

Il est illusoire de vouloir traverser l'Afrique tout en étant 100% assuré contre tout risque. Même s'il est probablement moins dangereux de rouler sur les pistes du Congo que sur le périphérique parisien aux heures de pointe, les conséquences peuvent être bien différentes. Faites votre choix en toute connaissance de cause, lisez bien les conseils de ce livre sur les différentes destinations, mais renseignez-vous aussi sur place et dans les forums sur internet pour avoir les dernières nouvelles sur la situation locale et surtout, faites preuve de bon sens et de réalisme. L'immense majorité des baroudeurs reviennent de leur voyage vivants, en bonne santé et pressés d'y retourner.

L'Iran souffre d'une réputation d'extrémisme et d'agressivité envers l'Occident. Depuis l'Europe, on a l'impression que les touristes vont être harcelés et jetés en prison pour un oui ou pou un non. C'est un préjugé né lors de la révolution islamique par la prise d'otage de l'ambassade américaine, et nourri au cours du temps par les discours extrémistes de la minorité cléricale et dirigeante, mais la réalité est complètement différente : l'immense majorité des Iraniens ne se reconnaissent pas dans cette idéologie. Au contraire, l'islam chiite est extrêmement tolérant envers les autres religions et l'accueil du voyageur est un devoir très suivi en Iran. Dans quel autre pays va-t-on ouvrir la mosquée du village au voyageur, même non musulman, pour qu'il puisse dormir sur un tapis, à l'abri et au sec ? Nulle part ailleurs au Moyen-Orient on ne se sent aussi bien accueilli et en sécurité qu'en Iran et pourtant le gouvernement français (comme les autres) persiste à dissuader les touristes de s'y rendre. Certes la démocratie y est encore un concept étranger, mais les Iraniens se portent de fait bien mieux que les Égyptiens ou les Irakiens qui ont accédé de gré (en Egypte) ou de force (en Irak) à la démocratie – ou ce qui passe pour tel.

Bien sûr la liberté d'expression et d'information est un concept important, mais il faut louer l'intelligence et la créativité des Iraniens qui parviennent à accéder à Internet presque aussi bien que nous malgré les barrières que le gouvernement essaie de leur imposer. La plupart des femmes en visite dans ce pays auront une réaction allergique dès l'arrivée à la frontière lorsqu'on leur imposera de cacher leurs cheveux par un voile. Mais rapidement elles verront que les Iraniennes s'en accommodent très bien et que l'art du port du voile en laissant dépasser une mèche savamment coiffée est devenu une coquetterie très sophistiquée dans les banlieues bourgeoises de Téhéran ou de Shiraz. Il est malheureux de constater qu'en Irak pendant la dictature de Saddam Hussein ou en Tunisie sous Ben Ali il était plus facile aux femmes de se promener sans voile qu'à présent, car les islamistes étaient les premières victimes persécutées par ces régimes autoritaires.

Santé

OUR LE BAROUDEUR QUI part pour plusieurs mois dans des pays où l'hygiène est précaire, où les maladies infectieuses sont courantes et l'infrastructure sanitaire est balbutiante, le sujet de la santé n'est pas à prendre à la légère. Un petit bobo qui chez nous serait vite réglé par une petite visite à l'hôpital peut devenir autrement plus dangereux s'il survient dans la jungle de Colombie ou au milieu du désert du Tchad, à des jours de transport du plus proche centre de santé. Il y a donc certaines précautions à prendre avant de partir, avant tout se faire vacciner et souscrire à une assurance rapatriement. Le sujet étant très bien couvert par les guides de voyage, je mettrai l'accent sur les particularités dues à la nature du voyage à moto. Ce sont :

1.   Le temps passé dans ces régions, de plusieurs mois, souvent supérieur aux séjours habituels des vacanciers.

2.   Les risques d'accidents et de chute, qui sont plus importants qu'en transport public (bien que dans certains pays cela puisse être le contraire).

3.   La possibilité (et l'attrait) de se retrouver dans un endroit isolé et à l'infrastructure médicale très primitive.

Vaccins et médicaments

Bien sûr, la première chose à faire est de se renseigner sur les risques sanitaires de la région concernée et de prendre rendez-vous avec un spécialiste des maladies infectieuses ou un centre de vaccination pour recevoir les injections nécessaires. Certains vaccins doivent être

A gauche : une étudiante iranienne maquillée pour sortir.
Ci-dessus : méfiez-vous des praticiens africains.

répétés après quelques jours, donc il vaut mieux s'y prendre à l'avance.

Le vaccin contre la **fièvre jaune** est quasiment obligatoire (certains pays exigent même votre certificat de vaccination pour vous laisser entrer). La **malaria** est un cas à part car il n'existe aucun vaccin et la maladie est très répandue dans beaucoup de pays tropicaux. Des millions de touristes visitent pourtant ces pays chaque année. Le sujet est donc bien connu et votre médecin vous conseillera sur le traitement préventif à utiliser selon l'endroit où vous vous dirigez, car il existe plusieurs types de malaria. Dans le cas d'un séjour de longue durée, la situation est différente : est-il raisonnable de se gaver de drogues pendant plusieurs mois, voire des années, avec des effets secondaires souvent non négligeables ?

J'ai souvent entendu que la maladie se soigne relativement bien et qu'elle est finalement moins dangereuse que les drogues préventives sur le long terme. Ce raisonnement venait principalement d'expatriés qui sont bien entourés et qui vivent près d'un hôpital équipé à l'occidentale. Je comprends leur point de vue, mais ils sont dans une position très différente de celle du voyageur qui part seul dans des contrées isolées et qui, en cas de crise aiguë et souvent incapacitante, devra organiser lui-même son transport dans une grande ville et son admission dans un centre de santé, et cela dans des délais très courts car il existe un risque (faible, mais réel) de complication qui peut mettre la vie en danger. De plus, le dépistage de la malaria est souvent compliqué et les symptômes peuvent être confondus avec ceux d'une autre maladie.

Le dilemme du baroudeur – prévention par les médicaments ou pas – est donc dicté par l'isolement des régions traversées, la durée d'exposition, mais aussi par sa propre tolérance au traitement. Votre médecin vous renseignera sur les différentes drogues disponibles selon les régions, ainsi que leurs avantages et inconvénients. Si à l'usage vous remarquez que vous ne supportez pas bien les médicaments préventifs, il est bien sûr possible de s'arrêter sans mettre immédiatement sa vie en danger.

Le plus important reste de se protéger au maximum des moustiques. Mais comme il est impossible de ne pas se faire piquer de temps en temps, il vaut mieux emporter un traitement curatif, à prendre en cas de crise, ou de suspicion de crise. Tant que vous voyagez en groupe ou si vous ne circulez que sur les grands axes de ville en ville, le risque est tout à fait raisonnable. Les hôpitaux publics sont parfois pires que la maladie, mais les cliniques privées (et payantes) sont souvent relativement bien équipées, surtout s'il existe une forte communauté d'expatriés. Au pire, le retour en Europe peut s'effectuer en moins de vingt-quatre heures grâce à une assurance rapatriement. Mais pour peu que l'on s'enfonce dans le désert ou la brousse en solo et pour plusieurs jours, un traitement préventif antipaludique est fortement recommandé (p.ex. Chloroquine ou Coartem).

Une visite préalable à votre médecin vous permettra d'obtenir une ordonnance pour une petite pharmacie de secours (n'oubliez pas que la place est restreinte). On trouve certes la plupart des médicaments dans toute les grandes villes même des pays les plus pauvres, mais méfiez-vous quand même des faux médicaments qui ne contiennent au mieux qu'un placebo et qui sont assez répandus dans des pays comme l'Inde ou la Chine. Enfin, gardez-bien l'ordonnance avec vous si vous emporterz des médicaments contenant des opiacés, corticoïdes, etc. qui sont considérés comme des **stupéfiants** par les douaniers

Quand on voit les cyclistes qui traversent un continent à la force des pédales, il parait futile de parler de la condition physique du motard. Et dans les faits, il est vrai que la majorité des itinéraires ne sont pas très pénibles. Si, par contre, vous vous aventurez sur des chemins plus techniques, il faudra fournir un effort physique conséquent. Cyrille Desprez lors d'un dernier Dakar a déclaré qu'il avait préparé sa saison en faisant plus de kilomètres au guidon de son VTT que de sa KTM. Dans son cas on parle d'une journée entière debout sur les cale-pieds en amortissant les chocs, très loin de ce qui attend le baroudeur moyen. Surtout, à la différence du compétiteur, vous pouvez vous arrêter quand vous êtes fatigué, le but étant de moduler la longueur des étapes selon vos capacités.

Beaucoup de motards se font fort de ne jamais chuter, en choisissant soigneusement leur itinéraire en fonction de leurs capacités et de leur moto, ce qui est très respectable. Et puis il y a les vrais baroudeurs purs et durs qui n'hésitent pas à choisir des *single-tracks* plus techniques ou à tracer leur route à travers les dunes et qui n'ont pas peur d'une petite chute de temps en temps. Si vous partez dans cette optique, vous devez avoir la force (et la technique) de redresser votre machine tout seul. Pour une GS1200 chargée à bloc, il vaut mieux commencer dès maintenant à soulever de la fonte.

de certains pays comme l'Ouzbékistan ; sinon vous pourriez être suspecté de trafic de drogue.

Pour les conseils sanitaires généraux ou particuliers à un pays, qui sont communs à tous les voyageurs, référez-vous à un guide de voyage qui comprend une section à ce sujet ou au site du ministère des affaires étrangères. Pour la France :

www.diplomatie.gouv.fr/fr/conseils-aux-voyageurs/conseils-par-pays/

Eau

C'est à la fois un problème de logistique et une des causes principales de maladie, que ce soit une simple « tourista » ou une dysenterie plus grave, surtout dans les pays tropicaux. Dans les pays froids, il est beaucoup plus facile de trouver de l'eau propre, les rivières du nord de la Sibérie ou de la Scandinavie sont en général potables. En Inde ou en Afrique noire, c'est beaucoup plus compliqué. Les touristes qui débarquent à New Delhi suivent à la lettre les conseils de leur Lonely Planet : lavage de main avec une lingette, eau en bouteille scellée, pas de légumes crus, pas de fruits déjà pelés... Est-ce vraiment justifié ? après tout, les locaux boivent l'eau du robinet et mangent des salades tous les jours et ils ne s'en portent pas plus mal. Oui, mais eux sont habitués, leur estomac a construit des défenses contre les bactéries locales et tout se passe bien pour eux – en général (même s'il leur arrive aussi d'être malade).

Un des avantages de voyager par la route, lentement, est que le passage d'une région à l'autre se fait progressivement, sans le choc d'une arrivée en avion et le passage sans transition de notre monde aseptisé aux *bouis-bouis* de bord de route. En prenant la route et en mangeant de manière locale, vous allez habituer progressivement votre organisme à des conditions d'hygiène de plus en plus précaires. Prenons par exemple un voyage d'Europe en Inde : il n'y a aucun problème sanitaire jusqu'en Turquie, où il n'est pas impossible de tomber sur un kebab mal cuit ; en Iran, les conditions se dégradent un peu plus en direction du sud, mais c'est au Pakistan, en remontant vers le nord, que vous rencontrerez les vrais problème sanitaires. Tout cela aura pris plusieurs semaines, assez pour se construire une flore intestinale blindée et pour tenter un jus de fruits frais sans avoir acheté au préalable douze rouleaux de PQ.

Pourtant même les locaux ne boivent pas n'importe quoi : ils savent par expérience quelle eau est potable ou non (« potable » s'entend bien sûr pour un estomac habitué). Le patron du restaurant ne vous servira que de l'eau qu'il consomme lui-même tous les jours. Certains puits sont notoirement pollués et réservés au bétail ou à la douche. Lorsque vous arrivez à un puits en Éthiopie ou en Mongolie, renseignez-vous si l'eau est potable, même par geste la communication n'est pas compliquée. En cas de doute, vous pouvez toujours ajouter un comprimé de *micropur* ou la faire bouillir. Ou encore acheter de l'eau en bouteille, ou en sachet comme cela se fait de plus en plus. Dans l'immense majorité des cas, cette eau a été correctement stérilisée. Il est étonnant de voir que les Indiens de la

---

A droite : traversée d'éléphants sur une petite route hors parc près de Victoria Falls, Zimbabwe. Si vous n'êtes pas sur leur chemin ils vous ignoreront. En principe. Enfin, ne coupez pas votre moteur quand même...

classe moyenne à supérieure ne boivent d'ailleurs que de l'eau en bouteille dans leur propre pays.

Cela dit, même après avoir passé 6 mois dans ce pays, je n'ai pas été jusqu'à faire comme les Indiens, me baigner à Varanasi et boire l'eau du Gange, qui charrie les effluents des usines chimiques et des cadavres à moitié brûlés.

Animaux sauvages

A part l'humain, l'animal le plus dangereux que vous aurez à affronter est le moustique (voir la discussion sur la malaria ci-dessus), suivi de peu par les chiens. Si vous craignez d'avoir à affronter des lions et des éléphants en Afrique, des tigres en Inde ou des ours en Sibérie vous pouvez être rassurés (ou déçus, c'est selon). Les grands fauves ne se trouvent pratiquement plus que dans des parcs animaliers où il est interdit d'entrer en moto. On ne trouve pratiquement plus de lions et seulement une poignée d'élé-

phants hors des parcs en Namibie ou au Botswana, mais ils ne s'attaquent en général pas à l'humain. Les ours sont bien présents en Sibérie et en Amérique du Nord mais sur un territoire tellement grand qu'il est rare d'en croiser. De telles rencontres avec les animaux sont largement anecdotiques et les accidents sont excessivement rares. Vous aurez peut-être un doute quand un Sibérien vous demandera, très sérieux, « où transportez-vous votre fusil ? ». Les Russes ne partent pas dans la taïga sans leur fusil, mais c'est un accessoire qui n'a pas sa place sur une moto.

Le bivouac est le moment où les bêtes sauvages, très craintives, sont le plus susceptibles de vous rendre une visite, il faut donc observer les précautions d'usage : garder ses bottes avant d'explorer les alentours, ne pas laisser de nourriture accessible et secouer ses chaussures le matin avant de les mettre.

Coûts

EN VOYAGE COMME AILLEURS, l'argent est le nerf de la guerre. Que l'on soit riche ou pauvre, son budget sera forcément limité et aura une incidence directe sur le choix de la destination. Le Japon, l'Australie, le Chili, la Scandinavie vous mettront sur la paille bien plus vite que l'Inde, la Bolivie ou l'Éthiopie. Dans certaines régions c'est l'essence qui représente de loin le plus gros poste de dépense alors que le coût de la vie est bon marché. Ce sera alors l'occasion de s'arrêter pour rencontrer les habitants et prendre le temps de découvrir le pays. D'autres pays au contraire sont tellement chers qu'il vaut mieux les traverser au plus vite sans trop s'attarder.

Les différentes manières de voyager font que les budgets de chacun seront totalement différents. Les hôtels au Chili par exemple sont très chers mais les baroudeurs qui campent tous les jours s'en tirent à bon compte. En Inde les *guesthouses* simples ne coûtent presque rien, par contre les hôtels de milieu de gamme avec climatisation, télévision, etc. coûtent presque le même prix qu'en Europe. Les motards qui ont de l'argent mais peu de temps privilégieront les réservations dans les bons hôtels afin de minimiser le temps perdu à chercher un hébergement. Les baroudeurs plus *roots* qui n'ont pas de date limite pour rentrer au bercail chercheront eux à étirer leur budget le plus longtemps possible, quitte à passer une heure dans le trafic d'une grande ville à visiter plusieurs hôtels et accepter d'utiliser des toilettes à l'étage qui n'offrent pas toutes les garanties d'hygiène habituelles.

Vous ne serez pas surpris d'apprendre que le budget ne sera pas le même en Asie qu'en Australie et en Afrique qu'en Europe. Il faut savoir toutefois que l'Afrique se révèle être une destination bien plus chère qu'il paraît, car l'hôtellerie vise plus les businessmen et les ONGs que les routards. Luanda, la capitale de l'Angola, est ainsi considérée comme la ville la plus chère du monde, à cause des compagnies pétrolières étrangères qui y envoient des employés sans aucune limite de dépense, ce qui fait exploser les prix. De même, dans des pays extrêmement pauvres comme le Libéria et Timor Leste, la présence massive des ONGs rendent les hôtels inabordables.

Les frais de transport de la moto jouent également un rôle important sur le choix de l'itinéraire : le passage du Panama en Colombie va coûter aussi cher que de voyager de Colombie jusqu'au Chili. Dès lors, ne vaut-il pas mieux envoyer sa moto directement en Amérique du Sud depuis l'Europe et explorer tranquillement ce continent, plutôt que de vouloir à tout prix relier l'Alaska à la Terre de Feu et dépenser toutes ses économies dans des motels et des fast-foods américains ?

Vous trouverez dans le chapitre suivant quelques exemples de budgets détaillés qui vont permettront de calculer au mieux le vôtre en fonction de vos choix personnels.

En haut: High Tea à Darjeeling, Inde, 15 $ au lieu de 50 cents pour un thé et un *parantha* dans la rue.
En bas : restaurant « de luxe » en RDC, 1€ le repas.

Saisons et climat

S'IL EST UNE VÉRITÉ sur laquelle tous les motards seront d'accord, c'est que rien n'est plus misérable que de rouler sous la pluie. Dans certains cas pourtant il sera difficile de ne pas se mouiller: en Angleterre évidemment, mais aussi en Patagonie ou en Sibérie, il pleut à peu près tout le temps, impossible d'y échapper (cela fait partie les routes non goudronnées peuvent devenir tout simplement impraticables. Les pluies d'Afrique équatoriale et d'Amazonie sont plus étalées sur l'année, mais il existe quand même des saisons plus humides que d'autres. Ceci dit, être mouillé n'est pas la fin du monde, surtout quand il fait très chaud et que l'on est prêt à rester sur les grands axes

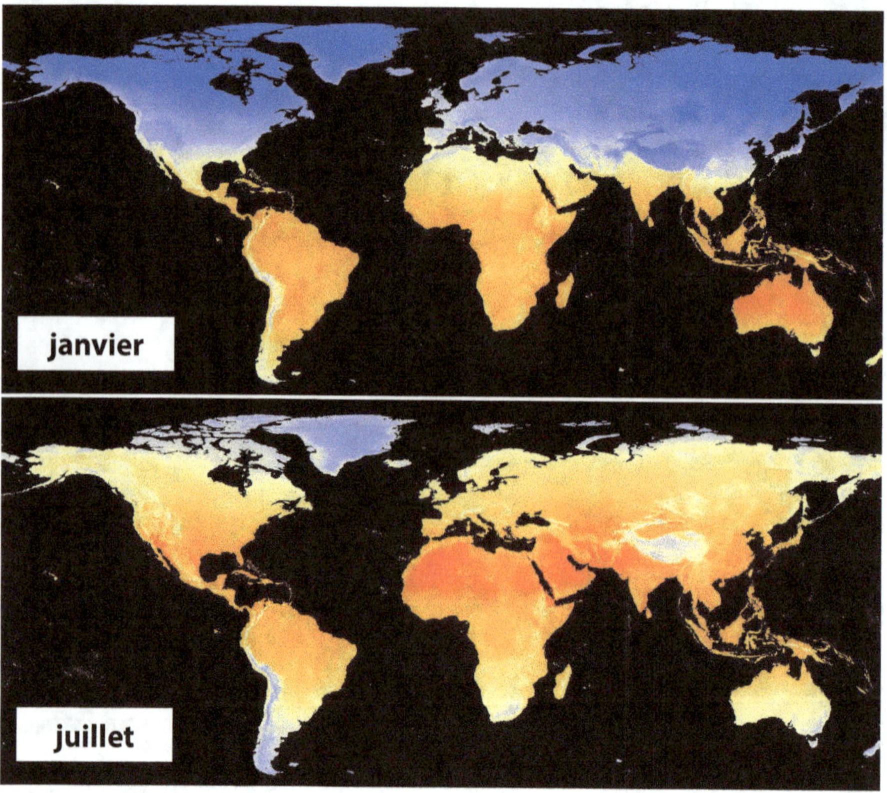

du charme du pays vous diront les habitants). Quand la saison des pluies est bien marquée, comme c'est le cas notamment pour la mousson du Sud-Est asiatique, on aura tout intérêt à essayer d'éviter cette période, pas seulement pour le confort, mais surtout parce que routiers. De plus, les ciels d'orage sur la savane africaine en saison des pluies dépassent en beauté tout ce qu'on peut voir en saison sèche.

Il est également difficile de juger de la résistance de chacun à la chaleur

Ci-dessus: quantité de pluies, **à droite**: températures moyennes.

ou au froid. Il n'en reste pas moins que personne ne se réjouira à l'idée de traverser le Soudan en été ou la Patagonie en hiver. Au pire le voyage est tout simplement impossible : la Sibérie n'est libre de neige et de glace que deux ou trois mois par année ; la route Manali - Leh au Ladakh ferme pendant les mois d'hiver. En plein été dans le Sahara, le motard consomme facilement plus d'eau par jour qu'il ne peut raisonnablement en transporter.

intercontinentale, les numéros se référant à la carte 3, p. 40.

Asie du Nord et centrale (1). La « fenêtre de tir » pour traverser la Sibérie est particulièrement restreinte : au nord elle se réduit aux mois de juillet et août. En dehors de cette période, les températures chutent au-delà de ma zone de confort minimale. La Mongolie n'est praticable guère plus longtemps. En revanche les plaines de l'Asie centrale (2)

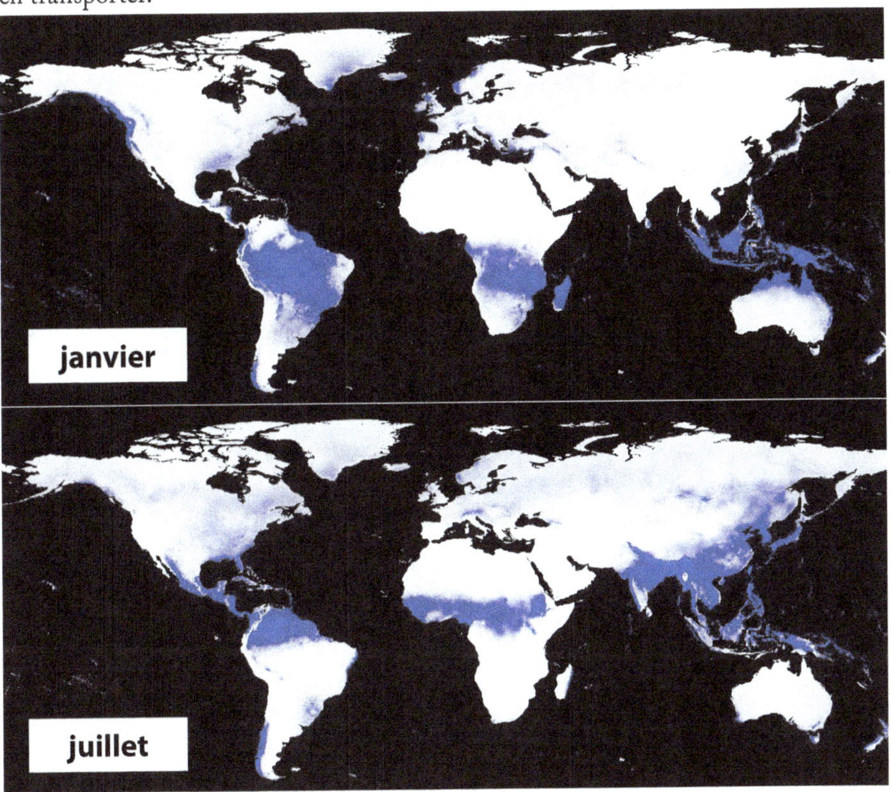

Pouvoir choisir la date de son départ en fonction de son itinéraire facilitera énormément le voyage. Vous trouverez dans la deuxième partie de ce livre une description des conditions climatiques dans les différentes régions du monde. Je me contenterai d'esquisser ici le planning que je choisirais pour chaque route

sont accablées par une canicule étouffante en plein été. Il est donc recommandé de partir à la fin du printemps d'Europe et de relier assez rapidement la Sibérie du nord (pour la Kolyma), puis revenir sur ses pas et traverser la Mongolie en août-septembre. Le retour par les « stans » est alors agréable en automne – sauf pour le Pamir, du fait de son al-

titude élevée. De fait, il semble difficile de pouvoir parcourir à la fois la Kolyma Highway, la Mongolie et le Pamir dans la même saison, à moins de passer ses journées exclusivement à rouler.

L'été est donc la meilleure saison pour partir en Asie du Nord et centrale ; au printemps beaucoup de rivières sont encore en crue et rendent les passages à gué plus difficiles et au Pamir certains cols peuvent être encore enneigés ; l'automne est nettement plus frais mais encore supportable à moto, les couleurs des forêts sont magnifiques. La pluie en Sibérie et en Mongolie est relativement fréquente en été, mais à petite dose elle est la bienvenue car elle permet de coller la poussière à la route. Lorsqu'elle dure par contre, elle transforme les pistes en mares de boue infranchissables.

Asie du Sud (**3**). Le planning idéal est le suivant : partir en été quand les températures en Europe sont idéales, puis passer les hauts cols de l'Est de la Turquie et les hauts plateaux d'Iran en automne, avant la neige. La traversée du désert du Baloutchistan se fera tout naturellement au début de l'hiver pour arriver au Pakistan en saison sèche et lorsque la température y est agréable. L'Inde se visite idéalement en hiver et au printemps. Lorsque la température devient insupportable, à partir de mai et juin, juste avant que les pluies de mousson arrivent en force, les cols de l'Himalaya deviennent enfin praticables. Le Ladakh offre alors un climat sec et doux pendant tout l'été, jusqu'à la fin de la mousson. Inversement, en partant au début du printemps d'Europe, la neige

Paysages magnifiques en saison des pluies, en Tanzanie (**ci-dessus**) et au Mozambique (**à droite**)

risque encore de bloquer certains cols en Turquie et surtout l'Iran se transforme en fournaise en été; enfin, l'arrivée au Pakistan se fera en pleine mousson qui provoque souvent de graves inondations dans ce pays. Au cas où un tel planning est imposé, le voyage reste possible bien sûr mais il sera beaucoup moins agréable. Le risque serait alors de « tracer » au plus court et de ne pas profiter de ces merveilleux pays.

Dans le sens est-ouest, il faut partir au début du printemps, juste avant que les températures deviennent inconfortables en Inde et au Pakistan. Au plus chaud de l'été, il vaut mieux avoir atteint la frontière irano-turque, là où l'altitude apporte un peu de fraîcheur. L'arrivée sur la Méditerranée se fera à la fin de l'été, lorsque le gros des touristes est rentré.

Asie du sud-est. Globalement, la saison sèche est en hiver (octobre-mars) en Thaïlande, Cambodge, Laos, mais inversée en Indonésie où la meilleure période pour y voyager est l'été (juin-septembre). La température est à peu près constante tout au long de l'année, sauf éventuellement au nord du Vietnam et de Thaïlande où il fait froid en hiver sur les cols d'altitude. Les pluies de mousson sont abondantes mais durent rarement toute la journée. Il est donc tout à fait possible de rouler le matin à peu près au sec (et sur route goudronnée) et d'admirer les incroyables orages de mousson éclater depuis la terrasse d'une guesthouse l'après-midi, une bière fraîche à la main.

Amériques (4). Le planning est presque évident car contraint par les extrêmes : L'Alaska et la Terre de Feu ne sont fréquentables qu'en été, soit juillet - août dans l'hémisphère nord et décembre - février dans l'hémisphère sud. Malheureusement, juillet et août sont aussi les meilleurs mois en Amazonie et janvier - février la meilleure période en Amérique centrale. Donc à moins de faire la traversée sur 18 mois, il faudra faire certains compromis. En partant en août d'Alaska il faut viser une arrivée au début de l'automne au Mexique et en Amérique centrale, passer les mois de novembre et décembre dans les pays andins où le climat y est sec et agréable, pour arriver comme le veut la tradition en Terre de Feu pour le Nouvel-An.

Afrique (5). L'Afrique est sous l'influence de deux saisons des pluies décalées au nord et au sud de l'équateur. Dans l'hémisphère nord, il pleut en été (juin-septembre) et au sud c'est l'inverse, la saison des pluies a lieu entre novembre et mars. Entre deux, une zone très pluvieuse couvre l'Afrique équatoriale: Nigéria, Cameroun, Gabon, Congo où les routes sont souvent transformées en océan de boue pendant la grande saison des pluies, de juin à septembre. La côte est, au niveau de l'équateur (Kenya et Ouganda), est nettement moins arrosée et surtout les routes y sont meilleures, la saison des pluies ne pose donc pas autant de problèmes.

En été le Sahara et le Sahel sont trop chauds pour en profiter. En Afrique australe, l'hiver (juin à septembre) est la meilleure période avec des journées ensoleillées et douces en Namibie et dans le Nord de l'Afrique du Sud – quoique les nuits puissent être glaciales sous tente. C'est également la meilleure période pour un safari dans les parcs, quand les animaux se pressent autour des trous d'eau pour s'abreuver. La région du Cap a un climat plutôt méditerranéen, mais aux saisons inversées par rapport à l'Europe: beau d'octobre à mars, froid et pluvieux de mai à septembre.

Il n'y a donc pas de planning parfait pour la traversée du continent, il faudra forcément traverser un passage humide que ce soit dans le sens nord-sud ou sud-nord. Habituellement, le départ pour la côte Ouest (5a, 5b) se fait au tout début de l'année en Europe, quitte à grelotter le long de la Méditerranée et jusqu'au sud du Maroc. On atteint ainsi les pays du Sahel avant les grandes chaleurs d'avril - juin, pour ensuite traverser les routes difficiles du Cameroun, du Gabon et du Congo avant le début des pluies en juillet, subir la fin des pluies en RDC ou en Angola sur des routes pas trop mauvaises pour atteindre la Namibie et le Botswana en hiver (juillet - août). Pour un tour complet, la remontée le long de la côte Est (5d) se fait dans la foulée, à travers un bref épisode pluvieux en Tanzanie ou au Kenya, pour viser une arrivée en Éthiopie en hiver (janvier à février), la meilleure saison, puis une traversée du Sahara juste avant les grosses chaleurs.

Australie (6). De part sa taille continentale, l'Australie connait plusieurs climats contrastés: le Nord subit des pluies tropicales en été (octobre à mai) et retrouve en hiver (mai à septembre) un climat agréable, sec et doux. Le Sud et les villes de Sidney et Melbourne vivent par contre des hivers frais et humides; la meilleure période y est de novembre à mars. Au centre, les déserts sont écrasés sous un soleil de plomb en été (novembre-mars), ils sont bien plus agréables en hiver. Le pays est donc attractif toute l'année en migrant d'un côté à l'autre en fonction des saisons.

Langue

Ce que je déteste le plus à l'étranger, c'est que les gens parlent pas français. Et selon les pays où on va, ils parlent pas le même étranger.

Coluche, les vacances

DE RETOUR DE VOYAGE dans un pays lointain, une des premières questions que l'on m'a posée est : « comment arrivais-tu à te faire comprendre ? comment te débrouillais-tu dans la vie de tous les jours ? » Une virée en Italie ou en Croatie n'a jamais fait peur à aucun motard, même s'il ne parle aucune de ces langues, car il semble acquis que l'anglais suffit pour se débrouiller dans ces pays touristiques. Mais est-ce également le cas en Russie, en Iran ou au Soudan, par exemple ? En tant que voyageur indépendant, il est essentiel de pouvoir survenir à ses propres besoins, même les plus basiques : lire le menu dans un restaurant et négocier une chambre pour la nuit ; trouver de l'essence et demander son chemin ; commander une bière. Étonnamment, l'obstacle de la langue n'est pas insurmontable, preuve en sont les dizaines de milliers de routards et autres baroudeurs qui se débrouillent pour parcourir le monde. En tous cas, personne n'est jamais mort de faim ni de soif en Mongolie devant la carte d'un restaurant.

Un des grands émerveillements du voyageur est de réaliser la quantité d'information que l'on peut faire passer uniquement par signes et gestes, sans parler ni comprendre la langue locale, ni même déchiffrer son alphabet. Vous apprendrez vite à mettre votre fierté de côté pour mimer et imiter des bruits d'animaux afin de commander du poulet plutôt qu'un ragondin, pour le plus grand bonheur des autres clients du restaurant.

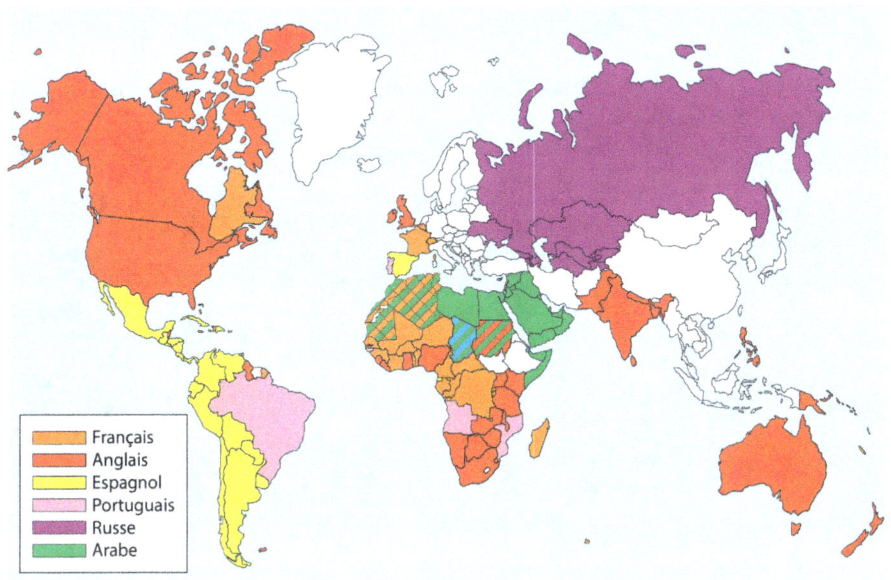

CARTE 4. Principales langues véhiculaires dans le monde

Malgré tout, il est très frustrant de traverser un pays sans pouvoir dialoguer librement avec les locaux, car ce sont les échanges qui constituent une grande partie de l'intérêt du voyage. Qui voudrait visiter un pays en ne s'arrêtant que dans des guesthouses formatées pour les étrangers de passage?

De fait, les francophones montrent une attirance naturelle pour l'Afrique de l'Ouest où le français est encore assez largement enseigné et utilisé; pour la même raison, les motards des pays anglophones sont plutot attirés par la côte Est. Et bien que ce ne soit pas indispensable, vous vous sentirez nettement plus à l'aise en Amérique du Sud en parlant l'espagnol. La réalité est que l'anglais est incontestablement la langue de communication mondiale, comme le montrent certains pays ex-francophones comme le Vietnam, où l'anglais emporte aujourd'hui la préférence des jeunes. Le voyageur s'en sort raisonnablement bien en ne parlant que l'anglais dans la plupart des pays (la Chine et… la France étant des exceptions notables). En principe, il faudrait apprendre quatre langues pour être à l'aise dans 90% des pays du globe:

■ L'anglais dans les ex-colonies britanniques, notamment dans le sous-continent indien et la plupart de l'Afrique de l'Est et du Sud où c'est une langue nationale. Ailleurs dans le monde il est souvent compris, surtout dans les lieux touristiques.

■ L'espagnol en Amérique latine même si l'anglais est également parlé relativement couramment au Panama et au Nicaragua ainsi qu'au Guyana.

En haut: Iran (farsi), **au milieu**: cri-français-anglais (Québec), **en bas**: arabe (Maroc), **à droite en haut**: hindi (Inde), **à droite en bas**: ouïghour-mandarin (Chine).

L'exception notoire étant le Brésil – ainsi que le Suriname, le Guyana et… la Guyane française évidemment.

■ L'arabe en Afrique du Nord et au Moyen-Orient. Le français est encore couramment pratiqué au Maghreb et au Liban, en tous cas par les personnes qui sont allées à l'école. Dans les autres pays arabes, l'anglais est plus ou moins bien connu, surtout dans les pays du golfe qui comptent une majorité d'expatriés. La Turquie et l'Iran ne sont bien entendu pas des pays arabes et ne parlent donc pas cette langue.

■ Le russe en Asie centrale. Il était obligatoire à l'école jusqu'en 1990 et, depuis lors, il reste la *lingua franca* des pays de l'ex-Union Soviétique, vu l'influence du géant russe et le nombre de travailleurs des pays voisins qui vont chercher du travail en Russie.

Le mandarin a beau être la langue la plus parlée au monde, elle est peu utile dans les pays accessibles en moto, à part en Malaisie et à Singapour. Le sud-est asiatique est très touristique et l'anglais est parlé dans les grandes villes et les principaux sites touristiques. Il est de plus en plus rare de trouver un vieillard parlant encore le français au Cambodge ou un lusophone à Macao.

Pour résumer, des connaissances de base de l'anglais sont indispensables pour faire un tour du monde. Apprendre quelques mots de base de la langue locale ou officielle prend peu de temps et permet d'aborder les gens plus facilement. Même sans comprendre le russe, apprendre l'alphabet cyrillique n'est pas si compliqué et permet au moins de lire les panneaux de signalisation, ou de décrypter le menu dans un restaurant. Heureusement, la plupart des panneaux dans les pays arabes sont traduits en anglais, car l'écriture arabe ou persane ne s'apprend pas en un week-end.

ŞARKÜTERİ

La principale difficulté quand on ne parle pas la langue du pays est peut-être de remplir la paperasse administrative à la douane. Parfois les formulaires ne sont imprimés que dans une langue – russe, persan, arabe – et il faut alors deviner comment les remplir. Heureusement, les douanes sont fréquentées par les routiers qui sont une aide précieuse car ils parlent en général plusieurs langues. Parfois un employé de douane aura pitié et remplira pour vous les formulaires, mais pour dire la vérité, un douanier sympathique est à peu près aussi courant qu'un coca frais en Afrique. De plus, dans le cas d'un passage en moto, il est en général nécessaire de remplir une fiche avec les caractéristiques du véhicule et les douaniers sont bien incapables de déchiffrer les centaines de types de cartes grises du monde entier.

Heureusement, passé la douane, une fois entré dans le pays, tout se passe

En haut : pour le turc, il faut le prononcer à haute voix pour le comprendre.
En bas : parfois le message est facile à comprendre (Tadjikistan).

Dans certains cas, il semble que le fait de pouvoir communiquer dans la langue locale est un avantage, comme dans mes multiples rencontres avec la police ou les douanes du Congo, supposées être les plus corrompues du monde, mais avec qui je n'ai eu finalement aucun problème. Pouvoir plaisanter, raconter des histoires, poser des questions, permet de détendre l'atmosphère et détourner une conversation qui s'amorçait sur de mauvaises bases, causées par un excès de vitesse, un papier manquant ou une demande un peu appuyée de «cadeau». D'autres voyageurs anglophones sont revenus de ces pays avec de très mauvais souvenirs. Même si souvent les problèmes viennent d'une mauvaise attitude des voyageurs, la barrière de la langue rend certainement les négociations plus compliquées.

Le contraire est également vrai : parfois une bonne dose de mauvaise foi et une incompréhension feinte (ou réelle) de la langue du représentant de l'ordre permet de s'en sortir avec un haussement d'épaule et un geste agacé de ce dernier. Il est par contre beaucoup plus difficile de se débarrasser d'un vendeur insistant, les meilleurs étant capables de vous attirer dans leur magasin dans 6 ou 7 langues différentes «pas pour acheter, juste pour le plaisir des yeux!»

Certains restaurants ont la bonne idée de faire des menus avec des photos pour les touristes. D'autres s'essaient à des traductions hasardeuses. Mais comment faire lorsque le restaurant n'a ni menu, ni plat préparé à l'avance, ni d'autre client. Ce fut le cas en Mongolie où, après moultes gesticulations, j'ai fini par pointer du doigt une cuisse de mouton qui traînait dans la cuisine pour que plus d'une heure plus tard apparaisse une soupe avec des raviolis de mouton confectionnés entièrement à la main. Au Tadjikistan, en entrant dans un boui-boui d'un petit village de montagne, j'ai vite réalisé que, à part une collection conséquente de bouteilles de vodka, tout ce qui était disponible était quelques patates et une demi-douzaine d'œufs. Inutile de maîtriser la langue pour comprendre que mes options étaient limitées.

(1) «je ne comprends pas», en russe, à prononcer «ya niè panimayou»

très facilement avec des gestes et de la bonne volonté des deux côtés. Pour chercher une station service, le signal universel est le pouce pointé vers le bas en direction du réservoir d'essence. Pour manger ou boire, pour dormir, les signes sont faciles à transmettre. Dans un restaurant, il n'est en général pas déplacé de jeter un œil à la cuisine et soulever les couvercles. Ou alors, pointer du doigt l'assiette d'un autre client est suffisant. La surprise n'est-elle pas une part essentielle de l'aventure ?

Conduire

LES RÈGLES DE CIRCULATION sont à peu près les mêmes dans le monde entier, à une exception près : dans les pays du Sud elles sont souvent igno-rées. Vous l'avez probablement déjà compris si vous avez traversé Naples ou Athènes, voire Marseille. Il n'est donc pas nécessaire de partir à l'autre bout du monde pour devoir adapter sa façon de conduire. A première vue, la circulation à Bombay, à Kinshasa ou à Lima semble s'affranchir des règles les plus élémen-taires et surtout défier tout sens com-mun. Et pourtant elle répond toujours à des règles non écrites qu'il faut com-prendre pour se sentir plus à l'aise. Pour un Suisse qui arrive de Genève c'est un peu déstabilisant, mais si vous avez assi-milé la manière de conduire sicilienne, vous pourrez aborder Téhéran ou Mexi-co relativement sereinement.

Amérique du Nord

Si vous arrivez directement en Amé-rique ou au Canada, vous constaterez que les conducteurs sont très calmes et respectueux, même plus que chez nous, donc c'est très relaxant. Il faut toutefois connaître quelques règles qui leur sont spécifiques : d'abord, les feux de stop sont placés au milieu du carrefour, ce qui veut dire qu'il est autorisé de tourner à droite même lorsque celui-ci est rouge, sauf quand il est marqué *no right turn on red*.

Vous verrez sur certaines autoroutes une voie marquée *HOV* ou *Carpool lane* : celles-ci sont réservées aux voitures oc-cupées par deux (ou trois) personnes au minimum. Toutefois, les motos ne sont pas concernées et peuvent rouler sur ces voies.

Comme les limitations de vitesse aux USA sont exprimées en mph, il faut faire la conversion mentalement :

35 mph = 55 km/h (en ville)

55 mph = 88 km/h (route normale)

65 mph = 104 km/h (autoroute)

75 mph = 129 km/h dans certains états du Sud.

Les ronds-points sont pratiquement inconnus aux USA, à la place ils ont in-venté le concept de *4-way stops* : un croi-sement avec des panneaux de stop sur les quatre routes. Cela semble bizarre, mais dans les faits cela marche très bien (quoique je ne sois pas sûr que cela soit applicable à Marseille). Comme pour tout stop, il faut systématiquement s'ar-rêter, attendre que les voitures qui sont arrivées avant vous redémarrent, puis démarrer vous même, chacun passant dans l'ordre dans lequel il est arrivé.

Finalement, sachez que si vous rou-lez derrière un bus scolaire, comme les bus jaunes que tout le monde a vu dans les séries américaines, il est absolument interdit de les dépasser lorsqu'ils sont arrêtés pour laisser descendre et monter des passagers.

Ci-dessus : limitations de vitesse au Montana, USA, jusqu'en 1999.
A droite : scène habituelle sur les routes indiennes.

Survivre sur la route

Parmi les pays où la circulation est la plus chaotique, on peut citer l'Inde, le Pakistan, la Thaïlande, le Pérou et la plupart des villes d'Afrique noire. Dans ces pays il faut garder en tête deux règles de base : d'abord, chacun conduit comme s'il était seul au monde et parfois comme si sa vie dépendait d'arriver à destination le plus vite possible. Et ceci sans aucune considération pour les autres ou pour la fluidité du trafic. Cela veut dire qu'il faut rouler en s'attendant à ce que le véhicule d'en face déboîte alors que vous êtes déjà en train de dépasser et qu'il est tout à fait possible que le camion que vous dépassez tourne subitement à gauche sans prévenir (ou à droite si vous dépassez par la droite).

Oubliez les règles de priorité que vous avez apprises. La deuxième règle est : le plus lourd a toujours la priorité. Si un bus arrêté à un stop voit arriver une moto sur la route principale, il n'est pas impossible qu'il démarre quand même. Pour corser le tout, dans certains pays les conducteurs semblent apporter peu d'importance à leur espérance de vie, ou à celle de leurs passagers. Pour les hindouistes notamment, la date de la mort de chacun est prédestinée et la réincarnation promet une meilleure vie future. Pour nous occidentaux par contre, le soin tout particulier que nous portons à devenir vieux nous poussera à prendre certaines précautions dans ces pays. Il faut toujours anticiper les réactions les plus stupides et toujours garder une possibilité de les éviter. Notez que le concept de courtoisie, ou ce que l'on considérerait comme la plus élémentaire politesse, est totalement étranger à la plupart des conducteurs de ces pays, alors inutile de vous énerver si une voiture vous coupe la route, cela fait partie du jeu. Par exemple, beaucoup de voitures roulent pleins phares, sans se préoccuper du problème de sécurité que cela pose pour les véhicules arrivant en sens inverse. Dans ce cas les appels de phares sont totalement inutiles, le conducteur ne voyant même pas où est le problème.

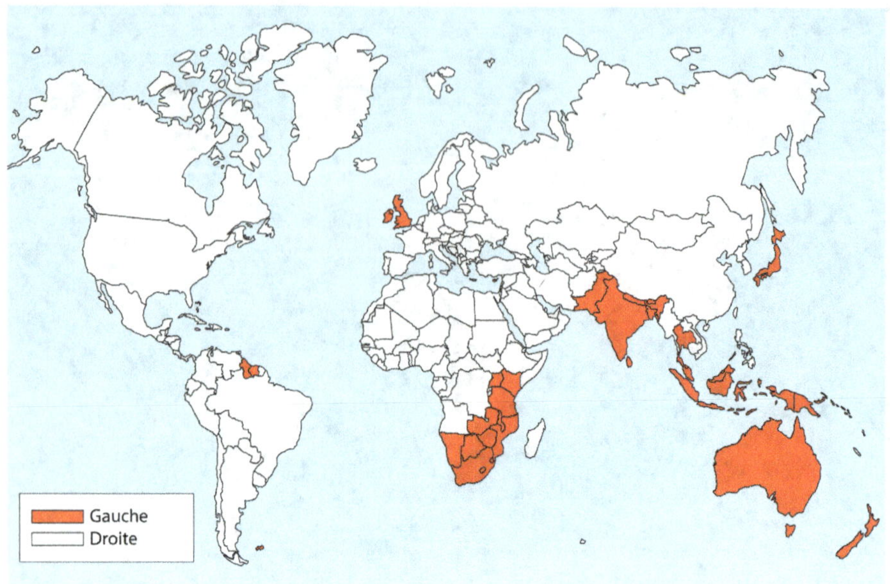

CARTE 5. Sens de conduite dans le monde

Le plus important dans ces pays est de rouler calmement et sans mouvement brusque, afin que les autres usagers puissent anticiper vos mouvements. Si une voiture croise juste devant vous, ne donnez pas un coup de frein brusque : il est probable qu'une autre voiture vous suive à quelques mètres et qu'elle soit incapable de réagir à temps. Contrairement à chez nous, les gens ne roulent pas agressivement, par contre ils n'ont aucune marge d'erreur. Ils ont l'habitude de se croiser à quelques centimètres sans sourciller. Pour nous, c'est plus difficile à supporter, mais impossible à éviter. Si vous laissez une distance de sécurité minimum de dix mètres avec le véhicule précédent, la voiture qui vous suit va forcément doubler et se rabattre à quelques centimètres devant vous, en vous serrant contre le fossé s'il n'y a pas vraiment la place, et cela même s'il y a une longue file de voitures devant vous et qu'il semble improbable de pouvoir toutes les dépasser. Il vaut parfois mieux rouler plus vite que les voitures et les dé-

passer, c'est peut-être la seule solution pour ne pas en avoir une qui vous colle à deux mètres derrière votre roue arrière, ce qui est, il est vrai, un peu stressant et surtout énervant.

Dans la plupart des villes d'Afrique noire ou du Pakistan, les feux rouges et les sens interdits sont purement indicatifs. Inutile de s'arrêter alors que tout le monde passe, cela ne ferait qu'ajouter à la confusion. C'est plus simple quand un policier règle la circulation, il suffit alors de suivre ses indications (du mieux qu'on les comprenne). Il arrive aussi parfois que certains feux soient respectés, probablement parce que les locaux ont compris que cela aide à fluidifier le trafic ; dans ce cas, mieux vaut suivre cette règle pour ne pas se retrouver sous un camion.

Vous serez peut-être surpris de voir que les automobilistes évitent soigneusement les flaques d'eau en ville, lorsqu'il pleut : ce n'est pas pour ne pas salir leur voiture, c'est simplement parce que dans les pays pauvres beaucoup de plaques d'égout manquent (on les vole pour re-vendre le métal). Il y a un réel risque de tomber dans un trou lorsque les bouches d'égout sont recouvertes d'eau, ou quand il fait nuit.

Droite ou gauche ?

Tout le monde sait que les Anglais conduisent du mauvais côté de la route, mais c'est aussi le cas dans beaucoup de leurs ex-colonies notamment et il faudra bien vous y habituer. Même si c'est un peu déstabilisant au départ, ce n'est vraiment pas un problème, il est étonnant de constater la vitesse à laquelle cela devient naturel. Le véritable piège est au moment de repartir le matin sur une route déserte, en mode automatique et de se rabattre à droite au moment de croiser un autre véhicule. Lorsqu'il y a du trafic, il est très facile de s'adapter, quoique dans certains pays comme l'Inde, les véhicules circulent un peu des deux côtés selon l'état de la route.

Certains passages de frontières sont tellement isolés qu'il est difficile de s'adapter au changement de sens de conduite. En partant de Moyale en Éthiopie vers Marsabit au Kenya, vous pouvez rouler toute la journée sans croiser de véhicule. Et quand vous en rencontrez un, ce sera peut-être sur une double-track où les règles sont que c'est le plus gros qui décide. Après le col de Khunjerab depuis la Chine vers le Pakistan, les premiers 80 kilomètres ne sont empruntés que par des camions chinois qui ont tendance à garder leur sens naturel de conduite ; donc au moment de croiser il faut vite décider si ce sont les règles chinoises ou pakistanaises qui s'appliquent.

Finalement, signalons une bizarrerie : en Bolivie, sur la route des Yungas (p. 331), il est de règle de circuler à gauche, afin que les chauffeurs de camions puissent placer leurs roues à quelques centimètres du précipice au moment de croiser...

Notez qu'en traversant la Russie, plus on s'approche du Pacifique et plus on rencontre de voitures avec la conduite à droite. En effet, en Extrême-Orient russe, les véhicules d'occasion importés du Japon sont moins chers que les voitures européennes. Jusqu'ici, les autori-

Ci-dessus : accident sans conséquence au Mozambique. Une voiture m'a percuté par l'arrière. Le conducteur était très clairement fautif, et comme il travaillait pour une entreprise, il était correctement assuré. Après quelques heures au poste passées à expliquer la situation, le problème a été réglé dans l'atelier de mécanique du patron. Le règlement par l'assurance aurait pris des semaines.

tés russes ont refusé d'adapter les règles de circulation à cet état de fait, donc une grande partie des automobilistes ont des difficultés à dépasser – mais cela ne les empêche pas pour autant de tenter de doubler de façon suicidaire.

Accident

Que faire en cas d'accident? Vous avez acheté une assurance, donc il faut faire un constat et les assurances paieront… faux! Dans les pays les plus pauvres, cela ne se passe en général pas comme ça. D'abord, beaucoup de véhicules ne sont pas assurés et, s'ils le sont, l'assurance ne paie pas forcément. Mais surtout, et c'est malheureux, quand un étranger est impliqué dans un accident, c'est quasiment automatiquement de sa faute. C'est surtout vrai en Inde et en Afrique où les exemples ne manquent pas d'overlanders qui ont été jetés en prison sans se préoccuper de savoir qui était en tort. Et dans le pire des cas où un piéton est tué par une voiture d'Européens, ceux-ci peuvent être lynchés par les passants avant que la police n'intervienne.

Dans ces pays, le droit du sang est prédominant. La mort accidentelle d'une personne, mais aussi une blessure se paient en argent comptant. Souvent la prison sert à faire pression sur les étrangers pour obtenir le paiement rapide d'un règlement «à l'amiable» du dommage. Même si le conducteur n'était absolument pas fautif. C'est difficile à accepter mais cela fait partie des règles de fonctionnement dans ces pays extrêmement pauvres.

Dans certains pays, lorsqu'une personne en blesse une autre, elle doit assumer tous les frais médicaux et hospitaliers jusqu'à sa guérison, ce qui peut s'avérer être plus cher que le prix à payer s'il avait tué cette personne. D'où des

rumeurs de conducteurs qui tentent d'achever leur victime si elle est gravement blessée…

Ce système peut être également être perverti par des gens dans le dénuement le plus total qui se jettent sous les roues d'un véhicule pour espérer toucher un dédommagement! A cause de toutes ces histoires un peu macabres, vous entendrez peut-être certains vous recommander de vous enfuir en cas d'accident, mais si par malheur cela vous arrivait, je pense qu'il serait très difficile d'abandonner un blessé sans lui porter secours. Ce n'est en tous cas pas une pratique que l'on peut recommander. Il vaut mieux essayer de trouver un arrangement avec la famille et ne faire intervenir la police que si la situation s'envenime. Dans ces cas là, avoir une petite réserve de dollars bien cachée est très utile.

Vous trouverez également p.356 quelques conseils pour éviter de payer trop de backchichs en cours de route.

Alcool

L'ALCOOL ET LE VOLANT ne font pas bon ménage, inutile de le dire, mais c'est d'autant plus vrai dans certains pays où boire est un acte social incontournable. Je pense à la Russie en premier lieu, où il n'est pas rare de voir des conducteurs titubant aller s'asseoir derrière le volant, ou des chauffeurs de poids-lourds s'arrêter à neuf heures du matin pour boire une petite vodka avant de repartir. C'est donc un danger de plus pour le motard dans ces pays.

Le problème est bien moins important dans les pays musulmans, mais pas inexistant car l'alcool est tout de même consommé en cachette et souvent de nuit. Même dans les pays où l'alcool est totalement illégal, comme en Mauritanie ou en Iran, l'alcool de contrebande est relativement facile à trouver (notez que même en Iran, les chrétiens ont le droit de boire de l'alcool).

A part les pays musulmans, l'État du Gujarat en Inde interdit également la vente et le consommation d'alcool. De

manière générale, l'hindouisme proscrit l'alcool, alors que les sâdhus (des hommes saints) ont le droit légalement de fumer du haschisch... question de culture.

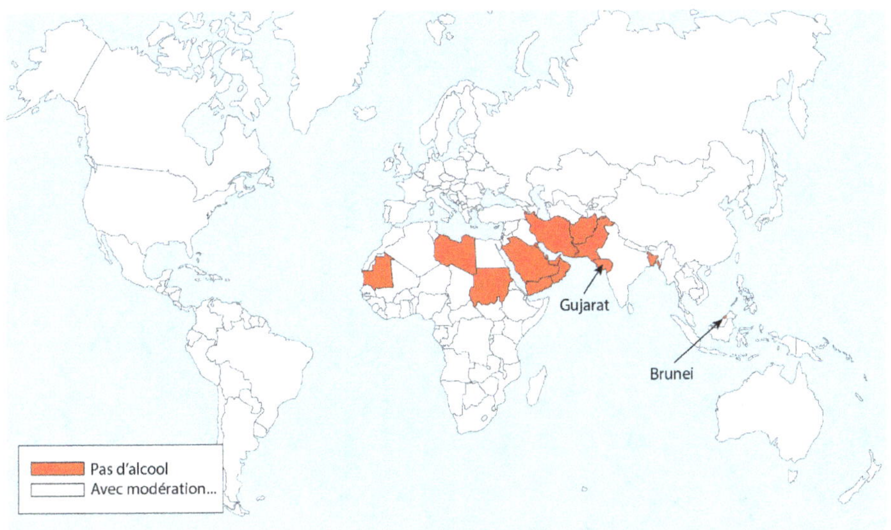

CARTE 6. Pays où l'alcool est interdit

Celui qui a une maison n'en a qu'une, celui qui
n'en a aucune en a mille.
Proverbe indien

3

Budget

Ce n'est pas un scoop, un des facteurs qui déterminera (et limitera) le voyage est l'argent. Une des questions qui est le plus souvent posée est: combien coûte un voyage autour du monde?

Avec un budget illimité, il est possible de s'acheter la dernière BMW avec toutes les options, de loger dans des hôtels confortables et engager des guides pour traverser les pays difficiles. La firme bavaroise d'ailleurs fait son beurre avec des clients aisés qui ne considèrent que le plus beau et le plus cher. D'un autre côté, il est parfaitement possible de partir avec une bonne vieille Africa Twin et dormir sous tente ou chez l'habitant. Les budgets seront radicalement différents, mais qui aura le plus de plaisir finalement? Et qui vivra la plus belle aventure?

Certaines dépenses sont incontournables, notamment les visas, les transports en bateau ou en avion, l'essence. Mais là aussi tout dépend de la destination choisie. Pour traverser la Chine avec son propre véhicule, il en coûte au minimum 1000 $ pour obtenir les autorisations, plus environ 100 $ par jour pour un guide avec sa voiture: il se trouve que pour certaines personnes fortunées c'est tout à fait raisonnable. Autre exemple de la diversité des budgets: il est possible d'acheter une Royal Enfield en Inde et rouler là-bas pendant trois mois pour le prix d'un safari de deux semaines au Botswana.

Le budget n'est que rarement une raison de renoncer à vivre l'aventure à moto – au contraire, vivre avec un budget réduit pousse l'aventurier dans ses derniers retranchements: camping sauvage, repas pris dans une gargote sur le trottoir, chambres chez l'habitant… tout cela fait partie du jeu. Le but de ce chapitre est d'examiner les différents postes de dépenses, leur influence sur votre voyage futur et comment les limiter. Mais commençons par les rentrées d'argent, car de ce côté les options sont très limitées.

Sponsors et dons

Trouver un ou des sponsors est une tâche très difficile. Il ne faut pas croire que coller quelques autocollants sur sa machine

---

Pas cher

Lorsque je suis revenu de mon voyage à travers l'Asie, un ami m'a demandé combien cela avait coûté. Je n'en avais pas une idée précise, mais j'avais compris le sous-entendu: comment est-ce que je peux me l'offrir? Avant de partir, j'avais un boulot bien payé mais je ne roulais pas sur l'or non plus. Il se trouve que mon ami venait de changer de voiture, il s'était acheté une petite Audi.

«Combien elle t'a coûté ta nouvelle voiture?»

Il me donna un nombre à 5 chiffres.

«Et bien pour ce prix, tu peux voyager et vivre pendant 2 ans sur la route à travers l'Asie, tout compris.»

Cela remet les choses en perspective: tout est une question de choix de vie.

---

suffit pour toucher de l'argent des fabricants de pneus ou d'essence. Pour avoir le luxe de voyager au frais d'un sponsor, il faut être connu et avoir une forte présence médiatique. C'est le cas d'une très petite catégorie de motards sponsorisés par KTM ou Touratech. Pour le commun des mortels, obtenir de l'argent de grosses compagnies est mission impossible. BMW par exemple vend déjà ses modèles comme des petits pains à des motards qui ne l'amèneront pas plus loin que les Alpes ou les Pyrénées : à quoi leur servirait de payer un motard pour traverser l'Afrique ? Vous aurez plus de chance avec un petit fabricant ou un vendeur d'accessoires ou de matériel de camping, mais dans ces cas il s'agit plus de dons que d'une véritable recherche de retour sur investissements.

Il est fréquent de voir des motards partir sans grosse mise de fonds propres et financer leur voyage par des dons. Il existe beaucoup de moyens d'y parvenir, depuis la vente de t-shirts et d'autocollants jusqu'à la demande simple de dons à travers un site internet. Cela marche étonnamment bien, témoins en sont les voyageurs qui n'ont pas de scrupules à faire la manche non pas pour vivre, mais pour se faire payer des vacances et le voyage de leur vie.

Souvent le budget temps est plus difficile à trouver que le budget financier, si l'on désire garder son emploi. Comme tout coup du sort a un bon côté, un licenciement avec un bon plan social peut être une source à la fois de temps libre et du cash nécessaire à entreprendre un grand voyage. A condition de ne pas avoir de famille à charge et de ne pas avoir peur de devoir chercher du travail à son retour.

Double-page précédente : Pas de carte ni de chèque en Guinée.
Ci-dessus : Voilà pourquoi les Congolais préfèrent les dollars aux francs.

La moto

Il est possible de partir avec son véhicule actuel sans débourser un centime, ou alors aller chez un concessionnaire Béhème avec 20 000 € en poche et repartir avec ce qu'ils ont de mieux en magasin. Plus raisonnablement, une Africa Twin ou une Ténéré en bon état se vend d'occasion pour 1500 à 3000 €. La question à se poser est : combien de mois de plus pourra durer le voyage pour la différence de prix entre une moto neuve et une bonne occasion ?

En plus du prix d'achat de la moto s'ajoute celui du carnet de passage, au cas où vous en auriez besoin (p. 147). Pour traverser l'Égypte, notamment, il faut déposer 250 % du prix du véhicule, ce qui n'est pas trivial pour une moto neuve.

L'équipement

Il est tentant de prendre les catalogues Touratech et Vieux Campeur et de faire chauffer sa carte bleue. Pourquoi pas ? Néanmoins si vous êtes déjà équipé pour un voyage d'un mois en Europe, vous êtes quasiment prêts pour un tour du monde. Les besoins sont les mêmes, la seule différence est la qualité du matériel : une tente ou un réchaud premier prix ne tiendront pas aussi bien la distance s'ils sont utilisés tous les jours pendant une année qu'un week-end de temps en temps. Sous nos contrées, il est parfois plus avantageux de choisir du matériel de bas de gamme et de le remplacer par du neuf dès qu'il est cassé ; toutefois dans de nombreux pays il est tout simplement impossible de trouver du matériel adéquat, même de mauvaise qualité. Il faut alors commander à l'étranger et se faire envoyer l'équipement sur place à grands frais. Mieux vaut donc miser sur la qualité avant de partir.

Le bon côté de la situation est que dans les pays pauvres, il est possible de faire réparer presque n'importe quoi. Alors que chez nous une pièce défectueuse part souvent à la poubelle, ces pays ont conservé (par nécessité) l'art de faire revivre les pièces cassées. Il suffit de se promener dans un marché ou un bazar pour constater le nombre de personnes qui vivent de cette activité. Les couturiers, les cordonniers ainsi que les réparateurs de téléphones mobiles notamment sont faciles à trouver.

Le transport

Ah, rouler de l'Alaska à la Terre de Feu… ! C'est tentant, mais évidemment il faut faire franchir l'Atlantique à la bête. Compter dans les 1000 $. Plus le billet d'avion pour le pilote et éventuellement le passager si vous êtes en couple. De même pour le transport en avion entre Panama et la Colombie. Et au moins autant pour le voyage retour. Par contre, prendre le ferry entre l'Espagne et le Maroc est très abordable ce qui fait que l'Afrique de l'ouest est plus accessible financièrement que le Brésil ou la Canada. Pour l'Australie c'est encore pire, non seulement le voyage est très cher, mais la vie sur place n'est pas donnée non plus.

Les visas

L'Europe est un beau terrain de jeu et les traversées de frontières ne se remarquent presque pas. Il est même possible de rouler jusqu'en Géorgie sans visa ni papier particulier. Avec un seul visa russe, on peut parcourir la moitié du tour du monde, de Lisbonne à Magadan.

Voyager en Amérique (Nord et Sud) s'avère assez avantageux sur ce plan-là, car à part le Suriname, les pays se traversent sans visa préalable pour les Français et la plupart des Européens.

La situation est différente en Afrique, où le budget visa prend très vite des proportions importantes. A part le Maroc, la Tunisie ou l'Afrique du Sud, quasiment tous les pays africains font payer l'entrée dans leur pays. Et c'est plutôt cher : de 20 $ à plus de 100 €, voir bien plus selon les nationalités. Comptez 900 à 1200 € pour une descente de la côte Ouest selon l'itinéraire choisi, au minimum 250 € sur la côte Est. A ce rythme-là vous aurez également vite épuisé toutes les pages de votre passeport, il faudra donc en acheter un nouveau à l'ambassade la plus proche, ce qui prend du temps et coûte également plus cher que dans le pays d'origine (comptez une centaine d'euros). S'ajoutent à cela les séjours dans les capitales pour faire le tour des ambassades ainsi que les assurances et éventuellement les passe-avants (permis d'importation). Contrairement aux idées reçues, l'Afrique n'est pas une destination très bon marché de manière générale et ses capitales encore moins.

En Asie du sud-est, les formalités ne sont pas compliquées et les prix des visas raisonnables. Les pays d'Asie centrale ont hérité de la bureaucratie soviétique et l'entrée y est un peu plus chère. Toutefois, il est bon de voir des pays comme le Kirghizstan autoriser l'entrée sans visa aux Européens. Ils ont compris que sans pétrole, une de leur principales sources de devises sont les touristes et qu'il faut les inciter à venir pour leur faire dépenser leur argent dans le pays.

Les visas sont souvent utilisés comme armes de rétorsion vis-à-vis de pays occidentaux qui imposent des restrictions draconiennes pour les ressortissants des pays les plus pauvres. Il n'est donc pas rare d'avoir des frais de visa variables selon les nationalités, ou la levée de l'obligation de visa pour certaines. Pour compliquer le tout, les différentes ambassades pratiquent parfois leur propre tarif et des conditions d'entrée variables. Et tout cela est bien sûr

Prix des visas

A titre d'exemple, j'ai acheté un visa pour le Nigéria au Cameroun. Les prix sont affichés sur la porte. Pour moi c'était 50 000 CFA (environ 75 €) et pour un Italien… 218 000 CFA ! D'autres voyageurs venant du nord ont acheté leur visa au Ghana : ils ont payé 100 $ de visa, plus 30 $ de frais et encore 70 $ parce qu'ils n'étaient pas résidents !

Le visa pour le Cameroun est disponible très facilement à Brazzaville au Congo, contre deux photos et 50 000 CFA (75 €). Le jour suivant le visa est prêt dans le passeport. Aucun souci. Pour le même visa au consulat à Marseille, il faut apporter (en plus de 100 €) un billet d'avion A/R, un certificat d'hébergement, un bulletin de salaire, un justificatif de domicile… On imagine qu'il y a relativement peu d'immigration de Français au Cameroun pour y chercher du travail : ce sont donc purement des mesures de rétorsion pour s'aligner sur les exigences de l'ambassade de France envers les Camerounais.

susceptible de changer du jour au lendemain sans avertissement.

L'essence

A moins de partir en vélo, pas moyen d'y échapper, il faut mettre du charbon dans la chaudière. Mais le budget carburant peut être radicalement différent suivant le modèle de moto, le type de terrain et bien sûr, le prix de l'essence dans les pays traversés.

La consommation varie énormément d'une moto à l'autre. Les plus économiques sont les petites 125 à moteur 4-temps qui peuvent faire moins de 2 l/100 km. Mais une F800GS parvient aussi à ne consommer que 3,5 l/100 sur bonne route, avec des pneus route et à vitesse modérée. A 130 km/h avec du

vent de face, des valises, des bagages et des pneus terrain, la consommation approche des 8 l/100. Et dans le sable elle grimpe à au moins 12 l/100. Personnellement, sur 75 000 km en Afrique sur toute sorte de terrain, j'ai fait une moyenne de 4,5 l/100 avec la F800GS. Avec un KTM qui boit 6 l/100 j'aurais dû acheter 1125 litres d'essence en plus, ça commence à compter.

Le prix à la pompe est très variable d'un pays à l'autre. Par contre, à l'inverse des pays européens qui sont très sensibles aux fluctuations des prix du pétrole, les prix de l'essence dans la plupart des pays du tiers-monde sont fixés de manière centrale et varient peu. Les pays peuvent être classés dans les catégories suivantes, du meilleur marché au plus cher (les prix sont en dollars US, référence mondiale pour les produits pétroliers) :

1. **0,15 $** : Libye, Arabie Saoudite, Koweït, Qatar, Bahreïn, Turkménistan. Ce sont des pays producteurs qui subventionnent l'essence.

2. **0,30 - 0,40 $** : Égypte, Algérie, Oman, Emirats Arabes Unis. C'est à peu près le prix coûtant de l'essence.

3. **0,60 $** : Iran, Nigéria, Angola, Mexique, Malaisie, Indonésie, Bolivie, Équateur, Kazakhstan, Soudan. Ces pays producteurs doivent importer une partie de leur essence, ce qui augmente le prix de revient.

4. **0,80 $ - 1,20 $** : Russie, Azerbaïdjan, Pakistan, États-Unis, Canada, Brésil, Argentine, Afrique du Sud, Chine, Inde. L'essence est modérément taxée.

5. **1,20 - 1,50 $** : Les pays d'Afrique et d'Asie non producteurs. Il y a des exceptions, comme au Rwanda et au Malawi, où les prix sont au niveau européen et en Érythrée, où l'essence est la plus chère du monde (mais vous avez de toute façon peu de chance d'y arriver à moto).

6. **1,50 $ - 2 $** : Les pays européens, le Chili, le Japon, la Corée, l'Australie et la Nouvelle-Zélande. Les prix varient plus fortement en fonction des cours du pétrole, avec un maximum à 2 € pour la Turquie et la Norvège. Un prix encore acceptable pour les Norvégiens qui ont

---

Ci-dessus : Essence et prix à la carte en Russie : 95, 92, 76 (!), diesel, huile, antigel.

un bon salaire, mais quand on voit le trafic à Istanbul, on peut se demander comment les Turcs remplissent leur réservoir.

Ah oui, j'oubliais : le Vénézuela. Le prix de l'essence y est fixé à 0,097 bolivar/l, soit 0,02 $/l au taux officiel. Mais selon le taux de change au marché noir, les 100 litres reviennent en fait à environ 1 $... pas étonnant donc que pour le plein d'une moto il arrive qu'une station-service ne fasse même pas payer. Pour des raisons politiques il est improbable que les prix changent dans le futur proche, donc profitez-en si vous passez par là.

Les pièces

N'oubliez pas de compter les frais inévitables comme les pièces d'usure, mais aussi les pannes et les casses, qui sont (pratiquement) garanties pour tout voyage d'envergure.

Les **pneus** sont probablement le poste de dépense le plus important, surtout les crampons qui se dégradent très vite (p. 126). Dans certains cas, il n'y a pas d'autre choix que de se faire envoyer des pneus par la poste ou par transporteur, ce qui peut revenir à doubler le prix des pneus neufs, surtout en rajoutant les frais de douane de certains pays. Ou alors, si vous connaissez quelqu'un qui

arrive par avion, essayez de lui faire emporter un pneu, mais vu la taille du bagage, c'est un grand service à demander (lire p. 129 le triste sort de ma femme à qui j'ai demandé de m'apporter un pneu en Éthiopie).

Le **kit chaîne** vient ensuite, sauf pour ceux qui ont opté pour le cardan bien sûr (voir chaîne vs. cardan p. 109). La durée de vie d'un kit est vraiment très variable, suivant la qualité des pièces, l'entretien, les conditions climatiques et le style de conduite. Sur ma BMW, la chaîne a tenu au minimum 8000 km et au maximum 40 000 km, sans que je puisse déterminer précisément les causes de telles variations.

Les plaquettes de **frein** sont bon marché, faciles à transporter et en plus, il est parfois possible de les faire refaire localement pour un prix dérisoire.

Le coût de l'**huile** (de qualité de base) est à peu près identique partout dans le monde et ne représente pas beaucoup sur le total des frais fixes. Par contre, si votre moto demande absolument de l'huile synthétique à haute performance, les coûts seront beaucoup plus élevés, étant donné que c'est un produit très rare dans les pays pauvres.

Pour ce qui est des pannes et des casses (inévitables), il est impossible de

Comme les réservoirs de moto ont une capacité limitée, il n'y a pas de grande économie à réaliser en faisant le plein juste avant la frontière. En voiture par contre, certains arrivent à traverser la Turquie en ayant fait le plein en Bulgarie ou en Iran. D'autres pays comme Singapour ne laissent sortir les voitures qu'avec le réservoir aux ¾ plein et en Malaisie, près de la frontière, les stations essence sont réservées aux locaux. Au Venezuela, près de la frontière colombienne, seuls les locaux peuvent se procurer un coupon pour faire le plein (qui est bien sûr promptement siphonné et revendu aux étrangers pour un profit substantiel).

En Tunisie, près de l'Algérie et au Pakistan, près de l'Iran, la différence de prix entre les deux pays encourage un marché noir florissant. En passant au Cameroun, le long de la frontière avec le Nigéria, j'ai remarqué que toutes les stations-service étaient fermées. Plus loin j'ai croisé des 6x6 Pinzgauer chargés de dizaines de jerrycans vides qui partaient sur des pistes de contrebande chercher de l'essence au Nigéria pour la revendre au Cameroun au double du prix d'achat, mais toujours meilleur marché qu'au prix officiel.

Certains pays dont les finances sont mal en point essaient de se débarrasser des subventions sur le carburant qui leur coûtent des fortunes. L'Iran a un énorme problème de capacité de raffinage et doit importer des millions de litres d'essence de l'étranger chaque jour. Non seulement cela coûte cher en devises, mais cela représente également une dépendance à l'étranger qui expose le pays à des pressions politiques, comme les sanctions économiques prises par l'ONU. Une augmentation de prix est rarement très populaire mais grâce à son régime autoritaire, l'Iran a pu faire passer la pilule sans trop de mal : en 2007 l'essence a commencé à être rationnée. Chaque citoyen pouvait acheter 100 litres par mois au prix habituel de 0,10 $/l, puis une quantité illimitée au nouveau prix de 0,40 $. Pour mettre en œuvre ce système de quota, le gouvernement a distribué à chacun une carte à puce. Les pompes à essence ont toutes été converties pour ne fonctionner qu'avec cette carte qui décompte le quota personnel. Un problème s'est immédiatement posé aux voyageurs étrangers qui entraient dans le pays et se voyaient devant l'impossibilité de se procurer du carburant, car il leur fallait obligatoirement se procurer une telle carte, ce qui n'était pas prévu pour les étrangers de passage. Quand j'y étais en 2010, cela n'était déjà plus nécessaire : tous les pompistes avaient une carte hors-quota et l'utilisaient pour vendre de l'essence au prix « fort ». Et avec un peu de chance, un local qui n'utilise pas tout son quota du mois (ce qui est rare) peut prêter sa carte au touriste de passage pour faire le plein à meilleur marché. En 2011 le gouvernement a augmenté encore les prix qui sont passés à 0,40 $/l et 0,70 $/l au-delà du quota. Le diesel, qui était à 0,016 $/l (60 litres pour 1$) est lui passé à

0.15 $/l, soit une augmentation de 900%! L'Iran n'est plus l'eldorado de l'essence gratuite (pour cela il faut aller au Venezuela).

Au Nigeria, la transition a été beaucoup plus difficile. L'essence y était très bon marché (0,40 $/l) et était considérée par les habitants comme le seul retour tangible sur les énormes bénéfices de l'industrie pétrolière. En fait, vu les capacités de raffinage limitées, le pétrole est exporté vers des pays comme le Gabon où il est raffiné et l'essence réimportée, ce qui coûte des centaines de millions au pays chaque année. Le gouvernement a essayé plusieurs fois d'augmenter les prix, mais a dû reculer à chaque fois face à des grèves générales qui ont paralysé le pays. Quand j'y étais en 2011, le prix était encore à 65 nairas par litre, soit 0.40 $/l. Quoiqu'étant le tarif officiel et unique, il était déjà difficile de faire le plein à ce prix hors des grandes villes. Dans les coins reculés du pays, les transports sont longs et difficiles, les pénuries fréquentes, ce qui permet aux stations de vendre l'essence deux ou trois fois plus cher. Même à Abuja, la capitale, les voitures faisaient la queue dans les stations qui affichaient de l'essence au prix officiel. Comme cela m'arrive souvent, les locaux me laissent gentiment remonter la queue et passer devant eux. Par contre, le pompiste ne m'a pas fait de cadeau, il ne distribuait que 5 litres au prix officiel ; pour en avoir plus je devais lui donner le *lunch money*, un bakchich.

Début 2012, le Nigéria a annoncé la fin des subsides et un doublement des prix à 140 nairas. Comme prévu, le pays est parti en grève et des émeutes ont éclaté. Le gouvernement a alors annoncé un retour en arrière partiel et depuis lors, les prix sont à 95 nairas, soit 0,60 $/l.

Ci-dessus : Ravitaillement au Rajasthan (Inde).

budgétiser un prix moyen. Lorsque cela arrive, il faut parfois aussi compter avec le transport du véhicule par camion jusqu'à la ville la plus proche. Evidemment, c'est une occasion idéale pour racketter les touristes en rade et dans ces circonstances les négociations sont difficiles. A cela s'ajoutent les frais d'envoi de pièces et les coûts d'hôtel en attendant l'arrivée du paquet. Toutefois certains pays ont une longue tradition de la bricole, à des prix qui n'ont rien à voir avec les prix de la main d'œuvre des pays occidentaux, mais attention, on trouvera le meilleur comme le pire. Dans nos pays, les mécanos ont l'habitude de systématiquement changer une pièce cassée. C'est tout le contraire des *bush mechanic* qui n'ont pas la possibilité d'obtenir des pièces : réparer, voire refaire la pièce est la seule solution. Il arrive même dans les pays les plus accueillants que des professionnels refusent de se faire payer pour un coup de main.

Il peut être tentant de charger la moto avec une tonne de pièces détachées, à l'encontre d'une loi immuable de la nature qui veut que la pièce dont on a besoin est justement celle qu'on n'a pas prise. Un minimum est nécessaire bien sûr car toutes les motos ont un certain nombre de faiblesses et de défauts connus. Mais le problème du poids et de la place va sérieusement limiter les velléités de transformer sa moto en véhicule d'assistance rapide du Dakar.

Si vous comptez faire jouer la garantie de votre moto neuve, encore faut-il trouver une agence agréée. Si votre KTM de 6 mois tombe en rade au Népal, vous serez tout de même obligé de faire venir des pièces à vos frais. Voir également p. 133 pour une discussion sur les outils à emporter avec soi.

Vivre

Le budget dépend fortement du pays dans lequel on voyage, mais également et surtout de la façon de vivre. L'Europe, l'Amérique du Nord et du Sud, l'Australie et le Japon sont des pays chers : la seule façon de s'en sortir à (relativement) bon compte est de camper et de cuisiner soi-même, ou de loger chez des amis. En Afrique noire, étonnamment, les hôtels

sont généralement très chers, surtout dans les pays producteurs de pétrole ou soutenus par l'aide internationale, car ils visent la clientèle aisée des expats grassement payés. L'Asie du Sud et la péninsule indienne restent heureusement très bon marché à cet égard. Les hôtels sont tellement peu chers qu'il est inutile de camper — et de toute façon il est futile d'essayer de trouver un coin tranquille pour planter sa tente en Inde, sauf peut-être au Ladakh.

Il ne faut pas non plus négliger la tradition d'hospitalité de certains peuples, qui fait que le voyageur peut assez facilement se faire inviter. C'est d'autant plus vrai qu'avec votre propre véhicule, vous pouvez vous arrêter dans des villages perdus qui sont souvent plus accueillants que les lieux touristiques ou les grandes villes. Il existe également la communauté Couch-surfing (www.couchsurfing.org), qui est présente un peu partout dans le monde.

Pour la nourriture c'est pareil: en Afrique et en Asie, manger sur la route est très bon marché. Cela permet aussi de goûter les plats du pays qu'on traverse, même s'il est parfois compliqué de savoir ce que l'on commande.

Au total, impossible de donner donc une estimation du coût du voyage, tout dépend de la manière, de l'endroit et du rythme auquel on voyage. Dans la péninsule indienne, en Indonésie ou au Laos par exemple, le coût de la vie, dérisoire, vous permettra un long séjour. En Scandinavie par contre, les prix de l'hébergement et de la bière vous dissuaderont de rester trop longtemps au même endroit.

Ci-dessus: pas cher cet hôtel tadjik et en plus, on peut garer dans le hall. Par contre, les toilettes (**à gauche**) sont… à éviter.

Exemples de budget

Les exemples suivants sont purement indicatifs, pour vous donner un ordre de grandeur du budget pour quelques cas-type. Ne sont pas pris en compte : le prix de la moto et de sa préparation, l'équipement, le dépôt du carnet de passage (si nécessaire), les extras comme les excursions, les guides, mais aussi les réparations, hors entretien courant.

1. France - Mongolie - Stans - France

Traversée assez directe de l'Europe et de la Russie (9000 km en 30 jours), 3 semaines en Mongolie, 1 mois dans les Stans, puis 25 jours pour rentrer en Europe (6500 km). Hébergement en camping en Europe, bivouac en Mongolie et hôtel simple en Asie centrale.

Durée	112 jours	ex.: 1 juin - 21 sept
Kilométrage	29 000 km	
Essence	1600 €	5 l/100 sur route 7 l/100 sur piste
Hébergement	1700 €	Camping quand possible
Nourriture	1600 €	1-2 repas en restaurant / jour
Huile/pneus/chaîne	800 €	Vidange tous les 8000 km 3 pneus arrière, 2 avant 1 kit chaîne
Visas/assurance	600 €	
Total	**6300 €**	

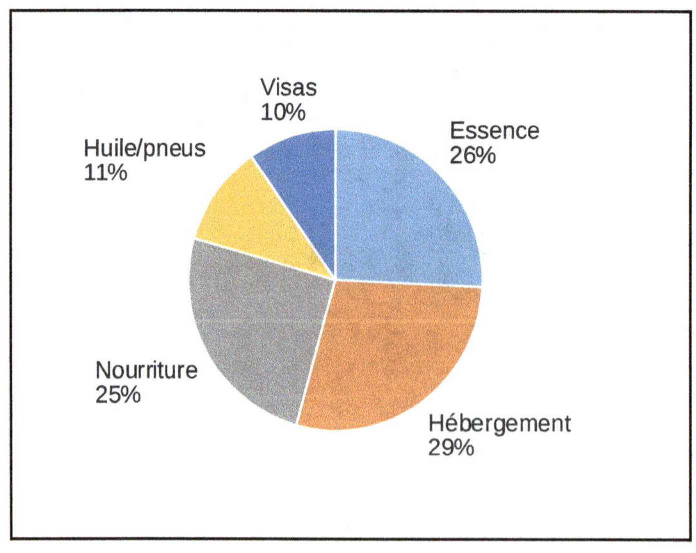

2. France - Asie du Sud-Est, retour en bateau/avion

Parcours relativement direct depuis la France jusqu'en Iran (2 semaines), 3 semaines en Iran (hébergement chez l'habitant le plus souvent), 15 jours au Pakistan y compris un aller-retour au KKH, 60 jours et 10 000 km en Inde, 10 jours au Népal, transport de la moto en avion à Bangkok, 90 jours et 8000 km dans le Sud-Est asiatique (hébergement en guesthouses très simples et repas dans de petits restaurants locaux), puis retour de la moto par bateau et du pilote en avion vers l'Europe.

Durée	210 jours	ex.: 1 sept -30 mars
Kilométrage	32 000 km	
Essence	1750 €	5 l/100 en moyenne
Hébergement	4200 €	Camping en Europe, chez l'habitant en Iran, guesthouses en Inde et en Asie du Sud-Est.
Nourriture	1550 €	1-2 repas en restaurant / jour en Europe, tous les repas en Asie
Huile/pneus/chaîne	950 €	Vidange tous les 8000 km 3 pneus arrière, 2 avant 1 kit chaîne
Visas/assurance/carnet	850 €	
Transports	2500 €	Katmandou - Bangkok par avion Bangkok - Paris par bateau
Total	**11800 €**	

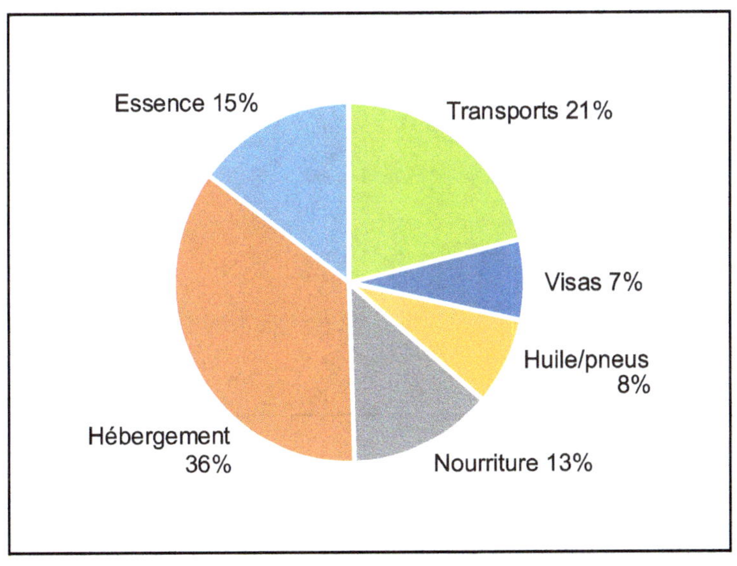

3. France - Inde, retour en bateau/avion

Comme précédemment jusqu'en Inde, 6 mois en Inde et au Népal sans beaucoup rouler (5000 km), puis retour de la moto en bateau et du pilote en avion vers l'Europe.

Durée	230 jours	ex.: 1 juin -17 janvier
Kilométrage	28 000 km	
Essence	1000 €	5 l/100 en moyenne
Hébergement	3600 €	Camping en Europe, chez l'habitant en Iran, guesthouses en Inde et en Asie du Sud-Est.
Nourriture	1300 €	1-2 repas en restaurant / jour en Europe, tous les repas en Asie
Huile/pneus/chaîne	600 €	Vidange tous les 8000 km 3 pneus arrière, 2 avant 1 kit chaîne
Visas/assurance/carnet	600 €	
Transports	1000 €	Inde - France par bateau, avion pour le pilote
Total	**8100 €**	

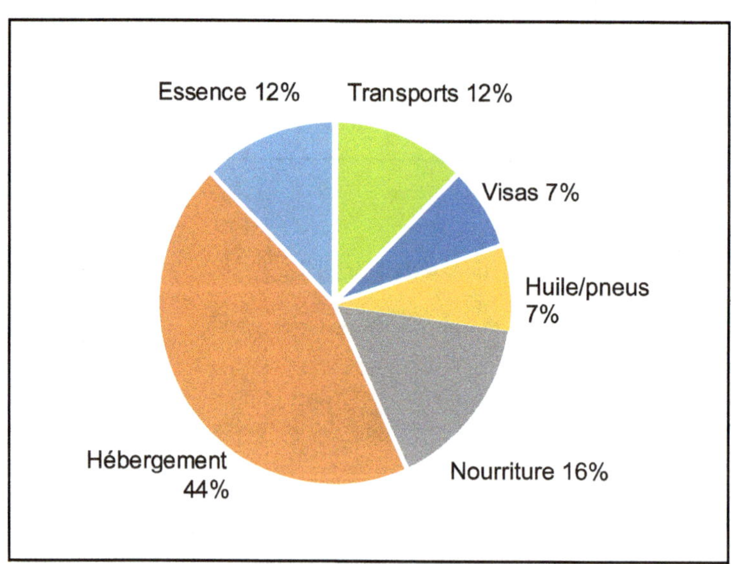

4. Australie, aller-retour en bateau/avion

Envoi de la moto à l'avance par bateau, 2 mois et 12000 km sur place. Hébergement en hôtel de moyenne catégorie, repas en restaurant.

Durée	60 jours	
Kilométrage	12 000 km	
Essence	1000 €	6 l/100 en moyenne
Hébergement	4500 €	Hôtel de moyenne catégorie
Nourriture	2300 €	Repas en restaurant local
Huile/pneus/chaîne	300 €	1 vidange,1 pneu arrière
Assurance/carnet	400 €	
Transports	5300 €	Aller-retour de la moto par bateau, aller-retour en avion pour le pilote
Total	**14 000 €**	

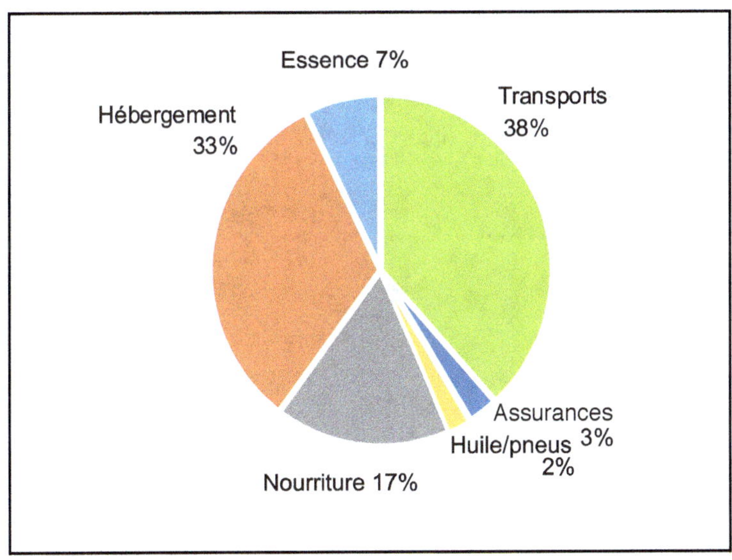

Un voyage de mille milles
commence par le premier pas
Lao Tseu

4
Préparation

Sommaire du chapitre

Choisir une moto

La différence principale entre un truc qui peut tomber en panne et un truc qui ne tombe jamais en panne, est que quand le truc qui ne peut jamais tomber en panne tombe en panne, il est impossible d'y accéder ou de le réparer.

Douglas Adams, *Mostly Harmless*

QUELLE MOTO PRENDRE POUR faire le tour du monde? Cela doit être une des questions les plus discutées sur les forums spécialisés. Les différents critères de choix seront développés dans ce chapitre, mais une manière directe de répondre est aussi: la meilleure moto est celle que l'on a déjà.

Cela peut paraître un peu simpliste et pourtant, pour des budgets limités, c'est la seule réponse sensée. A peu près tous les genres de motos ont déjà été employés pour effectuer le tour du monde. Le tout premier tour du monde a été fait sur un engin primitif complètement inadapté au voyage au long cours (p.30). J'ai moi-même rencontré en Iran un Canadien (Sean) parti en Vespa pour faire le tour du monde, en Sibérie un Américain en Indian Chief de 1948 (Doug), sans compter les GoldWing, les Harley-Davidson ou les Solex qui sont passés à travers tous les obstacles.

Ceci dit, il y a des motos plus ou moins agréables à rouler, selon l'itinéraire choisi. Selon les cas, la moto à disposition va dicter le choix de l'itinéraire, ou au contraire la destination cible va imposer une moto idéale pour y parvenir. La Pan-American Highway est quasiment entièrement asphaltée du nord au sud, donc elle est praticable en GXR-1000 comme en Harley. La côte est de l'Afrique peut également se faire quasi-ment sans quitter le goudron, sauf pour le fameux passage entre l'Éthiopie et le Kenya (p.425). Par contre, les routes en Afrique et en Asie sont parfois en très mauvais état et passer des milliers de nids-de-poule sur une super-sport peut s'avérer particulièrement fatigant. C'est la raison pour laquelle les suspensions à grand débattement sont indispensables dans ces pays – les milliers de ralentis-seurs au Mexique ou en Tanzanie en étant une autre. Et même en Amérique du Sud, il faut une moto adaptée pour parcourir certaines des plus belles routes comme au Lipez (p.332) ou en Amazonie (p.346).

Vous avez certainement déjà une idée de votre moto idéale, mais vous cherchez à valider votre choix. Pour cela nous allons passer en revue une série de critères essentiels.

Le poids

Le poids est l'ennemi du motard, tout le monde est d'accord là-dessus. C'est d'autant plus vrai que les routes sont techniques. Pour une traversée des États-Unis, une Harley de 300 kg n'est pas un problème. Par contre, pour s'amuser en Mongolie ou dans le sable du Sahara, pour négocier la bouillasse de la forêt équatoriale, il faut être le plus léger possible. Le mot-clé ici est s'amuser. Il est sûrement possible au prix de lon-

---

gues souffrances de passer un cordon de dunes de sable sur une GS 1200 à deux, mais où sera le plaisir ? A l'inverse, avec une 400 enduro et un minimum de bagages, on sera parfois tenté de revenir en arrière pour trouver un passage encore plus technique et fun.

D'un autre côté, rouler entre l'Alaska et le Mexique sur 4000 km d'autoroute avec une enduro doit être bien moins agréable que sur une grosse routière. Et pour s'amuser sur les cols alpins, mieux vaut avoir des chevaux sous le guidon, quoiqu'avec la multiplication des radars et des camping-cars hollandais ce soit de moins en moins vrai.

Question puissance, une cylindrée de 600 - 800 cc est déjà suffisante. Les derniers gros cubes de BMW, KTM ou Yamaha, dépassent allègrement les 100 chevaux, ce qui est difficilement exploitable sur des routes défoncées. C'est vrai qu'il est agréable de rouler sur le couple, mais les 250 kg se font cruellement sentir dès qu'on quitte les bonnes routes (ou les belles pistes).

Les mono-cylindres seront toujours plus légers que des bi-cylindres, mais demandent également un peu plus d'entretien. Les machines d'enduro semblent être un choix idéal, légères et puissantes, mais elles sont en fait trop fragiles pour partir loin : le cadre et la transmission sont allégés au maximum et donc moins robustes ; le moteur est poussé au maximum et chauffe facilement sur des longs trajets routiers. Enfin l'entretien devient problématique, l'huile de qualité étant rare et les pièces d'usure introuvables.

Une chose est sûre, c'est la qualité du pilotage qui fait la différence : des pilotes chevronnés pourront passer fa-

---

Ci-dessus : la BMW d'Hubert Auriol, vainqueur du Dakar de 1983, était assez éloignée des modèles de série.

cilement des passages très techniques sur une KTM 1190 ou une Super Ténéré 1200. Mais prenez le guidon vous-même de tels engins et vous vous rendrez vite compte de vos limites. Pour ma part, je vois vite les miennes et j'ai bien plus souvent rêvé d'une moto plus légère que plus puissante. La 1190R fait 150 ch pour 217 kg, alors que la 690R est moitié moins puissante mais ne fait que 138 kg. Quel est le meilleur choix?

L'électronique

Pourquoi partir avec une antiquité alors que les constructeurs font maintenant des motos plus puissantes et plus légères qu'avant? Pour une raison simple: l'électronique omniprésente et de manière générale la complexité des motos modernes. La gestion électronique du moteur a amené beaucoup d'avantages, en commençant par la consommation, la dépollution, le démarrage à froid, l'adaptation à l'altitude… Tout cela est bien réel, mais le problème est qu'une panne dans la gestion électronique est souvent difficile à diagnostiquer et impossible à réparer sauf chez un concessionnaire. Si cela se passe au milieu de l'Afrique cela peut signifier la fin du voyage.

On est souvent émerveillé par le talent des mécanos maliens ou kazakhs: ils sont capables de faire des miracles sur des véhicules qu'ils comprennent bien, quoique qu'il ne faut pas faire l'erreur de les surestimer non plus. Un exemple: la plupart des moteurs de moto – et même des voitures qui roulent dans ces pays – sont encore dotés de carburateurs, qui sont, dans leur principe de fonctionnement, identiques sur tous les moteurs. En cas de panne, un démontage complet, un nettoyage et une inspection des pièces permettent en général de détecter le problème. Même dans des conditions précaires et avec un choix d'outils limi-

tés, il est presque toujours possible de réparer un carburateur. Face à un injecteur et un ordinateur central, il faut avoir des connaissances beaucoup plus pointues et souvent, le remplacement des pièces défectueuses est indispensable.

L'électronique gère également des éléments annexes comme le démarreur, la pompe à eau et à essence, la sonde lambda, l'antidémarrage, etc. et la panne d'un seul de ces éléments peut vous immobiliser sur le bas-côté. Heureusement, tous les dispositifs ne sont pas nécessaires pour faire avancer la moto. Quand l'ABS détecte une panne il se met hors service et les freins fonctionnent de manière classique; si la sonde lambda est déconnectée, l'ordinateur central choisira une cartographie du moteur moyenne qui permet un fonctionnement normal. Par contre il suffit d'un capteur d'antidémarrage codé défectueux pour transporter le voyage en galère (p. 130).

La Yamaha XT 600 d'origine est le prototype de la moto aussi simple que possible dans sa conception, mais pourtant très performante: pas de démarreur, pas de radiateur ni de pompe à eau, pas de pompe à essence, pas d'injecteur, un CDI ultra-simple pour l'allumage et c'est à peu près tout pour la partie électrique.

Malheureusement au cours des années, Yamaha a introduit de nouveaux modèles de Ténéré qui ajoutaient chaque fois un inconvénient par rapport au précédent, ce qui fait encore actuellement des modèles de 1984-85 les plus fiables de toute la série: tour à tour, les concepteurs ont déplacé le réservoir, ce qui a demandé l'installation d'une pompe à essence, remplacé le kick pour un démarreur électrique, ajouté l'injection électronique, etc. (p. 113) Même BMW a finalement rajouté le refroidissement à eau en 2012 sur son moteur boxer qui se contentait encore uniquement d'un radiateur d'huile. Ces « améliorations » sont inévitables dans nos pays où les clients recherchent la puissance maximale pour la consommation minimale et où les normes antipollution sont de plus en plus strictes. Mais elles sont rarement en faveur des voyageurs au long cours, à l'exception notable de la consommation en carburant en baisse qui autorise d'emporter moins d'essence et donc de diminuer le poids.

Carburateur ou injection ?

Liée à l'apparition de l'électronique, l'injection est maintenant quasiment obligatoire sur les nouveaux moteurs pour passer les normes antipollution européennes. Elle a aussi comme avantage de réduire la consommation et elle s'adapte également aux changements d'altitude. C'est donc une bonne chose pour les baroudeurs. Et malgré tout, les KTM de compétition n'étaient pas encore passées à l'injection jusqu'au dernier Dakar 2013. Les ingénieurs mettent la priorité sur la robustesse plutôt que sur l'efficacité maximale dans les rallyes-raids.

Le point faible de la technologie de l'injection est qu'elle nécessite toute une chaîne d'éléments fonctionnant parfaitement : une pompe à essence qui fournit la bonne pression, une électronique impeccable et de l'essence de bonne qualité. Il est donc très difficile de repérer une panne sur un circuit d'injection, alors que sur un carburateur il suffit de le démonter et de l'inspecter visuellement pour trouver le problème.

Ceci dit, la technique de l'injection est de nos jours très bien maîtrisée et les problèmes sont rares. Des centaines de motards partent chaque année sur tous les continents avec des moteurs injectés et la plupart ne s'en préoccupent pas. Actuellement il n'y a aucune contre-indication à choisir un moteur à injection, ou au contraire de partir avec un bon vieux carburateur.

Refroidissement

Le refroidissement liquide permet de meilleures tolérances sur les matériaux et, comme pour l'injection, c'est indispensable pour répondre aux dernières normes antipollution. L'inconvénient principal est la présence d'un radiateur qui est par la force des choses exposé aux projections de pierres. Le circuit d'eau nécessite également une pompe, un élément de plus sujet aux pannes (comme les propriétaires de BMW 650 Dakar le savent bien). Tous ces éléments sont toutefois relativement simples et bien connus de tous les mécanos du monde

entier. Il existe des astuces pour colmater un radiateur qui fuit (encore faut-il trouver un œuf au milieu du désert) et les pompes à eau sont souvent des modèles standards que l'on retrouve aussi sur de nombreux modèles de voitures.

La transmission

Un autre sujet de discussion qui déchaîne les passions (si je puis dire) et nourrit les forums de stériles joutes verbales : chaîne ou cardan ? Demandez à un béhèmiste et il ne jurera que par le cardan, il ne s'imaginera même pas s'abaisser à graisser ou vérifier la tension d'une chaîne. Un KTM-iste, lui, sortira deux ou trois récits malheureux de motard bloqué en pleine brousse avec un cardan en vrac. Méfiez-vous des vérités toute faites, les deux ont des avantages et des inconvénients qu'il faut connaître et comprendre.

L'avantage prédominant du cardan est qu'il ne demande aucun entretien, quelles que soient les conditions, à part une vidange à intervalles assez éloignés. Par contre, lorsqu'un problème survient, il est beaucoup plus sévère. Son principal défaut est qu'il ajoute du poids et de la complexité à la moto, ce qui fait que cette transmission ne se trouve donc plus que sur des gros cubes à vocation plus routière. Le poids supplémentaire non suspendu du cardan fait que l'amortisseur a plus de mal à garder la roue en contact avec le terrain à travers les trous et les bosses, ce qui est rédhibitoire pour une enduro.

La transmission par chaîne est plus légère et plus performante, mais nécessite un bon entretien, surtout par temps de pluie ou dans le sable. La chaîne, le pignon de sortie de boîte et la couronne sont des pièces d'usure et leur durée

---

Ci-dessus : une Vespa autour du monde. Pourquoi pas ? Une question de style.

de vie est limitée, cela rajoute donc un problème de logistique pour les voyages dans des pays peu développés. De plus, il est très facile de changer le pignon de sortie de boîte pour réduire ou allonger les rapports de transmission en fonction du terrain.

Le cardan n'a pas non plus une durée de vie infinie; on estime qu'il faut au minimum changer les joints tous les 100 000 kilomètres en moyenne sur une 1100, 1150 ou une 1200 GS. Dans tous les cas il est nécessaire de savoir bien entretenir sa transmission: nettoyer, lubrifier (ou pas; personnellement je suis partisan de ne pas lubrifier la chaîne par temps sec) et retendre la chaîne, vidanger et remplacer les joints d'un cardan.

Les roues

La plupart des motos sont équipées de jantes en alliage qui sont légères et rigides, parfaites pour la route, mais en hors piste ou même lorsque les nids-de-

poule sont difficiles à éviter, les roues à rayons s'imposent. Elles apportent la souplesse qui permet d'encaisser des chocs là où une roue en aluminium forgé à bâtons casserait, sans espoir de réparation. L'inconvénient des jantes à rayons est qu'elles obligent à utiliser une chambre à air, ce qui rend la réparation d'une crevaison un peu plus longue. BMW, puis Yamaha ont trouvé la solution avec des jantes spéciales où les rayons viennent s'attacher en périphérie et qui acceptent donc les pneus *tubeless*.

Tuning

La F800GS est très typée route, ce qui est normal vu que la majorité des clients de BMW ne quitteront jamais l'asphalte. Les rapports sont donc un peu longs. En Afrique il était rare que je passe la 6ᵉ, j'ai donc installé un pignon de 15 dents au lieu de 16: la conduite à basse vitesse est beaucoup plus facile, j'utilise moins l'embrayage, y compris dans les embouteillages en ville. Sur la route, la 6 devient équivalente à la 5 d'origine, mais comme de toute façon il est rare de passer les 80 km/h, c'est le rapport de transmission idéal.

Notez que Clancy en 1912 emportait aussi plusieurs pignons de taille différente, mais lui c'est parce que sa Henderson n'avait pas de boîte à vitesse! il devait donc changer de taille de pignon avant d'attaquer des montées ou en arrivant sur des plats.

Ci-dessus: le signe immanquable que le joint du cardan est cassé. Impossible de rouler avant de l'avoir remplacé (R100GS).

A droite en haut: une fois que les maillons sont détendus, inutile de retendre la chaîne, il faut la changer. Mais on peut toujours rouler.

A droite en bas: les roues de F800GS sont particulièrement fragiles. Merci BMW.

Dans tous les cas, les chocs répétés de milliers de kilomètres sur des pistes défoncées mettent à mal les jantes, il vaut donc mieux qu'elles soient de bonne qualité. C'est de moins en moins souvent le cas, les constructeurs étant à la recherche d'économies et de toute façon, leur marché cible est l'Europe et ses bonnes routes. C'est plus critique encore dans le désert car on a tendance à réduire la pression des pneus pour améliorer la

traction dans les passages sablonneux, ce qui expose encore plus les jantes. Il est bien sûr possible de redresser une jante à coup de maillet ou sur un étau, mais ceci la fragilise et favorise le risque de casse définitive.

Question dimensions, une roue avant en 21" permet de passer plus facilement les obstacles. Une roue de 19" est un peu plus agile sur route, mais moins intéressante en terrain accidenté. A l'arrière, la tendance des constructeurs est à monter des pneus (et des jantes) de plus en plus larges, pour faire mieux passer la puissance des moteurs. Sur un terrain difficile, une section plus étroite offre pourtant un meilleur grip.

D'ailleurs le choix des constructeurs reflète ces considérations : chez BMW la 1200GS est livrée avec des jantes en aluminium forgé, alors que la 1200GS Adventure est équipée de roues à rayons. La F800GS a une roue avant à rayon en 21", alors que la 700GS à l'orientation plus routière a une roue plus petite de 19" à bâtons.

L'ABS

C'est un des progrès les plus significatifs en termes de sécurité dans le domaine automobile. Pour les motos en revanche les résultats sont beaucoup plus mitigés. Les ABS de la dernière génération sont capables de gérer parfaitement un freinage sur route mouillée, ils sont donc tout à fait indiqués pour une balade sur de bonnes routes. Par contre, horspiste, ils sont très peu efficaces, voire carrément dangereux, quoiqu'en dise le marketing de BMW, Yamaha et autres. Sur terrain difficile où la motricité est faible, il est absolument nécessaire de pouvoir bloquer temporairement sa roue pour freiner efficacement, ce que l'électronique n'est pas capable de faire. Peut-

être qu'un jour les systèmes seront assez intelligents pour savoir comment freiner sur tous les terrains, mais pour l'instant il faut absolument déconnecter l'ABS dès qu'on sort des routes – et même sur mauvaise route où les nids-de-poule peuvent déclencher l'anti-blocage de manière imprévisible. Il n'est pas question de refuser une avancée technologique, mais de savoir l'utiliser à bon escient.

Les derniers modèles sont maintenant aussi équipés du contrôle de la motricité (*traction control system*), de réglages électroniques de la suspension, etc. qui sont loin d'être nécessaires et ajoutent une complexité inutile. Heureusement, lorsqu'ils tombent en panne la moto reste entièrement utilisable.

Le démarreur

Le démarreur est une autre pièce critique, depuis que les trails n'ont plus de kick, ou même la possibilité d'en monter un. Essayez de démarrer une moto en la poussant sur la boue ou le sable… Le kick apportait une certaine sérénité :

en cas de panne, on risque de transpirer beaucoup mais on n'est jamais bloqué. Bien sûr avec les gros cubes de 1200 cc, ça n'est plus guère possible. Il faut juste s'assurer de garder la batterie chargée et en bon état.

Le showroom

Lors de mes voyages, j'ai croisé un nombre impressionnant de GS 1200, un effet combiné du marketing affûté de BMW, de la réputation de qualité allemande et de l'ouï-dire. Effectivement, voir autant de GS parcourir toutes les routes de la planète sans beaucoup de problèmes ne peut qu'inciter à suivre leur exemple et choisir cette moto, si ce n'est que ces belles machines restent encore hors de portée de beaucoup de bourses. De l'autre côté du spectre, j'ai aussi croisé beaucoup d'Africa Twin, dont le moteur bi-cylindre a acquis une réputation de fiabilité inégalée et que l'on trouve d'occasion pour cinq ou six fois moins qu'une 1200GS neuve.

Voilà ci-dessous quelques-unes des motos les plus populaires et les plus adéquates pour un voyage au long cours sur les cinq continents :

Les vieilles gloires

Ce sont des valeurs sûres, éprouvées sur des millions de kilomètres lors des vingt ou trente dernières années et encore étonnamment aptes au voyage.

BMW R80GS / R100GS

Un classique des premiers baroudeurs, un moteur robuste et très simple d'entretien, un couple agréable, pas d'électronique superflue mais un cadre fragile, malgré un poids très conséquent. Les pièces de rechange sont facilement disponibles en Europe hors du circuit officiel. Les déclinaisons modernes 1000, 1150 et 1200 GS sont des raffinement successifs du même concept. Certaines ont plusieurs centaines de milliers de kilomètres au compteur et roulent encore.

Lorsque Ted Simon est reparti en 2001 pour refaire la route de son voyage mythique de 1973, il a choisi une R80GS transformée en 1000 cc et avec de nouveaux amortisseurs.

Yamaha Ténéré / XT 600

Un classique du voyage africain, impossible de faire plus simple, quoiqu'un mono-cylindre soit toujours un peu plus fragile qu'un bi-cylindre. Un poids raisonnable et un gros réservoir en font un choix très populaire. Ses quelques faiblesses au niveau de la boîte et de l'allumage sont bien connues. Elle a pris la

C'est dans les vieilles casseroles...

Mongolie, frontière russe, fin août 2006. La frontière étant fermée pour le week-end, nous passons la nuit bien au chaud dans la yourte d'un des garde-frontières, en compagnie d'un groupe de Suédois. La nuit a été glaciale et le lendemain matin il faut essuyer le givre de nos selles. Nos Ténérés demandent quelques coups de kick généreux pour démarrer qui, pour une fois, sont les bienvenus pour nous réchauffer. Un des Suédois nous regarde nous agiter en haussant les épaules, se dirige vers sa F650GS et appuie sur le bouton du démarreur. Puis une deuxième fois. Cinq minutes plus tard, il était clair que la batterie commençait à s'essouffler et le moteur restait muet. Il a fallu finalement tracter cette merveille de technologie allemande avec la bonne vieille Ténéré pour qu'elle daigne démarrer. Tout cela sous le regard goguenard des Mongols, enchantés du spectacle.

Ci-dessus : le grand avantage du flat-twin : la facilité d'accès au moteur.

suite de la légendaire XT 500 en gagnant les premiers Dakar, avec une puissance accrue et de meilleures suspensions. Il est difficile d'en trouver d'occasion avec un kilométrage raisonnable, par contre les pièces sont facilement disponibles.

Attention, il y a de nombreuses variations de la Ténéré qui ne sont pas du tout équivalentes et ce ne sont pas les derniers modèles les meilleurs, au contraire, Yamaha s'étant évertué à dégrader ses qualités au fil des nouvelles versions. Le modèle original de 1984 (34L / 55W) est le plus simple et le plus fiable. En 1986 (modèle 1VJ) le réservoir de 27 litres sur la première version passe à 23 litres et, pour des soucis de centre de gravité, est placé plus bas ce qui rend donc nécessaire l'ajout d'une pompe à essence. Plus gênant, le refroidissement est beaucoup moins efficace et donc la fiabilité s'en ressent. Elle gagne un démarreur électrique mais également 15 kg sur la balance. En 1988 ces défauts ont été éliminés sur le modèle 3AJ mais le poids a encore augmenté de 6 kg.

En 1990 la Ténéré n'a plus rien à voir avec le premier modèle, elle reçoit un moteur de 660 cc refroidi à eau, plus puissant mais aussi plus lourd. Le cadre est un peu léger et le tout est plus orienté ville ou balade que voyage au long cours. La dernière itération est la XT660Z, voir p. 118.

Honda Africa Twin

Le moteur bi-cylindre est réputé increvable, quoique de puissance assez faible. Pour cette raison la 750 est préférable à la 650. Le gros réservoir donne une autonomie suffisante et l'électronique très simple. Elle est plus lourde et moins puissante que la Ténéré, mais possède un moteur plus robuste, mis à part une faiblesse connue au niveau de la pompe à eau; d'ailleurs tous les propriétaires le savent et en transportent une de rechange.

La Transalp en est la version citadine avec un réservoir plus petit, mais garde le moteur légendaire. Les dernières versions sont moins indiquées, plus lourdes et trop «électronisées».

Honda XL 600

Concurrente directe de la Ténéré, elle est capable également d'emmener son pilote sur toutes les routes, avec une mécanique simple (refroidissement à air) mais moins robuste que le bi-cylindre de l'Africa Twin. Par contre elle est bien plus légère que cette dernière. Bien sûr, comme la XT originelle, il faut être bien musclé de la jambe droite pour la démarrer. Elle a été remplacée par la 650 Dominator qui ajoute un démarreur électrique et un petit carénage pour en faire un gros trail de ville, handicapé sur pistes par sa garde au sol limitée.

L'actuelle XR650 est plutôt orientée enduro et comme beaucoup d'enduro de construction un peu trop légère. Honda semble petit à petit se désintéresser du marché des gros trails.

Kawasaki KLR 650

La KLR a longtemps été le seul gros trail japonais importé aux États-Unis, ce qui en fait un modèle de choix (par défaut) chez les Américains. Elle a eu moins de succès en Europe car elle est plus lourde et moins fiable que la concurrence chez Yamaha et Honda. Bien entretenue elle fait quand même régulièrement l'aller-retour entre l'Amérique du Nord et du Sud.

A droite : la Ténéré dans son élément naturel (ici dans les dunes du Gobi).

Suzuki DR 650

Un modèle simple et facile à entretenir.
Elle n'a pas la réputation de la Ténéré ou
l'Africa Twin mais elle est encore disponible en occasion à un prix raisonnable.

La modernité

Dans les années 1990 et 2000 les
constructeurs japonais ont complexifié
et «civilisé» leurs gros trails pour les
rendre plus attractifs pour la balade dans
nos pays, mais au détriment des baroudeurs : petits réservoirs, roues en alliage
en 19" à l'avant, poids à la hausse. Ne
reste alors que BMW et KTM pour
proposer dans ce domaine une offre crédible.

BMW 1200 GS Adventure

C'est le successeur des 1100GS et
1150GS, elle est basée sur la même architecture et autour d'un moteur boxer,
mais plus légère et performante.

Pas de doute que c'est une machine
solide, preuve en sont les centaines qui
tournent autour du monde chaque année. Toutefois les derniers modèles
1200GS font la part belle à l'électronique, ce qui peut se révéler fâcheux (un
accélérateur à commande électronique ?
sérieusement ?). La transmission par
cardan évite tout entretien, sauf une vidange de routine, mais par contre il faut
s'attendre à devoir changer les joints
toriques dès que la fuite d'huile apparaît, ce qui est inévitable après 50 000 à
150 000 km. L'opération n'est pas facile
à faire soi-même mais c'est possible pour
autant que les pièces soient disponibles.

Les 1150 et 1100 sont plus lourdes
et moins puissantes que la 1200, par
contre elles se trouvent d'occasion à des
prix raisonnables.

Le gros réservoir de 33 litres de la
version Adventure est presque excessif ;
avec le plein, le poids ne passe pas inaperçu. Le centre de gravité est assez bas,
ce qui la rend étonnamment maniable
sur petites routes, mais lorsqu'il faut la
relever, on se rend bien compte de la
masse énorme que cela représente (260
kg tous pleins faits sans bagages !).

BMW F650 GS Dakar (mono-cylindre)

La petite béhème semble être un bon choix : un moteur fiable et économe, une partie cycle décente pour un prix raisonnable. Mais certaines faiblesses (pompe à eau) et un poids excessif pour la puissance la pénalisent un peu. Elle est connue pour une consommation très faible, mais le réservoir de 17 litres lui donne une autonomie juste suffisante. Elle fait 20 kg de moins et est plus basse que la F800 ou 1200 GS ; elle est donc plus adaptée à des petits gabarits et pour ces raisons souvent préférée par les femmes.

Dans un éclair de génie marketing, BMW a ajouté au catalogue une F650GS à moteur bi-cylindre de 800cc, puis une G650GS Sertão mono-cylindre (tout le monde suit ?). Cette dernière est maintenant fabriquée en Chine. On saura dans quelques années si la qualité est au niveau des Autrichiens.

BMW a brièvement vendu une déclinaison enduro sur la base de la F650, mais plus légère : la X-Challenge. Elle n'est plus fabriquée aujourd'hui mais si on en trouve une d'occasion avec peu de kilomètres, cela reste une bonne option, après avoir modifié certains choix technologiques discutables comme l'amortisseur à air.

BMW F800 GS

Le bi-cylindre à plat est puissant mais donne peu de sensations. La suspension est moyenne, sans atteindre la qualité des KTM. Elle est agréable autant sur route que sur piste, sans briller dans aucun des cas. La fiabilité semble être au rendez-vous, malgré des faiblesses maintenant bien connues et non rédhibitoires (contrôleur de pompe à essence fragile). C'est un compromis dans tous les domaines qui est loin d'être inintéressant.

De nombreux motards la préfèrent à la 1200 GSA pour son poids limité (34 kg de moins), son couple plus que suffisant – et probablement aussi pour son prix, élevé mais sans atteindre les sommets du modèle phare. La consommation est très raisonnable pour la cylindrée, mais le réservoir de 16 litres est parfois un peu juste. Un des gros défauts de la F800 GS est sa réponse brusque à la remise de gaz, qui deviennent très difficiles à doser dans les passages très techniques.

Le problème de l'autonomie a été remédié par la récente version « Adventure » dont le réservoir a été porté à 24 litres, soit une autonomie de plus de 500 kilomètres, ce qui devrait éviter de transporter des bidons supplémentaires pour 99% des trajets. Etonnant comme il suffit d'agrandir le réservoir et monter un porte-bagages pour que soudainement on entre dans le domaine de l'aventure selon les codes marketing !

La F650 GS (F700 GS depuis 2013) est le modèle citadin et "économique" de la F800GS, basé sur le même cadre et le même moteur (légèrement dégonflé), mais avec des différences qui en font un choix discutable hors piste : roues à bâtons, fourche de plus petit diamètre et suspensions à débattement plus réduit. Par contre sur route ou piste très roulante, elle est très performante.

KTM 990/950 Adventure

Ce sont des modèles assez populaires chez les motards qui privilégient le plaisir du pilotage : suspensions de qualité, moteurs puissants et agressifs, look très rallye. La robustesse par contre n'a jamais été leur point fort, il faut savoir mettre les mains dans le cambouis pour l'emporter sur de longs voyages. L'autonomie est un peu limitée, le réservoir

fait 22 litres mais la consommation est élevée comme sur toutes les KTM.

KTM 640 LC4 Adventure / 690 enduro

Le trail mono-cylindre de KTM a beaucoup d'atouts pour lui, notamment un poids réduit et une puissance plus que suffisante. Son héritage enduro se fait sentir par son agilité dans les passages techniques, mais aussi lors des longs trajets routiers ou en duo qui se font nettement moins confortablement qu'avec un gros bi-cylindre, malgré le carénage. La fiabilité n'est pas son point fort. L'entretien doit être fréquent et utiliser des huiles de qualité; malgré tout ce modèle reste un choix très intéressant pour voyager léger et de manière agressive.

La version au catalogue actuellement est la 690, qui n'est pas (encore?) disponible en version Adventure, quoique des kits existent pour la transformer en vraie baroudeuse. Les intervalles de vidange passent à 10 000 km depuis la cuvée 2012, ce qui la rend encore plus attractive pour les gros rouleurs qui se rendent dans des pays où l'huile haute performance est difficile à trouver.

Suzuki DRZ 400

Une moto qui n'a pas connu beaucoup de succès en France, mais qui se voit assez régulièrement chez les baroudeurs d'autres pays qui veulent voyager léger. La puissance est bien sûr plus limitée que la Katoche, mais elle est suffisante pour se faire plaisir, si on reste raisonnable avec les bagages. La célèbre équipe de *Mondo Enduro* est partie avec des DR 350.

Ci-dessus : c'est dans ces situations que l'on regrette le poids de la 1150GS.

Les enduros

Les pures enduro (KTM 400, 450, 530, Yamaha WR450, etc.) sont moins intéressantes vu leur autonomie limitée, leur intervalle de services réduit et leur cadre plus léger, moins aptes à transporter des bagages.

La nouvelle vague

Depuis 2010, les constructeurs ont sonné la charge contre BMW et son quasi-monopole de fait avec la 1200 GSA en copiant fidèlement la recette qui a fait son succès : un gros moteur coupleux et puissant (mais qui a besoin de 150 chevaux sur les pistes de Mongolie ?), cardan, grand réservoir, suspensions réglables, ABS, gadgets électroniques, etc. Bien sûr, leurs équipes marketing savent bien que 99% des BMW vendues ne verront jamais le début d'un gravier et roulent principalement sur les bonnes routes occidentales, malgré les jolies photos des catalogues. Le poids et la sophistication du moteur en font un choix discutable pour attaquer les itinéraires les plus techniques comme le lac Turkana (p. 430) ou le Kolyma Highway (p. 194).

- Yamaha XT 1200Z Super Ténéré
- Triumph Tiger Explorer
- Honda Crosstourer
- KTM 1190 Adventure R
- Ducati Multi-Strada
- Kawasaki Versys
- Yamaha XT 660Z Ténéré

Ci-dessus : La F800GS Adventure est quasiment prête à partir autour du monde en sortie du concessionnaire.
A droite : Une Husaberg 2-temps au Nigeria. Ce qui est sûr, c'est qu'elle n'est pas venue par la route.

En 2012, BMW a revu son boxer 1200 cc pour l'adapter aux normes antipollution à venir, ce qui les a obligés à le convertir au refroidissement à eau. Radiateur, pompe, fuites d'eau… ce n'est pas une bonne nouvelle pour les baroudeurs extrêmes.

Yamaha a relancé le mythe Ténéré, mais avec un modèle entièrement différent, plus lourd et plus « électronique » que le précédent. On n'a pas encore le recul nécessaire pour juger de sa fiabilité à long terme, mais des modèles ci-dessus, c'est la plus apte au voyage au long cours.

Et à part ça…

Comme mentionné, à peu près toutes les motos sont capables d'emmener leur pilote à l'autre bout du monde, d'une manière ou d'une autre. Si besoin, il est toujours possible d'éviter les passages les plus pénibles en ferry ou sur un camion. Mais souvent il suffit de rouler très lentement en choisissant bien ses itinéraires.

Il ne faut pas oublier que les Guinéens ou les Mongols roulent sur leur pistes au guidon d'engins qui semblent très peu adaptés à un terrain si difficile. On peut tout à fait imaginer commencer son voyage depuis un pays éloigné en achetant le cru local: une Royal Enfield en Inde, une Ural en Russie, une Minsk au Vietnam. C'est un choix exotique et économique qui est très pratique tant qu'on reste dans le pays d'origine car on reste à portée de mécanos qui connaissent ces machines et qui ont en stock des pièces détachées, car il faut bien avouer que ces motos sont bien moins fiables que les productions japonaises ou européennes. Ceci dit, les locaux roulent plutôt tranquillement et le plaisir de rouler en tout terrain n'est pas vraiment le même.

Protection

Une des préoccupations majeures du voyageur au long cours est de ménager sa monture, afin qu'elle l'amène au bout de la piste avec un minimum de soucis. Malgré tout, les routes de l'aventure sont piégeuses et la chute est toujours possible, probable même sur les passages techniques. Votre moto (on parlera du pilote plus tard) doit pouvoir encaisser une petite gamelle de temps en temps et il ne faut pas espérer la ramener sans une égratignure. Les trails actuels sont loin d'être aussi fragiles qu'une super-sport, mais comme la gamme d'utilisation prévue par le constructeur ne comprend certainement pas la traversée de la Mongolie, certaines modifications sont nécessaires.

Le plus important est de monter un protège-carter solide contre les projections de cailloux et les impacts avec le terrain lors des franchissements difficiles. Il s'agit d'une plaque de tôle ou d'aluminium placée sous le moteur et fixée soit au cadre, soit au moteur via des silent-bloc, le carter étant souvent fait de métal relativement fragile comme le magnésium ou l'aluminium. Le reste de la moto est en général assez bien protégé et ne risque que des dégâts cosmétiques, sauf les cylindres protubérants des moteurs boxer BMW, qui ont la fâcheuse tendance à se retrouver en première ligne lors d'une chute.

Le radiateur (pour les modèles refroidis à eau) est un élément fragile et les constructeurs essaient de le protéger au mieux mais il reste forcément exposé. Contre les projections de pierres, un simple cache plastique fera l'affaire, pour autant qu'il ne bloque pas le flux d'air. Selon la configuration on a intérêt aussi à monter des barres anti-crash en acier qui encaisseront le choc à la place du radiateur ou des cylindres.

Ci-dessus : lâcher sa moto ne doit causer aucun dommage à la machine.

Les leviers d'embrayage et de frein sont souvent les premières victimes des chutes, même avec les indispensables protège-mains. Les pilotes enduro ont depuis longtemps pris l'habitude de percer ou pré-découper l'extrémité des leviers afin de leur offrir un point faible où ils pourront casser, tout en restant utilisable avec deux doigts, au lieu de se briser à la base. Vu le poids, il est facile d'en emporter une paire de rechange.

S'il est utile de protéger les tubes de fourche contre les projections de pierres, en revanche les fourreaux en plastique « accordéon » ou en Néoprène ne sont utiles que pour se protéger de la boue (typiquement, en motocross). En condition normale ils emprisonnent la poussière et l'empêchent de s'évacuer, ils sont donc déconseillés. Le but est de protéger au maximum les joints spi de fourche, mais qui de toute façon ont une durée de vie limitée. Il est difficile de donner des indications, la longévité dépendant de la construction mais aussi des conditions d'utilisation. Il est prudent de partir avec une paire de joints de fourche de réserve, vu le poids et l'encombrement minimal que cela représente. Le remplacement n'est pas très compliqué et à la portée de tous avec un manuel d'atelier ou des instructions détaillées. En cas de fuite, l'huile de fourche de bonne qualité peut être difficile à trouver dans les pays les plus pauvres.

Rack et porte-bagages

Pour les baroudeurs qui voyagent ultra-léger, un sac sanglé à l'arrière et une sacoche réservoir sont tout ce dont ils ont besoin. C'est à la fois simple, léger, économique. Pour tous les autres qui apprécient un peu de confort et d'autonomie – et franchement, lorsqu'on décide de vivre dans ces conditions pendant une année ou plus, ce n'est pas un luxe – le rack devient indispensable pour transporter les bagages. Il permet également de fixer des valises ou sacoches sur le côté et de garder le centre de gravité le plus bas possible, ce qui est très important pour l'équilibre dans les passages techniques.

Deux écoles s'affrontent : les valises en aluminium, voire en plastique, et les sacoches souples. Les avantages et inconvénients de chacun seront appréciés différemment selon les motards. Il est intéressant de lire ce que Ted Simon raconte sur le sujet, après son deuxième voyage de 2001, dans lequel je me retrouve entièrement : malgré son expérience d'un premier voyage entre 1973 et 1977 (c.f. bibliographie p. 462), il est reparti avec une moto très surchargée, ce qu'il a fini par admettre après quelques semaines. Il a alors échangé ses valises alu contre des sacoches souples, allégé ses bagages et gagné au total 45 kg.

jupitalia.com/twice-around-the-world/2nd-journey-around-the-world/how/

Valises aluminium

C'est le choix classique, les valoches sont pratiques, de grande capacité et sûres. En général les constructeurs proposent en option des valises plutôt adaptées aux trajets routiers et à côté de cela de nombreux vendeurs d'accessoires proposent des modèles plus robustes. L'avantage principal est d'avoir un endroit fixe, étanche et sûr qui permet de laisser sa moto sans surveillance sans risquer de se faire voler ses bagages. Leur défaut est le poids, ainsi que la fragilité en cas de chute. Une valise bien conçue est capable d'encaisser des chocs moyens, mais dès que la chute est plus importante et répétée elle va se déformer, perdre son étanchéité, au pire il ne sera plus possible de l'attacher sur le porte-bagage. Combien de fois ai-je vu des motards en train de taper sur leur valises avec de gros marteaux pour les redresser ? Elles représentent également un danger supplémentaire pour le pilote qui, en cas de chute, peut retrouver sa jambe coincée entre la route ou un obstacle et la valise.

En fait, pour beaucoup de voyageurs il semble que le look soit un critère primordial de choix des valises aluminium, grâce à l'excellent travail des équipes marketing des fabricants d'accessoires, à travers le sponsoring de quelques voyages emblématiques.

Une alternative très intéressante est la valise en plastique dur, du type des valises *Pelican* employées pour transporter du matériel fragile. Elles sont extrêmement solides et surtout elles sont flexibles et gardent leur forme même après que la moto soit tombée sur elles. Par contre, c'est la fixation sur le porte-bagages qui prendra le gros des efforts et qui pourrait se casser.

Sacoches souples

Les sacoches souples ont l'avantage premier d'encaisser les chocs en se déformant sans s'abîmer. Bien sûr, en cas de grosse chute elles peuvent être arrachées, mais il suffit d'une sangle pour les fixer et surtout elles protègent le porte-bagages à la manière d'un fusible. Il faut de toute façon toujours avoir quelques sangles de réserve.

Elles peuvent être tout aussi étanches que des valises en alu, mais évidemment elles offrent peu de protection contre les voleurs et les vandales. Elles sont souvent de capacité plus restreinte, mais c'est en fait un avantage car cela vous force à limiter la quantité de bagages que vous allez transporter.

Sacoche réservoir

C'est un accessoire quasi indispensable pour les longs voyages. Papiers,

Ci-dessus : le porte-bagage indien de ma Royal Enfield n'a pas duré très longtemps sur les pistes défoncées du Ladakh.

argent, appareil photo, cartes, guide, etc. tout cela doit être sous la main quand on en a besoin. Et c'est également pratique pour emporter avec soi ses objets de valeurs lorsqu'on est obligé de laisser la moto sans surveillance. On trouve chez les accessoiristes de nombreux modèles adaptés à toutes sortes de réservoirs et de motos et de toutes les tailles. Il faut toutefois s'assurer que la sacoche ne gênera pas trop la conduite en position debout. Il existe également des sacoches latérales, mais là encore c'est une incitation à emporter trop de poids.

Porte-bagages

Le porte-bagages doit être simple, plat, solide et offrir de multiples points d'ancrage pour les sangles. Un top-case est parfait pour livrer les pizzas, mais pour rouler sur piste par contre le poids haut placé est plutôt handicapant. Il vaut mieux choisir un sac polochon très robuste et facile à fixer sur le porte-bagages.

Réservoir

Peu de motos sont livrées avec un réservoir d'origine adapté aux longs trajets sans ravitaillement. Pour les fabricants cela se justifie par le désir de limiter le poids et parce que l'immense majorité de leurs clients vivent dans des pays occidentaux où les pompes à essence sont très fréquentes. Transposons-nous maintenant dans le désert de Gobi, à travers les hauts cols de l'Himalaya ou sur les routes éloignées de Sibérie. Ou même au Canada sur la route Trans-Taïga ou en Argentine sur la Ruta 40 : les points de ravitaillements sont alors espacés de 300-400 km. Les motos sur le marché actuellement ne permettent en général pas une telle autonomie, la 1200 GS étant un cas à part avec son réservoir énorme de 33 litres qui lui permet de faire facilement plus de 700 km.

Quelle est donc l'autonomie minimum nécessaire ? Tout dépend de l'itinéraire, bien entendu, mais également du confort. Il est un peu stressant de rouler dans un pays inconnu en se demandant si on arrivera jusqu'à la prochaine pompe – qui peut être fermée ou à sec d'ailleurs. Même des pays qui sont relativement bien équipés en stations service connaissent des problèmes chroniques de pénurie, notamment le Népal, l'Éthiopie, le Malawi et l'Égypte. Si votre moto a une autonomie de 300 kilomètres vous allez commencer à chercher une pompe après 200 kilomètres, cela veut dire que vous ne roulez tranquillement que pendant deux ou trois heures.

Un grand réservoir permet aussi d'économiser de l'argent en faisant le plein dans des pays ou des régions bon marché, même si l'économie sur un plein n'est pas aussi substantielle que sur des 4x4 qui, avec un plein en Iran, peuvent traverser toute la Turquie sans devoir payer le prix turc (en diesel, 0,10 € contre un peu moins de 2 € !). Il est plus important de faire le plein dans une vraie station service avec de l'essence propre afin d'éviter d'acheter du carburant en jerrycan sur la route, dont l'essence peut être sale ou coupée avec du kérosène.

Un réservoir de rallye-raid de grande capacité est donc loin d'être uniquement cosmétique, pour ceux qui peuvent se l'offrir. La solution alternative est de prévoir des bidons supplémentaires pour les trajets où l'essence est rare. Dans ce cas, il suffit d'acheter des jerrycans sur place et de les attacher comme on peut, en espérant qu'ils ne fuient pas trop. Parfois deux ou trois bouteilles de coca-cola (ou de votre marque préférée) en plastique solide de 1,5 litres sont suffisantes. Les systèmes de réservoirs souples (*fuel bladders*) sont peu intéressants ; ils sont chers, difficiles à attacher et vides ils prennent encore pas mal de place. Le système Rotopax est beaucoup plus robuste et pratique et nettement plus économique qu'un réservoir dédié, mais il laissera moins de place pour les bagages. La taille du réservoir dépend bien sûr de la consommation du moteur. Une petite 125 4-temps avec son réservoir de 8 litres offrira la même autonomie qu'une KTM 990 avec ses 20 litres !

Essence

Il est conseillé de choisir un moteur simple et robuste qui accepte l'essence de qualité variable. Certains pays n'utilisent que de l'essence à faible indice d'octane, 91 voir 87. En Mongolie je n'ai parfois trouvé que de la 76, mais c'était en 2006, la situation s'est sensiblement améliorée depuis. Les dernières générations de moteurs à haute performance souffrent un peu avec ce genre de carburant, c'est pour cela que certains constructeurs proposent une cartographie du moteur qui tolère des indices d'octane plus bas, soit sous forme d'une mise à jour de l'ordinateur central effectuée en concession (BMW), soit sous forme d'un interrupteur (KTM). Il est également possible d'augmenter l'indice d'octane en ajoutant à l'essence un *octane booster*, mais l'expérience de douzaines de motards qui traversent chaque année la Mongolie montre que les gros trails ne posent pas de problème et de toute façon, il est exclu d'en transporter plus qu'un ou deux litres. Les moteurs les plus rustiques (Africa Twin, Ténéré) perdent en puissance et gagnent en pollution mais tournent sans problème même avec de l'essence de tracteur.

Il est très rare de se trouver vraiment bloqué par manque d'essence. Au pire il y a toujours quelqu'un dans la rue pour vous vendre quelques litres d'essence de qualité incertaine et à un prix nettement supérieur au marché. De fait, il est de plus en plus difficile de trouver un endroit dans le monde où ses habitants n'ont ni moto ni groupe électrogène et qui n'auraient donc pas un jerrycan ou deux au fond de leur garage (le diesel par contre peut être plus difficile à trouver).

Si l'indice d'octane pose peu de problèmes, l'essence frelatée en posera plus, à cause des margoulins qui coupent

parfois l'essence avec du kérosène ou du diesel pour gagner de l'argent, ou tout simplement des fonds de cuve ou de jerrycans qui ne sont pas très propres. Au pire cela peut boucher les injecteurs, mais plus souvent le moteur ne tourne pas proprement. On a alors intérêt à vidanger son réservoir et à le remplir avec de l'essence propre. Cela fera sûrement le bonheur d'un local qui saura comment recycler cette essence frelatée.

Ci-dessus : ce qu'il ne faut pas faire : un bidon de 20 litres d'essence qui ferme mal juste au-dessus du pot d'échappement.
A droite : difficile de vérifier ce qu'il y a dans le bidon – ni la quantité (RDC).

Reste le problème de l'essence au plomb, qui inquiète souvent les futurs voyageurs. Il est faux de croire qu'en dehors du monde occidental les pompes n'offrent plus que de l'essence avec plomb, c'est devenu très rare même si c'est encore le cas notamment en Algérie. Le deuxième mythe est de croire que l'essence au plomb va détruire les moteurs. Au contraire, les moteurs sont très heureux avec le plomb, la seule raison qui fait que les constructeurs recommandent de n'utiliser que de la sans-plomb est que le plomb va abîmer le catalyseur. Mais même un catalyseur H.S. n'empêche pas le moteur de tourner normalement, vous pouvez donc faire le plein sans état d'âme et sans chercher quelle est la traduction locale de « sans plomb ».

Il faut se faire plus de souci à utiliser de l'essence mélangée à de l'éthanol. La SP95-E10 de chez nous contient 10 % d'éthanol au maximum et elle est bien acceptée. Par contre, certains pays comme le Brésil vendent de l'essence avec 20-25 % d'éthanol ce qui peut poser plus de problèmes. D'abord, il est très agressif et ronge les plastiques et caoutchoucs qui ne sont pas prévus pour. Ceci ne devrait être critique qu'avec une vieille machine et seulement au bout

Pneus

Le choix de pneus est plutôt personnel, chacun a ses préférences en fonction de son style de pilotage. En tous cas il est faux de croire qu'au-delà de l'Europe (ou de l'Amérique du Nord) il faut absolument rouler en crampons. Il est parfaitement possible de traverser l'Afrique avec des pneus mixtes (pas avec des pneus routes, il ne faut pas exagérer non plus), du type de ceux qui sont offerts en première monte sur les trails : Michelin Anakee, Metzler Tourance, Bridgestone Trailwing. Ils offrent un grip raisonnable pour deux fois la durée de vie de pneus à crampons. Bien sûr, il faut que le terrain soit sec, dans la boue, seuls les vrais crampons sont efficaces.

C'est lorsque le terrain devient vraiment difficile que le grip supplémentaire offert par les crampons devient nécessaire. Les plus populaires sont le Continental TKC80, Metzler Karoo, Pirelli MT21, Michelin T63 (les discussions sur les qualités et défauts de chacun remplissent des forums entiers sur internet, je m'abstiendrai donc de plus de

de plusieurs mois. Ensuite, son pouvoir calorifique est moindre, donc le moteur reçoit un mélange trop pauvre. Les injections électroniques corrigent automatiquement le mélange, quant aux carburateurs, un petit tour de vis sur le réglage de la richesse devrait faire l'affaire. Enfin, l'éthanol capture plus facilement l'humidité de l'air et donc une essence de mauvaise qualité est plus facilement contaminée par de l'eau. En tous cas ne faites jamais le plein avec de l'éthanol pur ou à plus de 50% comme on en trouve au Brésil (p. 344).

Ci-dessus : cas idéal : bouteilles de 1l de pastis, prix fixe annoncé (Congo).
A droite : 500 km sur bonne route, pas de problème pour une Ténéré de 1984 et son réservoir de 27 litres, impossible sur les derniers modèles (Québec).

commentaires ici). Le contrôle en tout terrain est incontestablement meilleur qu'avec des pneus mixtes, mais il faut prévoir de les changer plus rapidement.

Des pneus comme le Heidenau K60 ou le Mitas E09 ont une position intermédiaire. Ils apportent un peu plus de grip que les mixtes et plus d'endurance que les crampons grâce à une gomme plus dure, ils peuvent donc être un compromis idéal. A vous de les tester avant de partir lors de vos balades du

dimanche ou vos aller-retour au bureau pour vous forger un avis personnel.

De toute façon, dans la vraie bouillasse, tous ces pneus sont complètement inutilisables. Seuls des profils très agressifs sont efficaces, comme le Michelin Desert, très utilisé car il est aussi très résistant. Malheureusement ils sont très mauvais sur le goudron, surtout sur route mouillée où ils sont carrément dangereux. De plus ils sont souvent disponibles uniquement en 18" et pour jantes étroites, alors que les gros trails sont souvent montés avec des jantes larges de 17". Donc c'est un excellent pneu pour l'Afrique ou pour la Mongolie, mais très déconseillé pour traverser l'Europe ou l'Amérique du Sud sur route. En général on préférera donc un profil plus passe-partout, quitte à galé-

rer sous la pluie. Il vaut parfois mieux attendre devant une bière que le soleil revienne et sèche la piste.

Le *gripster* est un must pour tout pilote d'enduro ou de cross, il permet d'éviter au pneu de glisser sur la jante et d'arracher la valve lorsqu'on roule « dégonflé » (dans le sable notamment). Il n'est pas vraiment indispensable pour un baroudeur qui ne roule pas trop agressivement, d'autant plus qu'il est toujours un peu plus compliqué de monter et démonter un pneu avec un gripster.

Le principal problème du baroudeur n'est pas de choisir le pneu idéal, c'est simplement de trouver un pneu neuf. Dans les pays du sud il est quasiment impossible de trouver des pneus neufs en dimensions habituelles pour nos grosses motos. Depuis le Maroc il faut rouler jusqu'en Afrique du Sud pour trouver un vendeur de pneus, un trajet de 15 000 km au minimum qu'un pneu avant peut supporter, mais certainement pas un pneu arrière si c'est un TKC 80 ou Karoo. Par contre, il n'est pas impossible de tirer un Heidenau K60 sur cette distance, par exemple, si on roule tranquille bien sûr. Le dilemme du baroudeur est donc : rouler agressivement en crampons mais en transportant un pneu de rechange, ou plus calmement en mixte mais aussi plus légèrement.

Les divers forums et sites web sont des mines d'informations sur les endroits où des pneus sont disponibles. De manière générale, on trouve des pneus dans les pays où il est possible d'acheter un gros trail. La Russie par exemple est un immense pays où les pneus ne se trouvent qu'à Moscou et dans certaines grandes villes, mais où il est relativement facile et bon marché de se faire envoyer des pneus d'un bout à l'autre du pays, surtout si on a des contacts avec un

club de motards. De même pour les pays d'Afrique australe (Namibie, Botswana, Zambie), il est possible d'y faire envoyer des pneus depuis l'Afrique du Sud. En Afrique de l'Ouest et en Asie centrale, par contre, c'est très difficile.

Eclairage

Une des premières règles du voyage dans les pays du tiers-monde est de ne jamais rouler de nuit. Il y a de bonnes raisons pour cela, tout d'abord parce que les animaux traversent ou parfois dorment sur la route, mais aussi parce que les locaux roulent souvent sans phares. Comme toujours cette règle connait des exceptions, les temps de parcours entre deux villes sont parfois imprévisibles et la nuit tombe brutalement sous les tropiques. On le sait tous, les phares de moto ne sont pas des modèles d'efficacité, alors, sans aller jusqu'à installer des

longues portées Xénon sur votre moto, comme la plupart des propriétaires de 1200 GSA se sentent obligés à le faire (à 360 € pièce...), n'hésitez pas à croiser en plein phares – vous remarquerez vite que les locaux ne se gênent pas pour en faire autant.

Un détail : sur les motos récentes, le phare est allumé automatiquement avec le contact. C'est la loi en Europe. Le problème est que le phare augmente la consommation de 1% ou 2%, ce qui n'est pas grand chose pour nous mais dans les pays où l'essence représente un budget conséquent par rapport au pouvoir d'achat, il est considéré comme du gaspillage de rouler avec des phares allumés durant la journée. Vous verrez donc souvent des gens vous faire le caractéristique signe de la main pour vous rappeler de les éteindre. Cela peut devenir un peu agaçant après un certain temps et

Ci-dessus : trop tard pour monter les crampons qui sont sur le porte-bagages.

Livraison de pneus et pièces détachées

Si vous avez un copain, un fiancé ou un mari voyageur et que vous avez la chance de pouvoir le rejoindre de temps en temps sur la route, vous serez certainement chargée du ravitaillement en pneus et autres pièces détachées introuvables dans certains pays. Alors, un petit conseil avant de prendre l'avion pour le retrouver : prenez-vous y un peu à l'avance pour ne pas traîner la veille du départ dans les zones commerciales à la recherche de cartons suffisamment grands pour emballer les p…ains de pneus tant désirés (le mieux étant les cartons d'écran plats ou de gros électroménager mais ils sont rares et il faudra faire les yeux doux aux vendeurs pour qu'ils vous les mettent de côté). Ensuite, il vaut mieux que votre vol arrive à destination tard le soir ou très tôt le matin, lorsque les douaniers auront les yeux collés et seront trop comateux pour insister pour savoir ce que contient exactement votre grand carton… Enfin, il faut espérer que votre voyageur de copain, fiancé ou mari sera à l'aéroport pour vous récupérer, vous et votre précieux chargement, qu'il ne sera pas en galère sur une piste au fin fond de la brousse, sinon il faudra vous débrouiller seule pour transporter en ville vos – p…tain de – pneus (sachant que le carton ne résiste pas très longtemps sous la pluie…). Ça c'est le côté galère, le reste n'est que du bonheur…

Attendez-vous aussi, au retour de voyage, à risquer de passer quelques heures à la douane française à la sortie de l'avion pour une fouille complète. En effet, vous arriverez certainement couverte de poussière du voyage à moto, pas très fraîche et le sac rempli d'affaires dont Monsieur n'a plus besoin comme par exemple des objectifs d'appareil photo ou un portefeuille avec des papiers d'identité inutiles. Transporter des objectifs sans l'appareil correspondant, avec les papiers de quelqu'un d'autre tout cela avec un look pouilleux peut susciter les soupçons des douaniers qui ne vous lâcheront pas avant d'avoir trouvé quelque chose de compromettant… ou pas, mais une fouille minutieuse peut durer longtemps (l'odeur du linge sale ne les rebutera pas, bien au contraire…).

de toute façon, il y a d'autres raisons de vouloir éteindre son phare. Par exemple pour pouvoir rester discret lorsqu'il s'agit de trouver un place de camping le soir : dans certains pays très peuplés comme en Inde ou en Afrique de l'Ouest, votre petit campement tranquille aura vite fait de se transformer en attraction pour les villageois des alentours et si votre intention était de prendre du repos, c'en sera terminé dès que vous serez repéré. La parade est d'attendre la pénombre et de sortir de la route tous feux éteints jusqu'à un emplacement pour planter sa tente.

Plus gênant, au Cambodge et au Laos il est illégal de rouler avec les phares allumés de jour, ceci étant réservé à la police. Un moyen de s'y conformer sans tout démonter est de simplement recouvrir les phares de scotch. Sinon, il n'est pas très compliqué de monter un simple interrupteur sur le câble d'alimentation du (des) phare(s) pour pouvoir l'éteindre à volonté, ou encore une résistance si vous voulez éviter qu'une erreur s'affiche sur l'écran de votre ordinateur de bord.

Electricité

Il semble que les constructeurs ne fassent pas autant de progrès en terme de fiabilité sur la partie électrique que sur la partie mécanique. Ou alors ils rajoutent des accessoires plus vite qu'ils ne peuvent les tester. Certaines pannes électriques ne vous empêcheront pas de rouler si elles touchent les phares ou les poignées chauffantes par exemple. D'autres par contre sont synonymes d'immobilisation et peuvent être très difficiles à diagnostiquer. Il vaut mieux connaître les particularités de votre modèle avant de partir pour s'éviter des problèmes quasi insolubles lorsque aucun concessionnaire ne peut vous aider.

L'exemple typique et le plus gênant est l'antidémarrage codé. Il fonctionne avec une antenne qui capte les signaux émis par la clé de contact et transmet le code de déblocage à l'unité centrale. Une panne de cette antenne (appelée EWS chez BMW) et l'ordinateur interdira tout démarrage. Avec l'allumage et l'injection électronique contrôlés de manière centrale, impossible de court-circuiter le système. Un autre exemple de faiblesse connue sur les BMW est le contrôleur de pompe à essence : c'est un système électronique qui régule le flux de la pompe en fonction des besoins. Dans le cas d'une panne de ce composant, la pompe n'est jamais alimentée et l'essence ne parvient pas aux injecteurs. Dans ce cas on peut facilement court-circuiter le contrôleur et alimenter directement la pompe sur la batterie, ce qui n'est pas idéal mais fonctionne très bien. Mais encore faut-il savoir le faire, d'où l'avantage de bien connaître sa moto.

Position de conduite

Vous allez passer des centaines d'heures sur la selle, donc il vaut mieux y être confortablement installé(e). Heureusement c'est la partie la plus facile à tester et à modifier. Allez faire un tour de 8 ou 10 heures autour de chez vous et vous aurez une bonne idée des modifications à apporter. Selle, repose-pieds, rehausses de guidon, leviers réglables, bulle de protection, tout est modifiable grâce aux nombreux vendeurs d'équipements dédiés au « raid ».

Bib-Mousse®

Vous vous êtes peut-être déjà étonnés de ne jamais voir de motards du Dakar arrêtés à côté de leur machine en train de réparer une crevaison, à l'instar des pilotes de voiture ou de camion. Il y a une raison pour cela, qui s'appelle Bib-Mousse (chez Michelin) : c'est une chambre à air remplie de mousse, qui ne se dégonfle donc pas lorsqu'elle est percée. Alors pourquoi personne ne l'utilise sur un long voyage ? Deux raisons : la première, c'est qu'elle supporte très mal les hautes vitesses, ce type de montage est même interdit sur route. Certes, sur le Dakar les pilotes roulent souvent plus vite que nous sur autoroute, mais par contre ils remplacent leurs pneus et bib-mousse à la fin de chaque étape. La deuxième raison est que cette chambre à air se conserve très mal, 6 mois au maximum. Inutile de dire qu'elles sont introuvables en Afrique ou en Asie.

Échappement

Les lignes d'échappements des motos européennes récentes incluent un catalyseur. Comme vu précédemment, l'essence avec plomb tue le catalyseur. Donc il est possible qu'en revenant de certains pays votre catalyseur soit mort. En France on s'en moque mais dans un pays comme la Suisse qui impose un contrôle technique avec test antipollution sur les motos, il faudra peut être remplacer le silencieux-catalyseur. Si vous installez avant de partir un silencieux en carbone pour gagner quelques kilos, vous n'aurez pas ce problème.

Poignées chauffantes

A première vue c'est un gadget, mais il suffit de les essayer pour ne plus pouvoir s'en passer. Vous croyez être à l'abri du froid en Afrique ou en Asie du Sud-est et pourtant pour y parvenir vous aurez sûrement des cols à franchir ou un hiver à passer. Sur les hauts plateaux éthiopiens, les cols du Ladakh ou les plaines de Patagonie, en hiver dans le désert namibien ou dans les montagnes du nord de la Thaïlande les températures peuvent être glaciales. En plus, cela peut éviter d'emporter avec soi une grosse paire de gants.

Alarme

Les avis sont partagés quant à l'utilité d'une alarme en dehors de nos contrées. C'est un composant électronique de plus qui peut tomber en panne, ou pire, se déclencher à l'improviste. Et cela risque de ne pas dissuader des voleurs bien organisés dans des pays où les alarmes se déclenchent sans arrêt. Mieux vaut s'assurer de garer sa moto en lieu sûr pour la nuit.

Carburation

L'injection électronique a comme avantage que le calculateur corrige le débit d'essence en fonction de l'altitude. Un moteur à carburateur par contre donnera un mélange trop riche, surtout à partir de 3000 mètres. La solution est de changer le gicleur pour une taille inférieure, ce qui vaut la peine si on passe beaucoup de temps en haute altitude, par exemple sur le plateau tibétain ou sur les hauts plateaux andins. Pour passer un col, ou pour une courte durée, cela n'est pas vraiment nécessaire.

Filtre à air

Les filtres papiers sont très efficaces, mais ce sont surtout des rentrées d'argent régulières pour leur fabricant. De toute façon, ils sont quasiment introuvables dans les pays d'Afrique ou d'Asie. Et pourtant ce sont des régions souvent très poussiéreuses, qui nécessitent un filtrage efficace. La solution est d'installer un filtre en mousse lavable, comme ceux offerts par Uni par exemple.

Câbles

Le problème assez fréquent est un câble d'embrayage qui casse – le câble d'accélérateur est généralement moins sollicité. Il est donc conseillé de partir avec un câble de rechange, qu'on peut même déjà faire passer dans le cadre et attacher au câble existant, de façon à pouvoir réparer plus rapidement.

Certains objecteront que l'on peut encore rouler sans embrayage, en passant les vitesses gentiment, sauf que sur certaines motos (les Triumph notamment) le démarreur ne fonctionne qu'en tirant l'embrayage, même au point mort. Dans ce cas il vaut mieux désactiver cette sécurité avant de partir. Au pire, une pince-étau permet de se débrouiller pour rejoindre le prochain bled.

Renforts

Les motos sont rarement prévues pour encaisser des milliers de kilomètres sur des pistes défoncées. C'est surtout vrai pour les dernières enduros qui sont conçues avant tout pour être les plus légères et performantes possible. Les vieux modèles bien lourds paraissent plus robustes, pourtant la plupart des

R80GS ont eu des problèmes de cadre qui se fissure. Le souci le plus fréquent est la boucle arrière, faite de tubes plus légers que le cadre et pas conçue pour être lourdement chargée. Les plus méticuleux dans leur préparation vont renforcer les endroits clé avec quelques soudures. Pour réparer un petit problème, les postes à souder se trouvent partout (mais les bons soudeurs sont rares). Pour de l'aluminium c'est par contre beaucoup plus compliqué.

Suspension

Je n'ai encore pas rencontré de baroudeur qui n'a connu aucun problème de suspension. C'est normal, c'est une pièce d'usure et l'équipement d'origine est rarement dimensionné pour des conditions aussi dures. Les KTM 640 étaient appréciées pour leurs suspensions de qualité, mais ce n'est pas le cas de la 690. KTM comme les autres fabricants font des économies sur ce point. Il est exclu de voyager avec un amortisseur de rechange, c'est bien trop lourd et encombrant. Si la moto a déjà bien vécu, on aura intérêt à le remplacer préventivement par un modèle plus robuste (et éviter les fabricants qui privilégient la légèreté et la performance sur la robustesse, comme Oehlins). Hyperpro et Whitepower sont des marques reconnues et appréciées. Souvent ces modèles peuvent être démontés et reconditionnés, pour autant que l'on soit à portée d'un réparateur agréé bien sûr. Si la panne arrive au milieu de la brousse, il faut rejoindre tant bien que mal la prochaine ville et se faire envoyer un amortisseur neuf (au prix fort). Sur ce genre de pièce, les mécanos-bricoleurs africains ou russes sont en général impuissants.

Clés de contact

Les précautions d'usage sont évidentes, il faut juste se rappeler que les motos modernes ont un dispositif d'antidémarrage codé dans la clé de contact. Seul un concessionnaire peut vous faire une clé de remplacement si vous la perdez.

Klaxon

L'équipement le plus anecdotique chez nous prend une importance vitale dans des pays comme l'Inde : là-bas les gens circulent au son et les véhicules annoncent leur présence en klaxonnant constamment. C'est extrêmement fatigant au départ, mais après quelques jours vous finirez par vous y habituer et surtout, vous ferez comme tout le monde. Il est même indispensable de klaxonner très souvent en Inde où les piétons ont l'habitude de traverser « au bruit ». On ne saurait donc conseiller de vérifier que son klaxon est puissant et que le bouton tombe naturellement sous le pouce. C'est aussi utile que de bons freins.

Outillage

Il est difficile de faire ici une liste des outils à emporter, parce que celle-ci dépend : 1, de la moto ; 2, de vos capacités de mécanicien et 3, des compromis que vous être prêts à faire entre confort et encombrement

A l'instar de la façon de voyager, il existe deux manières de concevoir sa trousse à outils : minimaliste ou complète. Soit décider de partir ultra-léger et n'emporter que le strict nécessaire, utilisant les talents des *bush mechanics* pour toute intervention ; soit être auto-suffisant et emporter un outillage complet qui permet de réparer la plupart des pannes au bord de la piste, sans dépendre des mécaniciens locaux qui sont souvent mal équipés et parfois mal inspirés. J'ai rencontré un motard qui est parti en Afrique sans avoir jamais réparé une crevaison. Et un autre qui transportait sur sa R100GS un outillage complet, y compris une clé dynamométrique, qui lui a permis de refaire entièrement son moteur.

Le minimum absolu est :

■ Un kit de réparation de crevaison : clés pour enlever les roues, démonte-pneus, colle et rustines, pompe. Pour les *tubeless* le kit est encore plus réduit : des mèches et une pompe.

■ Les outils pour effectuer la maintenance régulière : nettoyage du filtre à air principalement, tension et graissage de la chaîne. Les vidanges peuvent se faire dans un atelier.

■ Les outils qui sont spécifiques à la moto ou rarement utilisés et difficiles à trouver dans les pays pauvres. P. ex. des clés Torx, une clé à bougies si elle est spécifique au moteur, etc.

Tout ce qui est outillage standard type voiture est disponible à peu près partout, même si parfois ce sont des outils chinois qui sont en bout de course. Si vous utilisez les compétences locales, restez sur place et faites bien attention à ce qu'ils font; il n'est pas rare de les voir attaquer un écrou à la pince ou un Torx avec une clé Allen. Et s'ils sortent le gros marteau, c'est le moment de vous interposer et de changer de crèmerie. Au pire, si les ressources locales sont insuffisantes, il faut organiser un transport par camion jusqu'à la ville la plus proche.

Le cauchemar des baroudeurs est la panne électronique, parce qu'elle est très difficile à trouver sans l'outil de diagnostic adapté au modèle de sa moto. Ces balises sont réservées au réseau de concessionnaires du constructeur, donc introuvables dans la majeure partie des pays d'Afrique ou d'Asie. Les clients de BMW peuvent acheter également une balise compatible avec leur moto, le GS-911. Cet appareil permet de se connecter sur l'ordinateur central et lire les codes d'erreur, qui peuvent donner un indice sur la cause de la panne. Son utilité est discutable, car il ne permet de diagnostiquer qu'un faible pourcentage de pannes et de toute façon ne résoudra pas le problème à lui seul. De plus il est cher et il faut avoir un ordinateur (ou un smartphone) avec le software correspondant pour pouvoir l'utiliser.

Ci-dessus: le truc pour décoller un pneu de sa jante : utiliser la béquille. Notez la sangle qui empêche la béquille de se rétracter.

A droite: toutes options pour ce motard yéménite.

Navigation

En route, le mieux c'est de se perdre. Lorsqu'on s'égare, les projets font place aux surprises et c'est alors, mais alors seulement, que le voyage commence.

Nicolas Bouvier

GPS

Voyager avec un GPS semble une évidence de nos jours. Il est banal, presque naturel de se faire diriger par l'intermédiaire d'un récepteur dédié ou d'un smartphone. Cela marche bien dans nos pays car ils se basent sur des cartes précises et souvent mises à jour. Dans la plupart des pays pauvres d'Afrique et d'Asie les cartes manquent ou sont trop imprécises, du coup il est impossible de se fier aux indications données par l'appareil.

Pourtant le GPS a d'autres usages et est utile même sans cartes détaillées : il montre la direction, l'altitude, la vitesse et enregistre le parcours pour ceux qui désirent garder une trace de leur voyage. Plus important, il arrive à tout le monde de galérer en cherchant la bonne trace ; au cas où vous auriez pris la mauvaise piste, le GPS vous aide à revenir sur vos pas jusqu'au dernier croisement sans tourner en rond.

Surtout, le GPS permet de se rassurer en montrant la distance qu'il reste jusqu'à destination – pour autant que vous connaissiez votre destination bien sûr... Du point de vue sécurité c'est amplement suffisant. Il est tout à fait possible de voyager sans GPS et d'aucuns préfèrent d'ailleurs s'en passer et se prendre au jeu de la navigation avec

135

une carte routière en s'arrêtant le long du chemin pour questionner les locaux. Contrairement à l'idée qu'on pourrait s'en faire, le principal bénéfice de rouler avec un GPS se fait ressentir non pas dans le Sahara ou dans les plaines de Mongolie, mais dans les grandes villes. Il n'est rien de plus fatigant et frustrant que de se perdre dans la circulation chaotique, la pollution et la chaleur étouffante d'une grande ville à la recherche d'un hôtel ou d'une ambassade. Et tout simplement pour ressortir d'une ville sans devenir fou : je suis passé plusieurs fois par New Delhi, la première fois j'y ai passé quelques heures à sortir des encombrements de la banlieue et trouver le centre et ses hôtels ; en y revenant plus tard j'avais pris soin d'éditer ma trace en y enlevant tous les détours inutiles, ce qui m'a énormément facilité la tâche.

Parmi les nombreux fabricants de GPS, il faut bien dire que Garmin sort du lot, d'abord parce qu'ils sont sur le marché depuis très longtemps et mon avis personnel est qu'ils proposent actuellement les meilleurs produits. D'ailleurs quasiment tous les baroudeurs que j'ai rencontrés étaient équipés d'un Garmin. Conséquence de cette popularité (ou est-ce le contraire ?), beaucoup d'outils sont disponibles pour Garmin, depuis les supports vendus par Touratech jusqu'aux cartes OpenStreetmap disponibles online (p. 139).

Pour un motard, un récepteur doit être (par ordre d'importance) :

- robuste

- lisible

- performant

To GPS or not to GPS

Lorsque je suis parti la première fois en Asie à moto (en 2006), les GPS étaient encore assez peu répandus et chers. Le meilleur marché et le plus robuste que j'ai trouvé était un Garmin eTrex d'entrée de gamme, un outil pour randonneurs avec un écran minuscule à peu près illisible en roulant, une mémoire limitée, une carte rudimentaire et pas de fonction de routage. Pendant toute la traversée de la Sibérie je ne l'ai guère utilisé que pour enregistrer et archiver mon parcours, un point tous les km seulement car sa mémoire était limitée. Pour la navigation je me basais sur les cartes routières russes en papier qui étaient suffisantes, même pour affronter la circulation démentielle de Moscou.

En arrivant en Mongolie, les cartes papier (les rares disponibles à Oulan-Bator) étaient largement inutiles car il n'y avait en fait que deux vraies routes goudronnées en Mongolie. Par contre j'avais emporté le *Lonely Planet Mongolia*, qui était à peu près inutile sauf qu'il indiquait les coordonnée GPS des principales villes. J'ai donc rentré ces coordonnées dans le Garmin et je naviguais «au cap» en essayant de discerner la piste qui y mènerait. Les locaux étaient très aimables mais ne m'aidaient pas beaucoup : lorsque je m'arrêtais pour leur demander quelle piste je devais prendre (quand j'arrivais à me faire comprendre), ceux-ci me donnaient la direction à vol d'oiseau, à travers les champs, celle qu'ils prennent à cheval.

■ alimenté par des piles ou par une prise 12v

Longtemps l'outil de choix a été soit le Garmin 276c, doté d'un grand écran mais très cher, soit le Garmin 60CSx, un appareil portable à l'écran réduit, mais pourtant lisible, extrêmement robuste, performant et qui accepte des cartes microSD pour étendre sa mémoire. J'en ai acheté un pour mon dernier voyage et malgré tout ce qu'il a enduré sur les pires routes d'Afrique, il s'est révélé indestructible et a résisté sans problème à mes crash répétés. Une de mes fonctions favorites est de pouvoir enregistrer ses traces journalières au format GPX directement sur la carte microSD, la capacité d'enregistrement est ainsi quasi illimitée et il est très facile de les récupérer en lisant directement la carte mémoire depuis un ordinateur.

Ce modèle a été remplacé par le Garmin 62 à l'esthétique un peu différente, mais toujours très robuste. Et depuis, d'autres modèles sont apparus avec des écrans plus grands et plus lisibles, ce qui est très appréciable en roulant, en particulier la série Montana qui est probablement la meilleure pour les baroudeurs. Les modèles spécifiques moto genre Zumo sont moins robustes et n'offrent rien de plus. Si votre budget est restreint il reste les modèles eTrex de base, ou mieux encore un Garmin 60 à bon prix sur Ebay.

Il est tentant de penser qu'un smartphone (iPhone, Android ou autre) peut faire office de GPS à moindre frais. Il existe en effet de nombreuses applications qui permettent de télécharger des cartes et de fonctionner sans connexion internet. Le problème est que les téléphones sont construits pour ne pas durer et les fabricants misent sur l'esthétique et les gadgets plutôt que sur la robus-tesse. Un smartphone, même tropicalisé ou durci, sera mieux protégé dans sa poche que sur la moto et surtout, n'attirera pas l'attention des personnes mal intentionnées.

Un smartphone est bien plus utile dans d'autres circonstances: il est pratique de pouvoir marquer son hôtel ou son camping sur le GPS avant de partir en balade en ville à pied ou en bus, si vous n'avez ni carte ni le sens de l'orientation. Cela m'a déjà servi pour guider un chauffeur de taxi complètement paumé, mais aussi à retrouver un point précis la deuxième fois que je devais y aller, par exemple pour retourner à une ambassade chercher mon passeport sans utiliser un taxi. Pour cela le smartphone est bien plus pratique que le GPS dédié.

Balise

Les balises sont des appareils qui déterminent leur position (avec un récepteur GPS intégré) et envoient cette information de manière régulière à un serveur distant, de façon à ce que d'autres personnes sachent en temps réel où se trouve la balise et donc le véhicule sur laquelle elle est fixée. A la différence d'un récepteur GPS qui travaille de manière passive et ne fait que de recevoir des données, elles sont capables d'émettre (par satellite, ou par GSM ce qui restreint son champ d'action) les données de géolocalisation. Elles peuvent avoir deux usages:

D'abord pour servir de balise de détresse pour permettre à des secours de recevoir une alarme (manuelle ou automatique) et de localiser la balise. C'est le cas des balises fixées sur les bateaux faisant le tour du monde à la voile par exemple, appelées *EPIRB* en anglais et plus communément « balises Argos » en France. Ces appareils ne sont vrai-

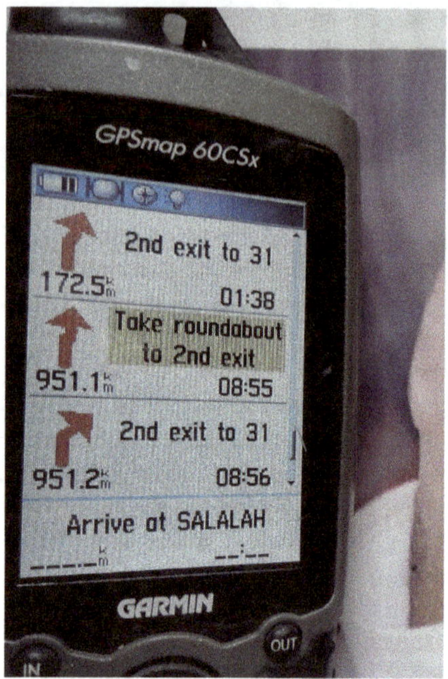

C'est un appareil très compact qui envoie de manière régulière sa position à travers le réseau de satellite Globalstar. Celui-ci couvre la quasi-totalité des continents, mais ni l'est ni le sud de l'Afrique et de l'Amérique du Sud. Il permet également d'envoyer des messages courts qui sont reçus sur des adresses e-mail prédéfinies. La trace et la dernière position reçue sont stockées sur un serveur et accessibles sur une page web qui peut être soit privée soit publique. Une carte avec votre trace peut facilement être insérée dans votre propre site web ou votre blog, ce qui semble être l'utilisation la plus populaire. Le prix est raisonnable, la balise avec son activation coûte environ 250 €, plus 50 € par an pour l'abonnement aux services web.

Pour ce qui est de la sécurité, un téléphone satellite permet en plus d'appeler n'importe quel numéro, quoiqu'à un coût nettement supérieur (p. 175).

Cartes papier

Quelle que soit la qualité des cartes numériques, rien ne vaut une bonne carte de géographie papier pour avoir une vue d'ensemble. Et bien entendu elle ne tombera jamais en panne (si vous la gardez au sec) et il est possible de l'échanger avec des collègues voyageurs. Par contre elle prend de la place, elle est (en général) chère et souvent peu précise. Le GPS et la carte papier se complètent idéalement, chacun dans son rôle.

En Europe et dans les pays occidentaux en général, les cartes papier sont régulièrement mises à jour et très pré-

ment utiles que si l'on fait partie d'une grosse organisation capable de mobiliser des moyens de sauvetage importants en cas de pépin, comme le Vendée Globe Challenge ou le Dakar. Perdu avec votre moto au milieu du désert de Gobi, qui viendra à votre secours ? De plus ces balises sont en général encombrantes et chères.

Elles peuvent permettent également à des proches de suivre votre déplacement à distance et en temps réel. Cela peut rassurer la famille de savoir où vous êtes et quand vous vous déplacez. Revers de la médaille, cela peut aussi les inquiéter inutilement en cas de panne de la balise ou d'arrêt programmé sans possibilité de communication. La plus connue actuellement s'appelle Spot.

Ci-dessus : les GPS peuvent faire du routage, mais pour cela il faut des cartes numériques de bonne qualité. Dans ce cas, effectivement, il n'y a aucun embranchement entre le km 172 et le km 951… (Oman).

A droite : erreur de débutant : montrer une carte à des gens qui n'en ont jamais vu – et qui n'en ont jamais eu besoin, d'ailleurs (Mongolie).

cises; en général elles suffisent entièrement pour s'orienter. Dans d'autres pays les cartes existent mais sont très imprécises et absolument pas fiables, comme en Inde par exemple, ou dans les républiques d'Asie centrale qui dépendent encore des cartes soviétiques vieilles de 30 ans. Finalement il existe des pays qui n'ont simplement pas les ressources pour produire de bonnes cartes; c'est le cas de l'Afrique noire et de l'Asie du sud-est.

A l'exception de ces régions, le meilleur endroit pour se procurer des cartes est dans le pays lui-même: en Argentine, en Russie ou en Australie les cartes sont bien meilleures que celles que l'on trouve ici. L'Afrique est un cas à part, elle est couverte par 3 cartes Michelin (741 nord-ouest, 745 nord-est et 746 centre et sud) qui bien qu'étant à l'échelle très large du 1/4 000 000 sont généralement suffisantes pour se guider d'une ville à l'autre. N'essayez pas d'utiliser une carte plus précise en Afrique noire; dans ces pays les petites routes locales peuvent être créées et détruites au rythme des saisons et de l'urbanisation et seuls les grands axes sont fixes et fiables. L'exception est comme d'habitude l'Afrique du sud qui produit d'excellentes cartes détaillées. Comme il est très difficile de se procurer les cartes Michelin en Afrique, il faut les acheter avant de partir, ou en obtenir une d'occasion sur la route.

Cartes numériques

Google est une source fascinante de données cartographiques pour presque tous les pays du monde. La qualité est excellente dans les pays occidentaux, mais beaucoup moins bonne dans les pays comme l'Indonésie, l'Afrique noire ou la Chine. Et les concurrents que sont Bing, Nokia, Apple, etc. sont encore pires. Par contre les services spécifiques à un pays comme Yandex (maps.yandex.com) en Russie ou Baidu (map.baidu.com) en Chine sont bien meilleurs, mais encore faut-il savoir le Chinois. Ils sont très pratiques, il suffit d'allumer son téléphone… mais justement, le défaut de tous ces services est qu'il faut être relié à Internet presque en permanence, ce qui est souvent impossible ou trop cher à l'étranger.

Ces services sont par contre très utiles pour explorer son itinéraire avant de partir (Google Earth est très addictif sur ce plan-là).

Bien sûr il existe des cartes à charger et visualiser sur son GPS, vendues par Garmin ou TomTom par exemple, qui sont chères et limitées à une région donnée. Une fois chargées elles sont ensuite disponibles pour s'orienter. Sans elles, un GPS ne sert plus qu'à enregistrer des traces.

Depuis quelques années, la révolution est arrivée avec OpenStreetMap, un projet de cartographie du monde entier disponible gratuitement sur internet. Il fonctionne selon un système collaboratif où chacun peut contribuer en éditant un bout de carte et ajoutant quelques routes, des noms de rue ou des lignes de bus. Aussi incroyable que cela puisse paraître, depuis 2-3 ans ce système a rattrapé le retard sur Google ou Microsoft et actuellement la qualité des cartes des pays occidentaux est au niveau des offres commerciales. Dans les pays plus éloignés, le niveau de détail des cartes OpenStreetMap est maintenant nettement supérieur aux cartes payantes. Si la qualité reste très inégale, les informations sont souvent plus fiables que les cartes papier. Les cartes sont disponibles online (www.openstreetmap.org), mais aussi – et c'est là que ça change tout – sous format Garmin à télécharger gratuitement sur son appareil (garmin. openstreetmap.nl). Pour l'Afrique ou l'Asie dans leur ensemble c'est la meilleure source de données disponible. Il est étonnant de voir à quel niveau de détail des villes comme Tombouctou au Mali ont été cartographiées, ou pour la Papouasie indonésienne par exemple, qui est à peu près vide sur Google (d'accord, il n'y a de toute façon pas beaucoup de routes dans cette région). Alors si vous revenez avec de nouvelles traces intéressantes, créez un compte sur openstreetmap.org et ajoutez les routes manquantes ou corrigez les cartes existantes, c'est relativement simple avec l'éditeur intégré au site.

Il existe aussi une autre manière
de se guider, à l'aide de tracés détaillés
d'itinéraires pour une région particulière, comme par exemple la traversée
des États-Unis par les chemins (www.
transamtrail.com), les guides Gandini
pour le Maroc, des produits commerciaux, ou différents sites web de partage de traces GPS gratuits comme
par exemple www.exploroz.com pour
les circuits 4x4 en Australie. Bien sûr,
comme discuté précédemment, il serait
dommage de suivre une trace GPS ou
un roadbook aveuglément sans essayer
de s'orienter soi-même.

Ci-dessus : au Népal, il est rare de voir des étrangers avec un véhicule, donc il n'y a
pas vraiment de raison de traduire les panneaux en anglais.

Le vrai voyageur n'a pas de plan établi et
n'a pas l'intention d'arriver.
Lao Tseu

Paperasse
5

ON NE PART PAS sur un autre continent comme on part en Espagne ou en Croatie: tout voyage au long cours implique un certain nombre de démarches et de papiers à remplir. Les visas, TIP, CdP et autres permis aux noms bizarres, tous ces papiers vous seront très familiers après quelques mois en Afrique ou en Asie, mais au départ ils peuvent paraître bien mystérieux et un peu intimidants. Il n'y a rien de bien compliqué mais il faut accepter que toute démarche prend du temps et, en général, plus le pays est pauvre et plus les démarches sont lentes et pénibles.

Passeport

Inutile de préciser qu'un passeport fait partie des documents indispensables pour voyager. Pour un voyage au long cours, il peut être très utile de posséder un deuxième passeport. Non seulement en cas de perte ou vol, mais aussi pour être libre lorsque son passeport est en dépôt dans une ambassade en attente de visa. Durant ces quelques jours, voire quelques semaines, si votre passeport doit être renvoyé dans votre pays d'origine pour que le visa soit délivré là-bas (c.f section suivante), il est dangereux de voyager et de s'exposer à un contrôle de police sans documents d'identité. Les doubles-nationaux ont deux passeports de deux pays différents, bien sûr, mais il est aussi possible d'en obtenir deux du même pays d'origine. Les Allemands profitent souvent de cette facilité car les démarches pour obtenir un second passeport sont très faciles chez eux. C'est apparemment également possible pour les Français ou les Suisses, bien que la préfecture vous certifiera le contraire; mais en insistant beaucoup on arrivera souvent à ses fins.

Avoir un deuxième passeport est également très utile pour traverser Israël et ensuite des pays arabes comme

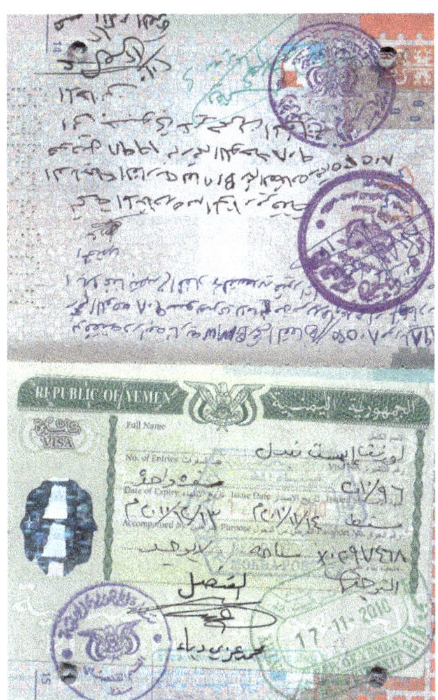

le Soudan ou l'Iran – pour autant que le passeport « marqué » soit bien caché. Par contre, jongler avec plusieurs passeports peut aussi amener des difficultés à certaines frontières où les douaniers vérifient avant de vous laisser passer que vous avez bien le visa pour le pays adjacent (et inversement). Le fait d'avoir deux passeports valables simultanément peut laisser penser à certains officiels que l'un des deux est forcément faux.

Accessoirement, avoir deux passeports permet de faire le tour du monde en ayant assez de pages pour caser tous les visas et tampons des pays traversés. Lorsqu'un passeport n'a plus de page libre, il faut le remplacer. Cela ne peut se faire qu'auprès d'une ambassade de votre pays et prend quelques jours, voire plusieurs semaines.

Attention, certains pays, comme les États-Unis, demandent désormais un passeport biométrique.

Visas

La course aux visas est un sport qui deviendra vite familier aux motards qui sortent de l'Europe, surtout s'ils se rendent en Afrique et en Asie. En Amérique du Nord et du Sud les démarches sont beaucoup plus simples, car à part au Suriname, aucun visa n'est nécessaire sur ces continents (pour les Européens ; les Américains eux paient dans beaucoup de pays !). Pour un voyage de quelques semaines, il suffit, avant de partir, de faire le tour des ambassades ou des consulats dans son pays de résidence. Pour un voyage d'envergure c'est par contre impossible, la plupart des visas n'étant valables que quelques mois après leur date d'obtention. Vous pourrez toujours réunir les visas des premiers pays que vous traverserez, mais les autres visas devront être achetés en cours de route.

Dans certains cas, les démarches sont simples, comme pour un trajet Russie - Kazakhstan - Mongolie. Il suffit en effet de réunir avant de partir un visa d'affaires de 3 mois à entrées multiples pour la Russie, un visa de 30 jours (utilisable pendant 3 mois) pour la Mongolie et un visa kazakh à entrées multiples également valable 3 mois. Parfois il est

---

A gauche : choisissez de préférence une petite douane bien tranquille hors des grands axes. Ici l'entrée en Albanie depuis le Monténégro.
Ci-dessus : les pages libres s'épuisent vite sur un passeport, surtout quand les flics ajoutent une bafouille à chaque checkpoint.
Double-page précédente : le fameux poste de Wagah, le seul ouvert entre l'Inde et le Pakistan. En arrière-plan les gradins pour le spectacle quotidien (p. 251).

possible d'acheter les visas à la frontière, par exemple pour un aller-retour jusqu'au Mali ou au Sénégal.

Mais cela reste une exception car pour tout autre voyage au long cours, il faudra forcément s'arrêter en cours de route pour se procurer les sésames manquants.

Toutes les ambassades disposent d'un service consulaire (parfois plusieurs consulats sont présents dans un même pays) qui est habilité à délivrer un visa. Les formalités, le prix et les délais varient souvent d'une ambassade à l'autre. Sauf exceptions (voir plus bas), il suffit de se présenter aux heures d'ouverture, de remplir une fiche, d'y attacher les documents nécessaires et évidemment de régler le prix d'achat. Dans certains cas, les consulats de villes proches de la frontière sont plus arrangeants que les services consulaires des capitales, comme par exemple le consulat du Nigéria à Buea au Cameroun, ou le consulat d'Iran à Trabzon en Turquie qui sont plus conciliants que leurs ambassades respectives à Yaoundé ou à Ankara. Dans d'autres cas, les pays frontaliers doivent faire face à une forte demande de visas, ce qui rend les démarches plus compliquées, alors que dans un pays plus éloigné le personnel sera plus arrangeant. De manière générale il est plus facile d'obtenir un visa depuis un pays voisin, mais quelque fois c'est le contraire comme par exemple pour entrer en Inde depuis le Pakistan.

La situation se complique pour certains pays qui exigent que le visa soit délivré par l'ambassade du pays de résidence. C'est le cas (aux dernières nouvelles) pour l'Éthiopie, la RDC, le Pakistan, l'Angola et le Ghana. A moins d'arriver à convaincre un employé de l'ambassade de faire une exception, ce qui est quelquefois possible, la seule solution est d'envoyer son passeport à un proche, de lui demander d'effectuer les démarches sur place, puis de vous renvoyer le passeport à une adresse sûre. Vu l'importance de ce document, il est recommandé d'utiliser un service comme DHL ou UPS (comptez environ 50 $ par envoi).

Les détails sur les formalités de visa sont données dans les chapitres correspondants de la deuxième partie de ce livre, mais n'oubliez pas que les règles changent souvent, surtout dans les pays d'Afrique noire. Il faudra vous renseigner sur la situation au moment de votre voyage à travers les forums spécialisés sur internet, notamment le HUBB (www.horizonsunlimited.com/hubb/) ou directement sur place dans les pays limitrophes pour avoir des nouvelles fraîches.

Notez enfin qu'il existe des services qui effectuent les démarches de visa, moyennant finance, ce qui revient parfois moins cher que de se déplacer dans les ambassades ou les consulats.

Carte grise

La carte grise est le seul document indispensable pour la moto. Vous entendrez d'ailleurs certains douaniers utiliser le terme *bike passport*. Chaque pays ou presque a son format de carte grise (permis de circulation, *Fahrzeugausweiss*, *log book*, etc.) et les douaniers/policiers ne peuvent pas tous les connaître. Il faudra donc parfois leur expliquer où se trouvent les informations principales : marque, cylindrée, numéro de châssis. Il est fortement recommandé d'avoir les papiers à son nom pour éviter toute ambiguïté, tous les moyens étant bons pour soutirer un bakchich. Une photocopie ou un scan archivé sur le web peut être

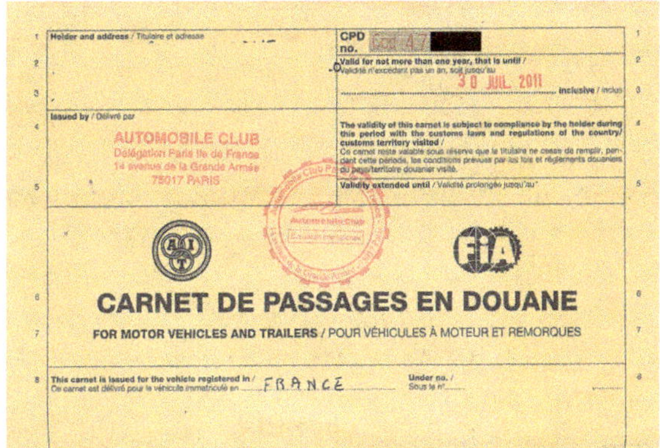

utile en cas de perte ou de vol de l'original.

Carnet de passage

Le Carnet de passage en Douane (CpD) est un des sujets de discussion favoris des voyageurs en moto ou en voiture et la source de pas mal d'interrogations lors de la planification d'un premier voyage. Ce qui suit vous permettra d'y voir plus clair. Ironiquement, la liste des pays où ce document est nécessaire, écrite sur le document lui-même, est notoirement inexacte. Pour savoir si tel ou tel pays l'exige effectivement, reportez-vous à la carte 2, p. 38, ou à la deuxième partie de ce livre.

Le carnet de passage est un document qui autorise un véhicule à être importé temporairement dans certains pays sans payer de frais de douane. Voilà comment cela fonctionne : l'organisme émetteur du carnet (en général l'automobile-club de votre pays) réclame au propriétaire un dépôt qui couvre la valeur du véhicule, plus la taxe d'importation maximale des différents pays qui seront traversés. Ces taxes peuvent être très importantes, jusqu'à 800 % du prix du véhicule neuf en Égypte. La somme à bloquer peut donc être assez importante. Cet argent est gardé en caution jusqu'à ce que le véhicule soit revenu au pays et c'est seulement à ce moment-là que le dépôt est intégralement restitué à son propriétaire. Par exemple, pour traverser l'Iran, le Pakistan et l'Inde au guidon d'une moto dont le prix déclaré (HT) est de 10 000 €, la taxe d'importation maximale de ces pays étant de 150 % (pour l'Inde), le montant à déposer pour obtenir le document est donc de 15 000 €. A ce montant il faut ajouter le prix du carnet lui-même, 222 € en France ou 350 € en Suisse, qui lui n'est pas remboursé au retour.

Sur la route, au moment de passer une frontière, les douanes vont

Tampon manquant

Peu de temps après que je sois passé en Inde, alors que j'étais quelque part en Asie, l'automobile club m'a contacté par e-mail suite à une demande des douanes indiennes de remboursement de droits d'importation, car (selon eux) ma moto n'était jamais sortie du pays. L'importation temporaire de véhicule y est effectivement limitée à 6 mois. En fait les Indiens avaient simplement perdu le volet de sortie que j'avais laissé à la douane indo-népalaise. Je ne suis pas trop étonné car le douanier ne savait pas trop que faire avec le volet de sortie et la douane était loin d'être informatisée. J'ai donc simplement envoyé au TCS (organisme émetteur) un scan de la souche de mon carnet de passage qui porte le tampon de sortie de la douane indienne, avec la date et le lieu. Problème réglé.

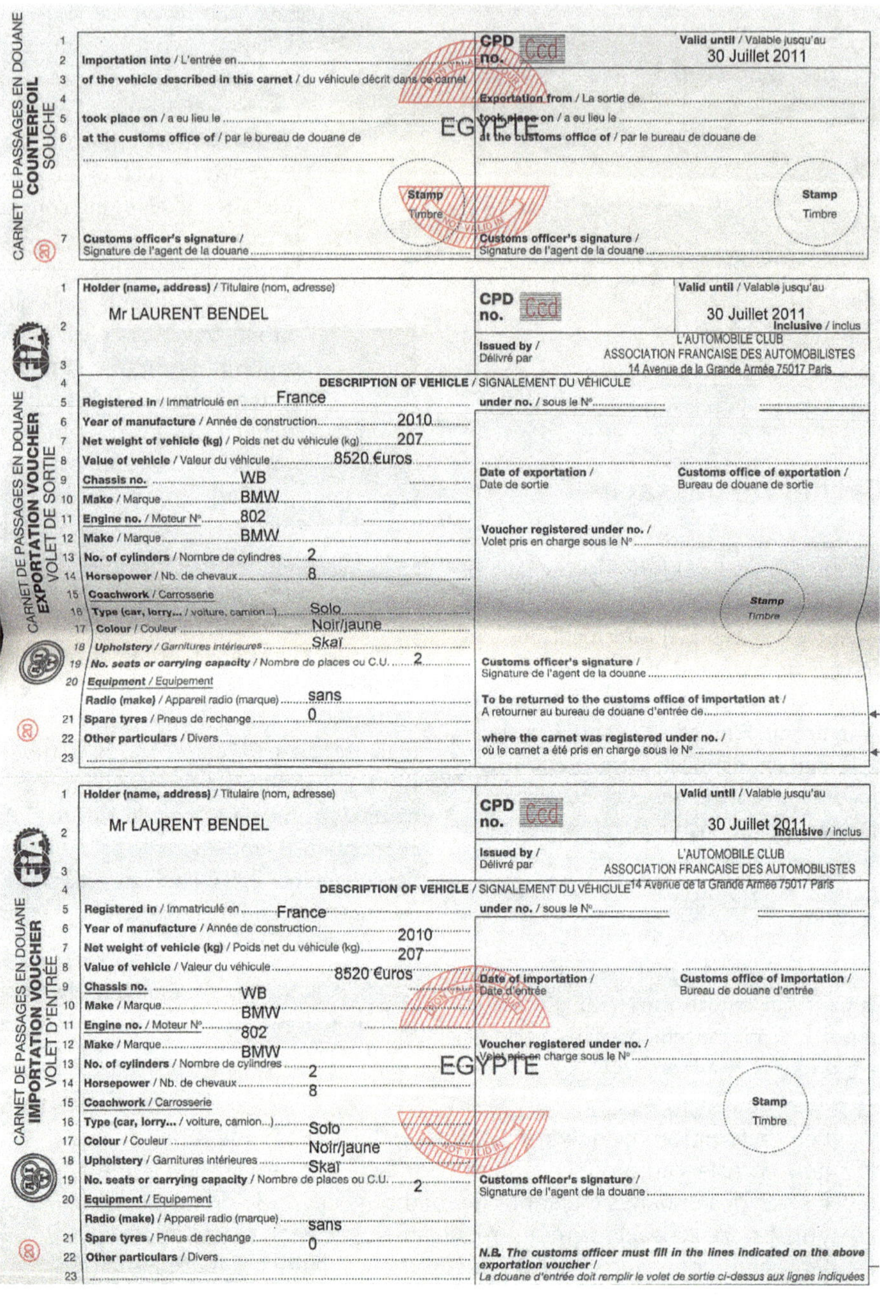

Ci-dessus : une page vierge du carnet de passage. Notez le tampon « non valide pour : EGYPTE » qui indique que le carnet n'est pas valable dans ce pays (afin de réduire le montant du dépôt).

A droite : souches d'une page du carnet de passage, tamponnée à gauche à l'entrée et à droite à la sortie du pays (Djibouti). En bas, tampon de sortie manquant.

CARNET DE PASSAGES EN DOUANE — COUNTERFOIL / SOUCHE

Importation into / L'entrée en *bonture en Djibouti*
of the vehicle described in this carnet / du véhicule décrit dans ce carnet
took place on / a eu lieu le *5/12/10*
at the customs office of / par le bureau de douane de *Section quai de bonture — et au sein du port de Djibouti*
Customs officer's signature / Signature de l'agent de la douane

CPD no.
Valid until / Valable jusqu'au *30 Juillet 2011*
Exportation from / La sortie de *Galad*
took place on / a eu lieu le *16/12/2012*
at the customs office of / par le bureau de douane de *Galad*
Stamp / Timbre
Customs officer's signature / Signature de l'agent de la douane

---

CARNET DE PASSAGES EN DOUANE — COUNTERFOIL / SOUCHE

Importation into / L'entrée en *Côte d'Ivoire*
of the vehicle described in this carnet / du véhicule décrit dans ce carnet
took place on / a eu lieu le *24.01.12*
at the customs office of / par le bureau de douane de *OUANGOLO TERRESTRE*
Customs officer's signature / Signature de l'agent de la douane

CPD no.
Valid until / Valable jusqu'au *30 Juillet 2011*
Exportation from / La sortie de
took place on / a eu lieu le
at the customs office of / par le bureau de douane de
Stamp / Timbre
Customs officer's signature / Signature de l'agent de la douane

---

enregistrer votre passage en tamponnant la première page vierge et en gardant le volet d'entrée détachable avec les coordonnées du véhicule et du conducteur. Votre moto est alors autorisée à entrer temporairement dans le pays pour autant que ce soit uniquement en transit. A la sortie du pays, les douaniers vont enregistrer le passage du véhicule et tamponner à nouveau le carnet, ce qui sert de quitus et prouve que le véhicule est bien ressorti du pays. Au cas où le tampon de sortie manquerait, le pays pourrait estimer que le véhicule a été vendu sur place et serait en droit de réclamer alors à l'organisme émetteur le dépôt de garantie associé au carnet.

Ce système permet aux autorités douanières de se prévenir contre l'importation illégale de véhicules tout en autorisant les véhicules en transit à traverser leur pays. Les pays occidentaux n'utilisent pas le CpD, probablement parce qu'ils contrôlent suffisamment bien leur administration pour qu'il soit impossible d'immatriculer une voiture ou une moto sans avoir réglé tous les frais d'importation, ce qui n'est certainement pas le cas dans d'autres parties du monde.

Beaucoup de pays ne connaissent pas ce système et fournissent à la place un permis d'importation temporaire (TIP ou *temporary import permit*) à l'entrée, qui peut être gratuit ou payant selon les cas. Le conducteur doit présenter ce document à la sortie pour pouvoir exporter le véhicule du pays. Dans certains cas les deux systèmes coexistent, les douaniers demandent à voir un carnet de passage, mais permettent également d'acheter un permis d'importation temporaire si le véhicule n'a pas de carnet.

Il arrive de passer par des postes-frontière très isolés et peu fréquentés qui ne sont pas équipés pour remplir le carnet et qui demandent d'effectuer les formalités au bureau de douane de la ville la plus proche. C'est le cas par exemple en passant du Kenya en Éthiopie du côté du lac Turkana: il faut avoir fait viser son carnet à Nairobi avant de quitter la capitale. Ne paniquez pas si vous êtes forcé de sortir du pays sans avoir pu faire tamponner son carnet, cela n'est pas forcément un problème. Le plus important est de faire

tamponner son carnet par les douanes de son propre pays lorsqu'on rentre, dans l'espace réservé à la dernière page, avant de le renvoyer à l'organisme émetteur : ce dernier pourra alors vous retourner votre caution immédiatement, sans attendre d'éventuelles plaintes de pays dont le tampon de sortie manquerait.

Attention à ne pas confondre un *Carnet de passage en douane* et un *carnet ATA*. Ce dernier est un document qui permet l'importation temporaire de toutes sortes de marchandises dans un pays, comme par exemple le chargement d'un camion en transit. Les règles d'utilisation de ce document sont différentes mais je ne m'étendrai pas plus là-dessus, vu son intérêt très limité pour le baroudeur.

Il n'y a que peu de pays qui nécessitent absolument un carnet de passage. Ce document est notamment indispensable en Égypte, en Iran, au Pakistan, en Inde, en Indonésie, en Australie et au Japon. En revanche, le CpD n'est pas nécessaire pour l'Amérique du Nord, centrale et du Sud, ni pour l'Europe, la Russie et l'Asie centrale. En Afrique les règles sont comme souvent assez fluctuantes et sujettes à changements : en théorie l'Égypte, le Ghana, le Kenya et l'Afrique du Sud exigent un carnet mais à l'heure actuelle, les douanes d'Afrique du Sud ne vérifient pas ce document aux frontières terrestres et les douanes kényanes et ghanéennes permettent d'entrer avec seulement un permis temporaire d'importation. Il ne reste donc que l'**Égypte** que personne n'est encore parvenu à traverser sans ce sésame. Ceci dit, même pour les pays africains qui ne demandent pas forcément de carnet, l'accumulation de permis à payer et les tracasseries associées font qu'il est recommandé d'en prendre un, cela facilitant notablement les passages de frontière. Le Sénégal est un cas particulier qui exige un carnet pour les véhicules de plus de 8 ans (mais la loi change souvent, surtout quand le fils du président possède les principales usines d'automobiles du pays…)

Voici une liste des organismes compétents pour délivrer un CdP :

Ci-dessus : poste frontière entre la côte d'Ivoire et la Guinée. Pas de bureau des douanes…

France: Automobile Club Association. www.automobile-club.org/se-deplacer-mobilite/carnet-passages-en-douane.html

Suisse: Touring Club Suisse. www.tcs.ch/fr/voyages-camping/infos-touristiques/themes/documents-douaniers.php

Belgique: Royal Automobile Club of Belgium. http://www.racb.com

Assurances véhicule

Voilà encore un thème qui autorise bien des interprétations. De manière générale, la moto doit être assurée au tiers dans chaque pays qu'elle traverse. En Europe, la carte verte d'assurance couvre la plupart des pays. Vérifiez la vôtre, certains pays peuvent être barrés sur votre document, notamment l'Iran. Dans le reste du monde, vous serez en face de plusieurs cas de figure :

■ soit les douaniers vérifient que le véhicule est assuré et, si ce n'est pas le cas, ils vous demandent d'acheter une assurance avant de vous laisser entrer.

■ soit les douaniers ne vérifient rien, mais la police peut faire des contrôles et demander à voir votre assurance.

■ soit personne ne demande rien, vous êtes libre de vous assurer ou alors d'assumer les risques d'un accident.

Notez que dans certains pays l'assurance ne couvre probablement pas grand-chose et en cas d'accident vous pourriez de toute façon être amené à réparer les dégâts causés à autrui. L'assurance est alors essentiellement utile pour passer les contrôles de police sans payer de bakchich. Hors d'Europe, il existe également des assurances qui couvrent plusieurs pays : la carte brune des pays de l'Afrique de l'Ouest, la carte jaune des pays de l'Afrique de l'Est, etc.

N'oubliez pas que si votre assurance européenne perd toute utilité dès que vous sortez du continent, elle reste toutefois active et il vous faudra conti-

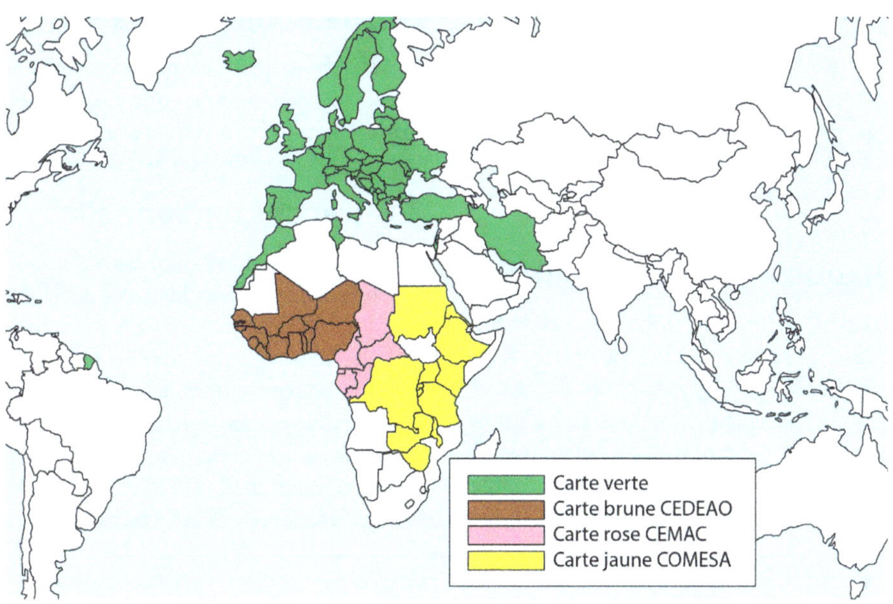

CARTE 7. Systèmes d'assurances internationales

nuer à payer des primes, à moins que vous ayez entrepris des démarches pour suspendre votre contrat. Vous constaterez que les assureurs ne sont pas très réceptifs à ce genre de demande, car ils ne peuvent être sûrs que le véhicule est

effectivement sorti de la couverture géographique. Vous pouvez quand même essayer de négocier à posteriori un remboursement de primes en montrant un carnet de passage avec les dates d'entrée et de sortie de pays.

Pour ce qui est de l'assurance du pilote et de son passager éventuel, vous êtes soumis au même régime que n'importe quel voyageur. Notez que votre carte de crédit vous assure parfois pendant quelques mois sous certaines conditions. Ceci peut être utile pour certaines ambassades qui demandent une assurance voyage pour accorder un visa.

Plaques d'immatriculation

La plaque de votre moto est reconnue dans la presque totalité des pays de la planète, sauf en Égypte et en Chine qui exigent des plaques d'immatriculation locales pour circuler dans leur pays. Si vous devez refaire votre plaque parce qu'elle est tombée ou cassée, il suffit qu'elle soit lisible et qu'elle correspondre au numéro inscrit sur le carte grise. Comme les policiers ne connaissent pas les particularités de chaque plaque du monde, vous pouvez d'ailleurs en faire une copie plus petite sans vous attirer les foudres de la maréchaussée.

Une particularité de la Suisse est que les plaques d'immatriculation ne sont pas liées à la vie du véhicule, mais à la police d'assurance. Il est très simple de suspendre sa police en renvoyant ses plaques au service des automobiles (les plaques appartiennent à l'état et ne sont disponibles que par ce service). Bien sûr il est impossible de rouler sans plaques, donc dans ce cas une copie des plaques effectuée à l'étranger vous permettra de ne plus payer votre assurance suisse tout en continuant à rouler sans problème hors d'Europe. Cela arrangera tout le monde sans que cela soit nécessairement illégal. N'oubliez pas de récupérer vos plaques originales avant de revenir chez vous.

Certificat de vaccination

N'oubliez pas d'emporter votre certificat de vaccination contre la **fièvre jaune** car plusieurs pays l'exigent et le contrôlent au passage de la frontière.

Assurances personnelles

Les séjours à l'hôpital peuvent coûter cher, surtout dans les pays développés, les USA en tête. Votre assurance maladie habituelle ne vous couvre que pour de courts séjours à l'étranger. La carte Visa Premier, si vous en avez une, vous assure généralement pendant les premiers trois mois à l'étranger (à vérifier néanmoins car les contrats diffé-

---

En haut : plaques temporaires chinoises. Et vous devez toujours être accompagné de votre guide.

A droite : certificat de vaccination contre la fièvre jaune.

rent selon les banques). Pour tout autre voyage de longue durée, il faut impérativement contracter une assurance complémentaire. Parmi l'offre disponible, voici quelques possibilités :

- AVI Marco Polo

- April Magellan

- ACS Globe Partner

- Livret ETI monde (Suisse)

Une bonne **assurance rapatriement** est nécessaire pour les voyages dans les pays qui n'offrent pas toutes les assurances de qualité de soins. Renseignez-vous sur les conditions de prise en charge et gardez les numéros d'urgence sur vous, à un endroit où d'autres pourront les trouver.

Check-list

Papiers personnels (avec photocopies)
passeport, valide pour la durée du voyage et avec suffisamment de pages vierges, éventuellement second passeport
permis de conduire
permis de conduire international
certificat de vaccination contre la fièvre jaune (si nécessaire)
ordonnance pour les médicaments que vous transportez
assurance maladie, valable pour la durée du voyage
assurance rapatriement
Papiers de la moto (avec photocopies)
carte grise (ou équivalent)
assurance (carte verte)
carnet de passage (si nécessaire)
Papiers à obtenir pour chaque pays visité
visa (si nécessaire)
permis d'importation / passe-avant (ou carnet de passage)
déclaration de douanes (si nécessaire)
assurance pour le pays courant (si nécessaire)

www.wuesten-fuchs.ch

Équipement

Camping

Comme souligné précédem-
ment, il existe deux manières
opposées d'envisager le voyage à
moto : d'une part voyager léger, avec un
minimum de bagages et dormir à l'hôtel
ou chez l'habitant ; ou alors partir plus
chargé mais en autonomie complète
et bivouaquer dans des lieux isolés en
pleine nature.

Les baroudeurs en 4x4 ont bien sur
tout loisir de transporter un équipement
complet – et parfois pléthorique – de
camping et de cuisine, mais il est étonnant de constater qu'il est parfaitement
possible de voyager à moto et en autonomie complète sur la grande majorité
des itinéraires : l'essence et l'eau sont
en général les seuls facteurs limitatifs.
Maintenant que la traversée du Sahara
est pratiquement impossible, il n'existe
d'ailleurs plus beaucoup de destinations
inaccessibles à des motards bien organisés.

Dormir dans un vrai camping nécessite déjà un minimum d'équipement
qui prend beaucoup de place : tente,
matelas et sac de couchage. Le camping sauvage, qui est le seul moyen de
vraiment profiter de lieux magnifiques
et isolés, nécessite en plus pour manger
correctement de prévoir un réchaud, de
la nourriture et de l'eau. Au total, tout
cela prend beaucoup de place sur la moto
mais c'est le prix à payer pour être réel-
lement indépendant et pouvoir s'arrêter
quand et où bon vous semble – pour
autant que cela soit toutefois possible et
permis.

Dans certains pays surpeuplés comme l'Inde ou l'Indonésie, le camping est guère envisageable, mais heureusement les hôtels y sont bon marché. Dans les régions très faiblement peuplées en revanche, pouvoir s'arrêter n'importe quand est non seulement un confort mais aussi une sécurité : il est courant de mal estimer la difficulté et la longueur d'un trajet et de se retrouver épuisé au coucher du soleil. Au lieu de finir la route de nuit dans des conditions de sécurité précaires, il est agréable de pouvoir poser la moto et monter sa tente. Sans compter bien sûr que nombre d'endroits magnifiques s'apprécient mieux au petit matin ou au coucher du soleil, lorsque les touristes sont remontés dans leur bus et sont repartis dans leurs hôtels.

Le choix de camper ou de dormir à l'hôtel est très personnel, il dépend de la manière de voyager (en groupe ou seul), de la destination et du budget (« Vivre », p. 96). Dans la suite de ce chapitre nous discuterons uniquement les aspects du camping qui sont spécifiques aux voyages à moto, en laissant les discussions sur les mérites comparés de tel ou tel matériel à des livres ou des sites spécialisés.

Après tout ce que vous avez lu précédemment sur l'importance de minimiser

Camping à la belle étoile (**à gauche**, Iran) ou sous tente (**ci-dessus**, Mali), à vous de choisir selon vos préférences, le climat et le voisinage.
Double-page précédente : cette Vespa a fait le trajet de Suisse au Pakistan, plus chargée qu'une GSA1200. Ça passe, mais le camping-car serait plus adapté…

le poids emporté (« Choisir une moto », p. 105), il est normal d'être tenté par le matériel de randonnée hyper-léger que l'on trouve actuellement dans les boutiques spécialisées. Si chaque kilo compte sur une moto, la robustesse est un critère tout aussi important. Il vaut mieux transporter un ou deux kilos de plus pour une tente de qualité qu'une tente légère de 3 kilos inutilisable car les piquets sont cassés ou la toile déchirée. Il faut garder en tête que le matériel technique est très difficile à remplacer dans la plupart des pays en voie de développement, à l'exception de certains hauts-lieux du trekking comme Katmandou, où l'on trouve toutes les grandes marques, mais pas forcément de qualité d'origine.

Les baroudeurs purs et durs n'emporteront qu'une boîte de biscuits et un saucisson à manger au coin du feu de camp avant d'aller dormir, et un coca tiède pour le petit-déjeuner. Non seulement le saucisson et le bois sont plutôt rares dans le désert iranien, mais nombreux d'entre nous réclament une tasse de thé ou de café le matin pour bien commencer la journée. Sans parler d'une bonne assiette de riz ou de pâtes pour recharger les batteries. Le motard bénéficie d'un avantage sur le randonneur : il a toujours de l'essence sur lui. On préférera donc un réchaud à essence à un réchaud à gaz, même s'ils sont plus capricieux et un peu longs à démarrer. Il est très difficile de trouver des cartouches de gaz dans les pays pauvres et de toute façon, le poids et l'encombrement seraient rédhibitoires.

Pour vous faire une idée générale, l'équipement de base de bivouac se compose de :

■ 1 tente, que vous pouvez partager si vous voyagez en groupe afin de minimiser le poids, mais pour de longs voyages, des tentes séparées sont recommandées pour conserver un minimum de vie privée.

Gastro... nomie

Dans la plupart des pays il est possible de se nourrir pour presque rien dans les gargotes du bord de route, que ce soit au Mexique, en Éthiopie ou en Inde. Ces pays sont connus pour la qualité de leur cuisine. Mais ce n'est, et de loin, pas le cas partout ! En Mongolie, en particulier, la cuisine est insipide voire carrément infâme, et de plus les restaurants sont rares. Si vous ajoutez à cela des distances énormes et des paysages magnifiques et ouverts qui invitent au bivouac, il est fortement indiqué de partir avec un matériel de camping complet.

En Afrique de l'Ouest, on trouve de la nourriture facilement mais elle est peu ragoûtante et manque cruellement de variété : une boulette de manioc ou du mais, du riz quand on a de la chance, des haricots. Quelques fois un bout de chèvre coriace ou un poisson avec plus d'arêtes que de chair. Après une dizaine de jours à manger le même menu matin, midi et soir, j'étais content de ressortir de mes sacoches des pâtes, une boîte de thon ou quelques paquets de nouilles instantanées pour changer un peu. Heureusement, dès qu'on arrive en ville on trouve une boulangerie dans ces pays qui ont gardé les habitudes alimentaires du colon français.

■ 1 matelas au-
to-gonflant, dont
la taille dépend des
compromis que vous
êtes prêt à faire sur le
confort, mais égale-
ment des températures
attendues : le matelas
est d'abord un isolant
indispensable pour ne
pas avoir froid en dor-
mant. Ne pas oublier
de prendre un kit de
réparation en cas de
crevaison.

■ 1 sac de couchage,
de préférence en synthétique si vous partez vers des pays humides. Les plumes
sont plus agréables, se compriment
mieux et prennent moins de place mais
quand elles sont mouillées elles perdent
tout pouvoir isolant et deviennent alors
bien pires que le synthétique.

■ 1 réchaud à essence, type MSR
WhisperLite ou Optimus Nova. Méfiez-vous des modèles plus sophistiqués
comme les MSR Dragonfly qui sont
plus fragiles. Il est plus difficile de mi-
joter une sauce sur un réchaud à essence
que sur le gaz, mais il est parfait pour
bouillir de l'eau, du riz ou des pâtes.
L'essence sans-plomb a le défaut de brûler en déposant un peu de suie, il faut
donc nettoyer et entretenir régulièrement son matériel.

■ 1 ou 2 casseroles, 1 assiette (en inox
ou en aluminium pour éviter la casse),
une tasse et des couverts.

■ 1 vache à eau pour cuisiner et pour
se laver, quand on ne trouve pas de cours
d'eau ou si l'eau est trop sale (ou salée).

Au pire, quelques bouteilles d'eau miné-
rale de 1,5 litres peuvent faire l'affaire,
mais elles sont plus difficiles à attacher
sur les bagages. Un filtre purificateur
d'eau, genre Katadyn, peut être utile
bien sûr mais il est rare de se retrouver
pendant plusieurs jours sans accès à de
l'eau potable (p. 66).

■ de la nourriture. Il est particulièrement difficile de transporter sur une
moto des aliments frais, comme vous
pouvez bien l'imaginer. Le riz et les
pâtes sont des aliments consistants, qui
prennent peu de place et qui sont beaucoup plus faciles à transporter (par contre
il faut beaucoup d'eau pour faire cuire
des pâtes). En cas d'urgence, les soupes
de nouilles instantanées chinoises se
trouvent actuellement pratiquement
partout dans le monde, ne pèsent rien
du tout et ne nécessitent qu'un peu d'eau
bouillante. Sans réchaud, un paquet de
dattes séchées, de bananes ou de cacahuètes (arachides) permettent de caler
son estomac en attendant mieux.

Ci-dessus : si vous n'emportez pas de matériel de cuisine pour alléger la moto, voici le menu de tous les jours en Afrique… vous en aurez vite assez.

Dans le chapitre sur le choix de la moto, j'explique que les améliorations apportées depuis 30 ans ne sont pas toujours au bénéfice du baroudeur et qu'il est encore tout à fait raisonnable de partir avec une moto des années 80 ou 90. Certains puristes avancent la même chose pour le matériel photo, que les bons vieux appareils argentiques donnent de meilleurs résultats que les derniers numériques. Soyons honnêtes, la photo numérique a simplifié beaucoup de choses en offrant une qualité d'image et une souplesse d'utilisation inégalée. Ce qui est vrai, par contre, c'est qu'un bon appareil ne fait pas un bon photographe et que le plus important dans une photo c'est le sujet et la lumière, et non pas la manière d'enregistrer l'image. Comme les photos numériques sont gratuites, il est tentant de « shooter » n'importe quoi sans réfléchir.

L'explorateur du 19ème siècle ne disposait que d'un sextant pour sa navigation et de papier et crayons pour prendre des notes et des dessins. Puis sont apparus l'appareil photo, la radio, le GPS, le GSM. Evidemment il est toujours possible de voyager sans aucun de ces appareils, mais il serait dommage de ne pas en profiter lorsqu'ils apportent un plus et qu'ils n'amènent pas trop de contraintes.

Les voyages à moto sont très éprouvants pour le matériel: secousses et vibrations, chutes occasionnelles, humidité et poussière omniprésente mettent le matériel à rude épreuve, surtout que la course aux prix des fabricants d'électronique se fait souvent au détriment de la robustesse.

Le but de ce chapitre est de vous aider à choisir votre matériel électronique dans le cadre bien spécifique du voyage à moto de longue durée, ainsi que de donner quelques conseils d'utilisation pour en tirer le meilleur. Après être rentré à la maison, beaucoup de personnes m'ont demandé quel appareil photo ou quel GPS j'avais emporté et comment je gérais ces équipements. J'ai fait différents choix pour mes voyages successifs, certes dictés souvent par ce qui était alors disponible, ce qui m'a donné une bonne expérience de terrain. Ceci dit vos préférences personnelles compteront pour beaucoup dans vos choix et bien sûr, la technologie évoluant très vite, certaines recommandations ont une durée de vie limitée, mais les conseils généraux restent valables.

Batteries

Caméra, appareil photo, téléphone, ordinateur, etc. tous ces gadgets fonctionnent sur batterie et nécessitent différents chargeurs qui prennent une place précieuse dans les bagages. De plus en plus, les GPS, téléphones et certains appareils photos se rechargent sur une prise USB, ce qui est une excellente nouvelle puisqu'il existe des kits très faciles à installer sur votre moto permettant de recharger (ou alimenter en continu) votre appareil pendant que vous roulez. Quant aux batteries qui sont rechargées sur le 220 volts (110 volts dans certains pays), il n'est pas inutile d'emporter avec soi une prise multiple, les guesthouses étant parfois avares en prises, souvent accaparées par des dizaines de portables. A ce propos, il est bon de rappeler qu'il existe un grand nombre de types différents de prises dans le monde, dont beaucoup sont incompatibles avec une prise « standard » européenne, sans même parler des différences de voltage.

Choisissez si possible des cordons avec des prises à 2 fiches, sans terre, qui sont très compactes et plus faciles à insérer dans des simples prises à 2 trous, ou dans les adaptateurs bon marché que l'on trouve dans les pays africains ou asiatiques. Sans aller jusqu'en Afrique, les Suisses qui voyagent en Europe ont déjà pris l'habitude de simplement casser la fiche de terre qui dépasse pour brancher leur chargeur en France ou en Italie. Les USA, le Canada, le Japon et beaucoup de pays d'Amérique du Sud utilisent du courant à 110 volts, ce qui nécessite un transformateur lourd et encombrant pour y brancher du matériel 220 volts. Heureusement, la plupart des chargeurs sont compatibles avec les deux voltages. Vérifiez ce qui est inscrit dessus, s'il sont marqués « 100-240V AC », cela veut dire que seul un adaptateur de prise est nécessaire. C'est également un avantage dans certains pays dont la tension varie selon l'utilisation : j'ai moi-même observé des variations entre 220 et 140 volts dans certains villages d'Inde alimentés par un générateur diesel communal, au fur et à mesure que les habitants allumaient leurs lumières.

Prenez quelques batteries de réserve pour les appareils qui consomment beaucoup, comme les appareils photo compacts. Si vous utilisez des piles rechargeables (GPS, lampe frontale, etc.), choisissez un modèle de qualité. Elles se dégradent vite et il est très difficile d'en trouver dans les pays les plus pauvres (par contre, le piles jetables s'achètent un peu partout).

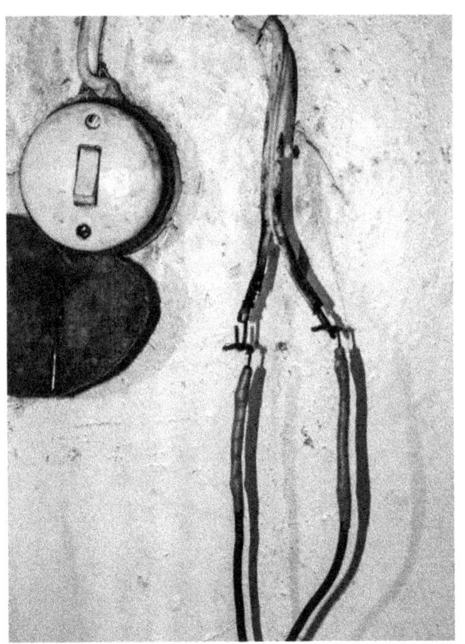

Photo

S'il est un accessoire qui s'impose de lui-même, c'est l'appareil photo. La révolution du numérique nous a amené une autonomie quasi infinie, l'équivalent d'une centaine de rouleaux de pellicule tient maintenant sur une carte SD grande comme l'ongle. Par contre, alors qu'un appareil argentique ne demandait de changer les piles que tous les six mois, il faut maintenant recharger un numérique après quelques jours d'utilisation pour les plus efficaces, voir tous les jours pour les plus gourmands.

Mais quel équipement choisir pour un voyage de plusieurs mois sur plusieurs continents ? Pour cela il faut distinguer le cliché instantané, qui n'a d'autre ambition que d'agrémenter un blog ou créer un album de souvenir, de la photo artistique qui recherche un sujet expressif et la meilleure lumière. Traditionnellement, les reflex offrent une meilleure

---

Ci-dessus : inutile de vous embarrasser avec un adaptateur quand il suffit de dénuder deux fils (Kyrgyzstan).

qualité d'image, un contrôle complet de tous les paramètres et un confort de prise de vue inégalé, au prix d'un poids et d'un coût largement supérieur à ceux d'un compact. Néanmoins, ces dernières années ont un peu changé la donne, les appareils compacts ont connu une amélioration de qualité spectaculaire, au point où ils rivalisent avec les reflex d'entrée de gamme; seuls des tirages de très grand format seraient à même de montrer une différence de qualité d'image significative.

Reflex

Les appareils reflex à objectifs interchangeables présentent deux inconvénients majeurs: ils sont encombrants, surtout si on emporte plusieurs objectifs, et comme ils sont mécaniquement complexes, ils sont forcément fragiles (et chers) et doivent donc être soigneusement protégés pour être emportés sur une moto. Bien emballé, un reflex sera moins accessible, alors que la règle de base de la photographie est qu'un appareil est inutile s'il n'est pas disponible au moment voulu. Peu importe la différence de qualité d'image, le compact qui sera immédiatement accessible au moment fugitif où un personnage passe devant vous ou lorsqu'une situation cocasse apparait, fera toujours de meilleures photos qu'un appareil professionnel enfoui profondément au fond des sacoches.

D'autre part, comme il vaut mieux ne jamais laisser d'affaires de valeur dans une chambre d'hôtel, il faudra s'encombrer d'un sac supplémentaire juste pour faire un petit tour en ville (ou alors laisser les objectifs dans une valise solide sur la moto… si elle-même est garée dans un endroit sûr).

Il y a encore peu de temps, un reflex avec son grand capteur montrait une

Ci-dessus: profitez de faire des pauses pour emporter votre matériel là où la moto ne va pas. Ici les lobélias des monts Balé en Éthiopie.

qualité d'image nettement supérieure à un compact, notamment lorsque la lumière manque, le soir ou même de nuit. Depuis quelques années cet écart s'est réduit et, même si les derniers modèles compacts restent un cran en-dessous des reflex, ils sont devenus remarquablement performants dans ce domaine. De plus, la qualité de l'image finale est fonction de l'objectif, or les kits reflex au prix très abordable incluent forcément un zoom de bas de gamme. Soulignons-le, la qualité d'une image dépend autant – si ce n'est plus – de l'objectif que du capteur, ce qui fait que pour vraiment exploiter tout le potentiel d'un reflex il faudra forcément lui adjoindre un objectif de qualité.

La combinaison d'un grand capteur et d'un objectif lumineux permet également d'isoler un premier-plan sur un arrière-plan flouté. Les lois de l'optique font que sur un petit capteur c'est quasiment impossible. Par contre, les constructeurs ont commencé à intégrer des capteurs APS dans des compacts munis d'excellents objectifs (quoiqu'à focale fixe), qui permettent de prendre ce genre de photo. C'est le cas notamment des Fuji X100S, Sigma DP-1 Merrill, Nikon Coolpix A.

En fin de compte, l'avantage déterminant d'un reflex est d'avoir un viseur optique extrêmement agréable et un autofocus qui est en général plus rapide et plus précis que sur les compacts. A noter pour les motards qui choisiraient un reflex, que le casque intégral est incompatible avec le viseur, seul un casque type jet permet d'utiliser l'appareil normalement. Sinon, l'écran LCD et le *LiveView* permettent de cadrer dans toutes les situations, à la manière d'un compact, sans enlever son casque.

Du côté des points négatifs, les fabricants ont beau faire des efforts de miniaturisation, les lois de l'optique font que les objectifs resteront toujours très encombrants. Il reste possible de placer un reflex avec un petit zoom ou un objectif standard dans un sac réservoir, les autres objectifs prenant place dans les bagages, bien protégés, à sortir uniquement pour les séances photos. Ceci dit, sur le réservoir, votre appareil sera très exposé aux chocs, à l'humidité et à la poussière qui s'insinuent partout. Il faut donc souligner les efforts de Pentax qui vend à prix abordable des boîtiers protégés contres les projections et la poussière, comme le Pentax K-5 II, K-50 et K-3, ainsi que Fuji avec le T1. Par contre leur partie mécanique reste exposée aux chocs et aux vibrations, ce qui impose de les protéger dans une housse matelassée.

Malgré tous ces avantages, il est discutable de partir dans les conditions brutales d'un voyage en moto avec des appareils fragiles et difficiles à réparer dans beaucoup de pays. Une bonne assurance qui couvre non seulement le vol mais également la casse, valable dans le monde entier serait appréciable. Le choix d'un matériel carrément professionnel, s'il est réservé à une minorité aisée, se justifie par sa construction beaucoup plus robuste, sa résistance à l'eau et à la poussière, ainsi que par le service après-vente qui permet toujours de réparer un boîtier ou un objectif. Leur poids important est par contre un gros handicap à moto.

Quel que soit votre choix, n'oubliez pas que le boîtier ne fait que capturer l'image formée par l'objectif et donc un excellent reflex avec capteur plein format, muni d'un objectif d'entrée de gamme, fera des photos de moins bonne qualité qu'un compact haut de gamme

Un choix difficile

Lors de mon premier voyage, en 2006, j'avais fait le choix de partir uniquement avec un petit appareil compact, car je voulais me concentrer surtout sur la vidéo (et d'autre part les appareils étaient alors très chers). Mon comparse avait lui choisi un kit reflex d'entrée de gamme avec un kit zoom standard «plastique». Très naturellement, nous nous sommes retrouvés parfois à prendre la même photo au même moment et ce n'est pas souvent du reflex que sortait la meilleure image. Par contre, je rangeais mon compact dans la poche intérieure de ma veste, il était donc disponible facilement, et je pouvais prendre une photo quelques secondes après m'être arrêté, même sans enlever mon casque ou mes gants. Cela m'a permis de capturer des photos très vivantes de situations éphémères.

Toutefois j'étais un peu frustré lors des étapes de ne pas pouvoir profiter du confort de prise de vue et de la flexibilité d'un reflex. Quand je suis reparti, seul, en 2010, j'ai donc décidé d'emporter mon reflex, un Canon 5d MkII et plusieurs objectifs de qualité, que je possédais depuis quelques mois. J'avais bien conscience du risque encouru par ce matériel très cher, mais la photo est pour moi une passion. J'adore m'arrêter dans des endroits particulièrement photogéniques et passer des heures à chercher la bonne photo, à pied, avec mon appareil à la main. Une fois le matériel rangé, de retour sur la route, j'avais toujours sur moi, dans la poche de ma veste, un compact étanche qui me permettait de prendre en 2 secondes un instantané (c'est le cas de le dire), sans troubler la scène qui se déroulait sous mes yeux ou inciter la personne que j'avais rencontrée à prendre une pose artificielle. La vue d'un reflex peut être un peu intimidante et faire peur aux gens.

Lorsque je regarde le résultat de mes voyages, je remarque que certaines de mes photos les plus dynamiques, spontanées et qui «racontent» le plus un pays ou une situation ont été prises avec le compact. Dans tous les cas, un bon sujet pris au bon moment, même avec un appareil moyen, donnera toujours une bien meilleure photo que les méga-pixels d'un reflex lorsque le sujet s'est enfui ou que la lumière a tourné. D'ailleurs la moitié des images de ce livre ont été prises avec un compact, saurez-vous déterminer lesquelles ?

Si je devais repartir demain, je choisirais plutôt du matériel simple et performant. Un Fuji X100S et sa focale fixe donne des résultats fantastiques et offre un confort d'utilisation inégalé, avec son viseur optique et électronique. Avec en complément un Sony RX100 (ou RX100 II ou III, qui donnent des résultats très proches) que j'aurais toujours dans la poche. Avec en bonus la possibilité de faire des vidéos très correctes avec le RX100.

muni d'un excellent objectif et ce, pour un prix similaire.

Compacts

Le marché des compacts numériques est pléthorique, les constructeurs proposant chaque année de nouveaux modèles qui ne se démarquent d'ailleurs pas vraiment de la concurrence, ni des modèles précédents. Quantité de magazines et sites internet comparent et listent les caractéristiques des différents modèles, on ne rappellera donc ici que les critères qui sont importants pour un voyage à moto :

- robustesse et étanchéité

- simplicité et qualité de construction

Les autre critères sont plus personnels, mais il ne faut pas sous-estimer l'impact que des centaines de kilomètres de pistes défoncées, la poussière et l'humidité peuvent avoir sur l'électronique et la mécanique délicate de ces appareils, qui ont été conçus pour une durée de vie minimale afin d'être vendus moins chers et remplacés au plus vite. Toutes les parties mécaniques sont sensibles aux secousses et chocs répétés de la route. Les zooms motorisés, les mécanismes de stabilisation, les objectifs rétractables automatiquement sont autant de points fragiles. Quant à l'électronique, elle est extrêmement sensible à l'humidité et à la poussière, qui sont omniprésents sur une moto. Un modèle étanche et anti-chocs est donc hautement conseillé.

Depuis un an ou deux, on a vu apparaître des compacts hauts de gamme, munis de grands capteurs et d'objectifs de qualité, qui donnent d'excellents résultats pour un prix aux alentours de 1000 €. Quelques fois la qualité d'image est exceptionnelle mais le confort d'utilisation très mauvais, en particulier pour la gamme Sigma DP Merrill (DP-1, DP-2, DP-3). Les deux exemples qui sortent du lot (en 2014) sont le Fujifilm X100S et le Ricoh GR. Ce sont d'excellents choix pour faire de magnifiques photos, si l'on est prêt à se contenter d'une focale fixe – mais de grands photographes par le passé n'ont jamais utilisé qu'une seule

---

Ci-dessus : des Congolais posent à tour de rôle devant ma moto.

focale. Toutefois ces appareils sont encore un peu trop encombrants pour être véritablement considérés comme des appareils «de poche» qui nous suivent partout. Le seul compact qui tient vraiment dans une poche de short et qui offre une haute qualité d'image, est le Sony RX100 (et ses successeurs mark II et III) : c'est actuellement, et de loin, le meilleur compromis entre une taille qui permette de l'avoir toujours sur soi tout en gardant une haute qualité d'image.

A moins que vous ayez opté pour un modèle étanche, veillez à protéger au maximum votre appareil, surtout de la poussière, qui ne manque pas de s'infiltrer dans tous les interstices. Un moyen simple est de l'enfermer dans un sac plastique étanche, type *zip-lock*. Bien sûr, cela le rend moins accessible… Une autre précaution utile est de couvrir l'écran LCD avec un film plastique transparent (p. ex. ExpertShield), c'est la partie la plus exposée et la plus sujette à être griffée ou rayée. Le simple frottement répété contre un tissu peut enlever la couche antireflets et rendre son utilisation quasi-impossible en plein soleil.

Note : cet état des lieux partiel et forcément subjectif reflète le marché début 2014 ; dans ce domaine les choses bougent vite, néanmoins les modèles cités resteront un bon choix si vous vous fournissez sur le marché de l'occasion.

Hybrides

Les hybrides sont des appareils à capteur de taille moyenne et objectifs interchangeables, à viseur électronique. Ils ne sont pas radicalement plus petits que les reflex les plus compacts, par contre les objectifs sont souvent nettement plus légers, surtout pour les petits capteurs *micro four thirds*. Ils coûtent tout aussi cher pour une qualité comparable que les reflex. Ils ont donc les mêmes avantages et inconvénients cités plus haut. Les Sony NEX, Fujifilm X, Panasonic G et Olympus PEN tombent dans cette catégorie. Les Panasonic GH-2 et GH-3 se démarquent par la qualité de leur partie vidéo : ils peuvent aisément remplacer une caméra vidéo dédiée (c.f. plus bas). Il faut tout de même mentionner le Nikon AW-1, qui combine un boîtier complètement étanche et anti-chocs avec la souplesse d'objectifs interchangeables, pour une qualité raisonnable.

Smartphones

D'aucun affirmeront que de nos jours les smartphones (iPhone, Android, etc.) ont supplanté les compacts comme «boîtes à image ». Il est vrai que la qualité de leurs capteurs a fait des progrès énormes. Aujourd'hui un iPhone 5 ou un Samsung S4 font d'aussi bonnes images que mon compact de 2006, ou qu'un appareil vendu 150 - 200 € actuellement.

Si les téléphones qui disposent d'un emplacement pour carte microSD peuvent s'utiliser exactement comme un appareil photo (voir plus bas, traitement et archivage), en revanche certains smartphones – les iPhone en premier lieu – ne peuvent stocker les photos que dans leur mémoire interne, forcément limitée. Il faut donc régulièrement les transférer sur un ordinateur, ou disposer d'une connexion Wifi performante pour pouvoir archiver les photos sur le web et libérer de la place. Si c'est chose facile dans les pays développés, où la 3G et la Wifi sont omniprésents et où il suffit d'appuyer sur un bouton pour publier sa photo online, la situation est bien différente dans les pays en voie de développement, où la couverture et les débits offerts rendent cette opération quasi impossible.

A part prendre des photos (et éventuellement téléphoner), un smartphone offre également des fonctions vidéo, GPS, lecteur MP3 et permet de se connecter à internet et de répondre à son mail quand la couverture réseau le permet. Alors pourquoi ne pas partir seulement avec votre smartphone dans la poche, ou accroché au guidon ? Vu l'accent mis précédemment sur le souci de minimiser le poids et le volume du chargement, cela pourrait sembler être la bonne solution. Mais cela revient à mettre tous vos œufs dans le même panier. Si le smartphone vous lâche vous vous retrouvez sans GPS ni appareil photo. Ces appareils sont en général assez fragiles, conçus pour ne durer qu'un ou

deux ans, construits autour d'un grand écran très exposé et d'une miniaturisation extrême de l'électronique qui se fait souvent aux dépends de la robustesse et la longévité : il a donc sa place dans une poche étanche ou une sacoche rembourrée, pas sur un guidon. Je ne vois guère un iPhone utilisé comme GPS tenir plus que quelques semaines, exposé à la poussière, aux chocs et aux averses. L'arrivée de smartphones étanches, Samsung Galaxy S4 Active ou Sony Xperia Z par exemple, est une bonne nouvelle pour les baroudeurs, même s'ils restent sensibles aux chocs et qu'il faut avoir un peu de recul pour savoir si ces appareils tiennent vraiment la route.

En revanche, un smartphone connecté à internet permet d'éditer une erreur sur les cartes OSM au moment où on la remarque, ou d'ajouter une route manquante (p. ex. OsmAnd pour Android).

Traitement et archivage

Prendre une photo n'est pas une fin en soi, le but final est de les montrer. Vous pouvez décider de les publier dans un album photo sur le web, les ajouter à un blog ou nourrir votre compte Facebook ; ou alors les tirer sur papier pour les exposer. Rien de plus facile que de publier une photo sur Facebook à l'aide d'un smartphone, mais c'est un peu plus compliqué si vous cherchez la qualité d'image optimale pour un tirage en grand format. Suivant l'attention que vous portez au résultat final, ou à la pérennité des images, les opérations pour traiter vos photos peuvent être plus ou moins compliquées.

Le stockage est aussi problématique, même s'il est beaucoup moins critique qu'au temps de la pellicule. Pour un voyage de quelques semaines, il suffit de remplir des cartes mémoire et de les traiter une fois rentré du voyage sur un ordinateur de bureau. Mais dans le cas qui nous intéresse, pour un voyage plus long, la problématique est un peu différente. Non pas à cause du manque de capacité de stockage, car les cartes sont de plus en plus grandes (quoique les photos aussi) et il est facile de s'en procurer dans toutes les villes principales (en SD ou microSD qui sont les formats les plus répandus). C'est plutôt la perspective de devoir trier et classer des (dizaines de) milliers de photos qui va en rebuter plus d'un : les images risquent de rester en vrac et ne pas être exploitées. Et aussi parce qu'on aime souvent publier des photos en cours de route sur internet pour alimenter un blog ou envoyer à des proches. L'idéal est donc de pouvoir trier, classer, travailler et archiver les photos de manière régulière, quand on a un moment de libre et que le lieu s'y prête.

Le format RAW permet d'optimiser le résultat et « récupérer » certaines zones sur- ou sous-exposées. Pour cela un ordinateur et un logiciel de traitement de photo sont absolument nécessaires. Je ne peux que conseiller fortement les lo-giciels dédiés aux photographes comme Lightroom ou Aperture pour effectuer toutes ces retouches de manière claire et efficace, avec une seule interface. Photoshop (ou tout autre programme de retouche d'image) est loin d'offrir la même flexibilité et rapidité pour le photographe. Certes ces outils sont payants, mais ils méritent amplement leur prix, de plus on peut en télécharger une version d'évaluation. Aperture n'est disponible que sur Mac, alors que Lightroom est disponible sur Mac et sur PC. Il est aussi possible de prendre ses photos directement en JPEG, donc directement utilisable sur le web ou pour en faire un tirage papier. Ainsi, si vous préférez rouler que travailler sur un ordinateur, certains appareils sortent des jpeg parfaitement utilisables sans retouche (le Fujifilm X100S est un excellent exemple).

Vidéo

Si le numérique a apporté de gros progrès en photographie, la vidéo a été complètement révolutionnée par l'arrivée sur le marché de caméras bon marché et d'excellente qualité. Surtout, avec le développement des services comme

Ci-dessus : En JPEG, le réglage automatique de la balance des blancs est parfois défaillant et difficile à corriger (à droite), alors qu'en format RAW la balance des blancs n'est pas figée et peut être modifiée à volonté sur ordinateur (à gauche).

Youtube ou Vimeo et la généralisation des accès internet à haut débit, tout le monde a maintenant la possibilité de diffuser ses propres films. Ceci dit, beaucoup de motards se contentent de fixer une GoPro sur leur casque et de balancer leur enregistrement sur Youtube sans montage. Le résultat est un supplice à regarder, uniquement surpassé par une soirée rétrospective du film iranien en V/O sur Arte. Il n'est pas très compliqué de filmer son *ride* ou les délires de ses copains, mais il est très difficile, long et fastidieux d'en faire un montage qui soit intéressant. Les vidéos brutes balancées simplement sous Youtube sont à peu près sans intérêt, sauf si elles font moins d'une minute. Pour un film plus long, il faut absolument faire un montage de qualité, et c'est là que les choses deviennent beaucoup plus compliquées.

Les grands raids à moto ont produit des films captivants. On passera sur les sagas d'Ewan McGregor et Charlie Bormann « *The Long Way Round* » et sa suite « *The Long Way Down* » : il s'agit de productions de la BBC faites par une équipe de télévision professionnelle. On est bien loin de l'esprit d'aventure. Les baroudeurs seront beaucoup plus enthousiasmés par « *Mondo Enduro* », ce film mythique tourné avec un matériel très simple dans des condition précaires, qui montre que l'équipement n'a rien à voir avec la qualité d'un film. Encore plus *roots*, mais qui montre ce qui est possible de faire avec un budget limité, allez voir le film d'un motard indien solitaire qui est allé visiter les nomades du Changtang au Ladakh avec sa Bullet poussive et en a ramené un film très sympathique : « *Riding Solo To The Top Of The World* ».

Sans aller jusqu'à produire un long métrage aussi abouti, votre but sera probablement de ramener quelques scènes courtes pour agrémenter un blog. Demandez à tous ceux qui ont tenté de monter un film (moi y compris), ils seront unanimes : le montage prend un temps énorme, très largement sous-estimé au départ.

Si la photo peut tout à fait s'aborder de manière minimaliste avec un simple appareil compact, en vidéo c'est très difficile. Deux travers révèlent immédiatement l'aspect « amateur » d'un film et dérangent le spectateur (sans même parler du montage) : une prise de vue à main levée et un son de très mauvaise qualité. Les professionnels utilisent systématiquement un trépied et un micro séparé pour obtenir le résultat que l'on connaît. Bien sûr, emporter une tonne de matériel va à l'encontre des règles de base du baroudeur qui cherche à alléger au maximum sa moto.

Cela n'empêche pas d'emporter une GoPro ou autre caméra embarquée, qui permet de placer le spectateur à votre place sur la selle de la moto (le vent, les odeurs et la température en moins malheureusement). Elles peuvent tourner en continu, ce qui est un bon moyen de capturer des scènes spectaculaires, drôles ou étonnantes qui sont souvent le fait du hasard et difficiles à prévoir.

Le gros problème d'une caméra-casque est qu'elle attire inévitablement l'attention. Attention à ne pas provoquer les autorités avec ce genre d'équipement, dans certains pays les douaniers et militaires peuvent devenir très agressifs en vous voyant filmer certains bâtiments officiels, des ponts et encore plus eux-mêmes. Les passants peuvent également être dérangés par la vue d'une caméra.

Lors de mon voyage de 2006, j'avais dès le départ envie de le filmer en vidéo. J'étais équipé de ce qui était le plus courant à l'époque, une caméra DV (HDV) de qualité correcte, qui enregistre sur cassettes. J'emportais donc en plus du chargeur un petit stock de cassettes et, bien sûr, un trépied. Pour compenser le poids de tout cet attirail, je n'avais pas pris de matériel informatique pour le montage, l'idée était d'y travailler de retour à la maison.

Arrivé en Inde, j'ai ralenti le rythme du voyage, et ayant acquis un Mac portable d'occasion, j'ai décidé de commencer à trier et monter les dizaines d'heures de rushs. Je me suis enfermé des heures et des heures dans ma petite chambre non chauffée à New Delhi, puis dans mon bungalow à Goa et dans une guesthouse au Ladakh. Si je n'avais pas pris le temps de faire ce montage sur place, ce n'est pas une fois rentré au pays et replongé dans la routine du travail que j'aurais eu le temps ni le courage de monter ce film.

https://vimeo.com/channels/749925

Comme le son était tout pourri, je l'ai remplacé par de la musique. Notez que à l'époque GoPro n'existait pas et les caméras embarquées étaient de très mauvaise qualité. Pour ramener quelques images, j'ai donc improvisé un bricolage improbable pour fixer ma caméra sur mon casque, au péril de mes vertèbres. Inutile de préciser que je ne filmais pas souvent ni très longtemps.

Ordinateur

Emporter avec soi un ordinateur peut sembler un peu excessif, mais c'est de plus en plus courant parmi les voyageurs au long cours. D'abord il y a le désir, parfois compulsif, de rester constamment connecté, quel que soit l'endroit où l'on soit (dans ce cas, un voyage en Mongolie ou en Afrique sera le meilleur moyen de se soigner). Mais aussi, un ordinateur permet de traiter les photos et vidéos qu'on a prises, de rédiger son blog, de gérer son GPS ou la playlist de son mp3. Voire de lire le diagnostic d'une panne, puisque les modèles actuels de moto embarquent un ordinateur central sur lequel on peut se connecter (p. 134). Tout cela fait qu'il est tentant de prendre son propre ordinateur. Mais quel est l'équipement idéal pour le baroudeur qui ne veut pas s'alourdir excessivement ?

Mini-PC

Voici quelques années, la mode était aux mini-PC, des portables très compacts et bon marché qui fonctionnent sous Windows ou Linux. Ce marché a presque entièrement disparu, supplanté par les tablettes qui, pour un poids inférieur et un confort d'utilisation supérieur, permettent de remplir le même rôle.

Tablette

Les tablettes (iPad, Android ou Kindle Fire) sont très pratiques chez nous mais elles ne sont pas vraiment faites pour voyager :

■ elles n'offrent que peu de stockage, elles sont donc à peu près inutiles pour classer et archiver des milliers de photos

■ leur grand écran est très exposé aux chocs

■ elles ne disposent pas de port ethernet ; or il existe bien des endroits où le Wifi n'existe pas et la seule manière de se connecter à Internet est dans un cybercafé, à l'aide d'un câble réseau.

Une tablette semble donc plus adaptée aux courts voyages en Europe ou dans les pays relativement développés que pour un tour du monde. Par contre elles font d'excellentes liseuses pour les livres électroniques (e-book), ce qui permet d'emporter facilement quelques centaines de livres avec soi. Pour les motards qui aiment lire, cela change des deux ou trois romans que l'on pouvait emporter auparavant.

Ordinateur portable

Si vous voulez vraiment être indépendant lors de vos pérégrinations, le portable est incontournable, d'autant plus avec les progrès énormes faits dernièrement en terme de taille, de puissance et d'autonomie. Un modèle comme le MacBook Air 11", ou équivalent du monde PC, est à peine plus grand qu'un iPad mais avec son clavier, son processeur puissant et la possibilité de connecter des disques externes, c'est un ordinateur extrêmement performant. En fait, il est probablement aussi puissant qu'une machine de bureau d'il y a trois ou quatre ans, mais facilement transportable et offrant une dizaine d'heure d'autonomie ! Pour du traitement intensif de photos ou vidéos, un écran un peu plus grand n'est pas un luxe, un modèle 13" est nettement plus agréable et pas beaucoup plus lourd.

Pour le stockage, les disques SSD s'imposent par leur rapidité (et donc le confort d'utilisation) mais aussi pour leur robustesse : n'ayant aucune partie mécanique, ils sont très résistants aux

chocs et aux vibrations. Bien que les prix aient énormément baissé, ils restent encore beaucoup plus chers que les disques classiques à capacité égale. Avec les fichiers RAW des reflex qui pèsent dans les 20-30 MB et la minute de vidéo HD qui prend entre 200 et 400 MB, un disque de 1TB est un minimum pour être à l'aise. Pour autant, les disques durs traditionnels (mécaniques) ne sont pas si fragiles que ça, si vous veillez à les emballer dans des vêtements afin qu'ils n'aient pas de contact direct avec le cadre ou le porte-bagages, ils devraient survivre un certain temps. Malgré toutes les précautions, les pannes sont toujours possibles, alors partez avec un minimum de deux disques pour sauvegarder vos données à deux endroits différents !

Quel que soit votre support de données, une bonne stratégie de sauvegarde est essentielle dans un environnement aussi exposé qu'une moto. Tout dépend bien sûr de l'importance que vous apportez à vos photos, vidéos ou écrits. Dans les pays occidentaux la tendance est à sauvegarder ses données online, avec un service de stockage sur internet (DropBox, SkyDrive, Google drive, etc.). C'est bien sûr impensable

dans beaucoup de pays où le haut-débit n'existe encore pas et c'est le cas dans presque toute l'Afrique. Par contre les disques durs et de manière générale le matériel informatique de base se trouve à peu près partout dans le monde.

Internet

Voilà un défi pour le baroudeur : trouver un endroit au monde, accessible à moto, à plus d'une journée d'une connexion internet (Corée du Nord exclue). Cela n'existe pas ! Les habitants des pays pauvres ont comme nous un immense désir de communiquer avec l'extérieur, de s'informer et de partager leurs vies. La plupart sont trop pauvres pour posséder un ordinateur, à fortiori une connexion internet ; ils se rendent donc dans les cybercafés, un commerce qui a pratiquement disparu dans les pays occidentaux mais qui est florissant un peu partout ailleurs, depuis les steppes mongoles jusqu'à l'altiplano bolivien en passant par la brousse camerounaise. Et même là où il n'y a jamais eu de téléphone, il est à parier que la 3G passe. D'ailleurs, il n'est pas rare que les cybercafés soient connectés par une simple clé 3G (d'où les débits ridicules).

Evidemment, plus le pays est pauvre et plus les équipements sont vétustes, les installations vérolées de virus, les débits ridicules et plus les coupures d'électricité sont fréquentes. Cela suffit pourtant pour remplir son blog, télécharger quelques photos, naviguer sur le web et répondre à son mail, même assis sur un tabouret devant un Pentium 500 Mhz tournant sur Windows 98, avec un cla-

Ci-dessus : Pas de problème pour trouver de l'internet (ou autre…) en Inde.

Qui n'a pas déjà reçu un mail d'une âme charitable annonçant vous avoir retrouvé après le décès d'un de vos parents éloignés au Nigéria, en vous proposant de vous aider à récupérer la fortune considérable qu'il vous a laissée, moyennant d'avancer quelques frais ? Ce type d'arnaque est connu sous le nom de *419 scam* ou *Nigeria scam* parce que c'est là-bas qu'il a été réinventé. Il semble que les Nigérians soient particulièrement créatifs en matière de piratage internet.

J'en ai personnellement fait l'expérience. Après plusieurs années passées dans des pays pauvres à fréquenter des cyber-cafés, je n'ai rencontré qu'un seul problème (à part récolter des virus sur ma clé USB, mais ça c'est quasiment systématique) : peu après être arrivé au Nigéria, où je m'étais arrêté deux fois dans un cyber-café, j'ai remarqué que mon accès Gmail avait été bloqué : un message d'accueil me prévenait que des accès concurrents à mon compte avaient été détectés depuis des endroits géographiquement éloignés, au Nigéria et en Angleterre. J'ai dû répondre à quelques questions de sécurité et changer mon mot de passe pour le débloquer. En regardant de plus près, j'ai constaté qu'apparemment seul un e-mail avait été envoyé depuis mon compte, un moindre mal donc. Ce qui est vexant c'est qu'ils aient réussi à obtenir mon mot de passe malgré mes précautions et sans que je sache comment. Probablement avaient-ils installé sur le PC un *keylogger*, un outil qui enregistre tous les caractères frappés au clavier. *Welcome to Nigeria* !

vier dont les touches ont été recollées dans le désordre – quand il ne s'agit pas d'un clavier arabe ou hindi.

Certaines cartes SIM prépayées donnent accès à la 3G. Cela ne coûte parfois pas plus cher que d'aller au cyber-café et c'est en général plus rapide. Il suffit d'insérer la carte dans un smartphone ou une tablette, voire dans une clé 3G, acheter du crédit et vous êtes connecté à internet. Un smartphone peut également faire office de point d'accès Wifi pour un ordinateur.

Tout le monde n'est pourtant pas à égalité face à internet, qualité de connexion mise à part. Quelques pays, où les droits de l'homme ne sont pas la principale priorité, s'efforcent de contrôler et filtrer l'accès au Web. L'exemple le plus connu est la Chine, certes hors de la route des baroudeurs, mais il faut aussi citer l'Iran ou le Pakistan par exemple. En général les principaux services e-mail sont toujours possibles, mais beaucoup de sites sont censurés, comme l'accès à certains services de blog ou de partage de photos. La parade (largement utilisée par les locaux, bien sûr, rendant de telles mesures largement inefficaces) est de passer par un **proxy** non censuré, ou mieux encore un **VPN**, qui va crypter les communications et les faire transiter par un serveur anonyme situé à l'étranger. Quand un proxy est trop connu il est également bloqué, mais il est très vite remplacé. Certains services sont gratuits, mais offrent des performances très moyennes, d'autres sont payants et permettent d'accéder à internet sans aucune restriction. Voilà quelques sites pour vous aider à démarrer :

- www.topito.com/top-vpn-gratuit-mac-windows-linux

- VPN gratuits : www.securitykiss.com

- VPN commerciaux : www.vpntunnel.com, www.strongvpn.com

- Project Tor : www.torproject.org

- Proxy facile à installer : www.chrispc.com/proxy/index.html

Notez que le problème est plus compliqué dans un cybercafé, en général les gérants ne permettent pas d'installer un VPN s'il n'y en a pas.

Les proxys et VPN sont couramment utilisés chez nous pour accéder à des services qui sont accessibles uniquement dans un pays, comme Hulu.com, le service de streaming vidéo américain. Depuis les révélations de Edward Snowden sur les écoutes informatiques illégales des services secrets américains, ces outils ne servent plus seulement à contourner ce genre de restrictions, mais également à s'assurer du respect de leur vie privée.

Téléphone

Si les pays du sud sont considérés comme « sous-développés », ils échappent à cette qualification sur un plan en tous cas : les téléphones portables. Il y a longtemps que les gouvernements ont renoncé à tirer de nouvelles lignes téléphoniques, par contre, les antennes GSM poussent comme des champignons, même au milieu de la brousse où il n'y a ni électricité ni eau courante, et ceci inclut aussi le camp de base de l'Everest ! Bien sûr, comme partout dans le monde, les régions désertiques ou peu peuplées ne sont pas couvertes. Les téléphones satellites sont devenus abordables et couvrent selon les opérateurs la totalité du globe. Certains seront rassurés par la possibilité de rester en contact avec leurs proches restés à la maison. D'autres sont tellement accroc au téléphone (ou e-mail) qu'ils ne peuvent envisager de s'en passer.

Téléphone portable

Un voyage au long cours est pourtant idéal pour casser les vieilles habitudes. A quoi bon partir si c'est pour vivre de la même manière ? Cela dit, le portable simplifie bien des choses. Il permet de réserver un hôtel, appeler une agence de voyage, rester en contact avec une connaissance du pays. Vous pouvez aussi être joints par vos proches, même si les relations croisées entre les opérateurs ne sont pas parfaites et qu'il n'est pas rare que la communication ne passe pas.

Tous les pays à l'exception des USA et du Japon utilisent des réseaux GSM, donc compatibles avec des téléphones européens. Il suffit d'acheter une carte SIM et de l'insérer dans son portable pour pouvoir téléphoner et ceci pour un prix ridicule comparé aux frais de *roaming* facturés par les opérateurs mobiles européens.

Parfois il faut présenter une pièce d'identité et s'enregistrer lors de l'achat de la carte SIM. Souvent les cartes sont vendues dans la rue et immédiatement utilisables. Dans certains pays, les locaux ont souvent deux téléphones pour deux opérateurs mobiles concurrents, dont la couverture est différente. La vente de recharges, qui vont de quelques cents à quelques dollars, offre un petit boulot à des milliers de personnes. Chez nous les opérateurs préfèrent que les clients souscrivent à un abonnement, les offres prépayées sont donc très chères. C'est le contraire dans la plupart des pays

leurs modèles «basiques» pour les marchés émergents. Par exemple, Nokia a lancé dernièrement un téléphone qui tient la charge pendant 1 mois (alors qu'un smartphone tient en moyenne 24 heures) pour environ 20$, mais il n'est vendu qu'en Inde et dans les pays les plus pauvres. S'il est très simple de réparer un téléphone basique ou de remplacer un chargeur ou une batterie pour quelques euros, ce sera beaucoup plus difficile avec les derniers Samsung Galaxy ou iPhone.

Téléphone satellite

Quatre opérateurs se partagent le marché: Inmarsat et Iridium offrent une couverture mondiale; Globalstar et Thuraya ne couvrent pas tous les pays, néanmoins ce dernier est le meilleur marché, il est donc très populaire. Renseignez vous avant de partir sur les prix des téléphones, des abonnements et les coûts des communications.

Dans certains pays l'usage d'un téléphone satellite peut être mal vu, alors si possible gardez-le au fond du sac et restez discret. En Inde en particulier, il est illégal d'en posséder; récemment, une équipe de tournage de l'émission TV *Pékin Express* a été arrêtée parce qu'ils exhibaient un téléphone satellite, qui plus est dans une région où les conflits avec les rebelles sont fréquents (ils ont été relâchés très vite).

d'Afrique: il est très difficile d'encaisser les abonnements, les gens vivent au jour le jour avec quelques euros et souvent ils n'ont même pas de compte en banque. L'offre prépayée est donc bien adaptée pour eux, avec des recharges minimales et des prix plus près du vrai coût de revient des communications.

Si vous décidez de partir avec un smartphone, choisissez si possible un modèle étanche. Si le but est uniquement de pouvoir appeler et recevoir des appels et des SMS, il vaut mieux ressortir de son tiroir un bon vieux Nokia 3310 qui a la réputation d'être indestructible, ou alors simplement en acheter un sur place. Les fabricants préfèrent nous vendre des smartphones très chers, donc ils gardent

---

Ci-dessus: panne de téléphone ou perte de chargeur? Réparé en une heure après une petite visite au bazar local. Besoin d'un adaptateur? Vendu dans la rue.

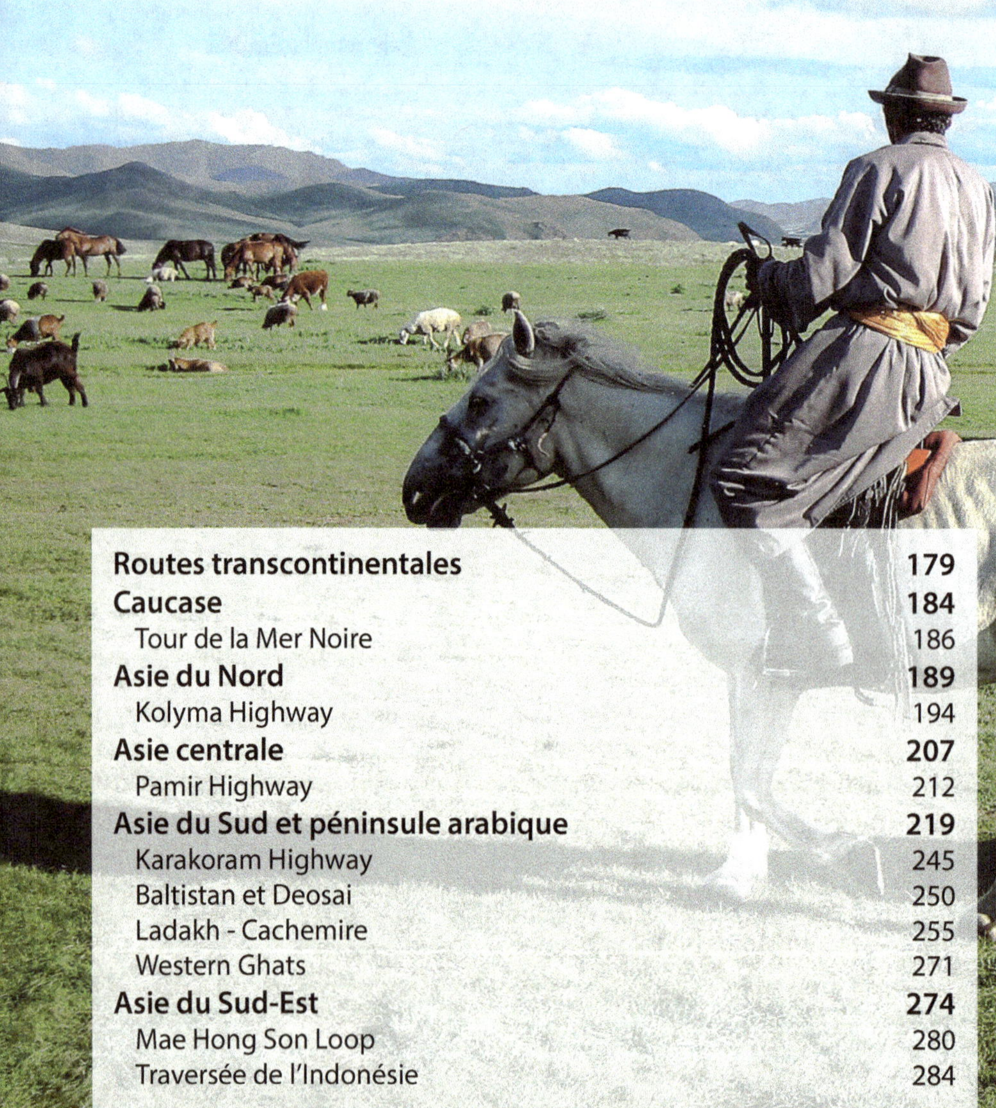

Il n'y pas de chemin qui mène au
bonheur, le bonheur est le chemin.
Bouddha

Asie

L'ASIE EST NATURELLEMENT UNE destination de choix pour les motards euro-péens car on y accède par la route sans trop de préparation et parce que ce continent offre une variété de paysages et de cultures incroyables. Et surtout, on y trouve des grands espaces et la dose minimum d'aventure qui manque à nos contrées. Par rapport à l'Afrique, la situation politique est globalement beaucoup plus stable et les visas à obtenir sont bien moins nom-breux. Ce chapitre présente les principales routes transcontinentales à travers l'Asie, puis détaille les parti-cularités de chaque région et les plus beaux itinéraires à décou-vrir.

Ci-contre : un Mon-gol essaie ma Ténéré. «Very powerful !»
Ci-dessous : l'intermi-nable route à travers la Sibé-rie.

Double-page précédente : le cheval est le meilleur moyen de transport en Mongolie, mais la moto vient sûrement en deuxième position.

Routes transcontinentales

Les numéros des routes ci-dessous se réfèrent à la carte 8, p. 180.

1 Russie et Mongolie

L'itinéraire pour atteindre la Mongolie est assez facile : vous n'aurez besoin que de deux visas (russe et mongol) sur la route la plus directe, en évitant toutefois la Biélorussie pour ne pas offrir aux flics et douaniers corrompus une occasion de faire de l'argent facile. Le carnet de passage n'est pas nécessaire. Les routes les plus agréables passent soit par la Lettonie ou la Finlande au nord, soit par l'Ukraine au sud[1].

L'arrivée en Russie donne un premier exemple de la bureaucratie qui règne encore sur le pays. Ou plutôt une confirmation, car vous l'aurez déjà compris au moment d'effectuer les démarches compliquées pour obtenir le visa russe. Mais on oubliera vite l'une à deux heures de paperasses à la frontière en se rappelant qu'il n'y aura plus qu'une seule autre frontière à franchir sur les 10 000 kilomètres qui séparent l'Europe de la Mongolie.

Une fois sur territoire russe, la principale difficulté est de combattre l'ennui sur ces milliers de kilomètres de goudron sans grand intérêt, en particulier les 5000 kilomètres entre **Moscou** et **Irkoutsk**, sur une route à deux pistes constamment en travaux, très poussiéreuse, voire boueuse sur sa partie orientale qui n'est que partiellement goudronnée. Les radars sont nombreux mais le vrai danger vient des chauffeurs de camion qui carburent à la vodka dès le petit déjeuner. Le motard averti, lui, déploiera des trésors de diplomatie pour échapper aux invitations des Russes à éponger leurs stocks de vodka et ainsi éviter une gueule de bois carabinée en reprenant la route le lendemain.

Il n'y a pas grand chose à mentionner sur l'ouest de la Russie - sauf que le pays est grand, très grand ! Si vous partez en ligne directe pour la Mongolie, comptez environ 10 jours pour faire Moscou - Irkoutsk, sans l'option Iron Butt. Imaginez-vous faire sept fois de suite Paris - Marseille par les nationales…! La région du lac **Baïkal** offre des paysages magnifiques, le détour par l'île d'**Olkhon** pour se reposer quelques jours est un must. A quelques heures d'Irkoutsk et trente minutes de ferry, l'île est idéale pour passer quelques jours à se relaxer et se baigner dans un décor superbe. Après ces milliers de kilomètres de route, la Mongolie offre un changement radical : le goudron laisse enfin la place aux double-track pour sillonner le pays.

Au lieu de bifurquer vers la Mongolie à Ulan-Ude, ou en revenant de celle-ci, il y a deux possibilités pour continuer à l'est : tenter le grand nord vers **Iakoutsk** et **Magadan** par la Road of Bones (**1a**), une route très isolée et qui n'est praticable que deux mois par an ; ou alors suivre la route transsibérienne vers **Vladivostok** (**1b**), qui est beaucoup moins intéressante que la précédente.

---

1. Ceci était valable avant la guerre civile en Ukraine. Depuis, il vaut mieux éviter la frontière Ukraine-Russie et passer soit par les pays baltes, soit par la Turquie et la Géorgie.

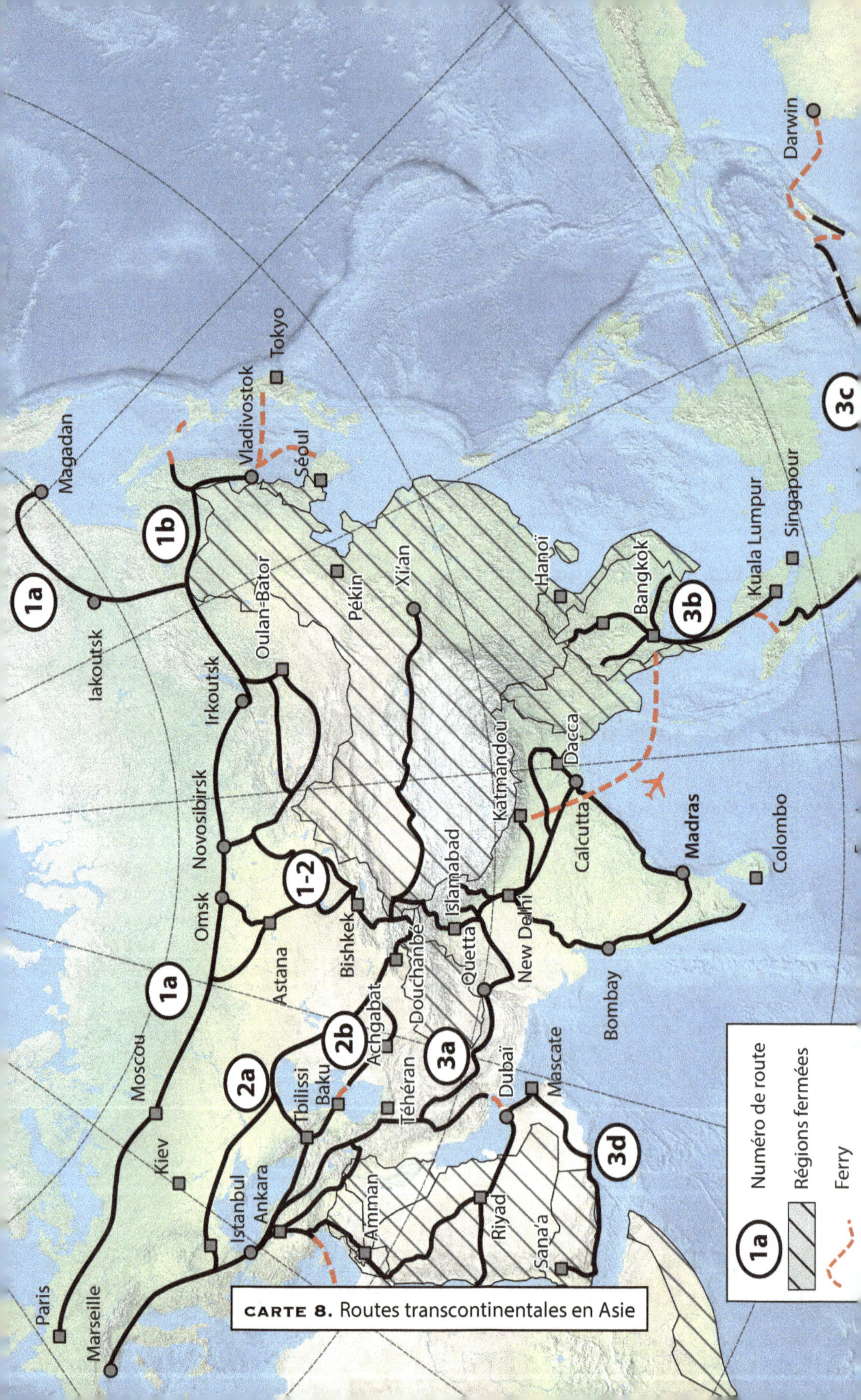

CARTE 8. Routes transcontinentales en Asie

2 Route de la Soie - Asie centrale

Pour atteindre l'Asie centrale il existe quantité d'itinéraires, le plus direct (2a sur la carte ci-contre) passant par la région de l'Est de l'Ukraine contestée par les indépendantistes russes, le Sud de la Russie, le **Kazakhstan** et l'**Ouzbékistan**. Il nécessite un minimum de formalités avant le départ pour obtenir tous les visas, malheureusement en 2014 la guerre en Ukraine interdit le passage vers la Russie. Ces immenses steppes sont évidemment une invitation à sortir des routes et se perdre dans la nature - si vous êtes plus orienté enduro que route. Le camping sauvage ne pose évidemment aucun problème, quoiqu'il serait dommage de ne pas entrer en contact avec les locaux et profiter de leur immense hospitalité. Si en plus vous connaissez quelques mots de russe, l'accueil n'en sera que plus chaleureux. Mais attention, la bouteille de vodka n'est jamais loin et, une fois ouverte, il est exclu de la refermer, votre foie risque donc d'en prendre un sérieux coup.

Pour éviter les régions en guerre civile, il est possible de contourner la Mer Noire par le sud, en traversant successivement la **Turquie**, la **Géorgie** et l'**Azerbaïdjan**, c'est certainement l'itinéraire le plus varié et le plus intéressant (2b). La Géorgie offre de magnifiques routes de montagne dans le Caucase et de plus ne demande pas de visa pour les citoyens européens. Attention, les douanes azerbaïdjanaises ne délivrent un permis d'importation pour la moto que pour 72 heures,[2] juste assez pour rejoindre Bakou et attendre le départ du prochain ferry vers le **Turkménistan**. Si vous voulez/devez passer plus de temps

en Azerbaïdjan, il faudra impérativement laisser sa moto aux douanes à Bakou. La traversée de la Caspienne, sur un rafiot qui rouille tranquillement depuis 20 ou 30 ans, pour une durée indéterminée et sans ravitaillement possible ne vous laissera pas un souvenir mémorable (...ou justement si !).

Après la rapide traversée du Turkménistan, l'arrivée en Ouzbékistan permet de ralentir le rythme, de s'arrêter de temps en temps dans les *tchaikhana* le long de la route, ces auberges où l'on vient boire le thé assis sur une plateforme et parfois manger, comme a dû le faire Marco Polo autrefois puisqu'on se trouve ici au cœur de la route de la Soie. Les visites de Boukhara, Khiva et Samarcande agrémentent la traversée jusqu'au **Tadjikistan** ou au **Kirghizstan**.

Pour échapper aux contraintes imposées par l'Azerbaïdjan et le Turkménistan, il est aussi possible de contourner la Caspienne par le nord : comme pour le tour de la Mer Noire (p. 186), il faut traverser le Caucase entre la Géorgie et la Russie, puis bifurquer vers le nord pour rejoindre la route 2a. Entre les républiques musulmanes du sud Caucase et le reste de la Russie orthodoxe se trouve la petite République de **Kalmykia** (Республика Калмыкия), qui a la particularité d'être en majorité bouddhiste. **Astrakhan** (Астрахань) est la dernière ville d'importance en Russie avant la longue traversée des steppes arides et monotones de l'Asie centrale jusqu'à **Samarcande** en Ouzbékistan. La première étape de 370 kilomètres sans ravitaillement mène à Atyrau (Атырау) au Kazakhstan. S'ensuivent 500 kilomètres entre Atyrau et Beyneu (Бейнеу) puis 500 - 700 kilomètres avant la première station service en Ouzbékistan, à Nukus (Нукус) ou peut-être même Urgench

---

2. Sauf pour les véhicules euro 4, ce qui exclut donc les motos fabriquées avant 2017.

(Ургенч). L'ouest de l'Ouzbékistan connait en effet des problèmes d'approvisionnement en essence; il vaut aussi mieux avoir quelques dollars (ou roubles) à changer car les cartes de crédit sont très difficilement utilisables. Il ne reste plus que 700 kilomètres jusqu'à Samarcande (Самарканд), avec un détour par **Khiva** (Хива) et une étape à **Boukhara** (Бухара) pour l'indispensable visite de ces cités magnifiques.

La route de la Soie historique passait par Kashgar et se terminait à **Xi'an** au cœur de la Chine. Mais pour nous motards, la grande muraille commence à la frontière chinoise : impossible d'y entrer sans dépenser des sommes astronomiques et s'encombrer d'un guide. Si vous avez le temps, il est tentant de lier les routes **1** et **2** et passer de la Mongolie aux Stans ou inversement. Entre la Russie et l'Ouzbékistan ou le Kirghizstan, il y a le Kazakhstan, qui est un des plus grands pays du monde. Il y a 2600 km entre Tsaagaanuur à l'ouest de la Mongolie et Bishkek au Kirghizstan, en passant par Barnaul en Russie (puisque la Mongolie et le Kazakhstan ne partagent pas de frontière commune), dont 1400 km de steppe complètement plate et déserte à travers le Kazakhstan.

3a   Istanbul - Katmandou

La route des hippies a gardé cette aura mythique (et mystique) qu'elle a acquise au cours des ans. Dans les années 60 le Népal et l'Inde agissaient comme des aimants pour les âmes perdues en quête de spiritualité - souvent il faut bien le dire avec l'aide de la production locale de diverses substances hallucinogènes. On y allait autrefois par l'Afghanistan, où Kaboul était apprécié pour la douceur de sa vie et la qualité de son herbe. Dans *L'usage du Monde*, Nicolas Bouvier y arrive à bord de sa Fiat à la recherche de lui-même plus que de paradis imaginaires et décrit magnifiquement la vie sur la route depuis l'Europe. Depuis cette époque héroïque, la situation géopolitique a bien changé : l'Afghanistan est devenu un

champ de bataille interdit aux touristes, tandis que l'URSS implosait et que l'Asie centrale s'ouvrait sur le monde. Le seul invariant est que la Chine reste un obstacle presque infranchissable : on y entre facilement comme touriste, mais sans son véhicule. La seule route qui reste ouverte en direction de l'Inde contourne l'Afghanistan par le sud et traverse le Pakistan et la région du Baloutchistan qui doit être franchie sous escorte armée. Profitons-en car cette région aux velléités indépendantistes entre Iran et Pakistan est très instable et le Pakistan lui-même semble proche de la rupture.

3b Asie du Sud-Est

Pour atteindre cette région, il faut y faire transporter sa moto, car il est impossible (ou tout au moins, extrêmement cher) de passer par la Chine ou la Birmanie. Une fois sur place, la région est un paradis pour le motard, les routes sont toutes intéressantes, la nourriture est excellente et les hôtels bon marché. Le climat est agréable et le coût de la vie très modéré. A moto on peut parcourir facilement la Malaisie, la Thaïlande, le Laos et le Cambodge - mais pas le Vietnam. On passe facilement d'un pays à un autre, les visas s'obtiennent aux frontières ou en avance dans les ambassades.

3c Indonésie

L'Indonésie est le lien parfait entre l'Asie et l'Australie. Les îles de Sumatra et Java sont assez grandes pour quelques semaines de visite, les autres sont accessibles très facilement grâce aux ferries qui sillonnent le pays. Le seul souci est de trouver un moyen d'y amener sa moto et d'en repartir, soit vers le continent asiatique (en chargeant sa moto sur un bateau qui transporte des légumes depuis la Malaisie), soit vers l'Australie.

3d Arabie

Les Emirats Arabes Unis et surtout Oman sont des destinations magnifiques pour le motard, sauf que ces pays sont difficilement accessibles : l'Arabie Saoudite ne donnant des visas qu'au compte-goutte, il faut soit envoyer sa moto par avion à Dubaï, soit utiliser le ferry entre l'Iran et les Emirats, qui n'est ni très commode ni très bon marché.

Si vous arrivez dans la région, il faut quitter au plus vite Dubaï et ses autoroutes à 2x6 pistes et se diriger vers Oman. La partie nord-est de ce pays, très montagneuse, ne manque pas de magnifiques pistes, très prisées par les expats qui les parcourent au volant de leur 4x4 v8.

Le Yémen serait la perle de cette région si ce pays pouvait trouver un semblant de paix et de stabilité. Actuellement il est évidemment exclu de s'y rendre. Lorsque la situation le permettra, le pays offrira une porte d'entrée alternative en Afrique, en faisant transporter sa moto vers Djibouti par bateau.

CARTE 9. Pays du Caucase

Caucase

LE CAUCASE EST UNE région montagneuse entre la Mer Noire et la Mer Caspienne, dont on ne sait pas vraiment si elle est en Europe ou en Asie et dont la culture est partagée entre l'influence occidentale et chrétienne et le monde musulman et oriental. La région est particulièrement tourmentée à cause des conflits et des guerres qui ont déchiré les républiques de l'ex-Union Soviétique, ainsi que la Tchétchénie et ses voisins musulmans de Russie. Pour le voyageur cela impose certaines contraintes en termes de sécurité et de passage de frontière.

Historiquement, la Turquie et l'Arménie sont en conflit depuis le génocide arménien. Actuellement, les frontières sont toujours fermées, il faut donc passer par la Géorgie (ou l'Iran) pour y entrer. L'Arménie a aussi été en guerre avec l'Azerbaïdjan pour la possession du **Haut-Karabakh** (Nagorniy-Karabakh en russe), un territoire ethniquement arménien mais attaché à l'Azerbaïdjan au moment de l'indépendance. La guerre a été gagnée par l'Arménie et, depuis le cessez-le-feu, le Haut-Karabakh a proclamé son indépendance, sous le contrôle et la protection de l'Arménie. Il est facile de s'y rendre, mais depuis l'Arménie uniquement. Un visa est nécessaire,

A droite : mont Ara en Arménie, près du mont Ararat (situé, lui, en Turquie).

mais celui-ci peut s'acheter très simplement dans la capitale, **Stepanakert**. Celui-ci est placé sur une feuille volante, car si votre passeport contient un tampon du Haut-Karabakh vous ne pourrez plus entrer en Azerbaïdjan. Enfin, pour compliquer le tout, l'Azerbaïdjan possède également une enclave entre l'Arménie et l'Iran, le **Nakhchivan**, qui n'est accessible pour les Azerbaïdjanais que par les airs.

La Géorgie a connu une guerre très tôt après son indépendance qui a vu l'**Abkhazie** gagner son indépendance grâce au soutien des Russes, mais non reconnue par la plupart des autres pays. Il est maintenant possible (si ce n'est facile) de s'y rendre depuis la Russie, mais pas de traverser jusqu'en Géorgie. Dans l'autre sens, c'est éventuellement possible à pied mais plus difficile en véhicule. En 2008, la Géorgie a perdu le contrôle de l'**Ossétie du Sud** après une guerre gagnée par la Russie. Actuellement cette province reste trop instable pour être visitée.

Les républiques russes musulmanes du Caucase sont très instables et les forces de sécurité russes sont souvent les victimes d'attentats des indépendantistes. En **Tchétchénie**, le président fantoche a réussi à ramener la paix dans la république et cherche à attirer les investisseurs étrangers avec d'importants travaux dans la capitale **Grozny**, mais n'a jusqu'à présent guère réussi à séduire que Gérard Depardieu. Au **Daguestan** le propriétaire milliardaire de l'équipe de football de Makhatchkala a dépensé sans compter pour faire venir Samuel Eto'o (20 millions de salaire par an) et convaincre d'autres stars de foot de venir y jouer. Mais ceux-ci ne sont pas dupes et ne passent dans la ville que le temps d'un match, sous haute sécurité, le reste du temps ils habitent à Moscou. En **Ingouchie**, la situation n'est guère plus brillante. Cela s'améliore dans les républiques à majorité orthodoxe, le long de la route qui relie la Géorgie à la Russie. L'**Ossétie du Nord**, la république de **Kabardino-Balkarie** et la république de **Karatchaïévo-Tcherkessie** sont habituellement plutôt calmes, malgré (ou grâce à ?) une forte présence policière et de nombreux check-points de l'armée. C'est là que se trouve le mont Elbrouz, région très touristique. Plus à

l'ouest encore se trouve la province de **Krasnodar**, dont la capitale **Sotchi** a accueilli les JO d'hiver de 2014. Suite aux investissements massifs amenés par cet événement, estimés à 55 milliards de dollars, la ville de Sotchi connait un boum immobilier incroyable et les prix sont devenus inabordables.

Dans le Caucase, le carnet de passage n'est nécessaire, toutefois les douanes ne vous laisseront circuler en Azerbaïdjan que pendant trois jours (p. 181). La Géorgie est le pays le plus à l'est qui se visite sans visa depuis l'Europe. Ailleurs, les visas ne sont pas particulièrement difficiles à obtenir.

Itinéraire 1 : Tour de la Mer Noire

Cet itinéraire permet de visiter des régions exotiques pas très loin de l'Europe. L'avantage est de pouvoir effectuer une boucle à l'aide d'un seul visa (Russie). Nul besoin d'autre visa ou de carnet de passage. En partant par le sud, le premier temps fort est l'ouest de la **Turquie**, qui est un vrai bonheur pour le baroudeur. Le pays est agréable et il ne faut pas beaucoup chercher pour tomber sur des double-tracks sympathiques. Le seul bémol est le prix de l'essence, pratiquement 2 €/litre. L'entrée en **Géorgie** se fait très facilement, le douanier tamponne votre passeport et vous êtes libre. Si vous vous tenez à l'écart des régions indépendantes mentionnées précédem-ment, le pays ne pose aucun problème. La raison principale pour laquelle on vient ici est la chaîne du Caucase. Le pays compte de nombreuses pistes qui passent de hauts cols, dans des paysages incroyables. Les régions de Svaneti, Khevsureti et Tusheti notamment sont à ne pas manquer. Le plus difficile est peut-être de résister au vin distillé à la maison et les alcools bizarres avec lesquels vos hôtes se feront fort de vous abreuver.

Il est très facile de faire une excursion en **Arménie** avant de continuer son tour, c'est un pays qui a plusieurs points communs avec la Géorgie : une écriture très bizarre ; une église chrétienne très

particulière et de nombreux monastères très anciens qui en témoignent; et une passion pour la distillation d'un peu tout ce qui se présente. Le visa s'obtient à la frontière sans problème.

Il n'y a qu'une route pour franchir le Caucase, c'est la célèbre **route militaire géorgienne** qui a longtemps été fermée suite à la guerre entre la Géorgie et la Russie. Actuellement (début 2014) le poste-frontière de **Verkhny Lars** est ouvert aux touristes. L'itinéraire depuis Tbilissi passe par la région de **Kazbegi**, qui est superbe et mérite en elle-même largement le détour. Passée la frontière, l'Ossétie du Nord est en principe plutôt calme mais les nombreux check-points russes peuvent être usants. Comme toujours, la situation sécuritaire est très fluctuante et il faut absolument obtenir avant de partir les dernières informations, sans trop s'attarder sur le site du Ministère des Affaires Etrangères qui fera tout pour vous dissuader de passer par là.

Après **Vladikavkaz** l'itinéraire bifurque vers Sochi, ville des jeux olympiques d'hiver de 2014, mais également station balnéaire au bord de la mer Noire. Au nord la route rejoint le Kazakhstan et l'Ouzbékistan (p. 181). Depuis **Sotchi**, la route continue (théoriquement) vers la péninsule de **Crimée**, reliée par un court ferry entre Kavkaz et Kerch; malheureusement, le passage de Crimée en Ukraine est impossible, donc il faut faire un détour par le nord de l'Ukraine. En traversant la Bulgarie, ne manquez pas de vous arrêter chez Doug à MotoCamp Bulgaria (motosapiens.org/motocamp).

A gauche: Tsminda Sameba (église de la Trinité de Guerguétie) au Kazbegi; seuls les 4x4 et les motos peuvent monter jusque là par une piste étroite et raide.
Ci-dessus: visite d'un parmi les dizaines des monastères de Géorgie.

Route goudronnée
Piste
Piste difficile
Ferry
Régions fermées
CARTE 10. Asie du Nord
0
1000
2000 km
Tchoukotka
Ust-Nera
Kadykchan
Kyubyume
Tomtor
M56
Khandyga
Koylma
Yakoutsk
Nizhny Bestyakh
Magadan
Sibérie
Russie
60°N
Océan Pacifique
Lena
M56
Omsk
Tcheliabinsk
Kazakhstan
Astana
Novosibirsk
Krasnoïarsk
Route transsibérienne
Bratsk
BAM
BAM road
Tynda
Zhigalovo
Severobaïkalsk
Skovorodino
BAM road
Komsomolsk sur-l'Amour
Sakhaline
Vanino
Barnaul
Altaï
Semey
M52
Touva
Kyzyl
Irkoutsk
Route
transsibérienne
Tchita
M58
Khabarovsk
Ouzb.
Olgii
Ulan-Ude
Solovyevsk
Almaty
Khovd
Mörön
Oulan-Bator
Wakkanai
Kyrg.
Altaï
Hokkaido
Pamir
Xiniang
Urumqi
Mongolie
Choibalsan
Harbin
Vladivostok
Japon
Kashgar
Gobi
Erenhot
p. 200
Corée du Nord
KKH
Taklamakan
Chine
Dalanzadgad
Takoaka
Tokyo
Islamabad
Hotan
Donghae
Ladakh
Pékin
Séoul
Corée du Sud
New Delhi
Tibet
Lanzhou

Asie du Nord

L'Asie du Nord est **dominée par la Russie, le plus grand pays du monde, et par la Mongolie, un des pays les moins densément peuplés du monde. On imagine bien que les espaces libres et les itinéraires hors pistes ne manquent pas. C'est surtout vrai pour la Mongolie qui est *le* paradis des motards sur terre s'il en est un. La Chine est le grand absent de ce livre, car il est impossible d'y circuler indépendamment avec sa moto, ce qui rend tout voyage là-bas à la fois extrêmement cher et dénué de toute liberté.**

Formalités

A l'entrée en Russie on vous fournira deux papiers essentiels : une « carte de migration » et un permis de circulation temporaire. Le permis est valable dans toute la Russie et le Kazakhstan, en dehors des zones frontalières qui sont en général interdites. De plus, il faudra acheter une assurance qui couvre les accidents aux tiers. Vous trouverez des agences d'assurance dans les postes-frontières importants, mais parfois il faudra vous rendre dans la prochaine ville pour cela. Il est théoriquement obligatoire de s'enregistrer auprès de la police dans les 72 heures, mais dans la pratique ces papiers ne sont pratiquement jamais demandés. Si vous descendez dans un hôtel, ils effectueront cette formalité pour vous. Comme toujours, il est important d'avoir tous ses papiers en règle car les flics sont très présents en Russie, mais heureusement bien moins corrompus que par les passé.

Le visa pour la Russie s'obtient facilement ; il est valable 1 mois, ce qui peut se révéler un peu court pour une traversée du pays jusqu'à Magadan. Si on veut poursuivre jusqu'en Mongolie, il faut penser à prendre un visa russe à entrées multiples car on entre et on sort de la Mongolie que depuis la Russie. Un visa d'affaires de trois mois et à entrées multiples est plus difficile à obtenir, il faut pour cela une lettre d'invitation qui est plus chère et plus longue à obtenir. Pour la Mongolie, un visa d'un mois s'obtient très facilement dans un consulat, extensible pour un mois supplémentaire à Oulan-Bator. Dans ces deux pays, le carnet de passage n'est pas nécessaire.

Climat et timing

On l'imagine bien, la Sibérie est une région où il faut se rendre en été. Les motards ne disposent que d'une courte fenêtre de temps agréable et pas trop humide entre juillet et août pour parcourir la Kolyma Highway (carte 10, p. 188 et p. 194). Les pluies sont possibles en toute saison, ce qui complique les choses car les pistes en terre se transforment alors en bourbier et les rivières ne peuvent plus se franchir à gué. La Mongolie est un peu plus au sud mais son climat continental est très rude : glacial en hiver, chaud et souvent pluvieux en été. La période la plus favorable est également l'été et le début de l'automne. Dans l'Ouest qui est une région montagneuse, il n'est pas rare de subir des giboulées de neige même en été.

Pour faire un aller-retour en Mongolie il faut prévoir au minimum 3 mois : 4-5 semaines pour s'y rendre, 3-4 semaines sur place et le même temps pour rentrer. Pour un circuit Sibérie - Mongolie - Stans, il faut compter plutôt 6 mois, avec un départ au printemps et un retour en fin d'automne.

Russie

La Russie est un pays immense et très varié: d'un côté la partie européenne, à l'ouest de l'Oural, qui est très industrielle et agricole; d'un autre côté la Sibérie, couverte en majorité de forêts, où la population se concentre le long du transsibérien, la seule voie de communication. Lorsque je suis arrivé en Russie, j'ai commencé par acheter un atlas routier. J'ai d'abord cru qu'il y avait deux tomes, car toute la moitié nord du pays manquait. Jusqu'à ce que je réalise qu'il n'y a en fait quasiment pas de route dans le nord de la Sibérie! C'est ce qui rend la route Kolyma très spéciale car elle s'enfonce dans une région quasiment inhabitée et extrêmement isolée à l'extrême nord-est du pays (carte 10, p. 188). Cette région, appelée **Tchoukotka** (hors carte, au nord-est), un peu plus grande que la France, n'est peuplée que de 50 000 habitants, dont 15 000 dans la capitale, Anadyr. Elle n'est reliée au reste du pays que par l'avion ou le bateau, donc inutile d'essayer de s'y rendre en moto. D'ailleurs, il faut un permis spécial pour se rendre en Tchoukotka, comme pour le Kamtchatka.

Dans la partie européenne de la Russie, l'infrastructure routière est en assez bon état, mais plus on s'éloigne vers l'est et plus les routes se dégradent. Le principal moyen de transport à travers la Sibérie est le transsibérien (ou l'avion). Ainsi, la quasi totalité des villes sibériennes se trouvent à proximité de la voie de chemin de fer. La Russie a fait un gros effort ces dernières années pour réhabiliter la route transsibérienne, qui traverse tout le pays sur 9000 km. Il est maintenant possible de rouler avec une voiture normale de Moscou jusqu'à Vladivostok sur la côte Pacifique, ce qui n'était pas le cas lors de la chute de l'URSS.

Les flics russes sont des maniaques du radar, alors faites attention à respecter les limitations de vitesse: 60 km/h en ville et 90 km/h sur les nationales, 110 km/h sur les (rares) autoroutes. Le jeu que propose la police est de déterminer où commence et se termine la limite des localités... Quand la signalisation manque, un radar n'est probablement pas loin! Vous verrez vite que beaucoup de Russes ne tiennent pas trop compte de ces limitations, aidés en cela par une consommation immodérée de vodka, ce qui provoque un vrai carnage sur les routes de ce pays.

L'essence est disponible un peu partout à différents taux d'octane, sauf

dans les endroits les plus reculés de Sibérie où il faut prévoir une importante autonomie. Vous comprendrez vite le fonctionnement des stations-service russes de rase campagne, cela se passe en gros comme suit : la première étape est de se diriger vers le guichet blindé (*kacca*) et payer son plein à une caissière acariâtre qui ne fait aucun effort pour vous comprendre. бензин (benzine) = essence, c'est facile et il n'est pas trop compliqué d'écrire sur un bout de papier le nombre de litres voulus, mais ça se complique quand il y a plusieurs indices d'octane au choix. La plupart du temps le pistolet de la pompe fonctionne et il suffit de remplir son réservoir, puis de se fait rembourser l'excédent si besoin ; mais parfois le pistolet est bloqué et la pompe est opérée à distance par la caissière, qui attend que l'on ait mis le pistolet dans le réservoir. Le pistolet ne marchant pas, si vous n'hurlez pas assez vite lorsque le réservoir est plein, le reste finira sur votre selle et vos bottes.

Saint-Pétersbourg et **Moscou** méritent le détour, mais attendez-vous à payer le prix fort : Moscou en particulier fait partie des villes les plus chères du monde. Si vous partez vers les *Stans* vous passerez probablement par **Volgograd** (ex-Stalingrad) et en direction de la Sibérie vous passerez par **Omsk**, qui marque l'entrée en Sibérie, puis **Novosibirsk**, un long voyage de 3300 kilomètres (carte 10, p. 188). De là vous pouvez partir au sud vers l'Altaï pour traverser le Kazakhstan en direction du Kirghizstan et des *stans* ou pour attaquer la Mongolie par l'ouest. Sinon, il vous reste encore presque 2000 kilomètres en direction

de l'est jusqu'à Irkoutsk et le lac Baïkal. Le trajet Moscou - Irkoutsk prend environ 10 jours en roulant 8-9 h par jour sans trop forcer, en comptant un ou deux jours de pause en route pour visiter ou pour faire un peu de mécanique si besoin. Avec une 1200GS c'est un peu long mais relativement confortable. Sur une enduro par contre c'est un calvaire. Et pourtant, quand le goudron se termine et commencent les routes plus techniques du nord de la Sibérie ou de la Mongolie, le gros trail est bien moins à l'aise que l'enduro. Pour économiser sa monture (et son arrière-train) le transsibérien est très pratique : il est possible d'envoyer sa moto par le train et d'éviter 5000 kilomètres de liaison assez peu excitants. Comptez environ 400 € par personne pour le billet de train dans un compartiment à 4 places, 200 € pour une place en compartiment ouvert (3ᵉ classe)

A gauche : menu affiché devant un resto-route russe, dans l'ordre : vodka, vin, bière, cigarettes

A droite : il est bon de savoir lire le cyrillique avant de partir en Asie du nord. РОССИЯ se prononce « Rossiya ».

Pour être complet il faut mentionner un dernier challenge pour les enduristes extrêmes : la piste qui longe la voie ferrée **BAM** (Baïkal-Amour-Magistral). C'est d'ailleurs loin d'être une route ! C'était à l'origine une piste qui avait été créée pour la construction du chemin de fer et qui a été laissée à l'abandon depuis la fin des travaux. Pour les amateurs de single-track, de passages de gués et de traversées de ponts ferroviaires scabreux, c'est parfait. Le tout n'est pas si dangereux puisqu'on roule à côté des voies, en cas de problème, il doit être possible de charger la moto sur le train. Pour les détails vous pouvez lire le compte-rendu de Walter Colebatch sur advrider.com.

et 100-150 € pour la moto selon le poids (Voir encadré p. 196).

Généralement on vient en Sibérie pour deux raisons principales : pour atteindre la Mongolie, ou pour explorer l'extrême-orient russe. Depuis Irkoutsk la route transsibérienne continue vers **Vladivostok** pour 4000 km supplémentaires. Les paysages traversés sont très beaux mais, il faut l'admettre, quand même un peu répétitifs. Arrivé au Pacifique, il ne reste plus qu'à rebrousser chemin ou prendre un bateau, avec la satisfaction d'avoir traversé la moitié des fuseaux horaires de la Terre.

Si vous partez pour de pareilles distances, la logistique des pneus devient critique. Les motos locales (Ural, Ij) n'utilisant pas vraiment les mêmes types de pneus que nos gros trails, vous pouvez vous rabattre sur ces deux adresses en Sibérie :

Barnaul KTM Bikeland à Barnaul
(N53 19.285 E83 38.341)
ElitAvto BMW à Krasnoïarsk
(N56 02.676 E92 53.832)

Si vous ne trouvez pas votre bonheur chez ces concessionnaires, il n'est pas trop compliqué de se faire envoyer un jeu depuis Moscou. Une adresse parmi d'autres pour cela : www.motorezina.ru. Et si vous parlez/lisez le russe, le rendez-vous des bikers sur le web est là : offroadpeople.ru.

Pour s'orienter en Russie le mieux est d'acheter un atlas sur place, ce qui permet aussi d'avoir les noms écrits en cyrillique, comme sur les panneaux routiers. Sur internet, Google est assez peu détaillé ; l'équivalent russe maps.yandex.ru est bien meilleur - mais en cyrillique également. OpenStreetMap est remarquablement à jour grâce à une communauté russe très active.

Liaisons

Depuis Magadan, les options pour la suite du voyage ne sont pas nombreuses car il n'y pas d'autre route. En direction du nord la route s'arrête après une centaine de kilomètres ; pour atteindre le nord-est extrême de la Russie et le détroit de Béring, il n'y a que le bateau et l'avion. Vers le sud c'est également fermé. Le plus facile est évidement de revenir sur ses pas, mais c'est loin d'être enthousiasmant. Sinon il est

---

A droite : Krasnoïarsk est une des villes les plus agréables en été, après avoir été un lieu de déportation sous le régime du Tsar et de l'URSS.

parfois possible de trouver un capitaine de bateau qui accepte de transporter une moto jusqu'à Vladivostok, afin de pouvoir reprendre la route transsibérienne vers l'ouest. Par la voie aérienne Magadan n'est desservi que par des vols intérieurs, pour Moscou par exemple. De temps en temps, une compagnie ouvre un vol de Magadan vers l'Alaska, mais il ne faut pas trop compter là-dessus.

Depuis Vladivostok, les accès à la Chine et la Corée du Nord sont fermés et la frontière mongole la plus proche est à **Solovyevsk** (Соловьевск), soit 3000 kilomètres plus à l'ouest. Pour s'éviter 12 000 kilomètres en sens inverse vers l'Europe, le transsibérien permet de relier Moscou en sept jours et sept nuits. Par la mer, il existe un ferry pour Donghae en Corée du Sud et pour Takaoka sur Honshu, au Japon. Un peu plus au nord à **Vanino** (Ванино) part un ferry vers l'île de **Sakhaline**, qui est elle-même reliée par un deuxième ferry à **Wakkanai** sur l'île de Hokkaido, tout au nord du Japon. C'est sûrement l'itinéraire le plus intéressant, surtout qu'il est possible d'entrer là sans carnet de passage en payant seulement un permis d'importation temporaire. Malheureusement, le service entre Hokkaido et Sakhaline a été interrompu fin 2015 et au moment de la rédaction (fin 2015) il n'était pas sûr qu'il reprenne en été 2016.

Un des challenges de la région est de rejoindre Magadan, sur la côte pacifique de la Russie, par la route qui a été surnommée *Road of Bones* par Austin Vince et ses comparses de *Mondo Enduro* lorsqu'ils l'ont entreprise en 1995 pour la première fois. Ce nom vient d'une légende urbaine qui veut que les ouvriers/prisonniers morts sur le chantier aient

donné qui constitue encore un défi intéressant, notamment pour le franchissement de rivières là où les ponts ont disparu.

L'itinéraire complet (voir carte 10, p. 188), depuis l'embranchement de la route transsibérienne jusqu'à Magadan, fait 3200 km et peut se faire en une semaine en roulant bien, même par l'an-

été enterrés directement sous la route. Les Russes l'appellent « Kolyma » ou « Колымская трасса » ou plus simplement par son identifiant M56. Juste après la chute de l'Union Soviétique c'était une épreuve de franchissement extrême car elle avait été laissée à l'abandon depuis de longues années. C'est en partie grâce au succès de la série TV de la BBC *The Long Way Home* qu'elle a acquis un statut de défi ultime. Les travaux, commencés en 2008, ont reconstruit la route sur un trajet légèrement différent et elle ne pose maintenant plus trop de problèmes. Les aventuriers se reportent donc sur l'ancien tronçon aban-

cienne route. En terme d'autonomie, il faut prévoir 300 km au minimum, 400 km par sécurité. L'épreuve commence par la route « Lena », plus de 1000 km de route poussiéreuse et encombrée de camions plein nord jusqu'à **Yakoutsk** (Якутск), ou plutôt jusqu'à **Nizhny Bestyakh** (Нижний Бестях) puisque la ville de Iakoutsk est en fait située de l'autre côté de la rivière Lena qui fait ici jusqu'à 3 km de large et ne peut se franchir qu'en ferry. Le détour est intéressant mais pas nécessaire puisque la route continue vers l'est.

Ci-dessus : vendeur de *shashlika* (brochettes) au bord de la route.
A droite : Kolyma Highway : « attention ! secteur dangereux »

Depuis Nizhny Bestyakh, la route est assez bonne jusqu'au ferry peu avant **Khandyga** (Хандыга), où se trouve d'ailleurs un musée du goulag qui vaut le détour. Peu après à **Kyubyume** (Кюбюме) se trouve l'embranchement vers l'ancienne route (connue en anglais sous le nom d'*Old Summer Road*) qui rejoint la M56 à **Kadykchan** (Кадыкчан), 420 km plus loin. Si vous choisissez cette option, il faut vous attendre à devoir passer plusieurs rivières à gué, ce qui peut se révéler plus ou moins facile selon le niveau de la rivière (voir encadré p. 203). Au pire il faut trouver un camion (un *Kamaz* comme disent les Russes) pour transporter les motos si le niveau de l'eau est trop haut. Vous serez dans le bain dès le départ puisque l'ancienne route commence par une traversée à gué assez difficile de la rivière Kyubyume (en attendant la construction prévue d'un nouveau pont). Si ce premier obstacle ne vous rebute pas, la route qui suit n'est pas trop mauvaise sur 150 km, avec quelques petites rivières à franchir, jusqu'à **Tomtor** (Томтор), où vous trouverez de l'essence. Ensuite la route est quasiment inutilisée et la double-track disparaît progressivement dans la taïga sur 200 km jusqu'à un campement de chasseurs. En cas de panne ou d'accident vous pourriez rester des jours entiers sans voir passer aucun véhicule (et sans signal GSM bien sûr); il est donc vital de partir en groupe. Les derniers 70 km jusqu'à la route fédérale sont ensuite un peu plus faciles. On peut voir la vidéo du grand spécialiste de cette région, Walter Colebatch ici :

www.youtube.com/watch?v=mE7P9w4_f7I

Si vous avez une routière, si vous n'êtes pas à l'aise hors piste ou si plus simplement vous n'appréciez guère de passer la journée avec les pieds mouillés, il vaut mieux rester sur la route fédérale M56. Elle fait 200 km de plus, mais prend un jour de moins à parcourir. Contrairement à l'ancienne route, elle est régulièrement entretenue, ce qui consiste parfois à déverser sur la route une épaisse couche de gros gravier, parfait pour les camions mais vraiment pas

agréable pour les motards. En résumé, vous avez donc le choix entre la poussière lorsque le temps est sec et la boue s'il pleut. **Ust Nera** (Усть-Нера) est une bonne étape qui compte quelques hôtels et de l'essence. Depuis **Kadykchan** (Кадыкчан), où l'ancienne route rejoint la nouvelle, il ne reste alors plus que 700 km de route correcte, mais assez encombrée par les camions. Pour y échapper il faut prendre une route beaucoup plus calme appelée Tenkinskaya Trassa (Тенькинская трасса) sur 500 km, qui ne pose aucun problème et rejoint la M56 à Khasyn (Хасын) peu avant Magadan. La ville même de **Magadan** (Магадан) offre peu d'intérêt, à part le fait de se sentir au bout du monde.

Lors de mon voyage en Sibérie en 2006, mon objectif principal était d'abord d'atteindre la Mongolie et, depuis là, rejoindre le Pamir. Nous étions deux collègues montés sur des 600 Ténéré, des gros monos rustiques et assez éloignés du concept de routière. Lors de la préparation, la route entre Moscou et la Sibérie ne me branchait pas trop et l'option du train me semblait assez évidente. J'ai donc commencé à me renseigner sur les forums internet, par lesquels j'ai pris contact avec Ivan, un motard russe qui m'a assuré que cela ne poserait pas de problème, et qui m'a donné le numéro du train à prendre. Armés de nos billet de train achetés à l'avance, nous avons effectué une traversée de l'Europe express pour arriver deux jours avant le départ du train à Moscou, où nous avons été accueillis merveilleusement par la famille d'Ivan.

Le lendemain, on débarque la gueule enfarinée à la gare avec nos deux motos pour organiser l'embarquement prévu le jour suivant. Première épreuve, impossible de trouver un employé dans la gare de Moscou qui parle un traître mot d'anglais. Comme nous-mêmes ne parlons pas russe, après une heure de gesticulation tout ce qu'on arrive à obtenir est un billet... pour un bagage à main ! Mon comparse repart alors au bureau avec son téléphone portable et la femme d'Ivan au bout du fil pour faire la traduction à distance. Pendant ce temps, je garde les motos sur le quai de la gare, en essayant de répondre aux questions des passants qui me demandent, comme tout le monde, d'où je viens et où je vais, respectivement « *atkouda...* » et « *kouda..* » les deux premiers mots que l'on apprend en russe. Arrive alors un gars qui s'adresse à moi dans un anglais

assez correct et qui se présente comme un motard. Il me demande si j'ai besoin d'aide. Je lui explique le topo, c'est-à-dire qu'on cherche à charger les motos sur le train le lendemain. Il me dit de l'attendre là et part vers le bureau.

Quelques minutes plus tard il revient avec mon collègue et m'explique qu'il peut tout arranger, mais malheureusement le train qu'on a réservé n'a pas de wagon de marchandise. On doit prendre un autre train quelques jours plus tard, un train plus lent mais qui nous permet de voyager avec nos

motos. On va changer nos billets, puis il nous propose de garder nos machines dans son garage pendant quelques jours. Je trouve ça un peu louche, mais après tout il nous a bien aidé jusque là et semble être connu et respecté des employés de la gare. Le garage se trouve être un entrepôt des chemins de fer, où il nous montre fièrement sa Goldwing toute neuve à côté de son 4x4 V8. On commence à se douter que le gars est actif dans le business « alternatif » de la gare.

Trois jours plus tard on revient à la gare en se demandant si nos motos ont déjà été revendues sur le marché local. Mais non, elles sont intactes et deux sbires nous attendent pour nous guider lors des opérations de chargement. Contrairement à la règle, on nous annonce qu'il n'est pas nécessaire d'emballer les motos dans une caisse. On vide les réservoirs, on emballe les bagages, on pèse le tout et on va payer le billet. Ensuite il ne reste plus qu'à pousser les motos du quai de chargement dans le wagon et les sangler proprement. Rien de plus facile, mais si on n'avait pas bénéficié de l'entraide des motards, en passant par le circuit officiel cela aurait été beaucoup plus pénible. On reverra notre copain plus tard, en uniforme à épaulettes, preuve qu'il est en fait un ponte de l'administration de la gare. Si vous avez un problème en Russie, cela vaut la peine d'entrer en contact avec un club de motards russes, qui se mettront en quatre pour vous aider.

On embarque quelques heures plus tard pour un voyage de 4000 km, une tranche de vie de trois jours et trois nuits à essayer de lier conversation avec nos voisins russes et échanger nourriture et boisson, qui restera dans nos mémoires. J'avais envie de rouler quand même un peu en Sibérie, donc on est sorti à Krasnoïarsk, qui était il n'y a pas si longtemps une ville d'exil et de goulags, mais qui maintenant est plutôt agréable (en été). Il restait à peine plus de 1000 km jusqu'à Irkoutsk par des routes à moitié goudronnées, à moitié en terre, dans une poussière terrible quand on roule derrière un véhicule et à la merci des moustiques sanguinaires dès qu'on s'arrête. On était en Sibérie.

Mongolie

La Mongolie est l'une des plus belles destinations pour le baroudeur : le pays est grand comme plus de deux fois la France, mais peuplé de trois millions d'habitants seulement, dont un tiers concentré dans la capitale. Le pays entier ne compte qu'une douzaine de routes goudronnées (quoiqu'il y en ait chaque année un peu plus) et, surtout, il n'y a aucune barrière dans la steppe. C'est probablement ce détail qui fait la différence majeure avec d'autres pays très peu peuplés comme la Namibie ou l'Australie où il est souvent impossible de quitter les routes car elles sont bordées de part et d'autre par des clôtures. Le peuple mongol est essentiellement nomade et l'immense majorité du pays est une terre de pâturage qui n'appartient à personne. Les Mongols se déplacent traditionnellement avec leurs troupeaux et leur *ger* (yourte) - mis à part le million de résidents d'Oulan-Bator qui s'est sédentarisé, même s'ils vivent parfois encore sous leur *ger* en pleine ville.

La capitale **Oulan-Bator** est de loin l'endroit le moins agréable du pays. Une grande partie de la population a pu s'offrir un véhicule grâce au récent afflux massif d'argent du secteur minier. Les Mongols ne conduisent pas depuis longtemps, ils sont plus habitués aux grands espaces vides. Le trafic en ville est donc un immense chaos de voitures en tout genre qui luttent mètre par mètre pour passer l'une devant l'autre sans aucune considération pour de très théoriques règles de circulation. Et en plus lors du *Nadaam*, la grande fête nationale traditionnelle de juillet, les touristes envahissent la ville. Toutefois on y trouve des ambassades, des banques, des mécanos, des supermarchés, des bars, etc.

La plupart des motards choisissent de s'arrêter à l'Oasis Guesthouse (N47 54.706 E106 58.857), un bon endroit pour rencontrer des collègues, échanger les dernières informations ou même organiser le rapatriement de la moto si on décide de rentrer en avion. A part ça, les prix sont chers et l'établissement est situé assez loin du centre ville et des bars.

Routes

Pour le motard européen, le pays offre un dépaysement total et un sentiment de vraie liberté inconcevable chez nous. Nul propriétaire agressif, pas de règlements communaux tatillons, de routes barrées ; il suffit de prendre un chemin et de le suivre. Ou alors de rouler carrément à travers les champs. Alors bien sûr, cela ne conviendra pas trop aux amateurs d'*autobahn* bien lisse ou de cols alpins où l'on frotte les sliders. Ici le trip est complètement différent. L'essence même du voyage en Mongolie est de partir à la découverte au gré des pistes que l'on trouve et de s'arrêter dans les campements de nomades pour boire l'*aïrak* avec eux (lait de jument fermenté). Un bon équipement de camping est donc hautement conseillé, même s'il existe quelques hôtels et s'il est très souvent possible de se faire inviter dans une yourte.

Pour la garde des troupeaux, les Mongols préfèrent de loin le cheval, mais pour déplacer leur campement, ils ont depuis longtemps adopté le camion. En dehors des quelques routes goudronnées, notamment celle qui relie la frontière russe à la capitale, les villes principales sont reliées par des *double-tracks* qui sont fréquentées par des camions, des jeeps et des minibus 4x4. Elles ne sont souvent pas entretenues et lorsqu'elles deviennent trop mauvaises suite au passage des 4x4 et camions, les Mongols en tracent une autre juste à côté dans l'herbe intacte. Et ainsi de suite au cours des années, ce qui fait qu'on se retrouve parfois avec un réseau de dizaines de pistes parallèles qui partent du village, ce qui demande un peu de flair pour s'y retrouver.

Pour se déplacer, presque tous les nomades ont désormais adopté la moto chinoise et les *single-tracks* qu'ils ont créées sont très confortables, car elles ne sont pas détruites par les 4x4 et les camions.

Étonnamment, l'essence est disponible un peu partout en Mongolie, même dans les plus petits patelins car les habitants ont presque tous une moto ou une voiture pour se déplacer (en dehors de leur cheval). Une autonomie de 200 km est suffisante, sauf dans le Gobi par contre où il n'y a quasiment pas d'essence et très peu d'habitants.

A gauche: Pas de problème pour trouver une place de camping en Mongolie.
Ci-dessus: Le réseau de pistes qui partent d'un village, une spécificité mongole.

CARTE 11. Mongolie

La qualité du carburant s'est considérablement améliorée ces dernières années : on trouve maintenant des nouvelles stations-services et souvent de la 92 dans la plupart des villes. Il est de plus en plus rare de devoir faire le plein avec de la 80. Celle-ci est toutefois moins chère et bien adaptée à leurs petites IJ ou leurs UAZ soviétiques, et d'ailleurs sur ma Ténéré de 84 ça passe sans problème. Un moteur moderne est plus sensible à la qualité de l'essence, mais les 1200GS et 990ADV qui sont passées par là n'ont rencontré aucun problème. Idéalement, il faut éviter de trop pousser le moteur et faire un plein de 92 dès que possible.

Le problème de la navigation peut faire peur au départ, mais c'est aussi ce qui distingue la Mongolie des autres pays et il faut le prendre de manière ludique. Trouver la bonne piste en sortant d'un village, rebrousser chemin, en essayer une autre, demander la direction aux locaux : tout cela fait partie de l'aventure. Les cartes que l'on trouve donnent une bonne idée des routes possibles, mais il ne faut pas les prendre à la lettre car, à part les axes majeurs, les routes et pistes changent d'une saison à l'autre au fur et à mesure de leur dégradation. Si vous obtenez une trace GPS d'un collègue motard abstenez-vous de la suivre de près : une piste parfaitement praticable l'année précédente peut être complètement hors d'usage l'année suivante et les locaux en auront alors tracé une nouvelle, qu'il faut trouver soi-même.

OpenstreetMap est relativement complet en ce qui concerne les axes majeurs, mais très déficient pour ce qui est des routes secondaires (état 2016). Et surtout, il est difficile de savoir si c'est un axe goudronné ou une petite double-track peu fréquentée.

La place manque ici pour décrire en détail les nombreux itinéraires possibles à travers la Mongolie. Notre nouveau guide "*Mongolie: Les plus beaux itinéraires*" est disponible, commandez-le ici :

www.overlandaventure.com

La capitale Oulan-Bator est reliée à la Russie au nord et à la Chine au sud

---

A droite : passage par un canyon très étroit dans la région du Gobi.

par une bonne route goudronnée, bien maintenue car essentielle à l'économie du pays en plein essor. Les routes qui traversent la Mongolie d'ouest en est sont de plus en plus goudronnées, mais l'immense majorité restent encore en terre. Parmi les centaines de pistes qui ont été tracées dans la steppe, il y en a trois à l'ouest et une à l'est qui sont empruntées par la majeure partie du trafic. Elles sont de qualité variable mais la différence principale avec le reste des pistes est qu'elles traversent les rivières sur des ponts et qu'elles sont donc

ensuite souvent en tôle ondulée à travers les longues steppes herbeuses. La **route nord** bifurque depuis la route Oulan-Bator - Altanbulag à Darkhan. Elle est goudronnée sur 250 kilomètres jusqu'à **Bulgan** et bientôt jusqu'à **Mörön** (Мөрөн). Ensuite, elle traverse de magnifiques paysages de collines et de lacs en direction d'**Ulaangom** (Улаангом). Le lac de **Khövsgöl** (Хөвсгөл нуур) au nord de Mörön est une destination très prisée, avec en saison des chambres d'hôtel et des yourtes louées à la nuit. Notez que les postes frontière au nord du

utilisables (presque) en tout temps. Dès que l'on s'éloigne de ces artères, il faut s'attendre à devoir franchir des rivières à gué.

Il y a trois routes principales dans l'ouest du pays. La **route sud**, par **Arvaikheer** (Арвайхээр) et **Altaï** (Алтай), est la plus directe, mais aussi la plus monotone. Les premiers 600 kilomètres sont goudronnés jusqu'à **Bayanhonghor**. Elle se transforme

lac et au nord d'Ulaangom sont réservées aux locaux. La **route du milieu** semble être là où se concentrent les efforts de construction : elle est en grande partie goudronnée et le sera probablement entièrement en 2017 ou même avant si les travaux continuent au rythme actuel.

Par la route nord, il faut environ 1700 kilomètres pour rejoindre la frontière russe à l'ouest du pays depuis Oulan-Bator (ou inversement). Ce sont les

itinéraires qu'empruntent la plupart des motards qui sont partis pour faire une grande boucle à travers la Russie et la Mongolie. Il faut compter une bonne semaine pour l'une ou l'autre des routes sans trop forcer, plus si les pistes ont souffert de la pluie. Le trajet peut se faire en moins de temps si vous est très pressé et à l'aise sur les pistes, mais il serait dommage de ne pas prendre le temps de s'arrêter pour rencontrer les nomades et explorer des endroits plus éloignés.

Sans ressembler à l'A7 un samedi du mois de juillet, ces routes sont de plus en plus fréquentées. La vraie aventure est de quitter ces grands axes et prendre les single-tracks un peu au hasard, en naviguant au compas (ou au GPS), quitte à se retrouver bloqué par une rivière ou une montagne et à devoir rebrousser chemin. Il est donc vraiment nécessaire de partir avec un équipement de camping et de la nourriture. Bien sûr on va se perdre en sortant des routes principales, mais c'est là tout l'intérêt : l'inattendu, la découverte. Pour cela il faut être autonome et capable d'affronter des petits chemins techniques. Evidemment les 1200GS équipées de valises en alu seront moins adaptées que sur la bonne piste en gravier : la route du milieu est pour cela idéale, car elle est très facile, malgré quelques longues portions de tôle ondulée.

L'est du pays est beaucoup moins touristique, mais aussi moins intéressant. Pour les motards qui se dirigent vers Vladivostok ou la route Kolyma (carte 10, p. 188), ou qui en viennent, la route la plus directe et la plus agréable relie Oulan-Bator au poste-frontière de **Ereen Tsav**. La route traverse de grandes plaines herbeuses où les gazelles côtoient les troupeaux de moutons.

Le sud du pays est très différent, il est occupé en grande partie par le désert de **Gobi**. C'est un immense désert qui s'étend jusqu'en Chine. On y trouve du

---

Ci-dessus : vision de plus en plus rare en Mongolie.
A droite : en Mongolie il est fréquent d'arriver avec les pieds mouillés.

Passages à gué

En Mongolie, comme dans beaucoup d'endroits dans le monde d'ailleurs, il est normal que les pistes traversent les rivières à gué, ce qui n'est pas en soit un problème mais qui demande un minimum de précautions (rouler dans une rivière est interdit en France, il est donc difficile de s'exercer chez nous).

Une moto et son moteur n'ont pas de problème à être immergés pour de brèves périodes, il faut juste que l'entrée d'air soit au sec. Lorsqu'un moteur ingère de l'eau au lieu d'air il se bloque immédiatement car l'eau est incompressible. Au pire, cela peut provoquer des dégâts donc il faut absolument éviter l'immersion. Il faut donc bien repérer la boîte à air et ses ouvertures ou les écopes qui y mènent, placées à différents endroits selon les modèles. Leur hauteur détermine la profondeur maximale franchissable sans noyer son moteur, en tenant compte des remous et de la petite vague formée par le mouvement de la moto. L'autre ouverture, l'échappement, peut rester immergé tant que le moteur tourne : la pression des gaz empêche l'eau d'entrer.

Un des problèmes du franchissement de rivière est que le fond est caché par les mouvements de l'eau et que souvent, le lit d'une rivière est formé de grosses pierres et de trous. Par prudence, il faut donc effectuer une reconnaissance à pied (et donc se mouiller) Cela permet de déterminer trois choses : 1) le chemin idéal en évitant rochers et trous 2) la profondeur maximale et 3) la force du courant. Il faut savoir qu'une moto offre une prise au courant importante, donc si vous avez de la peine à tenir debout à pied, vous n'aurez aucune chance de contrôler votre bécane. Si cette exploration vous assure que la traversée est faisable, il ne reste plus qu'à prendre la moto et traverser prudemment. Gardez quand même le doigt sur le coupe-circuit au cas où vous perdiez le contrôle.

Si la traversée vous semble difficile, au lieu de risquer de coucher la moto dans l'eau il vaut mieux marcher à côté pour la stabiliser, avec le moteur en marche si la profondeur le permet. Si la rivière est trop profonde, mais le courant pas trop important, il reste la possibilité de pousser la moto moteur éteint et en ayant bouché les entrées d'air et l'échappement (il faudra s'y mettre à plusieurs).

Au cas où, par accident, vous veniez à noyer le moteur, ce n'est pas catastrophique mais la remise en état va prendre du temps. D'abord, il ne faut surtout pas essayer de le redémarrer. Il faut commencer par sortir la moto de la rivière, puis la vider de son eau: démonter la boîte à air et la sécher et dresser la moto à la verticale pour vider le pot d'échappement. Ensuite, il faut enlever une bougie (par cylindre) et actionner le démarreur (kick) quelques tours pour vider les cylindres de leur eau. Vous devriez voir gicler l'eau par les trous des bougies. Finalement, après avoir séché et remonté les bougies, il faut vérifier l'huile. Souvent de l'eau pénètre dans le bas-moteur et se mélange à l'huile pour former une émulsion un peu laiteuse d'aspect. Si c'est le cas il faut absolument vidanger l'huile avant de redémarrer le moteur. En effet, l'huile mélangée à de l'eau perd ses propriétés lubrifiantes et vous risqueriez alors de serrer. C'est le point le plus ennuyeux du processus car il est rare que l'on transporte 3 litres d'huile avec soi.

En dernier recours, vous pourrez toujours demander à un camion ou un 4x4 de passage de charger votre moto, éventuellement contre rémunération.

sable, des chameaux (à deux bosses évidemment), peu d'habitations, bref, tout ce qu'attendent les amoureux du désert. Pour voir de vraies dunes, il faut vous diriger vers **Khongoryn Els**, où vous trouverez également quelques campements de touristes qui sont là en excursion depuis Oulan-Bator.

Liaisons

La majorité des voyageurs entrent et sortent du pays par la Russie soit à l'ouest, soit au nord. Lorsque vous sortez de la Mongolie par l'ouest vous passez par un col qui sépare les deux poste-frontières de Tsagaannuur (Цагааннуур) et Tashanta (Ташанта), éloignés de 20 kilomètres. Puis vous entrez dans l'**Altaï**, une partie magnifique de la Russie, très verte et boisée, complètement différente de la Mongolie qu'on vient de quitter (carte 10, p. 188). D'ailleurs tous les Russes parlent de l'Altaï comme si c'était le paradis sur terre. La M52, connue sous le nom de *Chuyskiy Trakt* en russe, est superbe et invite à prendre de

Ci-dessus: les flaques au milieu du chemin peuvent cacher de gros trous.
A droite: déviation hors de la route principale dans l'Altaï russe.

petites pistes pour aller visiter les vallées latérales. Attention toutefois à ne pas approcher à moins de 20 km d'une frontière, qui est une zone interdite. A partir de **Gorno-Altaïsk** (Горно-Алтайск) la route devient moins impressionnante et les 500 km suivants en direction de Barnaul et Novosibirsk sont à passer au plus vite.

Pour rejoindre l'Asie centrale par le Kazakhstan (carte 10, p. 188), la route principale bifurque à **Barnaul** (Барнаул) pour repartir plein sud vers Rubtsovsk (Рубцовск) et le poste-frontière de Zhezkent (Жезкент). Les motards qui ne sont pas fans de goudrons peuvent prendre un itinéraire bis par la P373, environ 170 km avant Gorno-Altaïsk. A moitié sur goudron et sur piste, vous passerez par un autre poste-frontière beaucoup plus calme à Shemonaïka (Шемонаиха) qui mène à Ust-Kamenogorsk (Усть-Каменогорск).

En quittant la Mongolie par le nord, la route est goudronnée jusqu'au poste-frontière de **Altanbulag**/Kyakhta (Алтанбулаг/Кяхта), puis rejoint la route transsibérienne à **Ulan-Ude** (Улан-Удэ). Si vous vous dirigez vers (ou en provenance de) Vladivostok, vous pouvez emprunter la route qui relie Oulan-Bator à **Choibalsan** (Чойбалсан) à l'est et au poste frontière de **Ereen Tsav** (Эринтсав), d'où vous rejoignez la route transsibérienne à **Tchita** (Чита). La route est goudronnée sur 300 kilomètres après Oulan-Bator, puis se transforme en piste rapide. Cette partie de la Mongolie est assez peu fréquentée par les touristes.

D'autres bonnes routes mènent en Chine, mais qui n'intéresseront pas les baroudeurs vu les difficultés pour entrer dans ce pays.

Route goudronnée
Piste
Col
0
200 km
CARTE 12. Asie centrale ou «Stans»
p.213
Astana
Kazakhstan
Semey
Urumqi
Shymkent
Bishkek
Almaty
Tor-Ashuu
Issyk Kul
Khan Tengri
Toktogul
Ala-Bel
Song Köl
Karakol
Tian Shan
Tashkent
Kyrgyzstan
Ouzbékistan
Fergana
Naryn
Khojand
Osh
Torugart
Boukhara
Samarcande
Shariston
Sary-Tash
Pic Lénine
Irkeshtam
Kashgar
Chine
Fan
Anzob
Tadjikistan
Murghab
Mustagh Ata
Taklamakan
Douchanbé
Pamir
Pamir Hwy
KKH
Yarkand
Turkmeni-
stan
Khorog
Wakhan
Khunjerab
Hotan
Tibet
Mazar-e-Sharif
Kunduz
Ishkashim
Tirich Mir
Pakistan
K2
Islamabad
Lhasa
Afghanistan
Inde

Depuis la chute de l'Union Soviétique, les républiques ont gagné leur indépendance, mais pas forcément la démocratie. L'afflux de pétrodollars (et les incarnations locales du KGB) aident certainement à faire oublier aux citoyens leurs velléités de contestation. En tête arrive le Turkménistan, un pays très peu peuplé constitué en majorité de désert, de moutons et de gaz. Son dictateur historique Niazov s'était rebaptisé Turkmenbashi à la chute de l'URSS, soit chef de tous les Turkmènes, et a instauré un culte de la personnalité ahurissant jusqu'à sa mort en 2006. Il a notamment renommé une ville, mais aussi le mois de janvier, à son nom, et celui d'avril au nom de sa mère. Le président actuel Berdimuhamedov a été élu à 89%, un score digne de son héritage soviétique.

L'Azerbaïdjan, à cheval entre le Caucase et l'Asie centrale, est plus ouvert mais pas plus démocratique. Son président, Aliyev, a été élu à 88,7%. Quand au président du Kazakhstan, Nazarbayev, il a fait même mieux avec 95,5% de votes à sa dernière réélection. En Ouzbékistan, le président Karimov au pouvoir depuis l'indépendance (soit 23 ans) a été réélu avec 88,1% des voix et au Tadjikistan, le président Rahmon fait un peu moins bien avec 79,3% et seulement 19 ans de règne. Finalement, seul le Kirghizstan résiste à la dictature et connait un semblant d'ouverture démocratique.

Formalités

La plupart des pays d'Asie centrale (l'Afghanistan non compris bien entendu) sont très accueillants et ne posent aucun problème au voyageur. L'exception notoire est le Turkménistan (voir ci-dessous) où la police est omniprésente et très inquisitrice. Aucun des pays d'Asie Centrale ne demande de carnet de passage en douane, mais certains peuvent imposer des permis d'importation temporaire. Au Tadjikistan la moto est acceptée pour 15 jours seulement. Le Kazakhstan et le Kirghizstan partagent une union économique avec la Russie : le même permis d'importation temporaire est donc valable pour les deux pays, ce qui accélère les passages de douane. Le Kirghizstan ne demande pas de visa pour la plupart des ressortissants européens, tandis que le Kazakhstan autorise les citoyens français, belges et suisses à entrer pendant 15 jours gratuitement.

Le **Turkménistan** cultive son héritage soviétique, en tous cas en terme de démocratie et de liberté de déplacements : pour y entrer il faut obtenir soit un visa de transit limité à 5 ou 7 jours, soit un visa touristique mais avec l'obligation d'être accompagné par un guide. Pour un visa de transit il faut obtenir une lettre d'invitation de l'ambassade (à Bruxelles ou à Genève, il n'y a pas d'ambassade à Paris), en indiquant les dates précises d'entrée et de sortie ainsi qu'un itinéraire complet. Muni de cette lettre, vous obtiendrez ensuite très facilement le visa à la frontière, mais uniquement au poste frontière mentionné sur la lettre (et pas un autre). Si vous arrivez en ferry depuis **Bakou**, il faudra obtenir le visa à l'ambassade de Bakou, sans cela les douanes azerbaïdjanaises ne vous laisseront pas embarquer. Comme le ferry de Bakou n'a pas d'horaire régulier, il est très difficile de faire correspondre exactement sa date d'arrivée à **Turkmenbashi** (p. 181) avec le premier jour de validité du visa turkmène.

Une fois dans le pays, le voyageur devra payer cher le droit de circuler sur les routes, avec une taxe qui est fonction du kilométrage théorique à parcourir jusqu'à la sortie du pays, ce qui compense le prix dérisoire de l'essence. De plus, il est en théorie interdit de dévier de la route la plus courte pour transiter entre les deux poste-frontières mentionnés sur le visa (et

la lettre d'invitation). Il n'est donc en principe pas possible de faire un détour par l'incroyable cratère de Darvaza, d'où s'échappe du gaz qui brûle à la surface sans interruption depuis plus de 40 ans. En pratique il est peu probable que l'on soit contrôlé et le détour en vaut la peine. Notez que les règles dans ce pays sont susceptibles de changer sans préavis, d'ailleurs le pays a souvent fermé ses frontières pendant plusieurs jours sans avertissement ni raison particulière. Si vous surmontez tous ces obstacles, vous aurez alors accès à une relique très particulière du monde soviétique, avec son dictateur à vie, sa capitale scintillante de marbre et d'or construite grâce aux milliards des gisements de gaz, sa police omniprésente et ses hôtels hors de prix réservés aux étrangers. Le Turkménistan est sûrement un des pays les moins touristiques du monde, ce qui le rend d'autant plus fascinant.

Climat et timing

Question météo, le climat continental varie entre une canicule étouffante en été et des hivers très froids. Les hautes montagnes du Tadjikistan et du Kirghizstan connaissent des conditions différentes bien sûr: l'été est tempéré et agréable, on échappe aux grosses chaleurs, la neige a fondu et les bergers ont monté leur yourte dans les prairies. Si votre objectif est le Pamir, vous devrez y être entre juin et fin septembre au plus tard, pour ne pas risquer de vous faire bloquer par la neige. En faisant l'impasse sur le tourisme le long du chemin (ce qui serait dommage), il faut compter au minimum 3 semaines pour arriver dans la région depuis l'Europe, puis 3 - 4 semaines pour faire une boucle qui

passe par le Pamir Highway (p. 212) et finalement encore 3 semaines pour rentrer. Prévoyez environ 3 mois pour une expédition dans la région depuis l'Europe, 2 mois minimum pour un aller-retour express, ou 6 mois idéalement pour joindre la Sibérie, la Mongolie et l'Asie centrale. Il est aussi possible de raccourcir le temps de voyage en envoyant sa moto sur place.

Sécurité

En général, les pays d'Asie centrale posent peu de problème de sécurité, en tous cas depuis la fin de la guerre civile au Tadjikistan. Le Kirghizstan a connu des combats ethniques meurtriers à Osh en 2010 et plus récemment durant l'été 2012 des émeutes très violentes à Khorog ont imposé le couvre-feu et interdit l'accès au Pamir Highway. Depuis la situation est stable mais il faut rester vigilant et bien se renseigner avant de partir.

Routes et environnement

Les routes sont nombreuses pour visiter l'Ouzbékistan, le Kazakhstan, le Kirghizstan et le Tadjikistan. La région a hérité de l'infrastructure soviétique mais, depuis l'indépendance, l'argent manque pour l'entretien des routes et on est content d'avoir des suspensions à grand débattement pour passer les nids de poules taille XXL. Les capitales ne sont pas très attractives et souvent très chères, leur visite ne se justifie que pour

se procurer les visas qu'on n'a pas pu obtenir avant le départ parce qu'ils auraient expiré trop tôt. Tashkent, Bishkek et Almaty sont les meilleurs endroits pour faire faire les visas (attention, les hôtels à Almaty sont hors de prix).

L'**Ouzbékistan** brille par ses citadelles bien préservées de Khiva, Boukhara et Samarcande, mais le reste du pays est partagé entre le désert et les

champs de coton - ce qui ne veut pas dire qu'il ne fait pas bon y vivre. Pour un autre type d'archéologie, les squelettes des bateaux d'anciens ports de pêche rouillent maintenant au milieu désert, depuis que la mer d'**Aral** a presque entièrement été asséchée par la culture intensive du coton. A Moynaq, à une heure de la route principale Beyneu - Nukus, les autorités ont conservé un groupe de 5 ou 6 bateaux pour témoigner de ce désastre. Le Kirghizstan (selon la prononciation kirghize : Кыргызстан mais on entend parfois en français Kirghizistan ou Kirghizie) est un pays très montagneux et très pauvre, sans ressource naturelle, qui a tablé depuis longtemps sur le tourisme. On trouve donc facilement à se loger sans se ruiner et on y passerait volontiers l'été à explorer les routes de montagne ou à randonner à pied ou à cheval comme la plupart des touristes. Le lac d'altitude de **Song Köl** est un endroit idyllique où camper et vi-

---

A gauche en haut : Kyrgyze coiffé de son chapeau traditionnel.
A gauche en bas : panorama sur le pic Lénine et ses voisins vers Sary-Tash.
Ci-dessus : petite discussion avec les policiers kyrgyzes, toujours bon enfant.

La plupart des voyageurs qui viennent dans cette région supposent que l'on peut passer directement du Tadjikistan au Pakistan et de là rejoindre l'Inde et le Népal. Il faut regarder la carte de plus près pour constater que malheureusement ce n'est pas le cas : une étroite langue de terrain appelée corridor de **Wakhan**, appartenant à l'Afghanistan, s'étend jusqu'à la Chine et sépare les deux pays, compliquant considérablement la vie du voyageur. Cette géographie des frontières n'est pas fortuite : au XIXe siècle, les empires russes et britanniques se sont tellement étendus que leurs sphères d'influences ont commencé à se chevaucher. Les gouvernements respectifs se sont alors entendus pour modeler leurs frontières respectives de façon à séparer les deux empires concurrents par un pays neutre (et hostile à tous), l'Afghanistan. De fait, à Ishkashim au Tadjikistan, on voit les montagnes de l'Indu Kush afghan de l'autre côté de la rivière et juste derrière, à 50 km à vol d'oiseau, se trouve la vallée de Chitral au Pakistan.

Cette région du Wakhan, ethniquement très différente du reste de l'Afghanistan, est très difficile d'accès, ce qui fait qu'elle n'a jamais connu la guerre ni pendant l'occupation soviétique ni pendant le règne des Talibans. Religieusement, le peuple du Wakhan est adepte de l'ismaélisme, une secte de l'Islam, avec des rites bien différents de ceux des sunnites qui occupent le reste de l'Afghanistan.

Pour ceux qui ont l'esprit aventureux, il est possible d'aller visiter cette région sans s'exposer à des risques inconsidérés. Il faut pour cela obtenir un visa au consulat d'Afghanistan à Khorog et un permis spécial du côté afghan de Ishkesham. La route nous amène à l'entrée d'une des régions les plus isolées de la planète où on se déplace plutôt à dos d'âne ou de yak qu'en voiture ou à moto. Depuis là, il n'est pas envisageable pour des raisons de sécurité de rejoindre Kaboul et les frontières chinoises et pakistanaises sont fermées ; c'est donc un cul-de-sac qui vous oblige à revenir en arrière et à continuer le tour du Pamir sur sol tadjik ; il faut pour cela avoir prévu un visa tadjik à entrées multiples.

Attention, aux dernières nouvelles, il semble que les Afghans aient instauré un permis d'importation de véhicule particulièrement cher, probablement pour obliger les touristes à louer un 4x4 sur place.

siter les nomades, mais sa température n'incite pas à la baignade : pour cela il vaut mieux se diriger vers l'immense lac **Issik-Kul** et ses plages de sable. Le Tadjikistan est moins développé, il récupère lentement de sa longue guerre civile et souffre de sa position à la frontière de l'Afghanistan. Il offre par contre, de loin, les plus belles routes de la région, dans les montagnes du **Fan** et au **Pamir** (voir ci-dessous). Le **Kazakhstan** est un pays immense et très peu peuplé, l'équivalent d'environ les deux tiers de l'Europe en superficie, mais avec seulement 17 millions d'habitants. C'est le moins attractif de tous les stans : peu de motards seront attirés par la perspective de traverser des milliers de kilomètres de steppes semi-désertiques plates, écrasés sous une chaleur étouffante en été. Seule la partie sud-est, autour d'Almaty et des montagnes du **Tian Shan,** offre un peu de relief et de fraîcheur en été. La très récente capitale **Astana** est intéressante par son délire architectural et sa prolifération de 4x4 de luxe mais elle est très isolée au nord du pays. Les grandes villes du Kazakhstan sont plutôt chères : elles sont faites pour les consultants des compagnies pétrolières qui ne regardent pas à la dépense plutôt que pour les voyageurs à moto. L'**Afghanistan** enfin est un cas à part car comme chacun le sait le pays est presque entièrement en état de guerre. Presque, car à l'instar du village gaulois d'Astérix il reste une zone épargnée par la guerre près du Tadjikistan, le **Wakhan** (voir encadré ci-contre).

Tous ces États sont plus ou moins musulmans, selon les régions, et carrément beaucoup moins lorsqu'on sort une bouteille de vodka. Le communisme est passé par là et on peut imaginer que la plupart des habitants sont aussi musulmans que les Français sont catholiques : c'est à dire en majorité non pratiquants. L'héritage soviétique se fait aussi sentir à travers les vieilles Ural (side-car) et les UAZ (УАЗ, minibus 4x4) omniprésents, les talents de mécanos des locaux et surtout, la bureaucratie envahissante.

Liaisons

La Mongolie et le Kazakhstan sont très proches mais ne partagent pas de frontière commune, il faut donc transiter par l'Altaï en Russie (p. 204). La traversée du Kazakhstan du nord au sud est complètement inintéressante pour qui n'est pas passionné pas les explosions nucléaires ou l'élevage des chameaux, un peu plus de 1000 kilomètres qu'il faut passer au plus vite.

A l'est, le Kazakhstan et le Kirghizstan ont des frontières avec la Chine (carte 12, p. 206) ce qui n'arrange pas le voyageur à moto. Au sud, l'Ouzbékistan et le Tadjikistan sont bordés par l'Afghanistan, qui n'est pas exactement populaire comme destination touristique. Depuis le Tadjikistan, il ne faudrait pas grand-chose pour atteindre le Pakistan et le sous-continent indien (carte 13, p. 213) : en effet, on touche presque le KKH (p. 245) depuis le Pamir. Mais, si une incursion dans la région du Wakhan en Afghanistan est envisageable (voir encadré ci-contre), il faudra ensuite faire demi-tour car la frontière au sud vers le Pakistan est fermée. Pour atteindre le KKH il faudra faire un grand détour par le Turkménistan et l'Iran ou envisager une traversée très compliquée et onéreuse par la Chine.

Ci-dessous : la route à travers l'interminable steppe kazakhe.

Pour nous les motards il est impossible de résister à l'attrait d'une des plus belles routes du monde dans un paysage magique : la Pamir Highway qui traverse au **Tadjikistan** des hauts plateaux et des cols à plus de 4000 mètres, bordés par l'Afghanistan au sud et la Chine à l'est.

La Pamir Highway a été construite par les soviétiques au début des années 30 pour contrôler cette région frontière stratégiquement très importante, surtout depuis que les relations avec la Chine se sont refroidies. Elle est restée inaccessible pendant la guerre civile qui a suivi l'indépendance du Tadjikistan mais, depuis son ouverture il y a une quinzaine d'année, elle a gagné un statut de route mythique que tout motard rêve de parcourir. Comme on l'imagine, en raison de son altitude (entre 3000 et 4000 mètres), elle n'est praticable et libre de neige qu'en été.

Il faut un permis spécial pour y accéder et entrer dans la province autonome du **Haut-Badakhshan** (en russe Горно-Бадахшанская автономная область). Ce document, appelé *GBAO permit* en anglais, doit être demandé en même temps que votre visa tadjik. Il est accordé sans problème et pour quelques dollars par la majorité des ambassades. Il est aussi possible de l'obtenir à Douchanbé avec l'aide d'une agence de tourisme.

En été 2012, la Pamir Highway (comme toute la région du Pamir) était fermée aux étrangers depuis que des troubles avaient éclaté et que des combats entre la police locale et le KGB avaient fait des dizaines de morts. La situation peut vite dégénérer dans cette région frontalière où passe une grande quantité de drogue en provenance d'Afghanistan.

Le circuit habituel commence à **Douchanbé** (Душанбе), la capitale du Tadjikistan, d'où part une route longue de 525 km en assez mauvais état. Des minibus et voitures la parcourent régulièrement : une très longue journée de 15-20 h que leurs passagers doivent encaisser. L'avantage d'être indépendant à moto est qu'il est agréable de prendre son temps, de s'arrêter pour manger ou boire un thé dans une tchaikhana et dormir en route chez l'habitant. Dans ces pays, il suffit de frapper à une porte et vous serez dirigé vers un *homestay* (chambre d'hôte), à moins que vous soyez invité à dormir sur place. Une nuit avec dîner et petit-déjeuner revient généralement à 10-15 $. Les hôtels en ruine de l'époque soviétique sont parfois moins chers, mais il serait vraiment dommage de se priver de l'accueil chaleureux des Tadjiks. A partir de **Kalaikhum**, la route longe la rivière Piandj qui marque la frontière afghane où les chemins muletiers constituent l'essentiel de l'infrastructure de transport. **Khorog** (Хоруг), située à 2200 m d'altitude, est la ville principale et le point d'entrée du Pamir, où on doit enregistrer auprès de la police son permis GBAO. On peut y retirer des *somani* à la banque, lire ses e-mail et surtout faire des provisions et de l'essence avant d'attaquer les hauts plateaux. Cela peut prendre un jour ou deux, ce qui permet de s'acclimater tranquillement à l'altitude et éviter d'être malade quand on passera les 4000 mètres. Le Pamir Lodge est le meilleur endroit pour rencontrer d'autres baroudeurs et échanger les dernières informations sur l'état de la route et l'hébergement.

CARTE 13. Pamir Highway

La Pamir Highway (ou M41) est asphaltée et généralement bien entretenue. La route passe par le col **Koi-Tezek** à 4272 m, puis monte très régulièrement le long de larges vallées, où on peut voir les yourtes des nomades kirghizes qui viennent en été y faire pâturer leurs yaks. Elle ne présente donc aucune difficulté sauf pour ce qui est de l'altitude. Ces hauts plateaux sont très peu habités et il faut s'assurer d'une autonomie minimum de 320 km pour rejoindre Murghab, où on trouvera la prochaine pompe à essence. Il faut prévoir assez large vu que le moteur consomme plus en altitude et pour permettre de faire des détours par exemple par le très joli lac de **Yashil Kul**. On peut dormir chez l'habitant en route à **Alichur**, ou tenter le bivouac sous un ciel étoilé extraordinaire car à cette altitude l'air est très sec et on est éloigné de la pollution lumineuse des grandes villes. A **Murghab** (Мургоб) vous trouverez des chambres d'hôtes et même un hôtel (délabré) car l'endroit n'est pas complètement hors des circuits touristiques (le mot-clé est *gostonitsa*, auberge en russe). Notez qu'il n'est plus nécessaire de s'enregistrer à l'OVIR. Une route part d'ici pour la Chine, mais la frontière est fermée aux touristes, elle sert principalement aux camions chinois qui viennent déverser leurs cargaisons de seaux en plastiques et de groupes électrogènes bon marché.

Depuis Murghab, la route passe le col **Ak-Baital**, point culminant de la route à 4655 m, puis descend sur le lac de **Karakul**. A 3900 m, il offre un spectacle splendide, le contraste entre les montagnes avoisinantes et le bleu profond du lac est saisissant. Peu après on passe la frontière kirghize par le col **Kyzyl-Art** à 4200 m. Les 230 km jusqu'à **Sary-Tash** (Сарыташ) ne prennent pas plus d'une journée, y compris les formalités doua-

nières. De Sary-Tash enfin on descend sur **Osh** (Ош) situé à 1000 m d'altitude dans la vallée de Ferghana par un joli col et une petite route facile. C'est là que se termine officiellement le Pamir Highway.

Pour ceux qui n'aiment pas trop le goudron, il existe une variante intéressante à partir de Khorog qui part au sud-est en remontant la vallée de Shokh Dara. La route goudronnée se termine peu après le village de **Roshtqala**, ensuite on suit une double-track en direction de Javshanguz, avec une vue impressionnante sur les pics Engels et Marx. La piste se dégrade ensuite sur la montée vers un col à 4100 m avec quelques passages techniques et une traversée de rivière plus ou moins difficile selon le niveau de l'eau, avant de rejoindre la M41 et de partir soit vers Khorog soit vers Murghab.

La variante dite de la **Wakhan**, très populaire, part au sud depuis Khorog, longe la rivière Piandj et la frontière afghane jusqu'à **Ishkashim** (Ишкошим). La ville est séparée par la rivière en une partie tadjik et une partie afghane. Il est parfois possible de laisser son passeport aux garde-frontières et de passer le pont pour aller visiter le marché du côté afghan, bien que cela ne représente pas un grand dépaysement, les Afghans ici sont ethniquement tadjiks.

La vallée continue à l'est en suivant la Piandj, dans un décor superbe de peupliers et de champs de céréales, entre les montagnes impressionnantes du Pamir à sa gauche et de l'Hindu Kush afghan à sa droite. Un arrêt et une baignade bienfaitrice aux sources d'eau thermale de Bibi Fatima est quasiment obligatoire. La route se transforme ensuite en piste lorsqu'elle quitte la vallée pour monter vers

---

Ci-dessus : pas facile de demander son chemin sur les petites pistes du Pamir.
A droite : jolie petite route dans la vallée de Shokh Dara.

le col de **Khargush**. Après un check-point de l'armée, on rejoint finalement la M41. Cet itinéraire est long d'environ 450 km entre Khorog et Murghab, avec de l'essence à Ishkashim en tous cas.

Il est tout aussi facile de faire l'itinéraire dans l'autre sens en partant de Osh (ou Sary-Tash) vers Khorog. Idéalement on prévoira deux semaines pour prendre le temps de visiter et de faire les différentes variantes, mais en une semaine on peut facilement faire Douchanbé - Osh en passant par la M41 sans s'imposer de trop longues journées (de toute façon la moto ne peut rester au Tadjikistan que deux semaines). Pour s'orienter, c'est très facile, comme on l'a vu il n'existe que trois routes qui mènent toutes au même endroit. Sinon, il existe une excellente carte de la région du Pamir par Markus Hauser, distribuée par Gecko Maps.

Accès

L'accès à Douchanbé est facile depuis l'Ouzbékistan (carte 12, p. 206). Vous pouvez passer depuis Tashkent par la vallée de la Ferghana entre Bekobad et Buston, ou à Tursanzade au sud. Par contre la frontière entre Samarcande et Pendjikent, à travers les magnifiques montagnes du **Fan,** est fermée. Le lac Iskanderkul vaut le détour pour ses eaux turquoises et pour échapper à la chaleur oppressante de Douchanbé en plein été. La route depuis le nord est très spectaculaire, à travers les tunnels de **Shariston** et d'**Anzob**. Ce dernier, plus connu sous le nom de tunnel de la mort, ne mérite plus vraiment son nom depuis qu'il a été assaini. L'éclairage et la ventilation ne sont toujours pas à l'ordre du jour donc vous aurez peut-être les yeux qui piquent et la gorge irritée lorsque vous sortirez à l'air libre sept kilomètres plus loin. Les locaux apprécient de pouvoir circuler toute l'année, mais on regrette les magnifiques cols qui sont fermés depuis l'ouverture des tunnels. Faute d'entretien les éboulis ont coupé la route à plusieurs endroits.

L'accès à Osh est facile depuis Bishkek ou directement depuis Almaty. Sary-Tash est la porte d'accès vers la Chine par le col d'Irkeshtam - pour autant qu'on ait organisé le guide et les autorisations nécessaires au préalable.

Ci-dessus : route entre Ishkashim et Langar.
A droite : dès qu'ils nous ont vus, ces Tadjiks qui travaillaient dans leur champ ont insisté pour organiser un pique-nique avec fruits secs, pain, fromage, yaourt, etc.

Les cartes montrent bien la complexité des frontières entre le Tadjikistan, l'Ouzbékistan et le Kirghizstan. A l'époque soviétique, Staline a fait son possible pour diviser les peuples et a tracé des frontières artificielles entre les républiques pour contenir leurs sentiments nationalistes. A l'indépendance il n'était pas pensable de revenir en arrière, les frontières sont donc restées en l'état.

Pour le voyageur, ce découpage s'avère un casse-tête que j'ai dû affronter lorsque j'ai voulu aller d'Osh au Kirghizstan à Khojand au Tadjikistan sans passer par l'Ouzbékistan, pays pour lequel je n'avais pas de visa. Il a fallu se renseigner auprès des habitants pour trouver le début de la mauvaise piste qui longe les barbelés de la frontière, à quelques mètres de la route goudronnée de l'autre côté en Ouzbékistan, en remontant les files de camions roulant au pas sur une centaine de kilomètres. Puis il a fallu trouver le douanier, l'amener à son bureau et négocier lorsqu'il a réclamé son petit cadeau. Finalement, après pas mal de discussions, il a changé d'attitude et c'est moi qui suis reparti avec un bout de pain comme cadeau.

Arrivé au Tadjikistan il a fallu ruser pour éviter ou ignorer les policiers qui me faisaient signe de m'arrêter... non pas pour me soutirer de l'argent, même pas pour vérifier mes papiers, mais pour m'inviter à boire le thé et écouter mes histoires ! Si j'avais accepté toutes les invitations, j'aurais largement excédé la durée de mon visa.

CARTE 14. Asie du Sud
Irak
Iran
Turkmén.
Ouzbék
Tadj
Kyrg.
Taklamakan
Chine
Afghanistan
Pakistan
Baloutchistan
Inde
Népal
Sikkim
Bouthan
Bangladesh
Tibet
Ladakh
Baltiston
Spit
Arabie
Saoudite
Yémen
Oman
E.A.U
Qatar
Myanm
Sri Lanka
Bakou
Turmenbashi
Téhéran
Mashad
Achgabat
Samarcande
Kashgar
Yarkand
Hotan
Golmud
Herat
Kaboul
Leh
Ali
Isfahan
Yazd
Kerman
Zahedan
Quetta
Islamabad
Multan
Lahore
New Delhi
Shigatse
Lhasa
Kathmandou
Agra
Guwahati
Shiraz
Koweit
Bandar-Abbas
Karachi
Jaisalmer
Kolkata
Dacca
Chittagong
Riyad
Dubaï
Mascate
Mumbai
Nagpur
Hyderabad
Sana'a
Salalah
Goa
Bangalore
Chennai
Al Mukalla
Kochi
Aden
KKH
p.227
p.244
p.258
p.271
Route principale
Route secondaire
Route fermée ou à permis
0
1000 km

Depuis Istanbul jusqu'au Sud de l'Inde, à travers l'Iran et le Pakistan et en faisant éventuellement un détour vers la péninsule arabique, l'Asie du Sud vous fera découvrir des paysages magnifiques et très variés. Les possibilités de découvertes sont infinies, surtout hors des itinéraires touristiques.

Formalités

Les formalités administratives peuvent prendre un peu de temps, mais, si on est bien organisé, le voyage ne posera pas de problème majeur, la corruption n'affectant pas trop cette région du monde. Pour certains pays, il faut néanmoins posséder un carnet de passage et avoir fait à l'avance, dans son pays de domicile, les procédures pour obtenir les visas. Nous proposons ci-dessous, pour chaque pays, une série de conseils concernant les formalités indispensables, le retrait d'argent, les passages de frontières, etc.

Turquie. On entre dans ce pays comme en Europe : sans visa ni carnet de passage et l'assurance est couverte par la carte verte française. Au cas où votre assurance ne couvrirait pas la Turquie (si le pays est barré sur votre carte verte), vous pouvez en souscrire une à la frontière auprès du Touring Club turc (*Türkiye Turing ve Otomobil Kurumu*) pour 43 € / 3 mois.

Les postes-frontières avec la Bulgarie et la Grèce se passent très facilement. Au sud, les points de passage avec la Syrie sont fermés à cause de la guerre (carte 15, p. 227). A Silopi il est possible d'entrer au Kurdistan irakien. Pour la Géorgie, le passage à Posof sur des routes très mauvaises est bien plus calme que sur la route principale à Sarp, à côté de Batumi au bord de la Mer Noire. Pour l'Iran, trois postes-frontières sont possibles : sur la route principale, Bazargan est fortement déconseillé, les formalités sont plus longues et les petits trafiquants guettent les étrangers. Il vaut mieux passer à Ensendere/Sendero, tout au sud, nettement plus tranquille, ou encore à Kapıköy/Khoy près de Van. Vu les relations très conflictuelles entre les Turcs et les Arméniens, la frontière est complètement fermée entre les deux pays. Vous pouvez aussi entrer au Naxcivan (à condition d'avoir un visa azéri) puis, depuis là, passer en Iran.

Les distributeurs d'argent prennent normalement la carte visa sans problème. Mais si vous désirez prendre une autoroute payante, ou traverser le pont sur le Bosphore à Istanbul par exemple, sachez qu'il est impossible de payer en cash ou même avec une carte : il faut se rendre dans un bureau de poste avec les papiers du véhicule et acheter une vignette avec puce « HGS », sur laquelle vous déposerez 30 lires minimum. Chaque fois que vous passez un péage, elle sera automatiquement débitée du montant voulu. Attention à passer uniquement dans les voies marquées « HGS ». Notez que le remboursement du solde de la carte n'est pas prévu, mais elle sera toujours valable au cas où vous reveniez dans le pays (avec le même véhicule bien sûr).

Les contrôles de vitesse sont fréquents et en principe les motos ont des limitations de vitesse plus basses que les voitures ; il semble pourtant que la police applique les mêmes limites pour les motards étrangers.

Iran. Un visa de 1 mois est nécessaire (50 €), à utiliser dans les 3 mois suivant son obtention. On peut l'obtenir très facilement sur la route, dans n'importe quel consulat: pour cela il faut passer par une agence sur internet (par exemple www.key2persia.com) qui effectuera les démarches pour faire autoriser son visa par Téhéran (payant, 30 €) ; le dossier une fois accepté est envoyé ensuite au consulat mentionné dans la demande et vous recevez un numéro de confirmation. Vous pouvez enfin vous rendre à ce consulat pour remplir la demande, payer à la banque et votre visa est délivré en quelques heures (en général).

Un carnet de passage est obligatoire pour entrer en Iran. Au cas où vous seriez dans l'impossibilité d'en obtenir un, il existe un autre moyen : Un certain Hossein propose de faire des papiers pour un transit sans carnet, en arrivant de Turquie, Arménie ou du Turkménistan. Cela vous en coûtera environ 500 €, soit deux fois plus qu'un carnet !

L'assurance n'est pas obligatoire et personne ne vous la demandera. Donc si quelqu'un cherche à vous en vendre une à Bazargan, ignorez-le. Une fois dans le pays, la police vous contrôlera souvent mais uniquement pour vérifier votre visa et toujours avec le sourire. L'essence est bon marché, mais pas autant qu'il y a quelques années. Aucun problème pour faire le plein aux stations-service sans carte de rationnement.

Les frontières de l'Iran sont ouvertes avec tous ses voisins: la Turquie, l'Arménie, l'Azerbaïdjan, le Turkménistan, l'Afghanistan, le Pakistan, l'Irak et le Kurdistan irakien. Les Emirats Arabes Unis sont reliés par ferry entre **Bandar Abbas** et Sharjah.

La vie en Iran est plutôt bon marché, surtout depuis la dévaluation du rial suite aux sanctions économiques. Attention, les cartes de crédit resteront au chaud, elles sont inutilisables dans ce pays qui n'est pas connecté au système bancaire international. Il faut prévoir de venir avec suffisamment de cash pour tout le séjour. Pensez à prendre des euros ou des dollars en grosses coupures, en bon état et datées d'après 2003. Les billets sont libellées en rials mais les Iraniens comptent souvent en *toman*, qui vaut 10 rials. Donc si votre calcul mental met le prix de la chambre à 1 ou 2 €, ce n'est pas un cadeau du propriétaire, c'est plutôt qu'il faut multiplier le prix par dix.

Kurdistan irakien. Un visa de 15 jours est disponible gratuitement à la frontière (Ibrahim Khalil près de Silopi) pour les ressortissants de l'Union Européenne. Théoriquement, le Kurdistan fait partie de l'Irak: la monnaie est le dinar irakien et les voitures ont des plaques irakiennes. En pratique pourtant, le gouvernement kurde dirige entièrement la région, l'armée irakienne n'y met pas les pieds et les visas délivrés ne sont pas valables pour le

reste de l'**Irak**. Attention toutefois à ne pas dire à des officiels turcs que vous vous rendez au «Kurdistan», ils sont chatouilleux sur ce point là : pour eux il s'agit de l'Irak. Il y a deux postes-frontière avec l'Iran, l'un dans les montagnes du nord à Piranshahr, l'autre à Penjwin entre Souleimaniye et Marivan. Le carnet de passage n'est pas demandé, mais parfois les douaniers exigent de prendre des plaques temporaires. Dans ce cas précisez aux douaniers que vous êtes en transit entre la Turquie et l'Iran et ils devraient renoncer.

Péninsule arabique.

Un ferry relie régulièrement **Bandar-Abbas** en Iran à Sharjah, près de **Dubaï**, aux **Émirats arabes unis**, mais ce n'est pas aussi simple que de prendre le ferry de Marseille à Tunis. Les formalités et paperasses pour l'emprunter prennent facilement une journée entière, d'autant plus que si du côté émirati les fonctionnaires parlent généralement anglais, du côté iranien il faut se débrouiller en farsi.

La frontière avec **Oman** est facile à passer (le visa s'obtient à la frontière), les dubaïotes vont facilement passer un week-end dans ce pays. Les formalités pour entrer au **Yémen** sont en revanche beaucoup plus compliquées et dépendent de la situation du moment (voir encadré p.234)

L'**Arabie saoudite** refuse catégoriquement toute forme de tourisme individuel et n'accorde pas de visa. Seuls les étrangers résidents peuvent obtenir un visa de transit pour traverser l'Arabie saoudite en provenance (ou en direction) de la Jordanie, ou pour aller prendre le ferry entre Jeddah et le Soudan.

Pakistan. Le visa est disponible uniquement dans son pays de domicile, toutes les ambassades pakistanaises à l'étranger refusent les demandes de voyageurs non résidents. En général (mais les pratiques des consulats varient souvent) le visa est valide 3 mois. Pour un voyage d'Europe vers l'Inde il faut donc atteindre la frontière pakistanaise en moins de 3 mois. Ensuite, on a le droit de rester en principe 90 jours dans le pays. Dans l'autre sens, si on revient d'Inde après avoir passé de longues semaines sur la route, la seule solution est de renvoyer son passeport à un proche en Europe pour qu'il puisse faire les démarches. Pour obtenir le visa, il faut fournir un billet d'avion ou alors un itinéraire si on arrive par la route, mais suivant la situation dans le Baloutchistan, l'ambassade peut décider de vous le refuser.

A gauche : Iraniens d'ethnie azérie.
Ci-dessus : vieux Bedford pakistanais relooké.

La moitié du territoire pakistanais est fermée aux voyageurs étrangers. Tout le sud du pays, les régions tribales près de l'Afghanistan et les régions frontalières de l'Inde sont interdites (sauf le point de passage de Wagah). La route du Karakoram vers Gilgit est parfois soumise à des restrictions de voyage (p. 245). Il vaut mieux se renseigner sur des forums ou mieux encore sur place, car les règles changent du jour au lendemain. Pour traverser certaines régions, notamment Quetta et la vallée de Swat depuis Peshawar un NOC (Non-Objection Certificate) est nécessaire, qui peut être difficile à obtenir si la situation est tendue.

Il n'existe que trois postes-frontière ouverts aux étrangers : Taftan (à côté de Zahedan sur la route de Quetta) pour l'Iran, Wagah (à côté de Lahore) pour l'Inde et le col de Khunjerab pour la Chine. Pour se rendre à Taftan depuis Quetta (ou inversement) il faut circuler avec une escorte (cf. ci-dessous), par contre le passage en Inde se fait très facilement.

Le carnet de passage est obligatoire, mais pas l'assurance.

Inde. Le visa est valable 6 mois et disponible sur la route sans problème. Le carnet de passage est nécessaire, en revanche l'assurance ne l'est pas. Il est en général très facile de voyager en Inde, mais cela prend du temps car le pays est immense, les routes sont très chargées et il n'y a qu'une seule autoroute dans tout le pays. Les seules régions qui posent des restrictions sont le Cachemire, dont l'accès est fermé dès que des manifestations sont trop violentes et, de manière générale, les zones frontalières avec la Chine et le Pakistan (les deux ennemis héréditaires). Pour se rendre dans la vallée de Spiti, certaines régions du Ladakh (p. 263), dans l'état du Sikkim ou celui d'Arunachal Pradesh, il faut obtenir un *Inner Line Permit* (ILP) des autorités.

Il est très facile de passer d'Inde au Népal et inversement. Les frontières avec le Bangladesh et le Bhoutan sont ouvertes mais ces pays imposent certaines restrictions (voir plus bas). Il n'existe (début 2014) aucun ferry pour le Sri Lanka. Les Indiens comme les Birmans ont montré la volonté de ré-ouvrir la frontière terrestre à Moreh, mais pour l'instant il faut un permis spécial pour traverser d'un pays à l'autre.

Népal. Le visa est vendu aux principaux postes-frontière avec l'Inde. Un carnet de passage est nécessaire. Depuis que le tremblement de terre de 2015 a coupé la *friendship highway* au niveau du point de passage de Kodari, il n'était plus possible de passer du Népal en Chine par la route. Les Chinois ont décidé d'abandonner cette route spectaculaire et dangereuse pour aménager une

---

Ci-dessus : le vélo, un moyen de transport irremplaçable...

autre route par Kyirong / Rasuwagadhi, qui a ouvert en 2017. Notez néanmoins que si vous avez acheté ou loué une moto en Inde, vous avez le droit de l'amener au Népal sans carnet de passage (et inversement), il faut juste payer une taxe routière.

Bangladesh. Le visa n'est pas un problème, par contre, pour entrer en véhicule, c'est très compliqué depuis qu'un trafic de voitures a été découvert. Le carnet ne suffit pas, il faut déposer une importante somme d'argent pour pouvoir importer temporairement sa moto. C'est un pays très plat, mais aussi un des pays les plus peuplés du monde, donc on imagine bien que le trafic y est très dense et chaotique. Pour les mêmes raisons, il est illusoire d'imaginer y camper tranquillement. Mais que ce soit pour se loger ou pour se nourrir, la vie y est très bon marché.

L'expérience montre que le port de **Chittagong** n'est pas le meilleur endroit pour expédier sa machine, Chennai en Inde pour le bateau et Katmandou pour l'avion sont en général meilleur marché. La frontière terrestre avec la Birmanie est complètement fermée, en partie parce que de l'autre côté les Rohingya musulmans sont violemment persécutés et que le gouvernement birman ne veut pas trop que l'on voie ce qui se passe.

Sri Lanka. Ce serait une destination fabuleuse pour les motards si les Indiens et les Sri-Lankais pouvaient s'entendre sur le rétablissement d'un service de ferry entre les deux pays. Le passage a longtemps été impossible à cause de la rébellion tamoule qui tenait le nord du pays. Maintenant qu'ils ont perdu, les Indiens du Tamil Nadu, tamouls eux-mêmes, font tout pour mettre des bâtons dans les roues du Sri Lanka. Ironiquement, l'île n'est séparée de la pointe sud de l'Inde que par un étroit bras de mer de 30 kilomètres qui est trop peu profond pour y faire passer des cargos : la plupart doivent faire le tour de l'île.

Pas question non plus de charger la moto sur un bateau de pêcheur : il est illégal d'entrer dans le pays de cette manière. Vu le prix du fret aérien, le pays reste donc encore très peu visité par les motards. Le meilleur moyen reste d'y aller en avion et d'acheter ou louer une moto sur place.

Bhoutan. Petit pays himalayen coincé entre l'Inde et la Chine, le Bhoutan est une monarchie où les habitants vivent pauvrement mais sans mourir de faim et semblent parfaitement heureux. Son monarque a décidé récemment et sans raison impérative de le transformer en démocratie, alors que les habitants n'en voyaient pas l'utilité ! La démocratie ne veut pas dire ouverture : le gouvernement impose aux touristes d'acheter un tour organisé, avec guide obligatoire, au prix minimum de 250$ par jour. Au moins cela a le mérite d'être clair, les *backpackers* ne sont pas les bienvenus. Si par contre vous avez les moyens, c'est (parait-il) un endroit magique.

Birmanie (Myanmar). Pendant longtemps, la junte militaire au pouvoir dans ce pays a fermé hermétiquement toutes les frontières terrestres. Actuellement (début 2014), les groupes qui ont pu traverser le pays à moto se comptent sur les doigts de la main. Voir p. 277.

Climat et timing

La Turquie et l'Iran ont des étés très chauds et des hivers froids. Les températures atteignent facilement 40 degrés entre juin et septembre en Anatolie et dans la plupart de l'Iran. En hiver, les températures chutent et il est normal de voir de la neige bloquer les cols des montagnes entre la Turquie et l'Iran.

Toute la péninsule arabique est, comme on l'imagine, extrêmement chaude pendant les mois d'été. Sauf dans les montagnes, la température oscille entre 40 et 50 degrés. A cette période, les Dubaïotes restent constamment sous air conditionné, que cela soit à leur domicile, dans la voiture ou au bureau. Les rares occasions où ils sortent à l'air libre sont pour se plonger dans leur piscine, car l'eau est refroidie. Il vaut donc mieux s'y rendre pendant les mois d'hiver qui sont agréables, entre 25 et 30 degrés. Bandar-Abbas et la côte sud de l'Iran bénéficient du même climat.

La péninsule indienne est affectée par un régime de mousson qui provoque des pluies diluviennes entre juin et septembre. La mousson arrive par le sud-est début juin et elle met environ un mois à atteindre le Pakistan. Puis elle se retire vers le sud-est de nouveau, à partir de début septembre au Pakistan jusqu'à fin novembre pour la pointe sud de l'Inde. Entre décembre et mars, le temps est agréable et sec. A partir d'avril les températures commencent à monter, mai et juin étant les mois les plus chauds, avec des températures qui ne baissent pas beaucoup la nuit. Les pluies de mousson apportent un peu de fraîcheur mais les routes non goudronnées se transforment en bourbiers. Au Pakistan et au nord de l'Inde, des fleuves débordent souvent, pouvant interrompre votre voyage. En montagne, les glissements de terrain sont fréquents et peuvent isoler des vallées pendant plusieurs jours. Juste après la mousson, le temps est très clair et les températures encore douces, c'est le meilleur moment pour trekker au Népal et dans l'Himalaya indien.

Contrairement à ce que l'on pense, une bonne moitié du Népal est couverte de plaines et d'ailleurs Katmandou est à 1300 mètres d'altitude seulement. Pokhara, au pied des Annapurna, est à 900 mètres. L'hiver est donc très agréable dans ces villes.

Le Ladakh, ainsi que le Baltistan au Pakistan, échappent à la mousson car ils sont protégés par les contreforts de l'Himalaya. Les étés sont chauds et secs et les hivers très froids. La route du Ladakh est fermée en hiver ; elle ouvre en général à partir de mai jusqu'aux première chutes de neige en octobre - novembre. On peut donc voyager toute une année en Inde dans des conditions idéales en passant les mois de mousson au Ladakh et l'hiver au sec et au chaud partout ailleurs dans le pays. Toutefois la saison des pluies n'est pas si désagréable, les orages arrivent dans l'après-midi dans un ciel noir de fin du monde et le spectacle de la rue noyée sous des trombes d'eau est assez fantastique.

Le planning idéal pour se rendre en Inde est de partir en automne pour éviter les grosses chaleurs en Iran et d'arriver juste après la mousson au Pakistan et en Inde, suivant son rythme et selon la limite de validité du visa pakistanais. L'hiver n'est pas de trop pour explorer l'Inde, le Népal et le Pakistan. En direction de l'Europe, on partira au début des mois chauds, en mars, pour passer l'Iran et la Turquie au début de l'été et arriver en Europe avec les beaux jours.

Turquie

La route vers l'Orient commence véritablement à **Istanbul**, ville fantastique gorgée d'histoire et de culture, à cheval entre l'Europe et l'Asie. L'atmosphère très décontractée invite à y passer quelques jours à visiter les monuments et les petits cafés. C'est aussi la dernière occasion sur la route de l'Inde pour rendre visite à un concessionnaire, acheter des pièces de rechange ou des pneus. En effet, bien que KTM ou Honda vendent aussi des motos en Inde, il ne s'agit que de modèles spécifiques à ce marché, nos gros cubes de baroudeurs ne sont pas importés et les pneus de grande taille quasiment introuvables.

La Turquie est un pays qui se prête magnifiquement à la découverte à moto. Que cela soit sur de jolies petites routes sinueuses, sur des pistes désertes de l'Anatolie, à travers les montagnes ou au bord de la mer, tout le monde y trouvera son compte. Bien sûr la partie méditerranéenne est très touristique, il vaut mieux partir tout à l'est, là où les paysages se font rugueux et les camping-cars plus rares. La **Cappadoce** serait magnifique à parcourir si ce n'étaient les hordes de touristes qui transforment la région pendant les mois d'été en un grand bazar. Le bord de la Mer Noire offre de jolies routes et d'excellentes plages. La région du Kurdistan turc est maintenant stable et très accueillante, mais attention à ne pas prononcer ce nom devant la police turque : la Turquie est une et indivisible ! Si vous vous dirigez vers le Kurdistan irakien autonome, dites que vous allez en Irak. L'extrême est du pays, près des frontières arménienne et iranienne, est peut-être la plus belle région : montagneuse et sauvage, parsemée d'églises arméniennes en ruine où paissent tranquillement les moutons et les chèvres. On peut facilement passer plusieurs semaines en Turquie à explorer

---

A gauche : la saison est courte pour passer les hauts cols de l'Himalaya, du Karakoram ou du Pamir (col Kyzyl-Art, 4200 m, en octobre).

les chemins et les double-tracks. D'ailleurs l'Anatolie et tout l'est de la Turquie constitue une excellente destination pour les baroudeurs qui n'ont que deux ou trois semaines de vacances.

Pour couronner le tout, la vie est bon marché - mis à part l'essence qui est au même prix que chez nous. Il est facile de se faire inviter chez l'habitant, la nourriture est excellente et l'*Efes*, la bière locale, se trouve un peu partout - sauf en période de Ramadan tout de même ! Aucun visa n'est à prévoir et la police, bien que très présente, surtout en zone kurde, ne pose pas de problème, sauf si vous essorez un peu fort la poignée. Enfin, si vous essayez de faire un remake de *Midnight Express*, sachez que les amateurs de cigarettes qui font rire ne sont pas du tout les bienvenus dans ce pays.

Entre la Turquie et l'Iran vous avez le choix entre trois postes-frontières. Au nord sur la route principale de Dogubayazit à Tabriz se trouve le poste de **Bazargan**. Comme souvent, la douane la plus fréquentée par les routiers est aussi celle qui prend le plus de temps en formalités. Les postes-frontières d'**Esendere** ou **Kapıköy** plus au sud sont bien plus tranquilles - sauf lorsque l'armée turque lance des opérations de «pacification» en territoire kurde. Il est aussi possible de faire un détour par la Géorgie et d'entrer en Iran depuis l'Arménie ou l'Azerbaïdjan. En principe, il est aussi possible de transiter par le Kurdistan irakien, sûrement le passage le moins connu vu que les douaniers ne voient passer quasiment aucun étranger entre l'Irak et l'Iran.

Kurdistan

Il n'y a pas de pays appelé Kurdistan, il y a un territoire peuplé de Kurdes qui est à cheval sur la Turquie, la Syrie, l'Irak et l'Iran. La guerre en Syrie et en Irak interdisent l'entrée dans ces pays, et même le Kurdistan autonome irakien a un futur assez incertain. Le Kurdistan turc ne posait pas de problème jusqu'à ce que l'armée turque reprenne le combat contre le PKK, fin 2015. La route entre **Van** et Silopi par **Hakkari** passe en ter-

CARTE 15. Kurdistan

ritoire « chaud » et la région est régulièrement bouclée par l'armée.

La description de la traversée du Kurdistan irakien est conservée pour référence, au cas où la région s'ouvrirait, mais actuellement il est impossible de s'y rendre.

Depuis 2005, la partie kurde de l'Irak a gagné un statut d'autonomie et de quasi-indépendance de fait. Les *peshmergas*, les forces armées kurdes, sont arrivées à stabiliser la région, ce qui n'est de loin pas le cas du reste de l'Irak.

Le pays est très montagneux et offre de très jolies routes pour se balader. Par contre, il est facile de se perdre et de sortir par mégarde de la région autonome, ce qui vous exposerait à de grosses discussions avec la police turque. En particulier, la route principale entre **Dohuk** et **Erbil** passe très près de **Mossoul**, qui est une des villes les plus dangereuses d'Irak (et tombé sous le contrôle des milices de l'État Islamique en Irak et au Levant à l'été 2014). Les bus kurdes passent souvent par là car la route dans la plaine désertique est bien plus rapide

A gauche : palais d'Ishak Pacha en Turquie près de la frontière iranienne.

Peut-être l'anecdote suivante illustrera mieux la générosité des Iraniens. Lors de mon voyage dans le pays, j'avais décidé d'explorer les montagnes isolées du Kurdistan près de la frontière irakienne. J'arrive à Marivan un peu perdu quant à la suite de l'itinéraire. Mes cartes ne sont pas assez précises et OpenstreetMap est à peu près vide à cet endroit. Pas facile de s'orienter quand les rares panneaux sont en farsi et personne ne parle anglais. Je vois que je suis suivi par un groupe de motards sur de petites 125 locales. Je m'arrête et ils s'arrêtent également derrière moi. On essaie de communiquer par gestes et quelques mots d'anglais ; ils me font comprendre de les suivre. En fait il s'agit d'un groupe de jeunes qui partent faire un tour à moto pour un long week-end. Ils ont l'intention de passer la nuit en camping dans un parc où a lieu une fête locale. Ils se fraient un passage parmi les badauds et négocient avec les flics une place pour poser leur tente. Je les suis et ils m'aident à passer les barrages. La soirée est très sympa, les locaux viennent en familles se promener dans les stands qui vendent de la nourriture ou de la camelote chinoise.

Au fil de la conversation, je comprends qu'ils partent pour les montagnes et je demande si je peux les accompagner. Ils sont enchantés et, à partir de là, ils me prennent sous leur aile : on restera ensemble durant trois jours inoubliables sur les petites routes et pistes de la région, à dormir à la belle étoile sur les toits de village et à se baigner dans les rivières. Ils ont même acheté la nourriture et ont catégoriquement refusé que je sorte mon porte-feuille, sauf à la pompe à essence. Je n'ai guère pu que leur prêter mes outils et leur donner des pièces détachées pour aider un des gars à réparer sa bécane iranienne, toute neuve mais dont la moitié des boulons étaient déjà tombés. Jamais je n'aurais pu faire tout ce tour sans leur aide (même eux ont dû demander le chemin plusieurs fois pour s'y retrouver).

Ci-dessus : des jeunes Iraniens en virée à bécane, un mélange de copies chinoises de Honda CG125 et de production locale.

A droite : des paysans rencontrés au hasard d'une piste dans l'Ouest iranien.

que la petite route de montagne qui reste en Kurdistan. Veillez donc à rester sur les petites routes du côté kurde et ne suivez pas les panneaux indicateurs si vous roulez entre ces deux villes. Erbil, la capitale du Kurdistan, est une ville agréable bien que les hôtels soient chers car c'est là que descendent les employés des compagnies pétrolières.

Pour entrer en Iran, la route de **Piranshahr** est la plus intéressante. Il y a également un deuxième poste-frontière plus au sud entre **Souleimaniye** et **Marivan**. La région autour de Marivan est également magnifique et les habitants très accueillants (voir encadré page suivante), sans le sentiment de présence policière que l'on peut parfois ressentir dans le Kurdistan turc ou irakien.

Iran

L'Iran est loin d'être un pays d'islamistes hostiles aux étrangers, c'est même tout le contraire. Oubliez les usines d'enrichissement d'uranium et les posters de propagande antiaméricaine : les Iraniens sont très ouverts sur le monde et se font fort de montrer aux voyageurs la meilleure facette de leur pays. Ils sont simplement otages de leur gouvernement extrémiste qui s'est mis à dos la plupart des pays occidentaux.

L'Iran est composé d'une multitude de nationalités qui se partagent le pays : les Azéris à l'ouest près de la Turquie et au nord ; les Kurdes à l'ouest près de l'Irak ; les Baloutches au sud-est ; les Arabes au sud-ouest ; enfin les Perses au centre et dans le reste du pays, qui forment la majorité de la population. Les coutumes, les langues et les habitudes culinaires de chacune de ces cultures ajoutent encore à la diversité du pays.

En principe, l'entrée dans le pays ne pose pas de problème particulier. Les douaniers iraniens vont viser votre carnet et demander aux femmes de se couvrir la tête. Ils peuvent également fouiller vos bagages à la recherche d'alcool, alors profitez bien de votre dernière bière en Turquie car la prochaine vous attend en Inde à moins de rencontrer les quelques chrétiens restant à Téhéran, qui bénéficient d'une tolérance, ou d'aller acheter sa dose au marché noir. Cette dernière solution n'est pas vraiment recommandée, non seulement pour éviter une explication compliquée avec la police mais aussi parce que l'alcool frelaté vendu en Iran sous le manteau est

Enfin la région autour de la Caspienne connait le climat le plus doux et le plus humide. Globalement, la saison idéale pour traverser l'Iran est le printemps ou l'automne.

Les itinéraires en Iran sont nombreux, il existe quantité de routes magnifiques et de paysages superbes entre montagne, désert et mer. Et surtout, où qu'on aille, il y a l'accueil fantastique des Iraniens. Demandez à un voyageur de retour d'Iran ce qui l'a marqué, il vous parlera d'abord de l'hospitalité des habitants avant d'aborder la beauté des paysages ou des monuments. Il est très fréquent de se faire inviter à la maison, pour manger ou pour dormir. Les Iraniens sont très curieux et souffrent de ne pas mieux connaître l'étranger. Ils ont à cœur de montrer qu'ils sont opposés à la politique de leur pays. Bien sûr, la police est très présente ; mais comme dans tout état totalitaire, pour autant qu'on ait toujours des papiers en règle et que l'on ne se mêle pas de politique on n'aura aucun problème. Jamais on ne rencontrera de flics véreux à la recherche de bakchich. Le seul écueil est celui de la langue, les jeunes commencent à se mettre à l'anglais mais la pratique de cette langue reste malheureusement encore très peu répandue en dehors des grandes villes touristiques.

A propos de politique : l'Iran contrôle très strictement les connexions internet et filtre les sites comme Face-

vraiment atroce (ne me demandez pas comment je le sais…).

La première chose à faire après avoir passé la douane sera de remplir votre réservoir, qui sera probablement presque vide, vus les prix pratiqués en Turquie. Les stations service sont fréquentes et le système de quotas ne pose aucun problème : le pompiste utilise sa carte de rationnement et vous vend de l'essence «hors quota» à un prix considéré comme excessif par les locaux, mais qui est presque donné comparé au prix de son voisin turc (p. 92).

L'arrivée depuis la Turquie se fait à travers les montagnes et des cols à plus de 2000 mètres d'altitude qui peuvent être bloqués par la neige en hiver. Tout le centre et le sud du pays connaissent des hivers froids et des étés caniculaires, notamment dans les déserts du **Dasht-e Kavir** et du **Dasht-e Lut** où les températures oscillent entre 45 degrés et 50 degrés en été (on a mesuré jusqu'à 70 degrés à la surface du sol du désert de Lut). Le sud, près du golfe persique, est très chaud en été mais agréable en hiver.

Ci-dessus : une jolie route en Iran qui n'a rien à envier à nos cols alpins.
A droite : Ispahan.

book. Ils tentent même d'imposer un internet séparé, entièrement sous leur contrôle. Pour autant les jeunes Iraniens sont très épris de réseaux sociaux et ne sont pas non plus nés de la dernière pluie : ils disposent de tout un éventail de logiciels pour contourner ces restrictions. Les drogués d'internet, qui veulent absolument bloguer, twitter ou mettre à jour leur statut Facebook devront prévoir un proxy ou un tunnel VPN sur leur machine (p. 171).

Les touristes sont libres de circuler comme ils le désirent en Iran - à l'exception comme toujours des sites militaires. La zone frontalière avec l'Afghanistan est également fortement déconseillée car c'est une zone de trafic de drogue intense et la présence d'un étranger dans la région semblerait suspecte. La partie sud du pays vers le golfe persique et le Baloutchistan est aussi considérée comme peu sûre pour les étrangers et la police pourra vous obliger à rebrousser chemin ou à prendre une escorte. La zone frontalière avec le Kurdistan irakien ne pose jusqu'à présent pas de problème.

Chacun tracera donc son itinéraire selon ses goûts : Téhéran a peu d'attrait mais les villes d'**Isfahan**, **Shiraz** et **Yazd** sont magnifiques et incontournables - témoins en sont le nombre de touristes japonais ou français que l'on croise. Ou alors, pour sortir des itinéraires des agences de tourisme, il faut aller dans la région de la Caspienne au climat très agréable, au Kurdistan sur des petites routes de montagne ou dans le centre désertique du pays où les caravansérails témoignent que par le passé le pays était traversé par des routes de commerce très importantes. Le plus compliqué est de s'orienter car, hors des grandes villes et des autoroutes, les panneaux sont souvent rédigés uniquement en farsi. Heureusement, les cartes OpenstreetMap sont de très bonne qualité et suffisent en général.

Sur la route de l'Inde, l'Iran accueillant et décontracté se termine à Bam, une cité qui a d'ailleurs perdu beaucoup de son intérêt depuis que la citadelle a été quasiment entièrement détruite par un tremblement de terre en 2003, pendant lequel un quart de la population de la ville a péri. A partir de là commence une longue route dans un paysage désertique et poussiéreux. **Zahedan** est la dernière ville d'importance avant la frontière et un bon endroit où dormir. Il faut penser à faire le plein d'essence bon marché et à acheter de l'eau et quelques provisions pour la suite ; il n'est pas rare de devoir poireauter à la frontière en attendant de pouvoir continuer sur Quet-

ta. En temps normal, les touristes sont obligés de se faire escorter par la police jusqu'à la frontière, à Mirjaveh. Il arrive que les Iraniens refusent le passage aux étrangers. S'ils vous laissent passer, les formalités de douane et d'immigration sont longues mais ne posent pas de problème, d'un côté comme de l'autre. Du côté pakistanais, les forces de l'ordre ont des consignes très strictes d'escorter tous les étrangers jusqu'à Quetta. Il faudra aussi s'habituer à rouler à gauche; enfin, en théorie en tous cas, car au Pakistan comme en Inde, on roule d'abord du côté de la route qui est en meilleur état. Et lors des croisements, il faudra s'y faire, c'est le plus petit qui s'écarte. En partant tôt de Zahedan, il est possible d'effectuer toutes les formalités de douane, d'obtenir une escorte et d'arriver à la première ville pakistanaise avant la nuit.

Si vous n'êtes pas attiré par le Pakistan et l'Inde, ou si la frontière est fermée, il reste deux possibilités pour continuer son voyage : passer par les Stans au nord, par le Turkménistan (p. 207 et carte 14, p. 218), ou alors prendre le ferry à **Bandar-Abbas** vers Sharjah et la péninsule arabique, une région fantastique pour le baroudeur mais qui est malheureusement aujourd'hui un cul-de-sac.

Péninsule arabique

Les **Émirats arabes unis** (UAE) sont un petit pays au milieu du désert, un terrain de jeu grandiose pour jouer dans le sable mais beaucoup moins amusant au guidon d'une lourde moto surchargée

Ci-dessus : dans le djebel Shams à Oman.
A droite : Burj-Khalifa, 828 m, à Dubaï.

de bagages. **Dubaï** et Abu-Dhabi sont des oasis de béton et de luxe construites autour d'autoroutes à douze pistes et des gratte-ciels les plus hauts du monde. La ville (et le pays) est destinée aux riches et le coût de la vie y est aussi élevé ou plus cher qu'en Europe.

Oman est un pays très beau et très accueillant, encore relativement traditionnel, bien loin des excès de son voisin du nord. On y rencontre beaucoup de natifs d'Oman dans les rues et au café, alors qu'à Dubaï on ne voit que des étrangers, des riches occidentaux ou des Pakistanais exploités. Le pays partage avec les Emirats et l'Arabie saoudite un des **plus grands déserts** du monde, mais son attrait principal réside dans sa partie nord-est, très montagneuse. Ces montagnes sont parcourues de **rivières**, plantées de palmeraies et parsemées de nombreux petits villages. C'est une région magnifique pour parcourir à moto les pistes qui traversent les lits de rivière asséchés, ce que les expats anglophones appellent du *wadi bashing* et qu'ils pratiquent le week-end au volant de leur gros 4x4. Les plages sont aussi très belles et souvent désertes, où il est facile d'y bivouaquer.

Alors qu'Oman était un des derniers pays à faire le week-end du jeudi au vendredi, depuis peu le week-end dans ce pays est aligné sur les autres pays arabes et s'étend du vendredi au samedi.

Le **Yémen** possède le plus beau potentiel de la région. Le pays est beaucoup plus pauvre que ses voisins, car on n'y a trouvé que peu de pétrole. Mais il est aussi plus vert et plus densément habité. Les villes ont conservé des techniques de construction traditionnelles vieilles de plusieurs siècles et beaucoup sont de véritables merveilles, notamment **Sana'a** la capitale et Shibam dans le Wadi Hadramaout. Le pays est globalement très dangereux car le gouvernement central n'arrive pas à imposer sa loi et une grande partie du pays échappe à son contrôle. Les régions tribales se battent non seulement contre le gouvernement mais aussi entre elles et reportent leur frustration sur les étrangers (c'est à dire, toute personne appartenant à une autre tribu). De plus, les Américains y mènent une guerre silencieuse pour assassiner les membres d'AQPA (Al Qaida dans la Péninsule Arabique) par drone interposé, ce qui ajoute de l'huile sur le feu.

Pour continuer son voyage, une solution est d'envoyer sa moto par container depuis **Salalah** (Oman) vers Mombassa ou un autre port de la côte est de l'Afrique, mais le prix risque d'être particulièrement élevé. Il est plus facile d'expédier sa machine par avion depuis Dubaï qui est un *hub* aérien majeur.

En arrivant à Dubaï depuis l'Iran, je n'avais pas beaucoup de possibilités pour continuer, et toutes semblaient très hasardeuses. Le scénario le plus favorable aurait été de décrocher un visa de transit saoudien qui m'aurait permis de rejoindre Jeddah et embarquer sur un ferry pour le Soudan. J'ai vite compris, face à l'attitude arrogante et méprisante des employés de l'ambassade, que je n'arriverais jamais à expliquer mon problème et que ce plan ne se réaliserait pas. En parallèle, j'ai entrepris des recherches pour savoir comment obtenir un visa pour le Yémen. C'était avant le printemps arabe, le pays était alors relativement stable, mis à part quelques provinces. Pourtant, les demandes de visa de touristes étaient refusées, probablement par peur d'enlèvements ou d'attentats. Finalement, avec l'aide d'autres motards baroudeurs qui avaient pris le même chemin quelques semaines auparavant, j'ai trouvé un contact à Sana'a qui a pu effectuer les démarches complexes d'autorisation pour obtenir le fameux visa (contre 300 $ quand même). Le Yémen avait toujours figuré sur ma liste de pays à visiter un jour, j'étais donc parfaitement heureux. Bien sûr je ne savais pas encore comment j'allais ressortir du pays ni vers où j'allais continuer mon voyage, mais chaque chose en son temps.

Une fois mon précieux sésame obtenu, l'arrivée au Yémen depuis Oman a été remarquablement facile, la frontière étant visiblement rarement utilisée. J'ai pu ensuite visiter mon objectif principal, la vallée du Wadi Hadramaout, sans escorte policière, ce qui n'était pas évident. Plus loin,

sur la route, une escorte était par contre indispensable. Cela n'a pas empêché que je sois retenu par des rebelles locaux pendant quelques heures avant que l'armée n'intervienne en force pour négocier ma «libération».

La seule porte de sortie pour moi et ma moto était le détroit de Bab-el-Mandeb, traversé par les bateaux qui transportent des marchandises entre le Yémen et Djibouti en Afrique, le but de mon voyage étant de faire le tour de ce continent. Il ne s'agit pas de ferry pour véhicules, bien entendu, mais de simples boutres qui chargent alternativement des chèvres, du lait condensé ou du jus de fruit. On trouve toujours de la place pour une moto sur le pont de ces bateaux, il suffit de s'arranger avec le capitaine, toujours prêt à encaisser quelques dollars en plus.

J'arrive donc à Mokha, le port d'une petite ville décrépie avec un ou deux restaurants et aucun hôtel. C'est semble-t-il depuis ici que les boutres partent vers Djibouti. Pour l'instant, aucun bateau n'est en partance, et tout ce que j'obtiens comme information est : «demain peut-être». Je trouve donc à me loger dans une espèce de grange transformée en dortoir pour une quinzaine de personnes qui passent la journée à mâcher du qat (des feuilles qui contiennent une drogue légère) en regardant la TV satellite. De mon côté je fais la connaissance d'un Djiboutien. Je lui explique mon problème et il me sert d'interprète. Pendant plusieurs jours, chaque matin on part ensemble vers le port, pour constater qu'aucun ba-

teau ne fait la traversée. Puis on revient et je passe la journée à lire et à boire des thés. A l'heure du repas, je passe au restaurant prendre une assiette de haricots et de riz, ou alors je choisis un poisson dans le congélateur que je fais griller. Il n'y a strictement rien

235

d'autre à faire ici. Finalement, après une dizaine de jours d'attente, un capitaine accepte de me prendre à bord. Les négociations sont dures, surtout que je dois passer par mon Djiboutien, qui, c'est normal, va prendre sa part au passage. Finalement le jour du départ arrive. Les cales sont remplies à ras bord, il ne manque plus que ma moto. Le capitaine essaie encore de réclamer 50 $ pour charger ma moto avec la grue, mais son bluff ne prend pas. Je surveille l'arrimage de la moto et des bagages, puis on va à la recherche des douaniers. On les trouve finalement vautrés sur le sol de leur petit bureau, à moitié abrutis par le qat. Ils ne sont pas vraiment pressés de faire leur boulot. Un gars fait quand même l'effort de me demander un bakchich pour obtenir un tampon de sortie. Je refuse poliment, il retourne se coucher. J'attends. Finalement, lassé et dépité, un des officiels prend mon passeport et s'en va. Il revient quelques temps plus tard, avec les tampons.

De retour au bateau, l'embarquement se prépare dans la confusion. L'équipage essaie de canaliser les quelques 50 passagers qui vont prendre place sur le pont. Celui-ci ne fait que quelques mètres carrés, alors c'est la ruée pour occuper le terrain et réserver un espace pour étendre sa couverture et dormir. Le capitaine prend les passeports de tous les passagers, il les transmettra directement aux autorités de Djibouti à l'arrivée. Je monte après tout le monde, enjambe le pont encombré et je vais d'abord vérifier mon chargement. Reste à trouver une place pour la nuit ; je déplace quelques piles de cartons de lait concentré pour me faire une place assez grande pour me coucher, à l'ombre, dans la cale.

A la nuit tombée, le bateau appareille et nous prenons le large en direction de l'Afrique. La mer est calme, heureusement, on n'entend que le bruit des machines et les discussions des passagers. Le capitaine ne parle pas anglais (personne ne parle anglais), mais il n'arrête pas de me lancer des « crane, 50 $! ». Un chantage se prépare à l'arrivée… je rigole et prends ça sur le ton de la plaisanterie, ce qui le décontenance un peu, mais à la longue, ça me court un peu sur le système. L'équipage prépare du riz et des haricots dans l'espace réservé à la cuisine, pour nourrir tous les passagers. Un baril de 200 litres d'eau douce sert à la cuisine et à se laver, mais pour boire j'ai prévu de l'eau en bouteille. En guise de WC il y a une planche trouée derrière une porte, quant à moi, comme les autres hommes, je préfère me pencher par-dessus le bastingage pour pisser.

La nuit est sans histoire et le lendemain nous arrivons dans la journée dans le port de Djibouti. Nous avons à peine mouillé dans la baie qu'une escouade de douaniers arrive pour fouiller le chargement. Ils soulèvent quelques cartons mais ne trouvent rien. Il est trop tard pour décharger alors nous passons la nuit à bord, au mouillage.

Le lendemain matin nous accostons et les douaniers reviennent pour inspecter. J'interroge un des gars en français et je comprends qu'ils suspectent un trafic d'armes, ce qui semble être assez courant. Ils repartent sans avoir autorisé le déchargement de la cargaison, toutes les marchandises et les bagages doivent rester à bord mais les passagers sont autorisés à débarquer sur le quai. J'en profite donc pour aller boire une bière fraîche au bar du port, la première depuis plus d'un mois !

De retour sur le bateau rien n'a bougé. Finalement les douaniers reviennent avec ce qui ressemble à une baguette de sourcier. Les douaniers me disent que c'est un « détecteur d'armes »… *this is Africa* ! J'apprendrai plus tard que ce bidule, appelé ADE 651, est une vaste arnaque mais

que le fabricant a réussi à en fourguer dans plusieurs pays, notamment plusieurs milliers aux forces de l'ordre un peu crédules d'Irak. Pour l'instant, un douanier longe le quai à grands pas avec sa baguette et lorsqu'il arrive au niveau du bateau, la baguette tourne de 90 degrés. Puis elle reprend sa direction une fois le bateau dépassé. C'est donc la preuve que des armes se trouvent à bord. Un de ses collègues s'empare du « détecteur » et répète exactement la même manœuvre. Rien. Le premier, vexé, reprend tout depuis le début, et la baguette pivote exactement au même endroit. Le deuxième recommence et de nouveau, rien. S'ensuit une longue discussion passionnée entre les deux gabelous. Faute d'avoir trouvé un terrain d'entente, ils renvoient le bateau au mouillage pour tirer cela au clair le lendemain. Les passagers sont autorisés à passer la

réapparaître le détecteur et nos amis recommencent leur petite séance de spiritisme. Les résultats sont tout aussi contradictoires et les discussions continuent, jusqu'à ce que, visiblement excédé, un plus haut gradé trouve que la plaisanterie a assez duré et ordonne la distribution des passeports. Les passagers s'égayent en direction des bureaux de l'immigration. Quant à moi, je suis toujours sous pression du capitaine qui n'a toujours pas désespéré de me soutirer quelques dollars pour l'utilisation de sa grue. Il a trouvé un bon moyen de chantage, il est en effet exclu de sortir la moto par mes propres moyens. Malheureusement pour lui, les douaniers ordonnent le déchargement de ma moto en premier (merci les gars). Le capitaine voit s'envoler ses billets verts au moment où je vois atterrir enfin ma moto sur le continent africain, avec mes bagages au complet. Pas rancunier, je distribue à l'équipage mes derniers dirhams yéménites et on se quitte en bons termes. Première étape, l'immigration et les douanes pour tamponner mon carnet de passage. Deuxième étape : la ville de Djibouti pour, dans l'ordre :

- boire une bière,
- laver la moto pour lui enlever le sel de la traversée et faire une vidange avec de la bonne huile,
- boire une bière,
- trouver une boulangerie (on est dans une ex-colonie française) !

L'opération entière, depuis mon arrivée à Mokha jusqu'au déchargement de la moto à Djibouti, a pris douze jours, dont un peu moins de 24h de traversée. Et zéro kilomètres à moto. Mais c'est l'aventure.

Le **Koweït**, le **Qatar** et **Bahreïn** sont des petits pays plus accueillants pour les prospecteurs de pétrole que les voyageurs à moto. Ils sont très difficiles d'accès car pour s'y rendre il faut passer par l'**Arabie saoudite** (qui refuse l'entrée aux motos) ou l'Irak, ou prendre un ferry depuis l'Iran.

Pakistan

Le Pakistan serait au top des destinations des baroudeurs, si la sécurité était garantie partout dans le pays. Actuellement c'est loin d'être le cas et, en 2015, le retrait des troupes américaines d'Afghanistan pourrait encore déstabiliser un peu plus ce pays magnifique. Les régions fermées aux étrangers changent d'année en année et il est difficile de prévoir ce qu'il en sera la prochaine saison. Il serait compréhensible que vous renonciez à vous y rendre étant donné les contraintes sécuritaires. Certains essaient de minimiser le risque encouru en passant au plus vite d'Iran en Inde, ou inversement, mais ce serait manquer tout ce que ce pays a de plus beau. Veillez à étudier de près la situation peu avant votre entrée de façon à évaluer au mieux les risques que l'on peut raisonnablement prendre. Je ne pourrais en aucun cas être tenu responsable des conséquences d'un éventuel incident sur les routes décrites dans cet ouvrage. Mon but est que, si les conditions le permettent, les baroudeurs puissent avoir les informations nécessaires pour parcourir certaines des plus belles routes du monde.

La route entre l'Iran et le Pakistan est célèbre dans la communauté des voyageurs, qui l'abordent souvent avec un peu d'appréhension. On y vient uniquement parce que c'est un passage obligé pour contourner l'Afghanistan, mais la région qu'elle traverse, le **Balouchistan**, est à peine plus calme. Les Baloutches revendiquent violemment leur indépendance et, si on ajoute

toutes sortes de trafics avec l'Afghanistan tout proche, cela ressemble un peu à un far-west moderne. Le gouvernement du Pakistan peine à garder le contrôle sur cette région, non pas à cause d'Al-Qaïda mais à cause des bandits. Vous obtenez donc une des routes les plus dangereuses du monde et qu'il est impossible d'éviter. Malgré tout, il y a peu d'incidents : parmi les douzaines (centaines ?) de touristes qui passent la frontière chaque année, les rares qui ont été kidnappés circulaient sans escorte (hormis un bus de pèlerins chiites pakistanais qui a été attaqué fin 2012).

Les militaires ou para-militaires pakistanais ne sont pas toujours très bien organisés et, en fonction des passages de relais d'un poste de police à l'autre, le voyage peut prendre beaucoup plus de temps que les 650 km ne le laisseraient penser. En principe on passe la nuit à Dalbandin, à peu près à mi-chemin. Mais selon le rythme de changement d'escorte, il est possible que les gardes vous forcent à passer une nuit dans un poste de police sur la route. Dans tous les cas, vous ne devez rien débourser : l'escorte fait partie des tâches assignées aux forces de sécurité et elles sont obligées de vous amener à bon port sain et sauf. Les miliciens du *Balochistan Levies* sont des braves types habitués à accompagner les overlanders, qui ne manqueront pas de vous offrir le thé et même le gîte. Arrivés à Quetta, les policiers vous obligeront probablement à prendre un hôtel sur lequel ils auront l'œil pendant que vous y dormez, le choix habituel étant le *Bloom Star* (N30 11.332 E67

A gauche : restoroute pour chauffeurs de camion pakistanais.
Ci-dessus : quartier des pièces détachées de camions, à Rawalpindi.

00.293), qui offre un parking sécurisé et des chambres correctes.

Quetta souffre d'une atmosphère oppressante due aux multiples trafics qui y ont lieu et à la forte présence policière - d'ailleurs les touristes doivent être escortés par la police pour se balader dans la rue. Le fait que la ville soit à 200 kilomètres de Kandahar, la place (et même parfois **Karachi**) pour éviter la route de Loralei au nord de Quetta qui n'est pas entièrement sous le contrôle des autorités (c'est là que des touristes suisses circulant en fourgon aménagé, sans escorte, se sont fait enlever en juillet 2011, avant d'être relâchés quelques mois plus tard contre rançon). Une escorte est en général nécessaire jusqu'à Sukkur, selon la situation du moment. En direction de

forte des Talibans que les Américains n'ont jamais réussi à pacifier entièrement, y est certainement pour quelque chose. Dès que vous serez reposé vous reprendrez donc la route pour rejoindre le nord, plus calme. L'itinéraire obligé fait un large détour par Sukkur au sud l'Iran une escorte sera imposée jusqu'à la frontière à Taftan. Elle consiste en général en une voiture qui vous précède, ou tout simplement un garde armé qui monte derrière vous sur la moto, si vous avez la place.

Ci-dessus: atelier de bassines avec des vieux pneus de camion.

Dès que vous avez rejoint la vallée de l'Indus, l'atmosphère se détend et il est possible de sortir la route principale pour entrer en contact avec les habitants. Notez que la région est sujette aux inondations pendant la mousson et peut être difficile à traverser. Les inondations catastrophiques de l'été 2010 ont jeté des millions de personnes sur la route après que l'Indus est sorti de son lit. La route directe mène à Lahore, d'où le poste de frontière de Wagah et l'Inde ne sont qu'à quelques kilomètres. Le détour par Islamabad, une ville artificielle et sans âme, ne se justifie que pour acheter un visa ou comme point de départ pour le KKH, l'attraction principale du pays. A **Islamabad**, la plupart des overlanders s'installent dans le *Tourist Camping Site* (N33 42.283 E73 05.300), un camping réservé aux étrangers et gardé par l'armée. On peut aussi s'installer dans la cité voisine de Rawalpindi, qui est une vraie ville, vivante, bruyante, odorante et colorée.

Si vous avez profité de l'automne en Iran vous arriverez probablement au Pakistan durant les premiers mois de l'hiver. Trop tard pour aller trekker dans les montagnes, mais parfait pour continuer vers l'Inde. Si par contre vous arrivez au Pakistan en été ou au début de l'automne il faut absolument faire un détour par le Karakoram Highway (plus connu sous son abréviation anglophone : KKH), une route extraordinaire tracée à flanc de montagne et dans des gorges impossibles, entre les 7000 et les 8000 du Karakoram et de l'Hindu Kush (p. 245). Le paysage est grandiose et le meilleur moyen d'en profiter est à moto.

En novembre la vallée de Hunza prend des couleurs d'automne qui sont magnifiques, par contre le col de Khunjerab qui marque l'entrée en Chine peut être déjà enneigé.

A l'ouest d'Islamabad, le pays est très dangereux et peu recommandé. **Peshawar** est un fief pachtoune, l'ethnie dominante de l'Afghanistan tout proche. Les spécialités locales y sont le trafic d'armes et la voiture piégée. Dans les années 60 et 70, le col de **Khyber** entre Kaboul et Peshawar était sur la route des hippies. Cela a bien changé et de nos jours on y trouve plus de bombes que de pétards. En 2007, les talibans ont pris le contrôle de la vallée de Swat et y ont imposé la charia, avant d'en être délogés par l'armée en 2009. La zone frontalière avec l'Afghanistan, connue sous le nom de FATA (*Federally Administered Tribal Areas*) ou zones tribales est autonome *de facto*, les lois pakistanaises n'ont pas droit de cité et même l'armée pakistanaise n'ose pas y mettre les pieds ; c'est la zone de chasse préférée des drones américains et la région la plus dangereuse au monde (avant les quartiers nord de Marseille).

Lahore est la ville la plus intéressante du Pakistan. C'était la capitale du Pendjab et une des cités les plus importantes des Indes britanniques. De nos jours c'est une des villes les plus chaotiques et polluées du monde, mais d'une richesse culturelle et historique exceptionnelle. Elle est située à quelques kilomètres de la frontière indienne et du poste-frontière de **Wagah**, le seul ouvert aux étrangers entre l'Inde et le Pakistan.

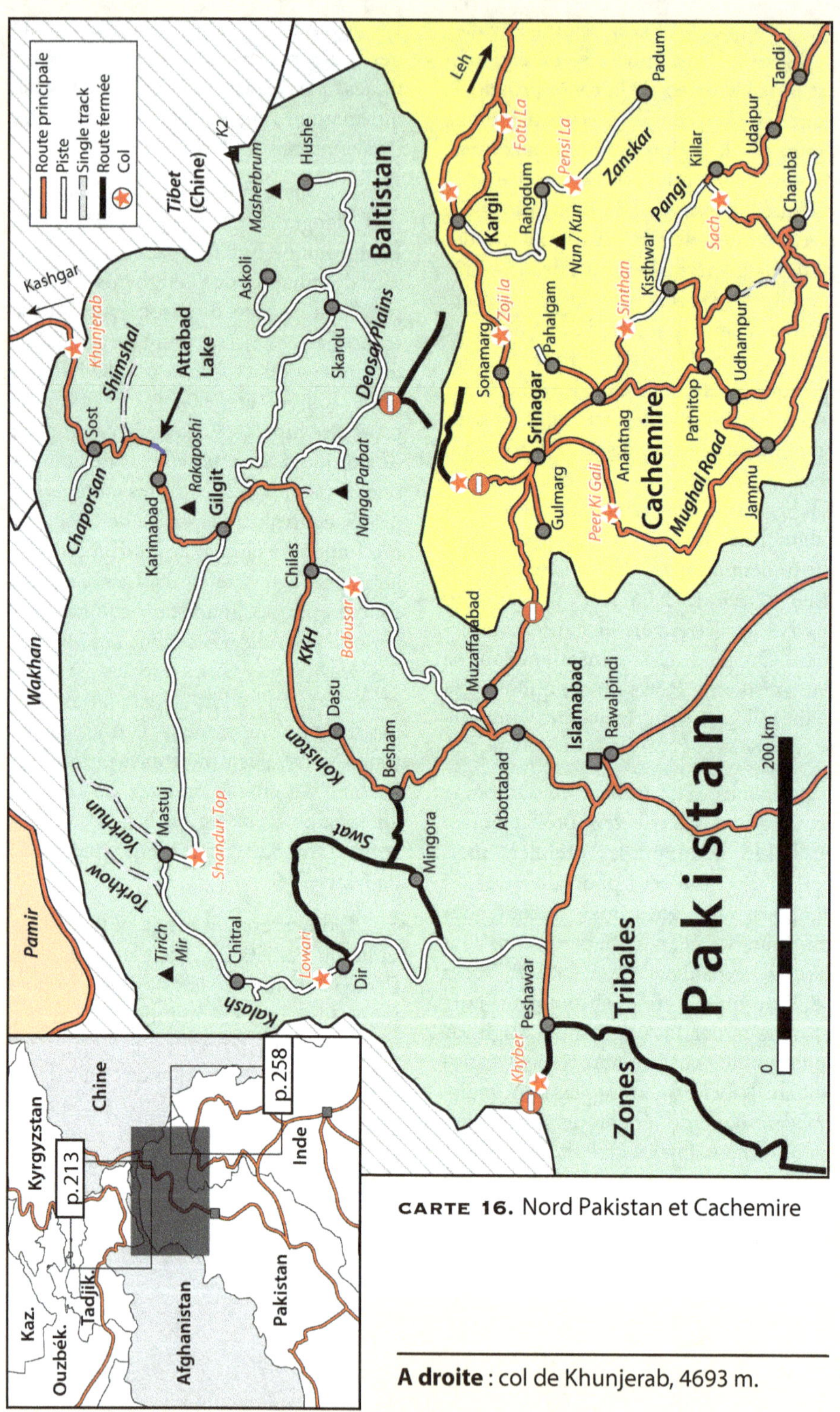

CARTE 16. Nord Pakistan et Cachemire

A droite : col de Khunjerab, 4693 m.

La route du Karakoram, KKH pour les intimes, est une route mythique à cause de son décor grandiose, de la difficulté de sa construction et par le fait que c'est un des rares passages à travers l'Himalaya. Elle relie Kashgar dans la province chinoise du Xinjiang, à Islamabad au Pakistan sur 1300 kilomètres. L'itinéraire était connu de longue date, mais ne

mule ; ils ont dû renoncer devant l'ampleur des difficultés restantes. En 1960 les Chinois ont commencé à tracer une vraie route pour désenclaver la province du Xinjiang et lui offrir un accès à la mer, chantier qui s'est terminé en 1978 au prix de la mort de centaines d'ouvriers. Depuis 1986 et l'ouverture de la route aux étrangers, la KKH est devenue

consistait alors qu'en un sentier muletier. A la fin du XIXe siècle, pour conquérir la vallée d'Hunza, les Britanniques ont encore dû emprunter des sentiers pour y hisser un canon d'artillerie. En 1931, la Croisière jaune avait prévu de l'utiliser pour rejoindre la Chine avec leurs autochenilles Citroën. Mais déjà, pour passer du Cachemire à Gilgit, ils avaient dû démonter leurs machines pièce par pièce pour les transporter à dos de

une référence et une destination de rêve pour les baroudeurs.

Au nord du col de Khunjerab, la route est facile, elle monte assez régulièrement le long d'un haut plateau, mais du côté pakistanais il a fallu des efforts inimaginables pour tailler une route à flanc de montagne dans des vallées étroites. Elle nécessite encore la présence constante de centaines d'ouvriers et d'ingénieurs uniquement pour la

maintenir dans un état à peu près carrossable et réparer les effets de l'érosion et des éboulements (voir plus loin).

On se souvient qu'il est très difficile d'entrer en Chine avec une moto. Pourquoi alors parler de cette route ? D'abord parce que c'est le passage le plus court entre le nord et le sud du continent pour les baroudeurs qui auront le budget pour payer le guide et les taxes chinoises. Ensuite parce qu'on peut librement parcourir la partie pakistanaise, la partie la plus intéressante, en un aller-retour depuis Islamabad.

En partant d'**Islamabad**, la première partie de la route passe par **Abottabad**, où résidait un certain Oussama Ben Laden, puis traverse la région peu accueillante du **Kohistan**. Il est recommandé de passer cette région au plus vite et de ne pas s'arrêter pour la nuit avant **Chilas**. Ce trajet doit d'ailleurs se faire parfois en convoi et avec escorte. Une variante beaucoup plus intéressante passe par la vallée de Kaghan et le col **Babusar** à 4100 m, une route superbe et pas trop difficile, sauf en période de mousson.

Gilgit est un carrefour routier important : à l'est se trouve le **Baltistan**, **Skardu** et les **plaines de Deosai** (p. 250) ; à l'ouest, la route mène à **Chitral** par le col de **Shandur Top**, à 3800 m, où chaque année a lieu le tournoi de polo le plus haut du monde. Cette route est particulièrement mauvaise et redoutée par les chauffeurs de poidslourds. Depuis la vallée de Chitral, on peut presque toucher le Pamir de l'autre côté des montagnes, quoique à plusieurs milliers de kilomètres par la seule route ouverte. C'est le point de départ d'excur-

Ci-dessus : Karimabad dans la vallée de Hunza.
A droite : entre Sost et le Khunjerab.

sions dans la vallée de **Kalash**, célèbre pour sa culture très particulière. Malheureusement, si la région de Chitral est ouverte au tourisme (en tous cas début 2014), elle reste très instable, ce qui veut dire que les autorités vous assigneront un policier qui vous filera le train partout où vous irez. La route rejoint celle de **Peshawar** par le col de **Lowari** et **Dir**.

La deuxième partie de la KKH va de Gilgit au col de **Khunjerab** à 4700 mètres. Cette partie est la plus belle et la plus spectaculaire, quoique depuis 2013 elle a perdu un peu de son charme : la piste, trop étroite pour que deux voitures puissent croiser, a cédé la place à une belle route goudronnée à deux pistes. Le **Rakaposhi,** symbole de cette région à la confluence des chaînes du Pamir, du Karakoram et de l'Himalaya, surplombe la route du haut de ses 7700 mètres. On ne se lasse pas d'admirer l'incroyable travail d'ingénierie des constructeurs de cette route, qui permet d'atteindre la merveilleuse val-

lée de Hunza, plantée d'abricotiers et de champs de céréales en terrasse. Il vaut la peine de s'arrêter dans le joli village de **Karimabad** pour explorer les alentours, ou simplement apprécier la douceur de vivre.

Peu après Karimabad, la route emprunte une série de tunnels inaugurés en 2016. En effet, en 2010 un énorme glissement de terrain a coupé la rivière Hunza et créé un nouveau lac, le lac **Attabad**, qui a submergé la route. Il fallait transporter les véhicules par bateau jusqu'à l'autre bout du lac. Les motos prenaient place sur de frêles barques qui transportent également les passagers (10 $ / moto). Les Chinois ont presque immédiatement commencé les travaux de contournement et creusé une série de tunnels en un temps record.

En amont du lac, le trafic est forcément réduit, il n'y a plus guère que quelques jeeps et les incroyables camions pakistanais, souvent des vieux Bedford

des années 60 customisés à l'extrême, qui montent au pas. Pour les motards qui n'ont pas froid aux yeux il vaut la peine de faire un petit détour par la vallée de **Shimshal**, sur une des routes les plus spectaculaires et les plus dangereuses du Pakistan (et donc du monde ?). Un peu plus haut, depuis Sost, part une autre jolie petite route qui monte dans la vallée de **Chaporsan**, un beau lieu de randonnées dans les montagnes du Hindu Kush.

Sost est la dernière ville avant le col et la frontière. Il y a là les douanes pakistanaises et un grand centre de transbordement de camions, la suite de la route étant du ressort exclusif des camions chinois; il faut d'ailleurs se méfier des croisements, les Chinois commencent souvent à rouler à droite dès ici et les règles sont un peu floues (il est vrai, les règles dans le reste du pays ne sont pas vraiment respectées à la lettre non plus...). Muni de son visa chinois c'est ici qu'il faudra effectuer les formalités de sortie du territoire et trouver le préposé qui pourra tamponner votre carnet; si vous n'avez pas de visa chinois, vous pouvez laisser votre passeport en dépôt pour parcourir les derniers 80 kilomètres vers le sommet du col (et payer l'entrée au parc national de Khunjerab). Le garde-frontière posté là-haut peut se vanter d'avoir la position la plus élevée des douanes pakistanaises (à 4800 mètres). Le col lui-même est fermé entre le 31 décembre et le 1er mai.

Si vos papiers sont en règle on vous laissera passer, de même que les Chinois au check-point du col, mais les bureaux de la douane chinoise se trouvent encore à 120 kilomètres en bas dans la vallée. Il y a donc 200 kilomètres entre les deux postes de douane! La route côté Chine est complètement différente: après quelques lacets, on arrive dans une large vallée qui descend en pente douce, sur un excellent revêtement. Arrivé à Tashkorgan au poste des douanes il faudra retrouver votre guide à qui vous aurez fixé rendez-vous: il devra apporter les diverses autorisations nécessaires, ainsi que votre permis de conduire provisoire et la plaque d'immatriculation chinoise temporaire. Accompagné de votre garde-chiourme, vous pourrez alors poursuivre jusqu'à Kashgar, qui se trouve encore à 300 km et ainsi compléter la KKH.

En route vous passerez par le lac Karakul (homonyme du lac au Tadjikistan), très prisé des touristes chinois, au pied du magnifique Mustagh Ata. Cette région est encore peuplée de nomades kirghizes vivant sous leur yourte. En arrivant à **Kashgar,** on remarque le type des habitants, très différents des Chinois Han: on est là dans le territoire des Ouïgours, un peuple turkmène musulman qui, comme les Tibétains, se révolte régulièrement contre la colonisation des chinois Han, mais dont on entend moins parler car ils sont nettement moins médiatisés. La répression des mouvements nationalistes a fait - et fait encore - des milliers de prisonniers politiques et des victimes chaque année. En général, c'est pourtant une région calme et sans histoire, bien plus facile à visiter que le Tibet. Notez que les provinces ouïgoures, tibétaines et mongoles représentent à peu près la moitié du territoire chinois, ce qui explique la nervosité de Pékin face aux revendications nationalistes et ses efforts pour y implanter le plus possible de Hans.

Sur la KKH, les possibilités de s'éloigner de la route principale sont rares, ce qui n'est pas très étonnant vu la topographie des lieux. Quelques vallées permettent de sortir un peu du trafic de camions (les routes vers Shimshal et Fairy Meadows sont impressionnantes mais trop courtes). La boucle par Chitral est très belle, toutefois la situation est un peu tendue et emporter un policier avec soi n'est pas vraiment compatible avec le sentiment de liberté recherché par les motards. Reste un havre de paix et de beauté : le Baltistan, entre la KKH et la ligne de contrôle avec l'Inde carte 16, p. 244). La boucle par Skardu et les plaines du Deosai est loin des sentiers battus – et même loin de tout trafic – et a l'avantage de nous ramener sur la KKH. L'intersection se trouve quelques kilomètres avant **Gilgit** au point où la KKH quitte l'Indus. La route du Baltistan part le long de celui-ci pour 220 kilomètres jusqu'à Skardu.

Skardu est la principale ville de la région et le point de départ des expéditions vers le K2, Masherbrum et autres 8000 du Karakoram. Si la région n'était aussi militarisée, il y aurait certainement beaucoup plus à explorer. Depuis là les rares routes vers le nord finissent en cul-de-sac : une piste part sur une centaine de kilomètres le long de la rivière Shyok jusqu'à Khaplu, d'où une *double-track* part jusqu'au village de **Hushe** à 3000 m, où on trouve une ou deux *guesthouses*, car c'est le point de départ des treks vers les sommets du Karakoram. Contrairement à la région de l'Everest au Népal, cette région est très peu habitée. On n'y trouve aucune *tea house* pour dormir et se restaurer, ce qui fait que le trekking dans cette région est très cher : en plus du permis, il faut louer des chevaux, prendre un guide et être en autonomie pour plusieurs jours. Une autre double-track mène à **Askoli** (environ 120 km), qui est le départ des treks vers la région du K2.

La boucle continue vers les **plaines du Deosai** et le parc national du même nom, dans des décors de toute beauté. Après un premier col, il faut ignorer la route qui part au sud vers le col du Bourzil, historiquement le chemin le plus direct pour se rendre à Srinagar, qui se trouve maintenant au Cachemire indien et donc de l'autre côté de la LOC (*Line Of Control*) où les armées pakistanaises et indiennes se regardent en chien de faïence. Peu avant Astore, la route croise la piste de Tarashing, qui mène au pied de l'immense face sud du Nanga Parbat (8125 mètres). Alors que cette région avait toujours été très calme, c'est au camp de base de cette montagne qu'un attentat terroriste a fait dix morts parmi les alpinistes en 2013 ; depuis lors, la police est très présente. La dernière partie de la route depuis Astore est meilleure et rejoint la KKH juste avant Gilgit. Pour un motard c'est une route parfaite, pas très difficile et incroyablement belle.

A droite : passage de relais entre porteurs indiens et pakistanais à la frontière de Wagah, pendant le transbordement d'un camion d'oignons.

Pakistan vs. Inde

 Si au premier abord le poste-frontière a l'air normal pour les voyageurs étrangers et si les formalités sont expédiées de manière relativement efficace, la frontière entre l'Inde et le Pakistan à Wagah entre Lahore et Amritsar est certainement la plus folklorique au monde. D'abord, il faut savoir que ces deux pays se détestent et ont été en guerre plusieurs fois depuis la partition de l'Inde de 1947 et le massacre qui a suivi. Ils sont actuellement encore à couteaux tirés sur la question du Cachemire. Les échanges entre les deux pays sont minimes et les visas ne sont accordés qu'au compte-gouttes aux ressortissants du pays ennemi.

Par exemple, pas question d'accepter de camions étrangers sur leur territoire respectif. Pour les rares marchandises qui transitent par là, il faut donc les décharger d'un côté et les recharger quelques centaines de mètres plus loin sur un autre camion. Evidemment, comme souvent dans ces pays, tout se fait à la main ; et pour couronner le tout, les porteurs n'ont eux-mêmes pas le droit de passer la frontière. Ils s'avancent donc avec leur charge sur la tête jusqu'au portail symbolisant la frontière et passent la marchandise à un porteur étranger qui le chargera sur le nouveau camion. Pour éviter les passages clandestins, les ouvriers sont habillés d'un côté en rouge, de l'autre en bleu. C'est un record mondial de gaspillage d'énergie, mais en même temps, cela utilise de la main d'œuvre dans des pays qui n'en manquent pas.

Le plus étrange est pourtant à venir. A la fin de la journée, une mise en scène incroyable accompagne la fermeture du portail entre les deux pays. Les deux pays se sont entendus pour chorégraphier cette cérémonie et pour en faire l'occasion d'exacerber le chauvinisme primaire de leurs citoyens. On peut rejoindre chaque soir les centaines de spectateurs qui viennent assister à ce spectacle surréaliste. On comprend alors la raison des gradins construits autour du portail de séparation (les portails, en fait, chaque pays ayant bien sûr le sien), qui paraissent bien incongrus pour un poste frontière. A l'heure précise, selon un rituel parfaitement synchronisé des deux côtés, des troupes de parade débarquent au pas de l'oie et déroulent un spectacle monty-pythonnesque qui pourrait passer pour du deuxième degré, s'il ne s'agissait pas de deux pays qui possèdent la bombe atomique et qui sont constamment à deux doigts de la guerre.

https://vimeo.com/13251136#t=3m51s

Inde

Il est des frontières qui sont naturellement marquées par la topographie ou par les différences d'ethnies, comme au Khunjerab sur le KKH par exemple. Le passage entre le Pakistan et l'Inde est tout le contraire : la frontière a été tracée artificiellement par les Britanniques au beau milieu du Pendjab selon des critères un peu arbitraires de religion. La langue est la même, la cuisine est quasiment pareille sauf que le bœuf disparaît - hindouisme oblige - et la bière réapparaît, enfin, après plusieurs semaines d'abstinence forcée en Iran et au Pakistan.

Le problème avec l'Inde est de choisir où aller. Le pays est immense et tous les États sont intéressants ou presque, du Rajasthan aux états tribaux du Nord-Est, des plages de Goa aux montagnes de Darjeeling. Même New Delhi qui est un vrai cauchemar de circulation, où il faut slalomer à travers des kilomètres de bouchons, où la pollution et la misère humaine vous sautent à la tête, même New Delhi mérite le détour pour son centre historique et la vitalité de ses habitants.

Les déplacements sont très faciles en Inde, sauf dans certaines régions frontalières qui nécessitent un permis spécifique (Ladakh, Spiti, Sikkim). Enfin, « faciles » côté administratif, car en pratique il est rare de pouvoir rouler relax. Les routes sont en général correctes, mais les Indiens n'ont pas la même conception des règles de la circulation que nous et, comme ils croient au destin, il n'y a pas de problème à prendre tous les risques au volant puisque de toute façon la date de leur mort est déjà fixée. Pour nous occidentaux qui nous efforçons de vivre vieux, les tendances suicidaires des chauffeurs de bus sont assez déstabilisantes. Pourtant on s'habitue à tout et, tout en hurlant quelques injures pour vous défouler, vous vous résignerez à descendre dans le fossé lorsque deux camions décident de se dépasser juste en face de vous. Il faut s'y faire, le motard se retrouve placé entre le vélo et la charrette à bœufs dans la pyramide des prédateurs

de la route. Tout en haut de l'échelle on trouve le camion, roi de la route, à qui tout le monde cédera le passage, et le bus, dont les horaires comptent plus que la sécurité de ses passagers. En dernière position, le piéton n'est guère plus qu'une nuisance pour les conducteurs, au point qu'en Inde il est finalement plus dangereux de traverser la route à pied que de rouler à moto. L'exception notoire à ce classement est la vache, sacrée pour les Hindous, qui peut se permettre de vaquer à ses occupations au milieu de la route sans de préoccuper du trafic.

Il existe dans tout le pays une seule autoroute de type occidental, à voies séparées et protégées par une clôture et elle est interdite aux 2-roues. Tout le reste du réseau routier est partagé entre les camions, bus et voitures, les *rickshaws* (appelés aussi *touk-touk*, véhicules à 3 roues qui servent de taxi), les motos, les vélos, les piétons, les voitures à cheval, les chameaux, les étals des vendeurs, les troupeaux de mouton, les vaches qui font la sieste et les camions en réparation. Sans compter les convois militaires, fréquents notamment au Cachemire et au Ladakh, qui supportent très mal de devoir partager la route avec des civils, à moto de surcroît. Cela peut faire peur à premier abord, mais c'est là tout le charme du pays, et cela explique qu'on ne s'endort jamais sur la route. C'est aussi l'occasion de partager des « histoires de guerre » avec d'autres voyageurs dans les *guesthouses*. En fait, pour vous rassurer (ou pas), il suffit de faire un petit tour au centre ville de Naples ou Palerme à l'heure de pointe pour rencontrer à peu près le même genre de chaos.

Si le pays ne manque pas de collines et de petites routes sympathiques, ce sont incontestablement les routes de

A gauche : l'auteur et sa moto traversant le Gange en bateau, état du Bihar.
Ci-dessus : parfois on se demande comment les Indiens chargent leur camion.

sur une Bullet, qui est un peu l'icône du pays. Pourtant la plupart des Indiens la trouvent trop chère, trop gourmande et trop peu fiable, ils lui préfèrent une Bajaj, Hero Honda ou autre moto entre 125 et 200 cc fabriquée en Inde. Ce sont des engins fiables et très économiques et, pour les modèles 200 cc, plus pêchus que les Bullet de 350 cc. Si vous décidez de prendre l'avion

haute montagne qui déclenchent l'enthousiasme du motard. Comme le Pamir et le Karakoram, l'Himalaya indien est un terrain de jeu extraordinaire tant les routes sont variées et les paysages grandioses. Enchaîner ces trois régions à la suite représente jusqu'à présent le plus beau voyage à moto que j'aie effectué (continuer avec la traversée du Tibet aurait été encore plus extraordinaire, mais là il aurait fallu que je vende un rein pour le financer). La partie nord-ouest de l'Himalaya indien (Jammu et Kashmir, Himachal Pradesh, Uttarakhand) est aussi très belle, il existe de nombreuses routes relativement bien entretenues et de nombreux cols à plus de 4000 mètres.

Mais il faut bien admettre que le plus bel itinéraire, celui qui fait rêver des milliers de motards, c'est la route qui trace une boucle entre Manali, Leh au Ladakh et Srinagar au Cachemire (p. 255),. Il est devenu très simple de louer une moto en Inde pour aller « faire » le Ladakh. Le choix se porte en général et louer ou acheter une moto en Inde, ce genre de modèle est idéal si le look rétro de la Bullet vous laisse indifférent. Les meilleurs endroits pour acheter une moto sont à New Delhi dans le quartier de Karol Bagh et à Manali. Si vous arrivez par contre au guidon de votre propre moto, non seulement vous pourrez profiter pleinement des magnifiques routes de montagne, mais en plus vous serez une rock-star à chaque arrêt (il est en effet très rare de croiser des gros cubes en Inde).

Le **Sikkim**, entre le Népal et le Bhoutan, est également magnifique mais les routes sont plus rares. A l'inverse, les États très peuplés du Bihar et du Bengale occidental sont moins propices au voyage à moto car les routes sont plus monotones, à l'exception de Darjeeling tout au nord (ces deux états comptent 200 millions d'habitants avec une densité de population égale à celle de l'île de France… et l'infrastructure routière de l'Albanie !)

Ci-dessus : Royel Enfield Bullet, customisée par son propriétaire Ladakhi.
A droite : *chortens* tibétains dans la région de Tsomoriri.

La boucle du Ladakh par la fameuse route Manali-Leh et le Cachemire fait partie des itinéraires que beaucoup de motards rêvent de parcourir une fois dans leur vie. Elle mérite amplement sa réputation d'une des plus belles routes du monde : un bon revêtement (trop peut-être), des paysages sublimes, très variés, des habitants accueillants et souriants, un coût de la vie modéré, une bonne nourriture et une vie nocturne très active à Leh.

Cette route est entièrement sur territoire indien, mais dans une zone qui est contestée par le Pakistan et la Chine et qui a connu sa dernière guerre en 1999. Si le Ladakh est très calme et à l'abri des revendications nationalistes, le Cachemire par contre est constamment sous tension et peut fermer lorsque les protestations tournent à l'émeute. Si c'est le cas, l'aller-retour au Ladakh sera de toute façon incroyable. Si l'infrastructure et le tourisme de masse au Ladakh vous rebutent, vous pourrez vous rabattre sur la vallée du Spiti (p.260 et carte 17, p. 258), qui ressemble à ce qu'était le Ladakh avant qu'il ne soit trop développé. Cette route reste une piste bien moins entretenue que la route Manali - Leh mais vous permet d'éviter les embouteillages monstres du Rohtang (p.259).

Cet itinéraire n'est praticable que pendant les mois d'été, le reste du temps le Ladakh n'est atteignable que par le Cachemire (ou par avion). La route Manali - Leh ouvre officiellement en général entre mi-mai et début juin, selon la quantité de neige tombée et l'avancée des travaux de déblaiement, et ferme en octobre. La bonne nouvelle est que la région est protégée de la mousson. Ainsi les mois les plus agréables sont juillet et août, durant lesquels il est possible de rouler en t-shirt même à 3500 mètres d'altitude ! C'est aussi la saison haute et Leh est envahi de milliers de touristes. Le temps au Ladakh et au Spiti est généralement sec et chaud en été.

Mais sur les cols à plus de 5000 mètres, la neige peut tomber même en plein été ; généralement le trafic est rétabli en un jour ou deux. Le Cachemire et l'Himachal Pradesh (Shimla, Dharamsala, col de Sach) sont sous le régime de la mousson qui apporte de la pluie quasiment tous les jours, mais souvent sous forme d'orages l'après-midi, ce n'est donc pas rédhibitoire pour les motards.

L'altitude est plus ou moins bien supportée par les visiteurs et ce, de manière assez imprévisible. Même les personnes qui n'ont jamais eu de problème auparavant peuvent tout d'un coup en souffrir. En général les symptômes d'AMS (*accute moutain sickness* ou mal aigu des montagnes) sont bénins : mal de tête, problèmes pour dormir. Il suffit de prendre son temps et après un jour ou deux tout redevient normal. Si cela ne va pas mieux, inutile de se bourrer de drogue genre *Diamox*, il faut simplement redescendre en plaine. Avant tout il faut monter progressivement pour s'acclimater, ce qui heureusement est beaucoup plus facile pour les motards que pour les touristes qui débarquent à Leh en avion et qui sont souvent HS pendant un ou deux jours.

Les machines, elles, ne risquent rien, elles perdent simplement beaucoup de puissance, surtout au-dessus de 4000 mètres. Les modèles avec injection électronique réduisent automatiquement le flux d'essence pour s'adapter au manque d'oxygène, mais les moteurs à carburateur vont brûler un mélange trop riche ; ce n'est pas trop grave en tant que tel et pour un tour de quelques jours à ces altitudes, il n'est pas indispensable de changer le gicleur.

Il est facile de se loger le long du parcours, les hauts lieux touristiques que sont Shimla, Manali et Leh offrent un grand choix de petites *guesthouses* bon marché mais aussi d'hôtels de luxe. Sur la route entre Manali et Leh, les hébergements sont plus spartiates. Si vous n'avez pas d'équipement de camping vous pouvez profiter des villages de tentes qui s'installent pendant la belle saison.

La nourriture n'est jamais un problème grâce à une institution qui s'appelle *dhaba* en Inde : sans être vraiment des restaurants, ce sont de petites échoppes de bord de route qui offrent une nourriture simple et vite préparée, mais savoureuse. L'hygiène étant ce qu'elle est, il peut être prudent d'embarquer quelques rouleaux de PQ sur la moto - ce conseil étant valable pour la plupart des pays. L'avantage toutefois est qu'en venant par la route notre estomac a eu le temps de s'habituer progressivement à la nourriture locale. On trouve également partout de petits magasins qui vendent de l'eau en bouteille ou du coca. La bière est très facile à trouver, même si l'hindouisme prône plutôt l'abstinence. Au Cachemire musulman c'est un peu plus compliqué mais on trouve ce qu'il faut dans les grandes villes.

L'essence n'est pas un problème, sauf entre Manali et Leh où il faut une autonomie de 365 km - en n'oubliant pas que votre moto consommera plus en altitude qu'en plaine. La qualité de l'essence est généralement bonne.

Aucun papier particulier n'est nécessaire pour la boucle Manali - Leh - Srinagar. Les contrôles sont nombreux, mais cela reste très bon enfant, sans problème de corruption. Pour les routes qui se rapprochent de la frontière il faut des permis spécifiques qui, heureusement sont très faciles à obtenir (p. 263).

Accès

Si vous partez de **New Delhi**, l'épreuve du feu consistera à s'extraire du trafic de l'agglomération titanesque,

sous une chaleur accablante ponctuée d'orages de mousson dantesques. Les Anglais, lorsqu'ils régnaient sur le pays, déménageaient toute leur administration de Delhi à Shimla pendant l'été pour trouver un peu de fraîcheur. Depuis Delhi c'est un trajet de 370 km qui peut se faire facilement en une journée avec un départ très tôt pour sortir

A gauche, en haut : vieil homme ladakhi ; **en bas** : plaine de l'Indus près de Leh.
Ci-dessus : guesthouse au Zanskar.

CARTE 17. Ladakh et Himachal Pradesh

de cette agglomération de plus de 20 millions d'habitants avant les habituels bouchons. Si l'architecture british de **Shimla** ne vous passionne pas, Manali est 260 km plus loin par une bonne route.

La vallée de **Parvati** est un joli détour, très populaire pour ses possibilités de trekking... quoique la plupart des visiteurs y viennent plutôt pour le haschisch local, le *charas*, qui attire les routards du monde entier comme des mouches sur une bouse de yak. Comme disent ironiquement les locaux : « *Chai, Chillum, Chapati, chello Parvati* » (thé, chillum, chapati, allons à Parvati). Les vrais motards bien sûr snoberont ce cul-de-sac, tout en gardant à l'esprit que les mêmes spécialités sont disponibles facilement tout le long du reste du parcours. **Manali** est une station extrêmement touristique, qui compte une importante communauté de routards israéliens qui végètent là en profitant de l'accès facile et bon marché aux drogues diverses et variées. Vu le nombre de touristes qui y louent des motos, surtout des Enfield, il n'est pas compliqué de trouver un mécano. Toutefois il vaut mieux réfléchir à deux fois avant de leur confier une moto occidentale vu leur méthode de travail assez brutale.

Juste au-dessus de Manali se dresse le premier vrai col d'altitude, le **Rohtang La** (3978 mètres). Cette route est particulièrement chargée, de nombreux touristes indiens venant ici juste pour voir la neige pour la première fois de leur vie. Pour éviter les bouchons en été il vaut mieux partir à l'aube. L'altitude commence à poser problème - pour les pilotes s'entend - car, à partir de là, la route ne redescend ensuite plus au-dessous de 3000 mètres d'altitude jusqu'au Cachemire. Il est inutile de chercher à s'acclimater à Manali, la ville n'est qu'à 2000 mètres.

Ci-dessous : monastère de Dankhar au Spiti.

Spiti

Plutôt que de tracer tout droit sur la route principale, le passage par la vallée du Spiti à l'est est beaucoup plus intéressant (carte 17, p. 258). La route vers Reckong Peo bifurque environ 90 km après Shimla et remonte la Sutlej dans des décors très verdoyants. Elle rejoint la route Manali - Leh juste après le Rohtang La. La zone d'influence de la mousson s'éloigne progressivement et le paysage

la bifurcation vers le col de **Shipki La** qui mène en Chine mais qui n'est ouvert qu'aux locaux. La route suit ensuite la Spiti et devient beaucoup plus spectaculaire mais aussi plus difficile à cause de son revêtement très dégradé. Elle prend de l'altitude très progressivement, sans passer de col. A Tabo la vallée s'élargit et la route continue à monter régulièrement en suivant la rivière. **Kaza** est la ville principale de la vallée, une étape

se fait plus aride. Arrivé à **Reckong Peo** il faut aller chercher un *inner line permit* pour le Spiti, une formalité qui ne pose pas de problème particulier et qui est effectuée sur le champ (prévoir avant de partir des photos d'identité et des photocopies du passeport). Il faut aussi penser à faire le plein, la prochaine station est à Kaza (à un peu plus de 200 km). Un peu avant Reckong Peo les vallées latérales de **Sangla** et **Chitkul** invitent à la découverte, sur une très jolie petite route à moitié goudronnée. Les villages alentours sont aussi très agréables et mériteraient qu'on y passe quelques jours.

C'est aussi à partir de là que la culture hindoue laisse progressivement la place au monde tibétain et bouddhiste. Les habitants sont clairement typés, ils parlent tibétain et leur nourriture délaisse les *chapatis* pour les *momos*. La route continue le long de la Sutlej jusqu'à

agréable qui compte quelques restaurants et pensions pour y passer la nuit et une pompe à essence pour faire le plein. Le trajet Shimla - Kaza fait environ 430 km, qu'il vaut mieux effectuer en deux jours pour en profiter. Quand vous avez vu la topographie de la vallée, vous comprenez que les éboulements soient fréquents et que la route soit coupée de temps en temps. En venant du Ladakh, c'est à Kaza qu'il faut obtenir le permis pour poursuivre la route en sens inverse.

Il y a pas mal d'excursions possibles dans la vallée, notamment le monastère de Ki Gompa et le village de **Kibber**, le plus haut du pays (4200 m). La vallée de **Pin** est très jolie, mais finit en cul-de-sac: c'est le départ d'un trek magnifique vers la vallée de Parvati. Vu le rapide gain d'altitude en une journée, il faut éviter de partir pour une randonnée dès l'arrivée. Mieux vaut passer un jour tranquille à siroter des *tchaïs* dans une guesthouse sympathique.

Après Kaza, la route se dégrade et monte vers le col de **Kunzum La** (4590 m), ce qui ajoute encore à l'intérêt du parcours. Depuis le col, une piste en mauvais état amène au magnifique lac de **Chandratal**, un très bel endroit pour bivouaquer. Il ne reste plus alors qu'à rejoindre la route Manali - Leh à Gramphu, au bas du col de Rohtang.

Manali - Leh

Depuis Gramphu la route est très facile, pas grand chose à signaler avant l'arrêt obligatoire à **Tandi** où se trouve la dernière station-service avant le Ladakh, à 365 km. N'oubliez pas que le moteur va consommer plus en altitude, donc prévoyez large. Keylong peut servir d'étape pour la nuit pour les baroudeurs qui ont fait le détour par la vallée de Spiti, mais en arrivant de Manali l'arrêt ne se justifie que pour manger à un *dhaba* (petit restaurant sur la route). Le premier check-point est à Darcha, où il faut s'enregistrer dans le registre de passage, et enfin se présente le premier des grands cols, le **Baralacha La** (4890 m). La route est juste assez mauvaise pour être intéressante. En saison, les locaux montent parfois des tentes le long de la route, l'occasion de boire un coca et manger un snack, ou même dormir en vrac sur un coussin avec une couverture. Les températures estivales de la journée sont trompeuses, à ces altitudes il fait très froid la nuit. Le *pit stop* habituel sur la route est à **Sarchu**, un plateau à 4200 mètres d'altitude où se trouve un camp de l'armée et un village de tentes, tout ce qu'il faut pour boire, manger et dormir. C'est là que beaucoup de voyageurs passent une très mauvaise nuit à cause de l'altitude, sauf ceux qui viennent de Spiti qui sont déjà acclimatés.

A gauche : profil de la route Manali - Leh.
Ci-dessus : en direction de Leh, peu avant Sarchu.

Le lendemain il faut aller s'enregistrer au check-point des militaires, qui marque la limite du Ladakh. La route descend dans une vallée à l'aide de quelques lacets bien sympathiques (Gata Loops) et on repart pour une doublette : **Nakee La** (4750 m) et **Lachulung La** (5060 m). Le manque d'oxygène à cette altitude fait perdre au moteur la moitié de sa puissance, mais imaginez les nombreux cyclistes qui montent ces cols à la force des mollets… La route est en général bonne et ne pose pas de problème. Un peu plus loin à **Pang** se trouvent également quelques tentes pour passer la nuit, au cas où vous auriez décidé de ne pas vous arrêter à Sarchu.

La région de Pang est très intéressante, avec des formations rocheuses très bizarres. Les occasions de s'arrêter pour prendre des photos ou pour pique-niquer sont fréquentes tout au long de cette route donc il vaut la peine de partir tôt de Sarchu. La route traverse ensuite les plaines de Morey, où on peut enfin sortir de la route et de se dégourdir les crampons. Attention quand même à ne pas ravager les espaces encore intacts, ce n'est pas un parcours de cross, même si vous verrez que les bus ne se gênent pas pour sortir de la route quand elle est trop dégradée.

La bifurcation vers Tsomoriri (p.264) à l'est est tentante, mais comme un permis est nécessaire pour y aller il faut d'abord passer par Leh. Finalement arrive le plat de résistance de cette route, le col de **Taglang La** (5328 m), son point culminant. A partir de là il ne reste plus qu'une longue descente vers la vallée de l'Indus. A **Upshi** une station service permet de faire de l'essence si on est trop juste pour les derniers 50 km jusqu'à Leh. La très belle route le long de l'Indus incite à flâner, mais il vaut mieux y revenir une fois que vous aurez pris vos marques à Leh.

Leh est une petite ville qui accueille en été une foule de touristes composée environ d'un tiers de riches Indiens en vacances, d'un tiers de randonneurs occidentaux et d'un tiers de routards déglingués occupés à parfaire leur technique de roulage (de joint). On y trouve quantité d'hôtels et *guesthouses*, des restaurants, des magasins et quelques mécanos, si besoin. La route de Manali à Leh se fait confortablement en deux longues journées avec de nombreux arrêts pour boire un *chaï* et prendre des

---

Ci-dessus : beaucoup de messages humoristiques sur la route au Ladakh.
A droite : monastère au bord de l'Indus dans la vallée de Leh.

photos. En se levant à l'aube et en roulant non-stop, il est possible de faire la route en une seule journée : c'est ce que font les locaux qui sont blasés par ce paysage exceptionnel.

Leh est une excellente base pour effectuer des excursions d'un ou plusieurs jours vers les vallées et les lacs magiques de cette magnifique région. S'il est possible d'explorer librement les villages et

Certaines destinations sont fermées aux étrangers : c'est le cas du **Chanthang** au-delà des check-points de **Nyoma** et de **Merak** (Chushul, Hanle), du col de **Marsimik** ainsi que de la route vers le col de Siachen où les Indiens et les Pakistanais se balancent des obus pour passer le temps. Par contre, pour la route du Zanskar aucun permis n'est nécessaire.

monastères de la vallée de l'Indus le long de la route principale, pour toutes les autres destinations décrites ci-après un permis est nécessaire. Ce n'est pas très compliqué de l'obtenir, le plus simple étant de passer par une agence de voyage qui s'en chargera pour quelques roupies en 24 heures. Les agences vont aussi grouper plusieurs personnes sur le même permis, mais cela ne pose pas de problème de voyager ensuite séparément. Si vous voulez effectuer vous-même les démarches, le bureau se trouve à Leh (N34 09.702 E77 35.295).

Vallée de la Nubra

Les nombreux motards qui arrivent à Leh se précipitent pour « faire » le fameux **Khardung La**, qui se situe juste au-dessus de Leh. L'objectif est le panneau au sommet qui annonce fièrement le plus haut col du monde, à une altitude de 18 380 pieds, soit 5602 mètres. Le responsable doit avoir des ascendances marseillaises car l'altitude effective est de 5359 mètres, le Khardung La est donc surpassé par certains cols tibétains (sans compter quelques routes minières des Andes, p. 46), mais le coup marketing est réussi puisqu'on trouve partout cette référence à 5600 mètres. Le moindre effort à cette altitude est presque impossible si on n'est pas sérieusement acclimaté. Heureusement, derrière, on redescend dans la vallée de **Nubra** (3000 m). C'était autrefois un axe majeur de commerce entre le Ladakh et le Tibet et, par extension, entre et celles des montagnes environnantes laissent littéralement bouche bée. Si vous avez l'intention de faire la boucle du Ladakh, il faut absolument prévoir une excursion de deux jours avec une nuit en bivouac au bord du lac. Sur place on ne se lasse pas d'admirer le paysage sous tous ses angles, à la lumière du soir

l'Inde et la Chine, par le col Karakoram. De nos jours, le col est sur une frontière contestée par la Chine et proche du glacier de Siachen, une zone de combats sporadiques entre le Pakistan et l'Inde, il est donc fermé à tout trafic. La vallée est très belle, surtout en automne, mais elle ne mérite toutefois pas plus qu'une journée ou deux d'excursion depuis Leh.

Pangong Tso et Tsomoriri

Le lac **Pangong Tso** est un des plus beaux lacs du monde, ses couleurs ou de celle du matin. Depuis Leh, il faut remonter l'Indus jusqu'à **Karu**, un peu avant **Upshi**. La route devient très mauvaise jusqu'au **Chang La** (5360 m), le troisième des cols à plus de 5000 de la région. Une fois arrivé au lac il n'y a pas grand chose à faire sauf de profiter de la beauté sublime du paysage. Pour passer la nuit l'idéal est de camper ; il est aussi possible de louer une chambre. Par une nuit sans lune, la quantité d'étoiles visibles est incroyable. La moitié du lac

Ci-dessus : Pangong Tso.
A droite : route vers le lac Tsomoriri.

est sur territoire chinois, donc il est impossible d'aller beaucoup plus loin. C'est depuis ce lac que part la piste vers le col de **Marsimik La**, à 5681 m, un des plus hauts cols du monde accessibles en véhicule, mais situé dans une zone très sensible près de la frontière chinoise, qui n'est pas couverte par le permis. Ce der-

par Upshi et de l'autre côté par la route Manali - Leh juste derrière le Tanglang La. La boucle est incroyable, une belle piste loin des parcours des camions et des bus.

Depuis Tsomoriri, il y a une troisième piste qui mène au plateau de Changthang, tout à l'est du Ladakh, un

nier permet uniquement de longer le lac jusqu'à Merak. Seuls les Indiens peuvent obtenir un permis pour aller plus loin.

Le **Tsomoriri**, un autre lac qui vaut le détour, nécessite un permis différent. Contrairement à Pangong Tso qui est quasiment désert, il y a un village et quelques habitations autour du Tsomoriri, malgré son altitude à plus de 4500 mètres. Bien qu'un peu moins spectaculaire que Pangong (mais c'est mettre la barre très haut), la route d'accès est plus intéressante. Surtout, alors que la route de Pangong finit en cul-de-sac, Tsomoriri s'atteint d'un côté

endroit extraordinaire, isolé près de la frontière tibétaine. Malheureusement les permis pour y accéder ne sont accordés qu'aux Indiens.

Vallée de Dha

Voici encore un coup marketing des Indiens : cette vallée est présentée comme étant peuplée d'Aryens, ce qui excite la curiosité des touristes, surtout les Grecs qui croient y voir les descendants de l'armée d'Alexandre le Grand. Tiens - tiens, comme dans la vallée de Kalash au Pakistan... Avec un permis correspondant, cette route est un très bel itinéraire *bis* pour aller de Leh à Kargil.

Zanskar

Peu après Leh, l'Indus rencontre la rivière Zanskar qui coule à travers des
défilés très étroits jusqu'à la vallée du
Zanskar. Les flancs de la montagne sont
si à pic qu'il n'y a même pas de chemin.
Les Indiens ont commencé à tailler une
route dans la falaise le long de la rivière,
un travail titanesque qui prendra des
années. En hiver la rivière gèle et les habitants de la vallée du Zanskar peuvent
marcher sur celle-ci pour rejoindre la
vallée de l'Indus, un voyage épique par
des températures glaciales qui s'appelle
le *Chadar*. En été par contre il faut passer plusieurs cols à pied, ou alors faire un
très long détour par Kargil. **Kargil** est
situé à quelques kilomètres de la ligne
de contrôle et des premiers éléments de
l'armée pakistanaise, théoriquement à
quelques heures de Skardu au Pakistan
(p. 250), si on pouvait emprunter le col
qui y mène directement : au lieu de ça, il
faut faire 1700 km pour passer au Baltistan. Malheureusement on ne voit pas
d'issue à ce conflit et la situation risque
de perdurer encore longtemps.

La route d'accès au Zanskar part
de Kargil sur une piste complètement
défoncée. Le col de **Pensi La** (4400 m)
marque la frontière entre la culture musulmane et tibéto-boudhsite et l'entrée
dans la vallée du Zanskar. Cette route
n'existe que depuis 1979, avant cela la
vallée était inaccessible en véhicule.
Aujourd'hui le trajet de 230 km prend
une journée à un bon rythme (les bus
mettent 12 heures non-stop). A **Padum**
la route finit en cul-de-sac : au nord, la
route le long du Zanskar vers Leh prendra encore quelques années à être terminée et au sud, les travaux ont commencé
sur une route donnant un accès direct
au Zanskar depuis Keylong, au-dessus
de Manali, mais elle est encore moins
avancée. Cette atmosphère paisible de
bout du monde risque de disparaître
lorsque les bus de touristes auront un accès facile à la vallée.

Cachemire (carte 16, p. 244)

La route Leh - Srinagar est très bien
entretenue car elle est stratégique pour
les Indiens pour qu'ils puissent ravitail-

ler leur garnison – ce qui veut dire aussi qu'elle est souvent encombrée par de longs convois militaires. Les nombreux monastères le long du chemin permettent de faire des petits arrêts touristiques. **Kargil** n'est pas encore vraiment au Cachemire mais c'est la première ville d'importance entièrement musulmane (chiite). A partir de là les mosquées remplacent les *gompas* et la bière devient plus difficile à trouver. Lorsque la situation est calme, un voyage au Cachemire est un enchantement. Le contraste avec le Ladakh est saisissant, on se croirait en Suisse : des pâturages d'herbe verte, des vaches, des sapins. En d'autres temps les petites pistes de montagne devaient être un régal, mais depuis 1988 et le début de l'insurrection, les militaires ont posé des barrages partout et il est difficile de savoir jusqu'où il est possible de circuler sans risquer de finir à Guantanamo.

Srinagar est une ville très belle située à côté d'un lac où de nombreux bateaux ont été transformés en hôtels pour y loger les touristes, les fameux *houseboats*. Pour les Indiens c'est le paradis sur terre et une destination très prisée pour leur voyage de noces. De nos jours l'atmosphère est un peu plombée par les barbelés et les sacs de sable qui décorent la ville. Si la situation n'est pas trop tendue il faut prévoir quelques jours pour visiter et jouer au touriste.

Depuis le Cachemire, il existe bien une route vers le Pakistan et **Abottabad** (la région appelée *Pakistan-Occupied Kashmir* ou POK par les Indiens et *Azad Kashmir* (Cachemire libre) par les Pakistanais, mais elle n'est ouverte qu'au trafic local et aux natifs des deux pays. Les touristes eux doivent faire le tour par Amritsar et Wagah, le seul poste-frontière entièrement ouvert entre les deux pays (p. 251).

A gauche : vue sur le glacier de Drang-Drung depuis le col de Pensi La, Zanskar.
Ci-dessus : les toilettes du monastère de Stongde, avec vue panoramique sur la vallée de Padum, capitale du Zanskar.

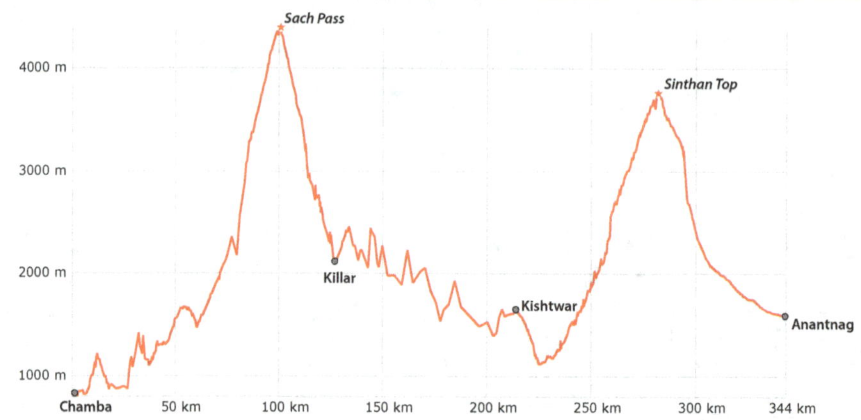

La route principale de Srinagar à **Jammu** est relativement inintéressante, c'est un retour progressif vers le chaos habituel des routes indiennes. Il vaut mieux prendre la route «**Mughal**» qui passe par le col du **Peer Ki Gali**, plus longue mais beaucoup moins fréquentée.

Vallées de Pangi et col de Sach

Pour les vrais baroudeurs, il existe une autre route entre le Cachemire et l'Himachal Pradesh, sur des pistes en très mauvais état à l'écart de toute circulation. L'itinéraire part **d'Anantnag**, sur la route Srinagar - Jammu (carte 16, p. 244). La route entre Anantnag et **Kisthwar** est goudronnée jusqu'au col de **Sinthan**, puis elle se transforme en piste jusqu'à **Kisthwar**. La région étant fréquentée par les militants séparatistes, la route peut être fermée si la situation est tendue.

Depuis Kisthwar, une double-track continue en direction de la vallée de **Pangi** par une route très étroite et spectaculaire qui est par moment creusée dans la falaise. C'est probablement une

Géographie politique

Si vous prenez une carte de géographie, il est assez difficile de voir où passe la frontière entre l'Inde et le Pakistan : les limites sont en général dessinées en pointillés car la région du Cachemire et du Baltistan sont revendiquées par les deux pays. Sur les cartes «neutres», comme Openstreetmap ou la version anglaise de <u>google</u>, la

frontière est dessinée sur la ligne de cessez-le-feu (*Line of Control*), ce qui correspond à la réalité du terrain depuis la fin de la Première Guerre indo-pakistanaise en 1949. Par contre, la version <u>indienne</u> Google (maps.google.co.in) inclut le Baltistan pakistanais dans le territoire indien.

des routes les plus spectaculaires et dangereuses de la région, maintenant que les routes du Ladakh peuvent être parcourues par les familles en Twingo. A **Killar**, une bonne route par la vallée de **Pattan** et **Udaipur** rejoint la route Manali - Leh à **Tandi (**carte 17, p. 258). Sinon, il vaut mieux prendre la piste au sud qui mène au **col de Sach**, une des plus mauvaises - mais plus intéressantes - routes de la région. Attendez-vous à des conditions difficiles lorsqu'il pleut, ce qui arrive souvent en été. De l'autre côté du col, la route s'améliore sensiblement et arrive à **Chamba** et Dalhousie, des stations très prisées des Indiens qui recherchent la fraîcheur.

Petit aperçu de la route entre Killar et Kishtwar : www.youtube.com/watch?v=unRF7vxfn3E

Virolos

En Inde j'ai trouvé un moyen facile de prévoir si une route de montagne sera intéressante ou non. Il faut regarder les bus qui arrivent à la gare routière : si les flancs sont couverts de vomi, il est probable que ce sera une route intéressante pour les motards !

A gauche en haut : profil de la route entre Chamba et Anantnag.
A gauche en bas : les vestiges de la guerre de Kargil entre l'Inde et le Pakistan.
Ci-dessus : famille de paysans au Cachemire.

Nord-Est de l'Inde

Le **Sikkim** mérite une mention particulière car c'est un pays de montagne à la culture tibétaine, comme le Ladakh, coincé entre le Népal et le Bhoutan. Il est beaucoup plus petit et les routes moins nombreuses, mais non moins spectaculaires. En particulier, la route pour atteindre **Darjeeling** est magnifique, elle serpente au milieu des plantations de thé jusqu'à la célèbre station, qui malheureusement est très sale et bruyante. Un permis est nécessaire pour se rendre au Sikkim, qui est accordé très facilement (Darjeeling n'est pas au Sikkim donc est libre d'accès). Cette région étant très arrosée, il vaut mieux s'y rendre au printemps ou en automne, comme au Népal.

La région à l'est du Bhoutan, entre le Tibet et le Bangladesh, est très particulière car habitée par des ethnies très différentes du reste de l'Inde. C'est à cause des combats entre les indépendantistes et l'armée qu'il a longtemps été très difficile d'y voyager. Récemment, la situation s'est améliorée et le gouvernement a levé l'obligation d'obtenir un permis pour la plupart des États du Nord-Est. Il faut donc se dépêcher de profiter de cette région encore peu touristique et qui peut-être se refermera si les violences reprennent. Un permis est encore néanmoins nécessaire pour pénétrer dans l'**Arunachal Pradesh**, qui borde le Tibet. C'est dommage car la route qui monte au monastère de Tawang par le col de Sela est superbe.

Notez que c'est ici que l'on enregistre les plus fortes précipitations annuelles au monde.

Sud de l'Inde

Inutile de présenter le Rajasthan, Agra et le Taj Mahal, Goa, etc. les guides de voyage font cela très bien. Il suffit de savoir qu'il est très facile de voyager dans tout le pays comme bon nous semble. Les cartes disponibles sont notoirement imprécises, mais ce n'est pas grave, le plaisir est aussi de se perdre. Les routes sont loin d'offrir le même plaisir qu'au Ladakh et dans l'Himalaya, toutefois si vous vous rendez dans le sud, il faut absolument amener votre moto à travers une petite chaîne montagneuse qui longe la côte sud-ouest de l'Inde, appelée Ghats occidentaux (Western Ghats). Après quelques milliers de kilomètres de route encombrée et relativement plate, cela permet enfin au motard de se défouler. De plus, cette région n'est pas très loin de Goa et près de la région très touristique des canaux du Kerala.

Ci-dessus : on travaille en famille sur les routes au Sikkim.
A droite : jolies épingles sur la route qui monte à Valparai.

Depuis **Kozhikode**, une jolie route part à l'est vers les stations d'été de **Ooty** et Coonoor, très fréquentées par les Anglais pour échapper à la chaleur. Après un ou deux jours à visiter les alentours, il faut reprendre la route vers le sud, redescendre en plaine pour remonter vers **Valparai**, sur une des plus belles routes du Sud de l'Inde. Enfin quelques lacets pour dégorger son moteur et se faire plaisir. La région au sud de Valparai est un parc national, il n'y a donc aucune route. Il faut redescendre en direction de Pollachi et remonter sur Munnar, à travers la forêt tropicale (Top Station n'est guère plus qu'un point de vue et un joli détour). Depuis **Munnar**, autre station de villégiature prisée par les Indiens, la prochaine étape est **Thekkady**, porte d'entrée du parc de Perian, où vivent encore des éléphants sauvages. Pour fermer la boucle la station de **Kodai** mérite le détour, sinon la petite route vers **Kochi** (Cochin) est très sympathique.

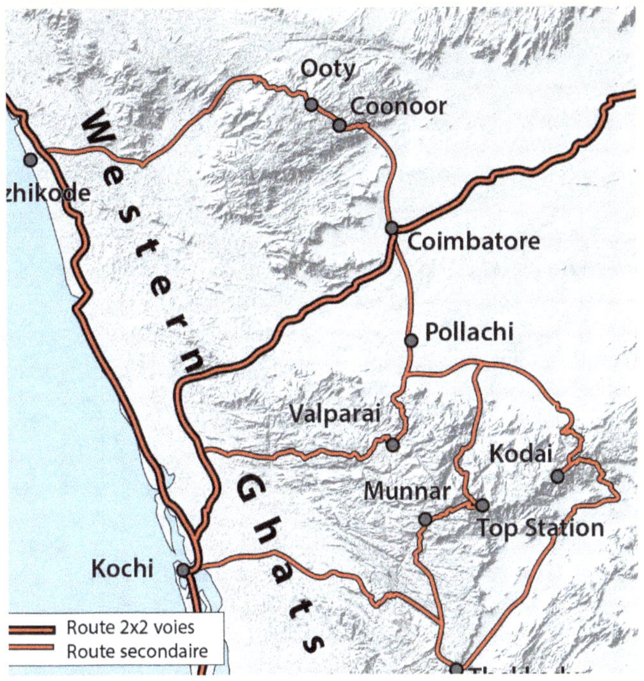

CARTE 18. Western Ghats

Pit stop

Pour le motard qui vient de faire au moins 6500 km depuis Istanbul, et souvent bien plus, il faut noter que New Delhi est le seul endroit en Inde où on a une chance de trouver des pneus: on y trouve le seul importateur de grosses cylindrées en Inde, et il peut éventuellement vous dépanner:

Kaulson Motorcycles & Scooters
B-101, Naraina Indl. Area, Phase 1
New Delhi
Tel : 25893-777

Népal

On imagine le Népal comme un pays de neige et de montagnes, très au nord dans l'Himalaya. Ce n'est pas tout à fait exact: Katmandou est en fait plus au sud que New Delhi et toute la bande sud du pays, le Teraï, est à moins de 100 mètres d'altitude.

La pauvreté du pays fait que les routes sont peu nombreuses et en mauvais état, surtout dans les montagnes. L'exception est le Friendship Highway, ou route de l'amitié, qui reliait le Népal à la Chine. Mais à cet endroit la frontière n'est qu'à 2500 mètres d'altitude; c'est au Tibet qu'elle franchit véritablement l'Himalaya avec des cols à plus de 5000 mètres. Le Népal n'offre donc pas le même plaisir de rouler qu'au Ladakh. Les plus aventureux feront un détour par le **Karnali Highway**, entre Surkhet et Jumla, qui est considéré comme la route la plus dangereuse du Népal.

Si l'état des routes est globalement assez médiocre (sauf l'axe Delhi - Katmandou), en période de mousson c'est encore pire. Certaines routes escarpées et non goudronnées deviennent presque infranchissables. En fait, toutes

Ci-dessus: beau sourire népalais.
A droite: petite balade dans les collines au-dessus de Kathmandou.

les routes népalaises sont dangereuses, les accidents de circulation provoquent un véritable carnage, preuve en est le nombre de bus renversés ou écrasés que l'on rencontre le long des routes. Le Népal est un pays qui se visite mieux à pied en trekking loin du bruit et de la pollution qu'à moto. Toutefois le pays n'échappe pas à la modernité et des régions isolées comme les Annapurna seront bientôt reliées par la route. Pour nous motards ce sera l'occasion d'une belle balade dans les montagnes; pour les locaux cela veut dire des meutes de touristes qui viendront se balader à la journée, sans s'arrêter dans les *tea-house*. Le progrès a ses avantages et ses inconvénients, mais vu l'importance de l'Himalaya dans le pays et les faibles moyens à disposition, l'infrastructure routière restera encore longtemps sous-développée. Un exemple: alors que les Chinois ont construit une route jusqu'au camp de base de l'Everest, du côté népalais la route finit à Jiri. Depuis là il faut une semaine de marche pour atteindre Lukla (où il y a un aéroport), puis encore une semaine de trek pour arriver au camp de base de l'Everest. On n'est pas prêt d'y venir à moto ! Mais cela n'a pas empêché les Népalais d'installer au camp de base de l'Everest une véritable petite ville, avec boulangerie, couverture GSM et réseau WiFi. Tout cela y est transporté chaque saison à dos de yaks.

Beaucoup de motards viennent au Népal à la fin de leur tour du sous-continent indien, car **Katmandou** est un bien meilleur endroit d'où envoyer sa moto en Asie du sud-est (ou ailleurs). La bureaucratie et la corruption y sont beaucoup moins importantes qu'en Inde. La ville est par ailleurs très agréable et on y passe volontiers quelques jours ou même quelques semaines pour tout organiser.

LE SUD-EST DE L'ASIE offre d'excellentes possibilités de voyage à moto. Les paysages sont magnifiques, les routes sont souvent bonnes, les habitants sont très accueillants et le coût de la vie est très bas. Le seul problème est qu'on ne peut s'y rendre que par avion ou bateau car les routes terrestres sont fermées par la Birmanie et la Chine, deux pays qui n'autorisent pas l'entrée des véhicules étrangers sur leur territoire. Le Vietnam également interdit l'entrée aux motos, alors que c'est par ailleurs un pays très ouvert au tourisme. Malgré cela, la Thaïlande, le Laos, le Cambodge et la Malaisie offrent assez de possibilités pour plusieurs mois d'exploration. Il est un peu compliqué d'atteindre l'Indonésie mais une fois dans le pays il est très facile de se déplacer grâce aux ferries qui relient toutes les îles.

En Asie du Sud-Est, les passages de frontières terrestres se font en général assez rapidement et sans bakchich - sauf pour le Cambodge et la Thaïlande depuis 2016. Il suffit de remplir quelques formulaires pour obtenir le droit de passer avec sa moto, sans carnet de passage (voir ci-dessous, formalités). Les routes sont souvent encombrées aux abords et dans les grandes villes, mais dès qu'on s'en éloigne on retrouve dans tous ces pays de nombreuses double- et single-tracks qui permettent d'explorer les villages les plus reculés et inaccessibles avec les transports publics.

La vie est facile, la nourriture excellente et la bière est disponible même dans les pays musulmans. Le plus gros danger est donc de ne jamais en repartir ! Enfin, pas tout à fait, le plus gros danger est en réalité la circulation : les motos et scooters sont omniprésents dans ces pays, mais cela ne semble pas troubler les chauffeurs de poids-lourd et de bus qui n'hésitent pas à doubler dans des virages sans visibilité et à rouler bien plus vite que leurs freins ne le leur permettent. Tout ceci ne sera néanmoins pas un gros dépaysement si vous arrivez d'Inde.

Notez que si les hôtels et guesthouses sont bon marché, il est difficile de trouver un endroit dégagé, calme et tranquille pour planter sa tente. Heureusement pour ceux qui préfèrent la nature aux bars et aux clubs, il est souvent possible de bivouaquer dans les parcs nationaux, avec l'autorisation des rangers.

Formalités

Thaïlande. Les citoyens de la plupart des pays occidentaux peuvent entrer en Thaïlande sans visa ; à l'aéroport le tampon d'entrée donne droit à 30 jours, alors que celui des douanes terrestres autorise une durée variable de 15 jours (en général) à 30 jours (pour les Français et les ressortissants des pays du G7). On peut obtenir une extension de 30 jours une fois dans le pays.

Récemment, la Thaïlande a rendu obligatoire l'obtention d'un permis d'importation pour pouvoir entrer dans le pays au volant de son véhicule immatriculé à l'étranger. Ce permis doit être préparé€ par une agence de voyage agrée, au moins 30 jours à l'avance. Le permis lui-même est valable pour un séjour d'une durée de 30 jour au maximum, avec des point d'entrée et de sortie fixe. Le prix est variable selon le véhicule et l'agence, compter entre 6000 et

10000 bahts (env. 130 - 260 €). Une agence réputée :

Aran Sisophon Travel
www.tour-ast.com
aransisophon@hotmail.com
Contatct : Mrs. Thip

Voir aussi le groupe Facebook appelé: *Thailand - New regulation affecting overland travellers*, la situation fin 2016 étant encore très confuse.

Cambodge. Un visa est nécessaire pour entrer, disponible aux frontières contre 20 $. Il est valable 30 jours ; vous pouvez ensuite le prolonger sur place pour 30 jours, ou alors faire un *visa run* vers un pays limitrophe. Les règles d'importation d'un véhicule sont assez floues. Jusqu'à récemment il était encore assez facile d'entrer un véhicule dans le pays sans autre formalité (et donc de pouvoir l'y laisser autant de temps que l'on désire. Actuellement (fin 2016) les règles sont plus strictes, et s'il semble encore possible de rentrer sans paperasse au moyen d'un «cadeau» bien placé, officiellement il faut obtenir une autorisation préalable d'importation temporaire à travers une agence locale. Officieusement, le carnet de passage est cependant accepté aux postes-frontière.

Laos. Le visa peut être acheté aux postes-frontières principaux.

Sur internet, c'est sur le forum de Golden Triangle Rider (www.gt-rider.com) que vous obtiendrez les dernières informations sur la région du nord de la Thaïlande et du Laos. Le site vend aussi des cartes routières très détaillées. Le forum de rideasia.net fournit également des informations précises sur tous les

pays de la région, principalement pour et par les expats qui roulent sur des motos immatriculées là-bas. Mais leurs conseils peuvent s'appliquer aussi aux motos immatriculées en Europe.

Vous pouvez circuler en Thaïlande, au Cambodge, au Laos et en Malaisie sans carnet de passage. Vous obtenez à la place un permis d'importation temporaire à la douane (sauf au Cambodge). La Malaisie reconnait le carnet de passage mais il est courant d'entrer sans l'utiliser, ce qui peut être un problème si vous voulez ensuite exporter votre moto par un transporteur, par exemple pour l'envoyer en Indonésie (p. 291).

En règle générale, il faut être assuré pour circuler en Thaïlande et au Laos. L'assurance ne coûte pas très cher et est très facile à obtenir ; vous pouvez l'acheter à la frontière.

Singapour a posé des conditions draconiennes à l'entrée de véhicules

---

Ci-dessus : dans la région de Chiang Mai, Thaïlande.

étrangers dans ce petit mais très riche pays. Les véhicules locaux sont déjà très taxés, mais pour les étrangers c'est encore pire (voir sur le site du Land Transport Authority www.lta.gov.sg pour les détails). Le prix de l'importation est prohibitif pour un petit pays qui ne mène nulle part. Si vous devez récupérer votre moto que vous avez envoyée à Singapour par container, il vaut probablement mieux la faire transporter du port jusqu'en Malaisie par camion que de payer les taxes exorbitantes pour rouler sur le territoire singapourien.

Le **Vietnam** reste un des « fruits défendus » du baroudeur, comme la Chine et la Birmanie. Pour rouler légalement au Vietnam avec un véhicule immatriculé à l'étranger il faut une autorisation et être accompagné d'un guide. Et ceci quelle que soit la cylindrée de la moto ; il est faux de croire que l'on pourra entrer avec une 125 cc. Toutefois, cela ne vous surprendra pas que dans cette région

Ci-dessus : temple de Ta Prohm à Angkor, Cambodge.

la loi soit facilement contournée : les douaniers du poste frontière de Chalo / Napao, entre le Laos et le Vietnam, ont déjà permis à plusieurs motards d'entrer avec leur machine au Vietnam, pour autant qu'ils utilisent le même poste frontière pour sortir du pays. Il semble que cela soit une initiative personnelle des officiels de cette douane et cela ne veut pas dire qu'il soit légal aux yeux de la police de circuler au Vietnam avec un véhicule étranger. Il est peu probable que la police vous arrête, mais en cas de pépin - un accident grave avec un local, par exemple - cette entrée « en douce » peut se retourner contre vous. Il est par contre très facile de louer une moto sur place, de nombreuses agences à Hanoï le proposent, une bonne solution pour découvrir sur deux roues les magnifiques routes de montagnes près de la frontière chinoise.

La **Birmanie** (Myanmar) a ouvert deux postes-frontières aux touristes étrangers venant par la route de Thaïlande, mais les véhicules sont interdits. Depuis peu, des motards ont obtenu (à grand frais) des permis pour entrer en Birmanie depuis la Thaïlande ou l'Inde, mais uniquement accompagnés par un guide et une voiture de police. Si vous désirez absolument transiter par la Birmanie en convoi, sur un itinéraire fixe, consultez les forums correspondants sur HorizonsUnlimited.com, afin d'obtenir les dernières informations et éventuellement de vous greffer sur un groupe. Il est à espérer que le pays s'ouvrira de plus en plus et renoncera à ces restrictions, mais pour l'instant il est encore meilleur marché d'envoyer sa moto en avion de Katmandou à Bangkok que de payer le prix exorbitant demandé par les agences agréées par le gouvernement (1000 $ -

Rouler local

Pour ceux qui renonceraient à venir en Asie du Sud-Est avec leur propre véhicule, il est très facile et bon marché de louer des petites 125 cm3 4-temps qui permettent de visiter tranquillement tous ces pays d'Asie du Sud-Est pour 3 - 10 € par jour selon les modèles et la durée. Il est par contre beaucoup plus difficile de passer les frontières, par exemple de Thaïlande au Laos, avec une moto de location qu'avec une moto qui est à son nom. Au Vietnam, la location est assez courante, c'est d'ailleurs la seule manière de circuler légalement. A Bali il est également très facile de louer un scooter pour se déplacer sur l'île, mais il est en général interdit de le sortir de l'île. Il est par ailleurs impossible d'acheter une moto en Indonésie.

Pour une plus longue période, de 6 mois à une année, il ne revient pas plus cher d'acheter une moto neuve et de la revendre en repartant. Si c'est une moto de deuxième main, on peut en général circuler sans trop de souci dans le même pays avec les papiers au nom de l'ancien propriétaire. Mais pour passer les douanes il faut avoir un véhicule à son nom. C'est en Malaisie que les formalités d'immatriculation sont les plus faciles : pas besoin d'être résident, un visa touristique et une adresse à l'hôtel suffisent. Cela permet de visiter très facilement la Thaïlande, le Laos et le Cambodge.

2000 $ selon la grandeur du groupe et la longueur du séjour).

La **Malaisie** est le pays où il est le plus simple d'acheter une moto, ce qui peut être une bonne solution si votre bécane est en transit entre l'Inde et l'Australie, par exemple (voir encadré). En entrant par voie terrestre vous recevrez un visa gratuit de 30 jours seulement, mais il est très simple de le faire prolonger jusqu'à trois mois.

Indonésie. Il faut éviter le visa de 30 jours que l'on peut obtenir à l'aéroport lorsqu'on arrive en avion, car il n'est renouvelable qu'une fois pour 30 jours. Les ambassades à l'étranger vendent un visa de 60 jours qui peut être renouvelé auprès d'un bureau de l'immigration que l'on trouve dans toutes les grandes villes (*Kantor Imigrasi*) pour environ 15 € par mois, jusqu'à 6 mois au maximum. Une autre possibilité est de faire un aller-retour dans un autre pays, Singapour ou Timor Leste, par exemple, et ainsi obtenir un nouveau visa de 60 jours. Liste des bureaux d'immigration :

www.imigrasi.go.id/index.php/en/contact-us/immigration-offices

Pour entrer en Indonésie il faut nécessairement être muni d'un carnet de passage en douane (voir p. 291 pour faire transporter sa moto depuis la Malaisie vers l'Indonésie).

Timor Leste. Les visas ne sont pas disponibles à la frontière, en venant d'Indonésie il faudra vous rendre au consulat de Kupang au Timor occidental ou à celui de Denpasar à Bali. En arrivant d'Australie par avion, vous obtiendrez votre visa à l'aéroport. Le visa est valable 30 jours, extensible à Dili. Le carnet de passage est nécessaire pour entrer avec une moto.

migracao.gov.tl/?page_id=32

Climat

Généralement, le Nord de la Thaïlande, le Cambodge et le Laos ont une saison des pluies qui va de mai à octobre ou novembre au sud. Avant, il fait très chaud et les feux allumés pour nettoyer les champs rendent l'atmosphère très brumeuse. La meilleure saison est juste après la mousson, quand le temps est sec et ensoleillé et l'air débarrassé des poussières. Notez que dans les montagnes du nord de la Thaïlande et du Laos, les températures peuvent être fraîches en hiver, une bonne polaire n'est pas de trop.

En Malaisie, à Singapour, en Indonésie et au Timor oriental les saisons sont inversées : la mousson du nord-est provoque de grosses pluies entre novembre et février. Autour de l'équateur, les saisons sont moins marquées ; à Singapour et à Bornéo, il pleut un peu toute l'année. Comme ailleurs, pendant la saison sèche (mai à octobre), la fumée des feux de broussailles voile le ciel.

Routes

La **Thaïlande** est sûrement le pays le plus touristique d'Asie du Sud-Est. Bangkok est souvent un point de départ et/ou d'arrivée dans la région, ainsi que qu'une destination touristique en tant que telle. C'est aussi, avec Kuala Lumpur, le meilleur endroit pour trouver des pièces détachées ou remplacer du matériel de camping défectueux. Le pays connait depuis quelques années des affrontements entre les deux principaux partis du pays, qui peuvent être particulièrement violents, mais qui restent en général circonscrits à Bangkok

Le nord du pays est très montagneux et donc très agréable à moto. Les îles du sud et leurs plages paradisiaques

sont plus intéressantes pour le farniente que pour rouler ; alors pourquoi ne pas laisser sa bécane dans un lieu sûr et aller y passer quelques jours ?

Le **Laos** peut-être le pays le moins développé de la région, mais aussi un des plus fascinants. Vous y trouverez de belles forêts, des temples magnifiques et dans les montagnes du nord des tribus très attachées à leurs traditions. Pour ceux qui auraient le mal du pays, ils trouveront au Laos (comme d'ailleurs au Vietnam) de la baguette, un reliquat de la colonisation française.

Le **Cambodge** brille surtout par ses ruines archéologiques, Angkor en premier lieu. Le pays n'est pas aussi développé que la Thaïlande, ce qui fait qu'il est très facile de prendre des petites pistes et découvrir les villages un peu au hasard.

La **Malaisie** est un pays très agréable, relativement développé et multiculturel. L'infrastructure routière est excellente, mais il est aussi possible d'emprunter des double-tracks pour se perdre dans les petits villages. Les côtes Est et Ouest offrent des climats différents selon les périodes de l'année, il faudra donc choisir votre itinéraire en fonction des saisons.

Itinéraire 8 : Mae Hong Son Loop

Un des itinéraires les plus célèbres, à juste titre, est connu sous le nom de «Mae Hong Son Loop». C'est une boucle autour de Chiang Mai, la capitale touristique du nord de la Thaïlande. Cette route compte, selon la légende,

Ci-dessus : on vit bien et pour rien dans cette région grâce aux bars pour touristes. Ici la Leo (bière thaï) est à 40 bahts, soit moins d'un euro. L'assiette de riz sauté est au même prix.

1864 virages. Sur la route, on a l'impression d'être loin du compte ! La route est entièrement asphaltée et de manière générale en bon état, donc vous pouvez y aller avec une GSXR-1000 comme avec une Vespa. Le tour fait 600 kilomètres sur 4-5 jours pour la boucle classique et 1000 kilomètres sur 7-10 jours pour un grand tour qui continue jusqu'à Chiang Rai.

La boucle s'effectue traditionnellement dans les sens des aiguille d'une montre, mais rien ne l'oblige. A Chiang Mai, il est d'usage de passer par le bar du **Rider's Corner** (N18 47.691 E98 59.599) pour discuter de l'état de la route et obtenir quelques tuyaux de Phil, le propriétaire (« KTMPhil » sur le web), ou tout simplement boire une bière avec d'autres motards.

Etape 1 : Chiang Mai - Mae Sariang.

Le détour par le parc national de Doi Inthanon est conseillé, du nom de la plus haute montagne de Thaïlande, à 2565 mètres. L'intérêt n'est pas le pic lui-même, puisqu'on y arrive directement par la route, mais plutôt la forêt du parc, qui est encore bien préservée.

Le point de départ est **Chiang Mai**, une des villes les plus agréables de Thaïlande. Le nord du pays est montagneux, ce qui permet d'échapper aux grosses chaleurs de mars à mai. En hiver, les journées sont ensoleillées et parfaites pour rouler mais les nuits sont très fraîches. Il existe évidemment de nombreuses variantes possibles dans cette région où les routes sont généralement bonnes et les paysages magnifiques où que l'on regarde. Vous trouverez une carte détaillée de la région ainsi que beaucoup d'autres informations sur le site de Golden Triangle Rider :

www.gt-rider.com

Etape 2 : Mae Sariang - Mae Hong Son

Mae Hong Son est une petite ville sympathique en tant que telle, mais le principal attrait touristique de la région est la présence de villages de la tribu des *Kayan*, qui appartient à l'ethnie *Karen*, rendue célèbre par leurs femmes-girafes. Ces femmes portent des colliers en spirale autour du cou qu'elles rallongent au fur et à mesure de leur croissance. A l'instar des tribus de la vallée de l'Omo en Éthiopie (p. 430), les photos de ces femmes ont paru dans les plus grands magazines et ont fait le tour du monde. Aux mêmes causes, mêmes conséquences néfastes : les femmes-girafes constituent aujourd'hui un zoo humain

Ci-dessus : ferme d'éléphants dans les région de Chiang Mai

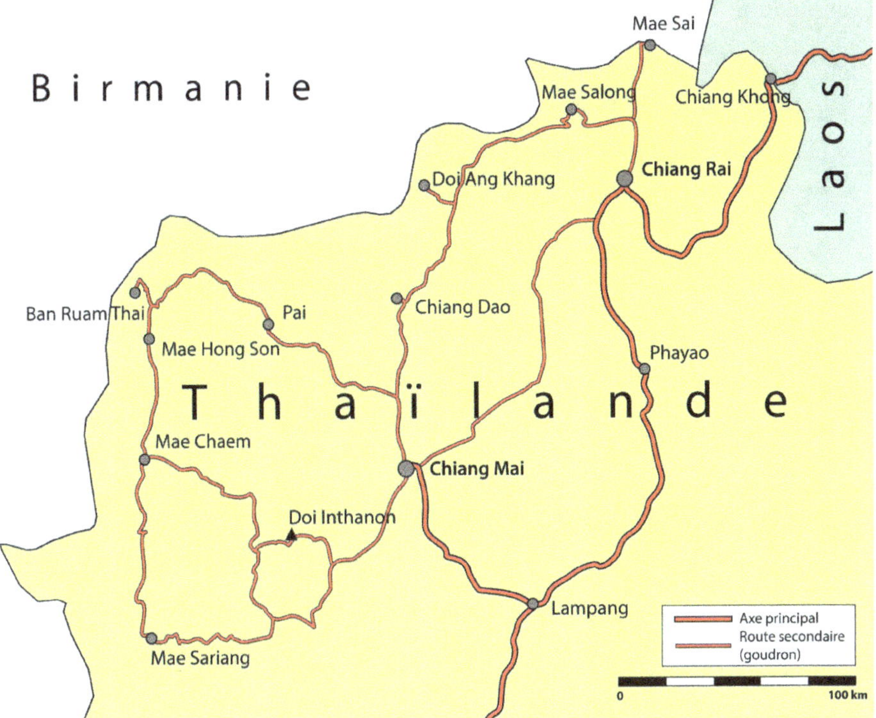

CARTE 19. Mae Hong Son Loop

très bien organisé et payant qui laisse dubitatif. Il faut savoir que les Kayan sont originaires de la Birmanie toute proche, dont ils ont fui les exactions du régime militaire pour se réfugier ici en Thaïlande. Depuis que la situation s'est pacifiée dans leur pays (maintenant appelé Myanmar), ils aimeraient retourner chez eux. Mais leur départ représenterait un tel manque à gagner pour la région que les autorités thaïlandaises leur refusent les documents leur permettant de sortir du pays. Traditionnellement, les femmes étaient obligées de porter ces anneaux sous peine de torture ou répudiation. Aujourd'hui ce n'est plus obligatoire, mais elles continuent à le faire car le gouvernement les paye pour maintenir le tourisme. Sachant tout cela, chacun décidera s'il souhaite visiter ces villages ou pas...

Etape 3 : Mae Hong Son - Pai

Cette étape est une succession de virages sur une petite route en bon état, dans des paysages exceptionnels : le paradis du motard ? En tout cas ceci s'en rapproche. **Pai** est une petite ville très populaire parmi les routards, qui dispose de tous les guesthouse, restaurants et bars nécessaires pour y passer une bonne nuit mais aussi plusieurs jours.

Etape 4 : retour à Chiang Mai

Si vous êtes un peu déçu de rentrer déjà dans la grande ville, vous n'avez qu'à continuer sur la grande boucle :

Etape 5 : Pai - Chiang Dao

Les plantations verdoyantes rappellent que l'on est ici dans le triangle d'or et que jusqu'à récemment la plupart de ces champs étaient couverts de pavot pour produire de l'opium. Aujourd'hui il semble qu'on y cultive plutôt des t-shirts chinois et des souvenirs pour touristes. Il vaut mieux quitter la route principale et visiter les villages montagnards du nord de la Thaïlande.

Etape 6 : Chiang Dao - Mae Salong

Un petit détour s'impose vers Doi Angkhang, un village perché dans les montagnes, que vous atteindrez par une jolie petite route en épingle. Il est aussi possible d'y dormir. La route de Mae Salong traverse ensuite des plantations de thé qui sont très réputées et surtout très esthétiques.

Etape 7 : Mae Salong - Chiang Rai

Au lieu de revenir directement à **Chiang Rai**, une grande ville peu intéressante, il vaut la peine de faire un détour par Chiang Saen, aussi connu sous le nom de Golden Triangle, parce que cette ville est proche du point où la Thaïlande, le Laos et la Birmanie se joignent. Vous pourrez aussi visiter le musée de l'opium.

Etape 8 : retour à Chiang Mai (ou direction le Laos)

Au lieu de rentrer sur Chiang Mai il est aussi possible de rejoindre le Laos depuis Chiang Rai. Le passage de la frontière se fait à **Chiang Khong** sur un tout nouveau pont sur le Mékong ou par ferry si le pont est toujours interdit aux motos. Le visa pour le Laos s'obtient facilement à la frontière pour 30 dollars et le permis d'importation temporaire (*information of conveyence* et *simplified customs declaration form*) est gratuit.

Indonésie & Timor Leste

L'Indonésie prend une place à part dans le parcours du baroudeur dans le sud-est asiatique. De prime abord, on aurait tendance à l'éviter car c'est un archipel d'îles et, en général, les îles ne sont pas le terrain de jeu privilégié des overlanders à moto : cela implique des transferts en bateau, voire en avion, qui prennent du temps et coûtent cher, alors que l'endroit se visite souvent tout aussi bien à pied. Pourtant, si vous regardez

une carte de l'Indonésie de plus près, il saute aux yeux que l'alignement des îles indonésiennes forme un lien qui va vous permettre de relier la Malaisie à l'Australie. De plus, les distances à franchir entre les îles sont souvent très courtes : 27 kilomètres entre Sumatra et Java, les deux principales îles, 5 kilomètres entre Java et Bali, 70 km entre Bali et Lombok et ainsi de suite en direction du sud-est jusqu'à Timor qui n'est séparé de l'Australie que par 600 kilomètres, soit moins que la distance Marseille - Alger. Les Indonésiens voyagent couramment entre leurs îles, souvent avec leur petite moto, les passages en ferry sont donc fréquents, faciles et très bon marché. Vous devrez certes payer le prix « grosse moto » mais cela reste de toute façon très abordable (voir le tableau p. 288).

La traversée de l'Indonésie se fait facilement, sur de jolies petites routes dans des paysages magnifiques et très variés, ce qui, finalement, est exactement le but du voyageur à moto. Il est donc normal que l'on retrouve l'Indonésie sur les carnets de routes de beaucoup de baroudeurs. Le trajet de Sumatra à Timor, long de 5000 kilomètres au minimum et 6 traversées en ferry, peut se faire facilement en deux mois, même si on y passerait facilement trois ou plus avec les détours et quelques séjours sur la plage.

L'Indonésie est un pays particulièrement bon marché, même pour le sud-

A gauche : petites Laotiennes sur la route de direction de Luang Prabang.
Ci-dessus : volcan Bromo vu depuis le mont Penanjakan, où des centaines de touristes se pressent au lever du soleil. Si vous prenez votre moto, attention à la montée de nuit et dans le brouillard sur une piste très raide.

est asiatique. Comme dans toute la région, la nourriture est excellente, même dans les petits bouis-bouis sur la route. De plus, l'essence n'est pas chère. Le seul bémol est que, vu la densité de population, il est difficile de trouver des endroits calmes pour camper. A Timor-Leste c'est le contraire: le pays est moins peuplé donc vous trouverez plus facilement un emplacement de bivouac. C'est une chance, car la profusion d'ONGs au budget quasiment illimité qui sont présentes dans le pays fait que l'hébergement est

hors de prix, même pour la plus modeste des chambres d'hôtel.

Itinéraire 9 : Traversée de l'Indonésie

Le point d'entrée en Indonésie est **Sumatra**. Malheureusement en 2014, il n'existe pas de ferry *ro-ro* pour les véhicules entre la Malaisie ou Singapour et Sumatra. Au fil des ans, les motards overlanders ont trouvé un moyen d'effectuer cette courte traversée sans se ruiner (voir «Malaisie - Indonésie», p. 291 pour les détails).

Sumatra, heureusement, n'est pas la plus peuplée des îles: elle compte 50 millions d'habitants sur une surface à peine plus petite que la France, donc à peu près la même densité de population. Malgré la déforestation massive, Sumatra offre de magnifiques petites routes dans la végétation équatoriale, de petits villages perdus dans les collines et environ 35 volcans actifs. A quelques heures au sud de Medan se situe le lac Toba, un grand lac volcanique au centre duquel se trouve l'île de Samosir, un excellent endroit pour se relaxer. C'est aussi au nord de Sumatra que l'on peut rencontrer les derniers orangs-outans, qui survivent tant bien que mal dans les forêts encore préservées des parcs nationaux, malgré la rapide disparition de leur habitat.

Il est facile de sous-estimer les temps de parcours dans ce pays: la distance d'un bout à l'autre de Sumatra est à peu près la même qu'entre Ams-

CARTE 20. Route à travers l'Indonésie

terdam et Gibraltar. Toutefois la comparaison s'arrête là car la circulation est une des plus chaotiques de toute l'Asie. Il ne faut pas espérer plus de 50 km/h de moyenne et donc il faut avoir du temps si vous voulez visiter le nord de l'île avant de partir directement vers Java. Le ferry de Bakauheni à Merak, entre les deux plus grandes îles de l'archipel, est évidemment très fréquenté. Il suffit de se présenter au débarcadère et payer son ticket pour embarquer sur un des bateaux qui effectue toutes les heures la traversée (2h) vers Java.

C'est à **Java** que la densité de population se fait vraiment sentir : 130 millions d'habitants y vivent pour une surface équivalente à celle de la Grèce (qui elle ne compte que 10 millions d'habi-

tants) ! Vous imaginez bien que l'expérience sera différente de la Mongolie ! L'île est parsemée de nombreux volcans très spectaculaires, notamment le Mont Bromo qui entre régulièrement en éruption et qui est une attraction très prisée. Le Semeru voisin laisse échapper un panache de fumée toutes les demi-heures. Le Kawah Ijen est un étonnant volcan connu pour son lac turquoise d'eau acide qui laisse échapper des flammes bleues la nuit et ses mines de soufre exploitées à dos d'homme.

Il ne faudrait pas non plus négliger les richesses culturelles du pays : les célèbres temples de Yogyakarta par exemple valent un détour. Il est bien sûr conseillé d'éviter les grandes villes, mais vu la densité de population c'est difficilement possible. Il vaut mieux rester à distance de Jakarta, si vous n'avez rien à y faire, car c'est une ville tentaculaire, très polluée et à la circulation chaotique. Il est rare de trouver une route où les scooters et les voitures ne roulent pas comme des kamikazes, il faudra s'y habituer.

Inutile de présenter **Bali**, de loin l'île la plus touristique. Vous y arrivez depuis Java par un court ferry qui tourne toute la journée. **Lombok,** sa voisine, est également très prisée par les vacanciers. A partir de là en direction du sud-ouest, vous quittez les régions touristiques et vous aurez de plus en plus de mal à vous faire comprendre en anglais.

Il n'est pas inutile de connaître quelques mots de *bahasa*, la langue commune du pays. L'île de Lombok est dominée par le volcan du mont Rinjani (altitude 3700 mètres) dont l'ascension peut constituer une bonne coupure dans le voyage, si la météo s'y prête. Et pour une fois, il s'agit d'un volcan inactif.

Toujours en direction du sud-est, l'itinéraire passe ensuite par les îles de **Sumbawa** et **Florès** (situées respectivement dans les provinces de Nusa Tenggara Barat et Nusa Tenggara Timur). Entre les deux se trouvent les îles de Rinca et de Komodo où vivent les dragons éponymes, qui ne se visitent qu'à travers une agence de voyage. Florès ne manque pas de volcans non plus, en particulier le volcan Kelimutu et ses magnifiques lacs de couleur turquoise.

Si les traversées en ferry ont été jusqu'à présent plutôt courtes, la traversée de Larantuka à Kupang sur l'île de Timor est la plus longue de l'itinéraire : une quinzaine d'heures dans des conditions de confort plus que précaires. Les sièges sont beaucoup moins nombreux que les passagers, il faut donc trouver un espace sur le pont pour étendre son matelas - tout en gardant un œil sur son chargement.

L'île de Timor est partagée en deux avec une province indonésienne (et musulmane) à l'ouest et le Timor oriental ou **Timor Leste,** chrétien, à l'est. Le passage entre les deux pays se fait sans mal, pour autant que vous soyez muni d'un visa. Celui-ci s'achète sans problème à Kupang (Timor occidental). Les routes sont très correctes jusqu'à Dili, la capitale. Timor Leste est toujours sous perfusion des ONGs depuis son accession à l'indépendance en 2002 à la suite d'une longue guerre civile. Comme souvent, ceci se matérialise par des hôtels hors de prix, monopolisés par les employés de ces organisations. Toutefois le pays est très grand et ne manque pas de charme. On peut imaginer que dans quelques années les touristes reviendront mais en attendant cela reste un pays épargné par le tourisme de masse. Pour communiquer vous pourrez utiliser les quelques mots de *bahasa* que vous aurez appris en Indonésie, ou alors le portugais, la langue

Ci-dessus : trafic de motos intense à Bali comme partout en Indonésie.
A droite : le volcan Kelimutu sur Flores.

de l'ancien colonisateur. L'anglais quant à lui n'est utile que dans la capitale.

C'est à **Dili** qu'il faudra organiser la suite du voyage, la chaîne des ferries s'interrompant ici. On trouve plusieurs agents qui organisent du fret de et vers l'Australie, le grand voisin par où presque tout transite. Un seul transitaire a l'habitude de transporter des motos (p. 292). N'oubliez pas que les douanes australiennes sont extrêmement strictes sur les mesures d'hygiène et refuseront l'entrée de votre moto s'il s'y trouve la moindre trace de terre ou de sable. Le nettoyage de votre machine devra donc être extrêmement méticuleux avant la mise en container.

Au départ d'Australie en direction de Timor, vous effectuerez les opérations de fret à Darwin, puis embarquerez sur un vol en direction de Dili. Les autorités de Timor accordent un visa de 30 jours à l'arrivée à l'aéroport. En attendant l'arrivée du bateau avec votre moto, vous aurez tout le temps d'aller acheter un visa de deux mois à l'ambassade d'Indonésie à Dili. Le voyage ensuite à travers les îles ne pose pas plus de problème que dans l'autre direction. Les deux mois du visa vous permettront de tranquillement effectuer l'itinéraire décrit ici tout en profitant au maximum de ce pays magnifique et accueillant - même si théoriquement vous pourriez le faire en deux ou trois semaines.

Il faudrait beaucoup plus de temps pour visiter quelques unes des centaines d'autres îles que compte le pays. Toutes ne valent pas la peine d'y aller en moto, bien sûr. Mentionnons surtout **Sulawesi** qui est probablement la plus intéressante. L'île est suffisamment grande pour offrir plusieurs jours de belles pistes et elle est reliée par ferry à Java et à Florès. C'est donc un détour possible sur l'itinéraire classique si vous avez le temps. Quant à **Bornéo**, on l'imagine comme la destination la plus sauvage, dépourvue de route et couverte d'une jungle impéné-

trable, inhospitalière pour le motard. Malheureusement, la déforestation a fait des ravages ici aussi (et surtout ici): des milliers d'hectares de forêt ont fait place à de gigantesque plantations de palmiers et de nombreuses routes ont été tracées pour relier ces domaines aux ports principaux. Vous pourriez donc effectuer presque tout le tour de l'île sur des pistes plus ou moins faciles, à travers des paysages ravagés par la monoculture.

Au contraire, la Papouasie, la partie indonésienne de la Nouvelle-Guinée est restée très sauvage, mais cela veut dire qu'il existe très peu de routes et donc il n'est pas très intéressant d'y venir à moto. La jungle impénétrable de **Papouasie-Nouvelle-Guinée** sur la moitié est de l'île est à peu près aussi accueillante (et accessible) pour un motard que le pôle nord. Heureusement qu'il reste sur cette planète des régions qui ne connaissent pas encore les transports motorisés, la pollution et le bruit qui vient avec...

Ferries

Le tableau ci-après résume une traversée de l'Indonésie avec les durées et prix des passages entre les îles (en bleu), ainsi que le kilométrage minimum pour traverser les îles par la route (en blanc). Les ports d'embarquement ainsi que les horaires sont donnés ici à titre indicatif et correspondent aux bateaux de Indonesia Ferries. La compagnie Pelni en principe ne possède que des bateaux passagers. Certains bateaux acceptent aussi des motos, pour un prix toutefois bien plus élevé que sur un ferry.

Trajet	De	A	km	Horaire	Prix
Malaisie - Sumatra	Penang	Belawan		1x par semaine	200$ - 250$
Sumatra	Medan	Bakauheni	1800		
Sumatra - Java	Bakauheni	Merak		2h, toutes les h.	8$

Trajet	De	A	km	Horaire	Prix
Java	Merak	Ketapang	1200		
Java - Bali	Ketapang ou Banyuwangi	Gilimanuk		1/2 h / toutes les 1/2 h	3$
Bali	Gilimanuk	Padangbai	200		
Bali - Lombok	Padangbai	Lembar		4h / toutes les 2h	19$
Lombok	Lembar	Labuhan Lombok	100		
Lombok - Sumbawa	Labuhan Lombok	Poto Tano		1h30 / toutes les heures	5 - 10$
Sumbawa	Poto Tano	Sape	400		
Sumbawa - Flores	Sape	Labuan Bajo		8h / une fois par jour	26$
Flores	Labuan Bajo	Larantuka	700		
Flores - Timor	Larantuka / Ende / Aimere	Kupang		15-20h / 2x p. semaine	20-30$
Timor	Kupang	Dili	420		
Timor Leste - Australie	Dili	Darwin		env. deux fois par mois	env. 800$

Notes :

1. Les prix du ferry sont approximatifs, pour une moto de plus de 500 cc et plus de 200 kg.

2. Au prix du transport entre Timor Leste et l'Australie, il faut ajouter environ 300$ de frais à l'arrivée pour l'importation de la moto sur le territoire australien.

Ci-dessus : en bleu : ferry, en blanc : transit à travers l'île par la route.

Indonesia Ferry
www.indonesiaferry.co.id

PT. Dharma Lautan Utama
dluonline.co.id/index.php

Pelni, la compagnie nationale de bateaux passager (ne prend que rarement des motos)

www.pelni.co.id

Prima Vista
J.L. Rajawali
No. 14 A
Surabaya
Phone : +62 31 3538666

Liaisons

Inde/Népal - sud-est asiatique

Depuis des années que les motards passent entre ces deux régions, les différentes possibilités ont été toutes explorées et discutées entre overlanders et sur la toile. Le consensus est que l'avion entre Katmandou au Népal et Bangkok en Thaïlande est le moyen le plus pratique et souvent le moins cher. Les deux pays sont (relativement) moins corrompus que leurs voisins et surtout vous évitez de passer par les ports, qui sont une source intarissable de paperasses auxquelles il manque toujours un tampon et de nouvelles taxes et émoluments inexpliqués. De plus, les deux villes sont les capitales agréables où passer quelques jours, voire quelques semaines à organiser le transport de sa moto.

Ci-dessus : embarquement au milieu des oignons pour la traversée entre la Malaisie et l'Indonésie.

La deuxième solution est de profiter d'un container affrété pour un 4x4 (par exemple) dans lequel il resterait un peu de place pour une moto. Un container « 20 pieds » fait 5m80 de long par 2m35 de large, alors qu'un 4x4 châssis long fait typiquement 5 mètres par 1m80 de large. Dans ce cas, le voyage se fera entre les ports de Kolkata ou Chennai sur la côte indienne et Port Klang ou Bangkok. Comme discuté plus haut, Singapour, un des plus des grands ports de containers au monde, impose des taxes prohibitives aux véhicules étrangers (cf. p. 275).

Malaisie - Indonésie

Il n'existe pas de ferry transportant des véhicules entre les deux pays, ni entre Singapour et l'Indonésie. En fait, les vols *low-cost* ont tué quasiment tout le trafic de bateaux de passagers entre les deux pays. Il est effectivement moins cher de voler entre Kuala Lumpur et Djakarta avec un Boeing moderne que de traverser sur un bateau en bois mal entretenu et surchargé : le billet d'avion vaut entre 20 et 50 € pour un aller-simple ! Il reste encore un ferry pour passagers entre Port Klang (près de Kuala Lumpur) et Tanjung Balai en Indonésie, qui est assez grand pour charger 2 ou 3 motos à son bord - plutôt de petites cylindrées, les 1200GS risquent d'avoir de la peine à entrer. En effet, le bateau (le *Pacific Jetstar*) n'a pas de rampe de chargement, il faut donc faire entrer les motos par la passerelle et la garer dans la coursive. Cela reste cher, un peu plus de 300 euros mais on peut voyager avec sa moto, ce qui est toujours rassurant.

Une autre solution existe depuis une vingtaine d'années, qui fonctionne en dent de scie depuis quelques années : le célèbre *onion boat*. C'est un bateau qui transporte des oignons et autres légumes entre **Penang** et **Belawan** et qui prend à son bord de temps en temps la moto d'un baroudeur. A l'évidence, Mr Lim de Cakra Shipping, la compagnie qui affrète le bateau, a trouvé un arrangement avec les autorités du port de Belawan, près de Medan à Sumatra, pour continuer son fructueux business avec les motards occidentaux. Dans tous les autres ports indonésiens il faut s'attendre à de grosses difficultés, les officiels ayant flairé les dollars et veulent obtenir une part du gâteau. Dans l'autre direction, par contre, les douanes malaisiennes ne posent aucun problème.

De plus, l'Indonésie a des règles particulières envers les véhicules étrangers. En théorie, il faut non seulement un carnet de passage, mais aussi une lettre d'invitation de l'automobile club d'Indonésie (*Ikatan Motor Indonesia*) ainsi qu'une autorisation de circuler de la police. Ces documents s'obtiennent sans difficulté (voir ci-après pour les contacts), mais cela prend du temps et surtout, il semble que les flics locaux ne connaissent pas bien les règles et ne demandent jamais à voir ces papiers. En important son véhicule par container, les douanes demanderont sûrement ces autorisations ; en arrivant à Belawan par *l'onion boat* et avec l'aide des agents de Cakra Shipping cela n'est pas nécessaire. Il suffit d'un carnet de passage.

Tout cela bien sûr est sujet à modification, comme partout dans ces pays.

Dernièrement, Mr Lim a eu maille à partir avec les gardes-côtes indonésiens et a interrompu pour un temps ses transports de motos entre la Malaisie et l'Indonésie. Il a depuis peu repris le business, en augmentant ses tarifs, probablement pour compenser le petit arrangement qu'il a conclu en bon businessman qu'il est. Cela reste toutefois de loin le meilleur moyen de transport entre les deux pays, à environ 770 RM tout compris pour la moto, soit moins de 300 $ y compris le billet d'avion Penang - Medan sur une compagnie low-cost, par exemple <u>Air Asia</u>.

Notez qu'il existe une frontière terrestre entre la Malaisie et l'Indonésie sur Bornéo, qui ne pose probablement aucun des problèmes mentionnés ci-dessus. Mais ce trajet reviendra au total plus cher et prendra bien plus de temps.

Si vous n'avez pas de carnet de passage (par exemple, si vous avez acheté une moto en Thaïlande ou en Malaisie), vous pouvez en acheter un auprès de l'automobile-club de Malaisie, au prix d'environ 135 €, plus un dépôt bancaire du prix de la moto (estimé par eux), récupérable une fois que le carnet est rendu. Si vous en avez un, ce qui est forcément le cas si vous avez envoyé votre moto par avion depuis le Népal, il ne faut pas oublier de le faire viser en entrant en Malaisie : en effet, comme le carnet n'est pas nécessaire entre ces pays, il est facile de passer la douane sans montrer ce document. Le problème est que les douanes malaisiennes refusent de tamponner un carnet qui n'a pas de tampon d'entrée en Malaisie.

Timor Leste - Australie

Le seul moyen de transporter votre moto entre ces deux pays est d'utiliser une compagnie de fret qui va l'envoyer à Darwin dans un container partagé. Les

motards ont souvent utilisé avec satisfaction la compagnie Perkins, appelée
maintenant Toll Group, qui envoie environ deux fois par mois des containers
entre Dili et **Darwin**. Ils ont l'habitude
de la procédure et s'ils sont assez chers,
ils sont au moins bien organisés. En direction de l'Australie il faut aussi compter avec le nettoyage très méticuleux
de la moto, obligatoire pour passer les
services de l'hygiène, ainsi que les frais
et taxes à l'arrivée en Australie, ce qui
amène facilement à environ 1000 $ pour
une grosse bécane équipée. Dans l'autre
sens, heureusement, les règles sanitaires
d'entrée à Timor Leste sont beaucoup

moins strictes. Voici les coordonnées de
l'entreprise de transport :

Toll Marine Logistics
www.tollgroup.com/tollmarinelogistics
Bureaux Dili : S8 33.581 E125 31.930

Bureaux Darwin :
 Darwin Head Office
 Frances Bay Drive
 Darwin, NT 0800
 P : (08) 8982 2000
 F : (08) 8941 0412

Ci-dessus : prochaine étape après Timor : l'Australie, l'île-continent et ses pistes
légendaires, telle la Gunbarrel Highway. Si en Indonésie les villages sont séparés
par quelques kilomètres, en Australie les distances sont énormes..

8

Australie &
Nouvelle-Zélande

Australie

L'Australie est un pays immense et très peu peuplé, à l'instar de l'Argentine ou de l'Afrique du Sud, mais à une plus grande échelle encore. Le pays dispose de bonnes routes goudronnées, de larges pistes très roulantes ou beaucoup plus difficiles, à travers des paysages très diversifiés. Il y en a donc pour tous les goûts !

Le pays peut être divisé en trois régions qui offrent des attraits différents pour les motards. D'abord il y a la côte Est et Sud-Est, qui rassemble la plupart des 23 millions d'habitants. On y trouve les grandes villes, Sydney, Melbourne, Adélaïde, dans une atmosphère très européenne mais avec une attitude plus relax. Les plus belles plages et la grande barrière de corail sont situées sur la côte Est.

Le Nord du pays, entre les villes de Darwin et de Cairns, plus arrosé, est couvert d'une végétation luxuriante où les crocodiles abondent. Beaucoup d'endroits dans cette région sont difficilement accessibles car peu de routes ont été construites dans ces zones de mangroves et de marécages.

Tout le centre et l'Ouest (sauf l'extrême Sud-Ouest autour de Perth), en gros la moitié du pays, est appelé par les Australiens l'*outback*. Il est composé principalement de déserts très arides et d'immenses exploitations de bétail (la plus grande fait la moitié de la taille de la Suisse !). Cette région est mythique pour les Australiens, c'est là qu'il faut se diriger pour découvrir ce qui fait la spécificité de l'Australie. Les endroits clé sont les pubs où se retrouvent les locaux, des espèces de cow-boys très rugueux, mais souvent d'agréable compagnie autour d'une bière. Il y a très peu de routes dans l'Outback, eu égard à la taille du pays : une seule route goudronnée traverse la région du nord au sud. Ailleurs vous trouverez des pistes très larges, souvent très roulantes et bien entretenues, car elles sont aussi empruntées par les camions de toute taille.

Climat

Vu la taille de cette île-continent, il n'est pas étonnant d'y trouver des cli-

---

Ci-dessus : si vous aimez être seul, en Australie ce n'est pas vraiment un problème.
A droite : attention aux *road trains*.
Double-page précédente : Kata Tjuta, Northern Territories.

mats très contrastés. Le Sud-Est a un climat proche du nôtre, avec des étés chauds et des hivers froids et humides (et un calendrier inversé, l'été tombant entre novembre et mars et l'hiver entre juin et septembre). Dans le nord il fait chaud toute l'année, mais la région subit la mousson de décembre à mars, ce qui rend certaines destinations inaccessibles. Enfin le centre désertique est extrêmement chaud l'été, souvent au-dessus de 40 degrés, l'hiver amenant des journées très agréables mais aussi des nuits glaciales.

Accès et formalités

Si vous arrivez en bateau depuis Timor, il y a de grandes chances pour que vous débarquiez à Darwin. Sinon, l'autre solution est de faire envoyer sa moto en avion. L'extrême nord, le Cap York, est très proche de la Papouasie-Nouvelle Guinée, mais il n'existe pas de ferry entre ces deux pays.

Le carnet de passage est obligatoire pour importer son véhicule. A la sortie de l'avion ou du bateau, votre moto devra tout d'abord passer en quarantaine. Les services sanitaires sont extrêmement pointilleux sur la propreté et refuseront l'entrée sur le territoire australien s'ils découvrent la moindre trace de terre ou d'insecte mort sur la moto, ils iront chercher jusque dans les ailes du radiateur et sous le sabot moteur. Cela vaut également pour le matériel de camping, en particulier la tente et les sardines qui doivent être impeccablement nettoyées. Une fois les douanes et la quarantaine passées, la prochaine étape est d'obtenir un « contrôle technique » (*road worthiness*) qui vous permettra ensuite d'acheter une assurance au tiers obligatoire (appelée là-bas CTP ou *Compulsory Third Party*), qui couvre les blessures causées en cas d'accident. Pour ceci il faut s'adresser au département des véhicules de l'État où vous arrivez, quoique l'assurance soit valable dans toute l'Aus-

Indonésie
Timor-Leste
Papouasie Nouvelle-Guinée
Cape York
Old Telegraph Track
Axes principaux
Route goudronnée
Piste normale
Piste difficile
Darwin
Roper Bar
Kowanyama
Boroloola
Normanton
Cairns
Gibb River Road
Broome
Halls Creek
Stuart Hwy
Savanah Way
Tanami Track
Sandover Hwy
Winton
Canning Stock Route
Plenty Highway
Boulia
Gunbarrel Highway
Yulara
Alice Springs
Simpson Desert
Great Central Rd
Uluru
Birdsville
Warburton
Marla
Birdsville
Innamincka
Wiluna
Anne Beadell Highway
Oodnadatta
Brisbane
Connie Sue Hwy
Laverton
Coober Pedy
Marree
Strzelecki Track
Perth
Adelaïde
Sydney
Canberra
Melbourne
Great Ocean Road
Tasmanie
0   500   1000 km
CARTE 21. Australie

tralie. Vous pouvez aussi acheter séparément une assurance supplémentaire qui couvre les dégâts matériels causés aux tiers, celle-ci n'étant pas obligatoire.

De nombreuses régions sont administrées par les aborigènes et il faut un permis pour s'y rendre, ce qui n'est pas très compliqué. Les principales difficultés que rencontre le baroudeur dans cette région sont liées à la taille du pays et aux énormes distances à parcourir. Mais contrairement à l'Afrique, il est ici facile de remplacer ses pneus usés, ou toute autre pièce d'usure, chez les nombreux concessionnaires.

Sécurité

Les routes sont en général bonnes, les principaux dangers étant les conducteurs ivres, les kangourous suicidaires et les *road-trains*, ces très longs convois routiers formés d'un semi-remorque accouplé à deux ou trois remorques. Notez qu'ils roulent aussi sur les pistes, en soulevant d'énormes nuages de poussière lorsque le temps est sec.

On l'a déjà dit, le pays est grand et l'outback, en particulier, est extrêmement peu peuplé. Toutefois la plupart des routes mentionnées ci-dessous sont assez populaires et vous pourrez vous arrêter dans des *roadhouses* tous les 200 - 300 kilomètres pour vous ravitailler ou dormir. Vous serez donc rarement seul très longtemps sur ces pistes. A côté de cela, il y a les routes plus exposées où vous devez être en autonomie complète, en carburant comme en eau et nourriture, où il faut bivouaquer par des températures parfois négatives en hiver. Dans ce cas, il faut absolument rouler en groupe et/ou être équipé d'un téléphone satellite. Les Australiens sont d'avides adeptes du 4x4 et ils adorent monter des expéditions dans l'outback. Pour un

motard à l'autonomie limitée, la solution est parfois de bénéficier du support d'un *ute* (un 4x4) pour partir sur une expédition de 4 ou 5 jours. Et même avec un véhicule bien équipé, les Australiens

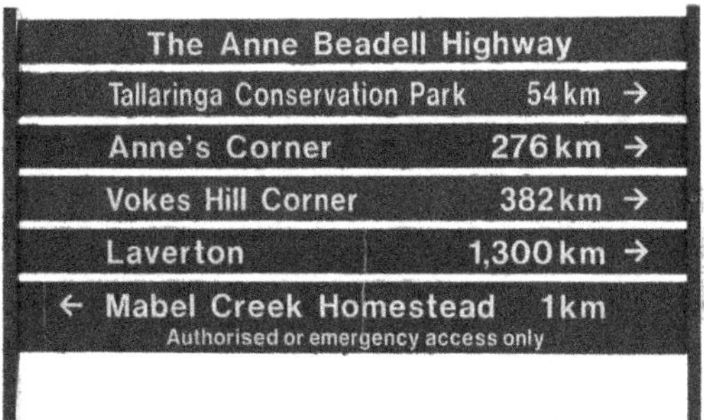

hésiteront à s'attaquer seuls à la plus célèbre piste d'Australie, la Canning Stock Route, où il n'y a absolument aucun ravitaillement sur 700, voir 1000 kilomètres.

L'outback est évidemment le lieu idéal pour bivouaquer : pas d'interdiction et pas de voisin sur des centaines de kilomètres – à part les milliers de kilomètres de clôture à bétail. Mais attention aux petites bêtes rampantes qui peuvent être venimeuses. Les plus gros animaux posent moins de problème, sauf les 'roos (les kangourous) qui viennent se suicider sous les roues des véhicules. Les camions et les voitures installent un gros pare-buffle et ignorent le bruit des impacts, mais pour un motard c'est un vrai danger.

La violence est également un gros problème en Australie, souvent engendrée par l'alcoolisme. Malheureusement, la plupart des aborigènes, déracinés et étrangers dans leur propre pays, ont succombé à ces maux de la société occidentale moderne (comme les Indiens d'Amérique et les Inuits). L'alcool est interdit dans la plupart des réserves d'aborigènes, comme l'essence d'ailleurs... en effet, ils ont pris l'habitude de sniffer les solvants qui s'y trouvent, c'est pourquoi elle y est bannie. On y vend à la place de l'*Opal*, un carburant spécifiquement australien qui contient moins de solvants mais reste compatible avec les moteurs modernes. Auparavant on n'y trouvait que de l'*avgas*, du carburant aviation qui contient du plomb et donc qui ruinait les catalyseurs.

Coût de la vie

L'Australie est un pays développé et beaucoup de produits sont au même prix qu'en Europe. Heureusement (vu les distances) que l'essence y est meilleur marché, mais seulement dans les grandes villes où elle est vendue à un peu plus d'1 €/litre (cela dépend évidemment du cours du dollar australien et du pétrole). Dans l'outback par contre, les prix sont beaucoup plus élevés, jusqu'à 1/3 plus chers. Mais dans tous les cas cela restera encore moins cher qu'en France. Le second poste de dépense, si vous vous arrêtez souvent dans les pubs, risque d'être la bière : l'alcool est relativement cher, sans que cela n'empêche les Australiens de consommer d'énormes quantités de bière, d'ailleurs généralement de très mauvaise qualité. Dans l'outback, il n'est pas rare de croiser des locaux reprendre leur 4x4 complètement déchirés, malgré les lois très strictes (voir sécurité ci-dessus).

Itinéraires

Inutile d'énumérer tous les parcs nationaux et les plages magnifiques que l'on trouve dans le *lonely planet* (ce guide est d'ailleurs né en Australie) ou les autres guides du même genre. On se concentrera sur les pistes célèbres qui parcourent l'outback et l'extrême nord, qui permettent de traverser le pays en évitant de mourir d'ennui sur les autoroutes désespérément rectilignes et monotones. Comme l'Australie est un pays de 4x4istes, il existe quantité de

Ci-dessus : la tôle ondulée… le cauchemar. Gunbarrel Highway.

publications qui détaillent des centaines d'itinéraires 4x4, il suffit de se rendre dans une librairie sur place pour les acheter. Sur le net, un site possible est : www.exploroz.com.

Vous trouverez ici un résumé des routes les plus connues avec leur difficulté relative et l'autonomie minimum en essence. Elles s'appellent ici *highway* même si elles ne sont pas goudronnées, car elles représentaient il y a une centaine d'années les principaux axes de communication dans l'outback. Leur état dépend du temps qui s'est écoulé depuis la dernière fois qu'elles ont été refaites, des pluies récentes et du trafic de camions qui crée inévitablement de la tôle ondulée. Parmi les routes qui sont listées dans le tableau ci-après, deux ne sont pas entretenues et sont hors de portée d'à peu près tous les motards, à moins de monter une expédition : c'est la **Canning Stock Route**, qui traverse le désert de Gibson dans l'ouest et la traversée du **désert de Simpson**, dans le centre. Non seulement il faut être assez pointu techniquement pour négocier des cordons de dune sur des centaines de kilomètres, mais il faut aussi avoir une énorme autonomie. Les **Anne Beadell** et **Connie Sue Highway** sont moins difficiles techniquement, mais on y trouve quasiment aucun ravitaillement et donc elles sont également peu favorables aux motards.

L'itinéraire le plus facile (mais aussi le plus couru) est ce que les Australiens appellent l'**Outback Way**, qui est la traversée ouest-est du centre du pays par deux pistes, la **Great Central Road** et la **Plenty Highway**, liées par une section de goudron autour d'Alice Springs. De Perth à Cairns cela représente 4600 kilomètres dont 2000 sur piste. Ces pistes sont couramment parcourues par des voitures de tourisme normales et des camping-cars, elles ne sont donc pas très techniques ; même si elles ne sont pas très aventureuses, elles restent le meilleur moyen d'arriver dans le *red center*, le far-west australien. Elles sont en principe bien entretenues, mais cela n'empêche pas la tôle ondulée et les passages de *bull dust*, l'équivalent du *fech-fech* saharien, une poudre très fine qui cache les cailloux et provoque des nuages énormes lorsqu'un camion la traverse. L'intérêt de ces pistes est de pouvoir sortir de la route pour bivouaquer au milieu de nulle-part, d'aller rendre visite à un des nombreux ranchs, ou encore de vous arrêter dans les roadhouses le long du parcours pour vous imprégner de la culture locale. Pour couronner le tout, à mi-parcours vous passez par Uluru (Ayer's Rock), l'icône de l'Australie. La pluie est rare tout au long de l'année dans ces régions, mais après un gros orage la piste peut devenir impraticable. Les roadhouses vous renseigneront sur l'état des pistes du moment.

Au nord le paysage est plus variable, fait de savane et de forêt tropicale. Cette région est sous l'influence de la mousson et donc, pendant cette période (environ de décembre à avril), beaucoup de routes sont impraticables et de nombreux villages sont tout simplement coupés du monde et accessibles par avion uniquement. Vous pouvez faire la traversée de tout le nord du pays entre l'océan indien et l'océan pacifique par la **Savannah Way**, quoique cet itinéraire emprunte pour la moitié les grands axes goudronnés. En partant de Darwin, vous n'avez

« que » 600 km de goudron sur la **Stuart Highway** puis la **Roper Highway** jusqu'à Roper Bar, un de ces bleds perdus de l'outback australien. Ensuite on attaque le cœur de la Savannah Way jusqu'à Normanton, un peu plus de 1000 kilomètres en grande partie sur piste. Mais cela reste de la bonne piste, assez facile et d'ailleurs, entre juin et juillet, des milliers d'Australiens y viennent avec leur caravane. Arrivé à Normanton vous pouvez reprendre le goudron jusqu'à Cairns, mais il est plus intéressant de couper en direction de la péninsule de York, rejoindre l'**Old Telegraph Track** pour arriver jusqu'au Cap York, le point le plus au nord de l'Australie et le plus proche de la Nouvelle-Guinée. Malheureusement, comme aucun ferry ne fait la navette à travers le détroit de Torres, il ne reste plus qu'à faire demi-tour en direction de Cairns, en passant cette fois par la côte Est et ses magnifiques forêts vierges. Même en saison sèche il faut compter avec de nombreuses traversées de rivières qui peuvent être délicates (et éventuellement infestées de crocodiles). Les rares habitants de la péninsule et autour du golfe de Carpentaria sont en majorité aborigènes, ce qui change du reste de l'Australie, mais cela veut aussi dire que les pubs et la bière sont rares.

Red Center	Difficulté	Longueur	Autonomie
Canning Stock Route	****	2000 km	1200 km
Simpson / French Line	****	650 km	650 km
Gunbarrel Highway	***	1400 km	500 km
Anne Beadell Highway	***	1400 km	760 km
Plenty Highway	*	810 km	250 km
Sandover Highway	**	650 km	320 km
Oodnadatta Track	**	700 km	200 km
Connie Sue Highway	***	850 km	850 km
Great Central Road	*	1150 km	300 km
Tanami Track	**	1100 km	760 km
Birdsville Track	*	520 km	315 km
Far North	**Difficulté**	**Longueur**	**Autonomie**
Gibb River Road	***	930 km	400 km
Savannah Way	**	3900 km	360 km
Cape York / Old Telegraph Track	***	1150 km	250 km

A droite : vue sur le mont Cook, Alpes du Sud, South Island.

Nouvelle-Zélande

L A NOUVELLE-ZÉLANDE N'A PEUT-ÊTRE pas les mêmes espaces que l'Australie, elle n'en recèle pas moins des paysages d'extraordinaire beauté. N'était-ce son éloignement, ce pays attirerait les baroudeurs du monde entier. Mais vu les frais à engager (1000 $ au minimum entre l'Australie et la Nouvelle-Zélande), la plupart renoncent à y faire transporter leur moto, passant directement de l'Australie à l'Amérique du Sud (par exemple).

Le pays est partagé entre deux îles principales très différentes l'une de l'autre. Le motard sera surtout attiré par l'île du Sud, qui offre les plus belles routes.

Formalités

La Nouvelle-Zélande ne demande pas de carnet de passage pour y entrer. Aucun visa n'est exigé pour les Européens mais il faut pouvoir montrer un billet de retour. Comme pour l'Australie, la moto devra passer une visite sanitaire, qui traquera le moindre moustique écrasé ou grain de sable restant. Ceci fait, il faudra ensuite passer un contrôle technique (WoF ou *Warrant of Fitness*) et payer une assurance qui couvre les blessures aux tiers et à vous-même (*ACC levy*). Ces documents seront demandés si vous êtes contrôlé par la police.

Climat

Etant situé dans l'hémisphère sud, la meilleure saison est évidemment l'été austral, de novembre à mars. L'île du Nord a un climat sub-tropical et des hivers assez doux, mais les routes de montagne de l'île du Sud ne sont praticables qu'en été.

Itinéraires

La Nouvelle-Zélande est desservie par un très bon réseau routier, vous trouverez d'excellents guides et cartes sur place, notamment le *New Zealand Motorcycle Atlas*. Si vous deviez choisir une endroit idéal, l'Île Sud offre plus de possibilités, en particulier la région autour de Queenstown.

9

Amériques

Les Amériques offrent un terrain de jeu immense pour le baroudeur qui se sent à l'étroit en Europe. L'Amérique du Nord et surtout les États-Unis attireront les nostalgiques d'Easy Rider ou les amoureux de Harley, mais aussi les amateurs de pistes et de bivouacs dans les immenses espaces vierges du nord du Canada et de l'Alaska. Les baroudeurs qui cherchent plutôt le dépaysement et la chaleur du monde latino se dirigeront plutôt vers l'Amérique du Sud. Et beaucoup rêvent de traverser les deux continents. Bien sûr, les Amériques ne sont pas directement accessibles depuis l'Europe, mais une fois sur place, il est très facile de se déplacer d'un pays à l'autre sans formalité (mis à part le « Darien gap » au Panama), à des années-lumières des tracasseries douanières et des guerres civiles de l'Afrique.

Accès

Pour envoyer votre moto de l'autre côté de l'Atlantique vous avez trois possibilités (voir « Faire transporter sa moto », p. 54) : la plus facile est l'avion, surtout que vous pouvez ainsi livrer votre moto directement en Alaska, par exemple, depuis Paris. Ensuite il y a le bateau, en container, qui prend plus de temps mais surtout qui est plus compliqué. Enfin, il existe aussi des bateaux spécialisés dans le transport de véhicules qui font la navette entre l'Europe et l'Amérique du Sud, en premier lieu ceux de **Grimaldi** ou de **Wallenius Wilhelmsen**. Si cette dernière option est relativement intéressante pour envoyer un 4x4 ou un camion, elle est moins avantageuse pour le transport d'une moto. Les pilotes doivent accompagner leur moto et passer 3 ou 4 semaines à bord à lire l'intégrale de Proust ou jouer à la belote avec les quelques autres passagers, alors

que le coût d'une place en cabine est plus élevé que celui d'un billet d'avion entre l'Europe et l'Amérique.

Reste l'option de louer une moto, mais que cela soit aux États-Unis ou au Chili, où le coût de la vie n'est pas très différent de l'Europe, louer une moto pour plus d'une à deux semaines revient très cher. Vous pouvez aussi acheter un véhicule sur place, selon des procédures plus ou moins compliquées selon les pays. Le choix du modèle sera toutefois relativement limité, le marché étant nettement moins fourni qu'en Europe. Comme toujours, le problème est la revente : si vous êtes pressé de vous en débarrasser en fin de parcours, vous aurez plus de peine à en tirer un prix correct.

Faut-il commencer son voyage par l'Amérique du Nord ou du Sud ? Cela dépend de vos préférences, mais également de votre timing (voir plus bas) ainsi que des offres de transport que vous obtiendrez. Au nord, les douaniers canadiens sont en général moins désagréables que les Américains – et parlent souvent le français. Au sud, Montevideo et Valparaiso sont des points d'entrée faciles et exempts de tracasseries inutiles (les propriétaires de la **Villa Kunterbunt** à Valparaiso peuvent vous aider dans l'organisation du transport). Ce qui ne veut pas dire que les formalités se règlent en quelques minutes, surtout en arrivant par la mer. En règle générale, les ports d'Uruguay ou du Chili sont toujours préférables aux ports du Brésil qui s'illustrent par un cauchemar de paperasse et de procédures (sans compter l'argent qu'on y laisse), alors que l'entrée au Brésil par voie terrestre ne pose aucun problème. Allez comprendre…

Et pourquoi ne pas faire envoyer sa bécane en Guyane, donc en France, et s'économiser ainsi des passages de douane ? D'abord parce que le prix du fret en direction de la Guyane est nettement plus cher qu'ailleurs en Amérique du Sud. Ensuite parce que même entre deux ports du même pays, les procédures de chargement et déchargement d'un bateau sont toujours très compliquées (sans compter que la Guyane a un régime fiscal différent de la métropole et donc des douanes à passer). Rien à voir avec le ferry entre Marseille et la Corse.

Routes

Le challenge de beaucoup de motards est de partir (ou arriver) du point extrême nord de l'Amérique du nord, Prudhoe Bay, ou plus exactement la localité de Deadhorse où se termine la route ouverte au public (carte 22, p. 309). C'est effectivement loin de tout, il faut quelques milliers de kilomètres de highway depuis New-York, Montréal ou Seattle rien que pour parvenir à Fairbanks, au départ de la **Dalton Highway**, ou à Whitehorse pour la **Dempster Highway** dans le grand nord canadien, qui est tout aussi isolée que sa voisine d'Alaska mais plus variée et moins connue.

Depuis ces routes de l'extrême nord, il faudra ensuite retraverser l'Alaska et le Canada pour partir vers le sud, plusieurs milliers de *miles* sur des *highways* nord-américaines qui sont aussi monotones qu'usantes pour le pilote mais aussi pour la machine. Comme on ne roule pas dans tous les pays de la même manière, en Amérique du Nord, pour faire couleur locale, il faudra programmer *Slow Ride* (ou *Sweet Home Alabama* ou *California Dreamin'*…) sur son iPod, s'arrêter aux *diners* et discuter avec les *truckers* dans une station-service genre Paris-Texas pour avoir l'impression d'être dans un film américain des années 60. Arrivé dans les Rocky Mountains entre le Canada et les USA, vous aurez enfin quelques virages à vous mettre sous la dent sur de très jolies routes de montagne. Puis arrivent les déserts de l'ouest américain et les magnifiques parcs nationaux de l'Utah, de l'Arizona et du Nouveau-Mexique. Même si les Américains sont plus habitués aux *bikers* en Harley-Davidson qu'aux baroudeurs en gros trails équipés, la communauté des motards n'est pas sectaire et très accueillante quoiqu'on en dise.

Le Mexique et l'Amérique centrale sont beaucoup plus densément peuplés et plus chaotiques que les États-Unis. Les passages de frontière répétés brisent la monotonie – ainsi d'ailleurs que les *cojones* du pilote, vu le temps que vous y passez et le nombre de parasites qui vous

---

Ci-dessus : croisement avec un semi-remorque sur la Dempster Highway, Canada.
Double-page précédente : Laguna Verde et volcan Licancabur, Sud Lipez, Bolivie.

sautent dessus à chaque douane. Heureusement, le coût de la vie baisse au fur et à mesure que vous descendez vers le sud (sauf le prix de l'essence). Puis vient le cul-de-sac de Panama et le transbordement vers la Colombie, qui va creuser un trou dans le budget mais qui peut aussi se transformer en jolies vacances (p. 322).

En Amérique du Sud les passages de douane sont plus simples qu'en Amérique centrale. Les paysages y sont très variés, entre les routes de montagne fantastiques le long des Andes, de la Colombie au Chili et la forêt vierge, des Guyanes au Brésil. L'itinéraire classique de l'overlander suit la côte Ouest en passant d'un côté à l'autre de la cordillère des Andes au gré de ses envies jusqu'en Terre de Feu. Il est vrai que les pays andins du Nord, l'Équateur, la Bolivie et le Pérou, offrent à la fois des paysages grandioses, un choix de routes goudronnées très roulantes et de petites pistes très joueuses parmi une population indigène qui a conservé une grande partie de sa culture. Si on ajoute à cela un coût de vie très modéré, on comprend pourquoi les motards sont attirés par ces régions comme des mouches autour d'un motard qui n'a pas lavé sa combi depuis 6 mois. L'itinéraire alternatif par le Brésil est beaucoup moins varié et les routes moins attractives – quoiqu'une traversée de l'Amazonie ne soit pas moins intéressante pour celui qui aime les conditions difficiles et qui cherche à éviter les touristes.

Budget

On peut distinguer trois zones, par ordre de grandeur du coût de la vie par jour et par personne (hors carburant) :

- Cher (40-50 €) : USA, Canada, Chili, Brésil, Guyane française

- Moyen (30-40 €) : Costa Rica, Panama, Mexique, Argentine, Uruguay

- Bon marché (20-30 €) : tout le reste

Notez que l'hôtel prend une grande part dans le budget ; si vous campez (ou *couch-surfez*) les coûts sont évidemment moins importants. Pour les prix de l'essence, voir p. 92.

Climat et timing

Si vous choisissez de partir depuis un des points extrêmes des Amériques, de l'Alaska ou de l'Argentine, le planning est relativement simple : il faut choisir les mois chauds qui sont les seuls praticables, soit juillet-août en Alaska et décembre-mars en Terre de Feu. Notez qu'entre juin et juillet, les moustiques sont en ordre de bataille dans le grand nord, si vous comptez camper vous vous en rendrez compte très vite !

Pour un itinéraire nord-sud « classique », l'idéal est de profiter des mois d'été en Alaska et au Canada, de l'automne dans les états du sud des États-Unis – Utah, Arizona, Texas, Californie – et d'arriver au Mexique en fin d'année, lorsque les grosses chaleurs sont passées. En Amérique centrale, vous bénéficierez alors de la saison sèche, qui s'étend de novembre à avril. Vous entrerez ensuite en février ou mars en Colombie, ce qui vous laisse huit à dix mois devant vous avant le début des beaux jours en Patagonie, suffisamment pour traverser le continent dans les meilleures conditions et en profitant au maximum. Justement, au Pérou et en Bolivie, où vous trouverez les plus belles routes mais souvent les plus difficiles, la saison sèche tombe entre mai et septembre. Les journées y sont ensoleillées et chaudes et les nuits froides – glaciales même sur l'altiplano. En dehors de cette période il pleut souvent, pluie qui peut se transformer

CARTE 22. Amérique du Nord et du Sud

en neige en altitude entre décembre et janvier. Plus au sud, les saisons sont inversées et les plus hauts cols entre l'Argentine et le Chili peuvent parfois être bloqués par la neige entre juillet et août. Au Brésil, sur la côte, toute l'année est agréable. A Montevideo et Buenos Aires, les mois de décembre à février sont très chauds et humides, souvent inconfortables. Pendant les mois d'hiver, de juillet à septembre, il peut faire un peu froid; ce sont donc les saisons intermédiaires qui offrent les meilleures conditions pour rouler.

En passant par le Venezuela, les Guyanes et l'Amazonie, les saisons sont globalement moins marquées: il pleut plus ou moins toute l'année, d'ailleurs ce n'est pas une coïncidence si on y trouve une forêt dite «pluviale». La période (la plus) sèche est de décembre à mars en Colombie et Venezuela, mars et août à octobre en Guyane et juillet à septembre en Amazonie.

Si autour de l'équateur les températures sont chaudes toute l'année et donc les pluies sont une nuisance supportable, à l'extrême sud il faut vraiment viser le plein été: c'est seulement entre décembre et mars que les températures sont plaisantes et les routes toujours libres de neige. A Ushuaïa (ou Punta Arenas), la température peut monter jusqu'à 20 degrés par une belle journée bien ensoleillée de décembre et retomber à 5 degrés le lendemain. En Terre de Feu les hivers (juillet - août) ne sont jamais très rigoureux, les températures tournant autour de -5 à 0 degrés.

Pour traverser l'Amérique du Nord et du Sud, une durée de voyage de 18 mois est assez idéale et confortable, mais votre planning sera peut-être plus serré. Avec 6 mois à disposition, vous partirez au début de l'année des États-Unis, ce

qui vous fera traverser le Mexique et l'Amérique centrale au début des grosses chaleurs et souvent sous la pluie, mais ce n'est pas un gros problème vu que les routes sont bonnes. En Colombie et en Équateur, vous serez contraint de rester sur les axes principaux pour éviter les bourbiers. Par contre, la forêt équatoriale n'est jamais si belle que pendant les pluies, qui d'ailleurs ne durent en général pas toute la journée. Vous arriverez ainsi en juillet-août au Pérou et en Bolivie, ce qui est idéal pour pouvoir accéder aux itinéraires plus difficiles du Sud Lipez (p. 332). En roulant bien, vous pourrez arriver en Patagonie en octobre-novembre. Certes, il y fait encore un peu froid mais l'avantage de rouler en basse saison sur le *gringo trail* est d'éviter l'inflation des prix dans ces régions très touristiques.

En sens inverse, le planning sera sensiblement le même : Noël à Ushuaia, juillet-août en Bolivie ou en Amazonie, décembre-mars en Amérique centrale pour ensuite profiter des températures croissantes en remontant vers le Canada. Vous pouvez bien entendu aussi envoyer votre moto entre l'Amérique du Sud et l'Amérique du Nord pour raccourcir le trajet et, par exemple, passer l'été austral en Argentine et au Chili, voler de Buenos Aires à New York, puis passer un nouvel été en Amérique du Nord, etc.

Que l'on aime les grandes autoroutes ou les petites routes de montagne, les gratte-ciel ou les grands espaces vierges, il y en a pour tous les goûts. Le Canada et les USA ne manquent évidemment pas de routes en très bon état et bien signalées, qu'il est inutile d'essayer de résumer ici, les cartes routières et les guides touristiques étant très nombreux. Pour le motard qui cherche à sortir des sentiers battus, on mentionnera en particulier le TAT, ou *Trans-America Trail*, un roadbook qui décrit un itinéraire à travers les États-Unis d'est en ouest en évitant presque entièrement les routes goudronnées. Notez que c'est un produit commercial (et cher), fourni sous forme de roadbook à dérouler et valable uniquement dans une seule direction, donc utilisables que si vous reliez New York à l'Alaska.

Canada

Le Canada est un peu dans la même situation que la Russie : le pays est en majorité couvert de forêt et de toundra inhabitables. Par contre, les routes du Canada sont bien meilleures, vous ne trouverez pas d'équivalent à la Kolyma (p. 194).

Formalités

Aucun carnet de passage n'est demandé. Si vous arrivez par un port ou un aéroport vous devrez uniquement remplir un formulaire à la douane pour obtenir un « Permis d'admission temporaire » valable une année. En arrivant par la route des États-Unis, il est probable qu'on ne vous demandera rien – sauf votre déclaration d'assurance. En règle générale, les assureurs couvrent à la fois le Canada et les États-Unis. Voyez la section

« États-Unis » ci-dessous pour quelques exemples de compagnies d'assurance.

Routes

Dans le grand Nord, les routes sont rares. En général, celles qui existent ont été construites pour desservir des forages pétroliers ou des installations hydroélectriques. Près de l'Alaska, la **Dempster Highway** offre une alternative bien plus intéressante que la classique Dalton Highway (voir plus bas). La route fait 750 km de Dawson City à Inuvik. En hiver, une route de glace de 140 km est construite sur la rivière et la mer jusqu'à Tuktoyaktuk, mais en attendant qu'une route sur terre ferme soit construite, Inuvik est un cul-de-sac. La route est entièrement non goudronnée et comprend deux passages de rivière en ferry, à Fort McPherson et à Tsiigehtchic (N67 26.509 W133 44.575). La première station service est à Eagle Plains (N66 22.265 W136 43.228), à 370 km du début de la route. Si vous voulez enchaîner Dempster et Dalton Highway, vous pouvez prendre le **Top of the World Highway**, une route de 300 km entre Dawson City et Tok en Alaska sur la route vers Fairbanks.

Au Québec, la **route transtaïga** est une des routes les plus isolées du monde. Elle n'est pas la route la plus au nord du Canada et elle n'est pas particulièrement difficile mais elle est très exposée car, à part quelques refuges de chasse, il n'y a aucune localité tout au long de son parcours, soit 1500 km aller-retour depuis Radisson. Elle sert principalement à l'accès au complexe hydroélectrique de Caniapiscauma ; arrivé au bout, il ne reste plus qu'à revenir en arrière, ce qui limite son intérêt (carte 23, p. 312).

La **route translabradorienne** est une route récente, achevée en 2010 pour désenclaver le Labrador et la partie est du Québec. Elle est beaucoup plus longue, environ 1600 kilomètres dont deux tiers non goudronnés, mais moins isolée que la transtaïga, donc il ne faut « que » 400 km d'autonomie en essence. Le départ est à Baie-Comeau, à 680 km à l'est de Montréal. Vous commencez par un peu moins de 600 km de goudron jusqu'à la frontière du Labrador, avec seulement deux stations d'essence, à Manic 5 (N50 37.464 W68 42.918) et Relais Gabriel (N51 19.595 W68 07.435), donc ne les loupez pas. Puis commence la translabradorienne proprement dite, 530 km jusqu'à Happy Valley - Goose Bay au bord de l'océan, en cours de goudronnage. L'essence est disponible à Churchil Falls. Depuis Goose Bay commence le trajet le plus long sans essence, 410 km jusqu'à Port Hope Simpson, tout en gravier. Puis viennent encore 140 km de gravier jusqu'à Red Bay et 80 km de goudron jusqu'à Blanc-Sablon au Québec. Depuis là, un ferry traverse le détroit de Belle-Isle vers Terre-Neuve, une île qui mérite d'y passer quelques jours car elle offre beaucoup de belles double-tracks à explorer. Le retour peut se faire par un autre ferry entre Port aux Basques ou Argentia et North Sydney sur l'île de Nouvelle-Ecosse, où la route transcanadienne vous ramènera à Montréal en 1500 km, pour un total de 4700 km.

Ne sous-estimez pas les distances sur ce continent. Il est étonnant de constater que l'île de Terre-Neuve est à un peu plus de 9000 kilomètres de Prudhoe Bay en Alaska, mais seulement 4000 km de Paris en ligne droite !

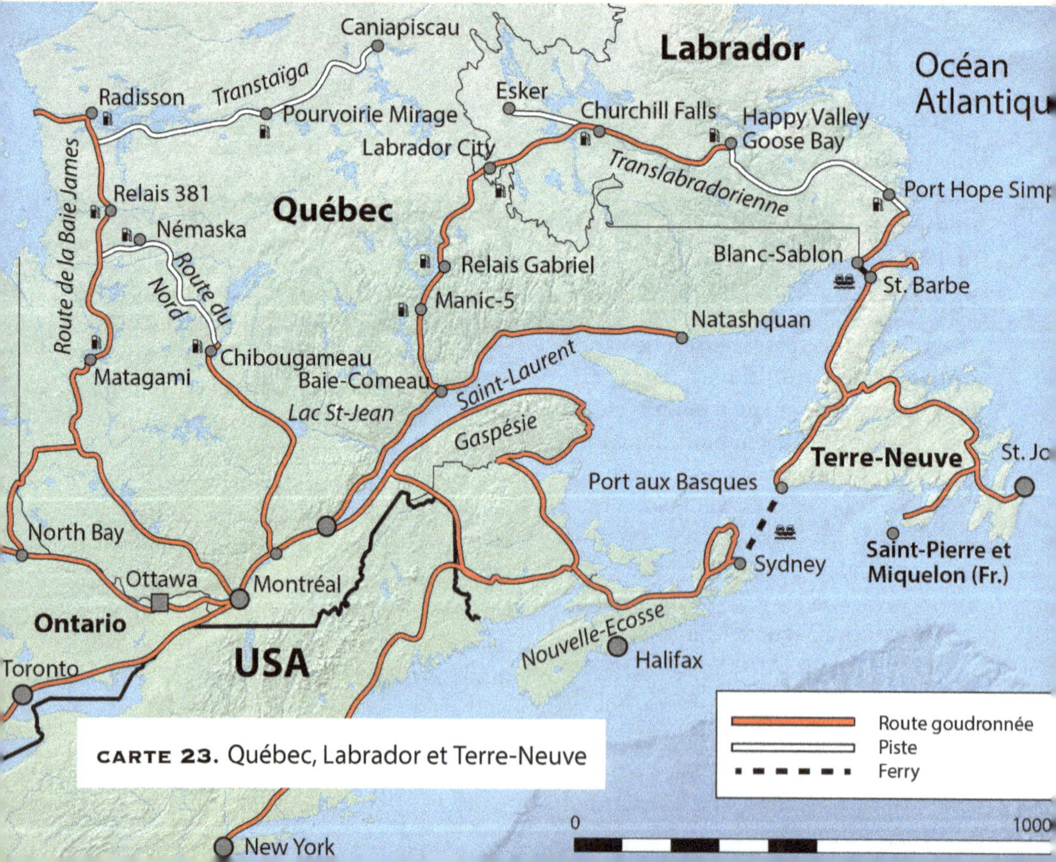

CARTE 23. Québec, Labrador et Terre-Neuve

États-Unis

Les États-Unis sont beaucoup plus variés que le Canada; les États de l'Ouest en particulier recèlent des paysages et des itinéraires fantastiques. Le Montana, le Wyoming, l'Utah, l'Arizona vous garantiront des souvenirs inoubliables – sans oublier la Californie bien sûr. De plus, les motards Américains sont très accueillants et sûrement prêts à vous héberger et à vous indiquer les meilleurs itinéraires. Ils sont très présents sur advrider.com notamment.

Formalités

L'entrée aux États-Unis sous régime d'exemption de visa vous autorise un séjour de 90 jours maximum. En principe, il suffit de passer la frontière avec le Canada ou le Mexique pour obtenir 90 jours supplémentaires. Si vous désirez rester plus longtemps, il faudra obtenir un visa B2 à l'ambassade des États-Unis.

Pour importer un véhicule, il faut obtenir un certificat d'exemption des normes antipollution, *EPA exemption* en anglais. Ce document est gratuit et facile à demander online, voir :

www.epa.gov/otaq/imports/

Il est probable qu'à la douane terrestre les douaniers ne vous demandent rien, mais pour plus de précaution faites les démarches à l'avance. Il faut aussi être assuré, c'est quelque chose que les douaniers et les flics peuvent vérifier. Pour cela, vous pouvez essayer deux compagnies qui ont fait leurs preuves par le

En haut : au Québec en direction du Labrador.
En bas : les paysages grandioses de l'Arizona.

passé en assurant des Européens, (faites jouer la concurrence) :

www.progressive.com/motorcycle/

www.fernet.com/overseas_visitors/
overseas_visitors.html

motorcycleexpress.com/otherproducts/
temporary_usa_motorcycle/

L'assurance ne peut pas se conclure à la frontière, il faut l'organiser à l'avance. Seule difficulté, les assureurs demandent une adresse aux États-Unis pour envoyer le contrat. Si besoin, essayez de contacter un motard sur HorizonsUnlimited. com ou advrider.com, il y aura certainement quelqu'un pour vous aider.

Routes

Il existe une infinité de routes magnifiques aux États-Unis. L'une d'entre elles mérite une mention particulière car elle mène au point le plus au nord du continent accessible par la route. C'est la **Dalton Highway**, qui relie Fairbanks à Prudhoe Bay en Alaska (carte 22, p. 309). Comme sa voisine canadienne, cette route a été construite pour desservir les champs pétrolifères ; vous n'y rencontrerez donc pas de villages très intéressants. Son intérêt est dans le sentiment de solitude et d'immensité de la taïga boréale. La route fait 800 km (dont environ 500 non goudronnés) entre Fairbanks et Deadhorse, où elle est interrompue par une zone de forages pétroliers. L'essence est disponible à Yukon River Bridge (N65 52.800 W149 43.200) et Coldfoot (N67 15.146 W150 10.629), où l'on trouve également un motel. Il y a donc 390 km sans ravitaillement entre Coldfoot et Deadhorse, c'est l'autonomie minimum dont il faut disposer. A Deadhorse vous trouverez de l'essence, des hôtels et des restaurants (chers) et c'est à peu près tout.

Le route est limitée à 50 mph (environ 80 km/h), mais il est tentant d'al-

Ci-dessus : Monument Valley en Arizona.

ler plus vite sur les sections en bon état. Attention toutefois aux nids-de-poule sur les sections goudronnées, aux traversées d'orignaux (élans) et surtout aux projections de pierres sur le reste du parcours quand vous croisez un camion. Par temps pluvieux, ce qui arrive souvent dans cette région, la route peut devenir très glissante et dangereuse.

Mexique

Le Mexique est un pays que l'on peut également aborder de multiples façons. Excité à l'idée d'arriver en Amérique du Sud au plus vite, vous pouvez être tenté de traverser le pays relativement vite, par les grands axes uniquement. Quoique avec 3500 kilomètres environ entre Tucson et Guatemala City, soit à peu près la distance de Varsovie à Gibraltar, avec des *topes* (ralentisseurs) un peu partout sur les routes, cela prendra forcément un peu de temps. Mais le Mexique mérite mieux et on peut y passer facilement un ou deux mois. S'il est vrai que le pays (comme d'autres pays d'Amérique latine ou comme les USA) souffre d'un important taux de criminalité liée au trafic de drogue, il y a peu de chances que vous y soyez confronté. Il n'est globalement pas plus dangereux de voyager au Mexique et en Amérique centrale qu'aux USA, il faut juste respecter les règles élémentaires de sécurité et éviter les centre-ville la nuit ainsi que certaines villes frontières avec les États-Unis.

Formalités

Pour entrer au Mexique vous avez le choix entre des dizaines de postes-frontière. La solution la plus intéressante étant probablement de traverser en Arizona pour attaquer les pistes de la Sierra Alta. Ou mieux encore, passer de Californie à la péninsule de la *baja california*.

Le Mexique ne demande pas de visa pour nous Européens, mais il faut obtenir une carte touristique (*Forma Migratoria Múlitple*) pour 295 pesos, environ 22 $, qui donne droit à rester six mois dans le pays. Pour le véhicule, le carnet de passage n'est pas accepté. et, contrairement aux autres pays du continent, il faudra consigner un dépôt pour obtenir un permis d'importation temporaire (*importación temporal de vehículos*). Le prix du permis est de 44 $ et le montant du dépôt dépend de l'âge du véhicule, de 200 $ à 400 $. Ce dernier vous sera remboursé à votre sortie du pays. Si vous payez par carte de crédit, elle sera re-créditée du même montant (moins les frais de change, éventuellement). Le dépôt se fait obligatoirement à la *Banjercito*, dont une agence se trouve à tous les postes frontière.

Notez qu'il est possible de circuler pendant trois jours sans permis dans la zone frontière, donc les douaniers ne vous arrêteront pas. Il est vite fait d'oublier de demander ce permis, ce qui veut dire que vous devriez revenir à votre point d'entrée pour l'obtenir !

Vous devrez également acheter une assurance (au tiers au minimum) pour la durée de votre passage au Mexique. Par exemple Border Mexican Insurances a un bureau à la frontière à Tijuana : www.bordermex.net. Attendez-vous à payer 60 - 100 $ pour 6 mois. Les assurances américaines et canadiennes qui sont valables dans ces deux pays ne le sont en général pas au Mexique.

Au sud du pays, non loin de la route 190, vous trouverez un de ces campings où vous pourrez rencontrer d'autres overlanders, partager des récits de voyage et échanger des tuyaux : **Overlander Oasis** à Santa Maria de Tule (N 17 02.685 W96 38.408)

CARTE 24. Nord du Mexique

Itinéraire 11 : Baja California et Barrancas del Cobre

Un itinéraire mérite une mention particulière, c'est la traversée de la péninsule de Basse-Californie ou **Baja California**. C'est le lieu du célèbre rallye-raid du Baja 1000, appelée ainsi car il y a environ 1000 miles d'un bout à l'autre de la péninsule entre Ensenada et Cabo San Lucas. La *Carretera Transpeninsular* (ou Mex 1) le long de la côte fait presque 1600 km Celle-ci est entièrement goudronnée, mais l'intérêt de la région est évidemment hors piste. Le paysage est désertique donc il ne faut pas s'y engager sans préparation. Vous y trouverez beaucoup de sable mou et des températures au-dessus de 40 degrés en été.

Depuis les États-Unis vous avez le choix entre plusieurs postes-frontière (carte 24, p. 316). Si possible, évitez la douane la plus fréquentée au monde, entre San Diego et Tijuana. Quelques kilomètres à l'est à travers la montagne, le poste de Tecate est bien plus agréable et permet d'éviter **Tijuana**, qui est une ville relativement dangereuse. Ou alors prenez le poste de Calexico/Mexicali et traversez directement sur San Felipe. N'oubliez pas de remplir toutes les formalités (voir ci-dessus), avant de partir pour Ensenada par la route 3, connue aussi sous le nom de *Ruta del Vino*. C'est ici la meilleure région pour cultiver la vigne et les Mexicains font des bouteilles tout à fait correctes.

La baja est un des terrains de jeu favoris des enduristes américains; vous trouverez donc de nombreuses traces GPS de double- et single-tracks pour traverser la péninsule, mais il faut savoir que le plaisir sur une enduro de 140 kg n'est pas la même que sur un trial de 250 kg.

Les stations Pemex (essence) sont relativement fréquentes jusqu'à San Felipe et El Rosario. Au sud, elles sont plus espacées, la plus longue étape sur la Mex 1 est de 320 km entre El Rosarion et Villa Jesús María.

Au lieu de suivre la Mex 1 tout le long de la péninsule, il vaut mieux traverser de Ensenada vers San Felipe. En chemin vous pouvez vous arrêter au **Mike's Sky Rancho**, un petit hôtel au bout d'une mauvaise piste, très fréquenté par les motards américains, où vous pouvez aussi camper. Vous y obtiendrez des renseignements sur les jolies pistes alentours pour les explorer à la journée sans vos bagages. En continuant sur San Felipe, la route le long du Pacifique est malheureusement goudronnée depuis peu jusqu'à Puertecitos (essence) et Bahia Gonzaga. On y trouve de très belles plages encore très calmes en raison de la difficulté d'accès, ce qui ne sera peut-être plus le cas maintenant que la route est goudronnée. Vous pouvez camper et manger chez Papa Fernandez au bout de la baie, ou alors faites quelques kilomètres de plus sur la

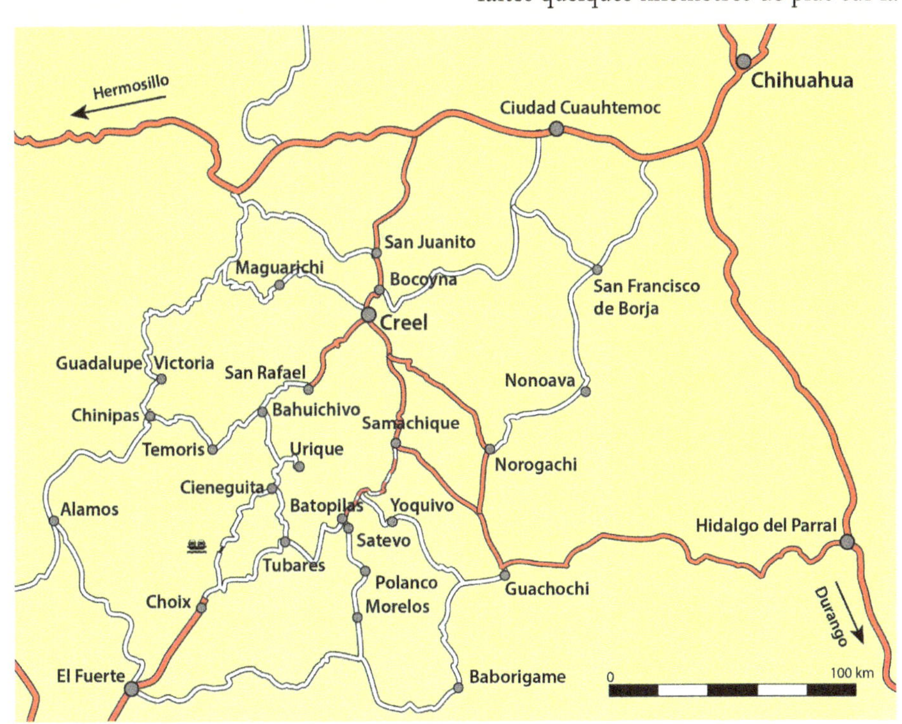

CARTE 25. Barrancas del Cobre

piste jusque chez Coco (**Coco's Corner**), un campement également fréquenté par les motards. Il y a une station Pemex à Gonzago, théoriquement ouverte, donc l'autonomie n'est pas vraiment un problème.

Au guidon d'un trail lourdement chargé, vous devrez ensuite probablement rejoindre la Mex 1. Avec une enduro, les possibilités de traverser la péninsule sans toucher au goudron sont infinies.

Il y a deux lignes de ferry pour le continent au départ de La Paz, vers Topolobampo (près de Los Mochis) et Mazatlán et une au départ de Santa Rosalía vers Guaymas. Notez qu'il est permis de visiter la Baja California sans permis d'importation de véhicule, donc au cas où vous auriez oublié d'acheter votre permis à la frontière, un bureau de la *Banjercito* se trouve à La Paz (voir «Formalités» ci-dessus). Le trajet coûte environ 150 € entre La Paz et Topolobampo.

Arrivé sur le continent, le détour par **Barrancas del Cobre** (canyon du cuivre ou Copper Canyon en anglais) s'impose. Toute la région autour des canyons offre des routes vertigineuses dans un décor spectaculaire de western. Comme dans de nombreux pays, les pistes un peu techniques sont en train d'être goudronnées, ce qui peut être sympathique lorsque la route est toute neuve, mais ce sera beaucoup moins drôle dans quelques années quand les nids-de-poule poseront plus de danger que le gravier n'en posait auparavant. Toutefois la région ne manque pas de pistes pour tous les goûts, très roulantes ou très techniques.

Le centre touristique de la région est la ville de **Creel**, qui est reliée au nord à Chihuahua ou à Hermosillo par une bonne route (carte 25, p. 317). Par le sud par contre, en débarquant du ferry de Baja par exemple, il faudra passer par des pistes. Creel est à 2300 mètres d'altitude, au début du canyon. La route classique empruntée par les motards descend dans le canyon jusqu'à Batopilas par une série de lacets très spectaculaires. La plupart de la route est maintenant goudronnée, il ne reste plus que quelques passages en gravier. Le village n'est peut-être pas des plus accueillants. Il faut savoir en effet qu'au fond du

---

Ci-dessus : belles plages mais beaucoup de touristes américains en Baja California.

canyon à 580 mètres d'altitude le climat est propice à la culture de la marijuana ; à l'instar des Marocains du Rif, les cultivateurs sont donc d'un naturel méfiant. Les autres routes qui sortent du canyon depuis Batopilas sont plus compliquées. À l'est, une piste pas trop mauvaise passe par Yoquivo et Guachochi, où l'on retrouve le goundron vers Hidalgo del Parral. Au sud-ouest, la piste par Tu-bares rejoint le goudron à Choix et depuis là c'est une bonne route jusqu'à Los Mochis et le ferry à Topolobampo.

Si vous n'en avez pas assez, vous pouvez aussi descendre dans le canyon d'**Urique** depuis Bahuichivo, par une piste tout aussi spectaculaire. Sans compter les innombrables autres pistes de la région.

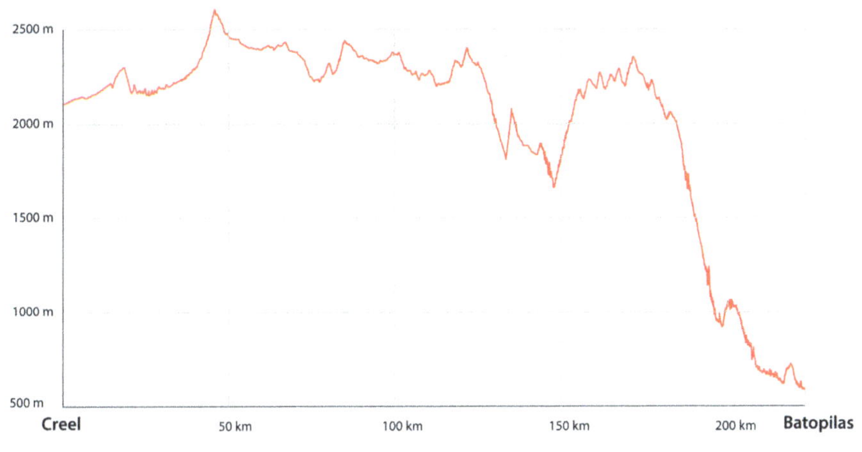

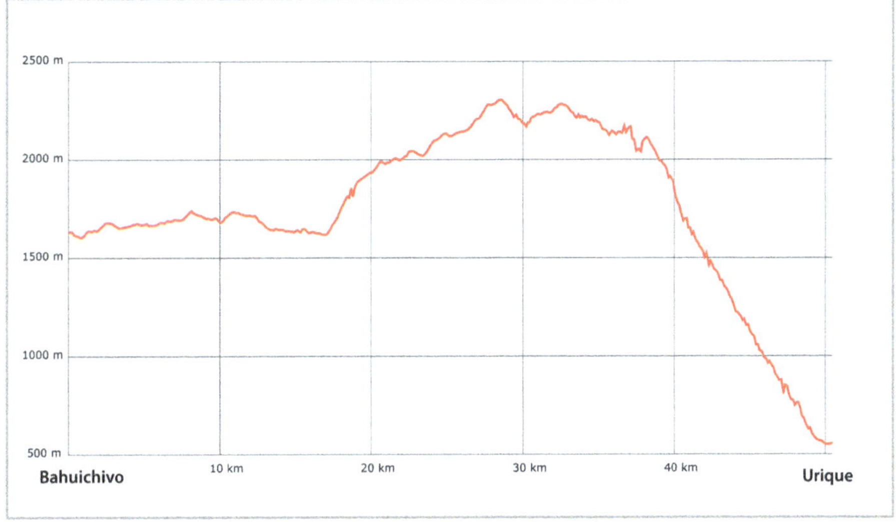

Ci-dessus : le profil très raide des routes pour descendre dans le canyon entre Creel et Batopilas, ainsi qu'entre Bahuichivo et Urique.

Amérique centrale

La succession de petits pays d'Amérique centrale ne manque pas d'intérêt en tant que tel, mais ils sont souvent traversés très rapidement par les overlanders et ceci pour deux raisons : d'abord, certains de ces pays ont une réputation de dangerosité qui est sûrement exagérée mais néanmoins bien réelle. Ensuite, la densité de population fait que la région n'offre pas le même sentiment de liberté pour le motard que la pampa argentine ou les hauts plateaux andins. Ceci dit, le Costa Rica et le Belize sont parfaitement sûrs, le Guatemala recèle des trésors archéologiques impressionnants et le Nicaragua offre de belles plages pour un coût de la vie très modéré. Tous ces pays sont situés dans des régions tropicales, gages de routes en mauvais état mais aussi de fruits frais à tous les repas.

Formalités

Ces pays se distinguent également pour l'overlander par la succession de douanes à franchir. Alors qu'en Amérique du Nord ou du Sud cela reste un exercice relativement indolore qui rappelle un peu les voyages en Europe avant le traité de Schengen, en Amérique centrale c'est plus pénible, sans approcher toutefois les épreuves de certaines frontières africaines. Le plus compliqué est de gérer les *tramitator*, ou fixers, les gars qui traînent aux *aduanas* (frontières) et offrent de vous guider dans les procédures contre quelques billets verts. Il faut savoir qu'ils ne sont jamais indispensables et qu'on peut tout à fait se débrouiller seul. Répondre par un « *no necisita ayuda* » (pas besoin d'aide) bien appuyé devrait faire

l'affaire. L'aide d'un de ces gars n'est recommandée que dans certains cas : si vous ne parlez pas un mot d'espagnol ou si vous avez besoin de quelqu'un pour garder un œil sur votre moto. Attention, certains sont complètement inefficaces ou même contre-productifs ; et quoi qu'il arrive, il faut négocier le tarif et s'en tenir au prix fixé. Aucun pays ne demande de visa pour les citoyens de l'UE, les Suisses ou les Canadiens, mais diverses taxes sont perçues selon les pays : permis d'importation temporaire, assurance, fumigation, taxe municipale, etc. si la plupart sont légitimes, d'autres iront directement dans la poche du fonctionnaire. Pour payer tout cela, il est pratique d'avoir sur soi quelques dollars en petite monnaie qui sont souvent acceptés en Amérique centrale. D'ailleurs, au Panama et au Salvador, le dollar US est la monnaie officielle. Souvent, vous rencontrerez un checkpoint de la police quelques kilomètres après la douane, où ils vérifieront que tous vos papiers sont

---

Ci-dessus : volcan Arenal, Costa Rica.

en ordre. Si ce n'est pas le cas, ce sera pour eux l'occasion de demander un petit cadeau (pas toujours si petit d'ailleurs).

Notez que le Guatemala, El Salvador, le Honduras et le Nicaragua font partie d'une union connue sous le nom de CA-4, et vous ne pouvez rester dans ces pays que 90 jours au total, depuis l'entrée dans le premier pays jusqu'à la sortie du dernier. A moins de tomber amoureux d'un pays (ou d'une/un de ses habitants), ce sera amplement suffisant pour traverser tranquillement l'Amérique centrale.

La routine du passage de douane est à peu près la même partout dans le monde, on peut la résumer en plusieurs étapes successives :

1. **Immigration**. Vous faites tamponner votre passeport pour sortir du pays. En général c'est une procédure simple et gratuite.

2. **Douane**. Vous rendez votre permis temporaire pour la moto et il est annulé. Parfois les bagages sont fouillés à la recherche de drogue.

Une fois ces formalités remplies, vous pouvez montrer patte blanche à la sortie et passer la barrière. Vous vous dirigez alors vers le poste frontière du pays entrant, qui est souvent à quelques mètres si les postes de douane sont attenants, ou séparés par un pont ou un ferry, mais qui peut aussi se trouver à plusieurs kilomètres (160 km entre les postes chiliens et argentins sur le paso de Jama, par exemple) et dans ce cas il faut faire attention à ne pas le manquer.

3. **Fumigation**. Certains pays exigent la désinfection des véhicules entrants. C'est surtout un bon moyen d'extraire quelques dollars des voyageurs.

4. **Immigration**. Aucun visa n'étant nécessaire dans ces pays, vous faites tamponner votre passeport et vous recevez une carte de touriste, valable en général 90 jours (1 mois au Belize), que vous devez conserver jusqu'à votre sortie. Parfois les douaniers vérifient que le passeport a été correctement tamponné en sortie par le pays précédent, surtout si les postes sont faciles à rater comme sur le paso de Jama. Certains pays imposent une taxe d'entrée pour les personnes.

5. **Douane**. C'est là que vous obtenez un permis temporaire d'importation pour le véhicule, en général de même durée de validité que la carte touristique, parfois plus. Suivant les pays, les douaniers exigeront de voir une assurance et si vous n'en avez pas, ils vous dirigeront vers le bureau adéquat, souvent attenant à la douane. Ils peuvent aussi vérifier le VIN de votre véhicule (numéro de châssis) et fouiller vos bagages à la recherche de marchandises de contrebande ou de drogue. Parfois, l'importation de viande et légumes est interdite. En général les motards sont moins fouillés que les voitures.

6. Enfin, muni de tous vos papiers, vous pouvez passer le portail de sortie et vous êtes libres. Parfois, il faut faire un arrêt à la prochaine ville pour compléter les formalités qui ne peuvent pas être effectuées au poste frontière (douane, assurance). Dans tous les cas, il faut garder tous les papiers à portée de main pour les montrer aux barrages de police (carte de touriste, permis d'importation et assurance, en plus des documents habituels).

Voici un petit aperçu des frais de passages de frontière en Amérique centrale. La plupart des taxes peuvent se payer en dollars US, donc prévoyez un stock de billets de 1 $ et quelques-uns de 5 $ et 10 $.

Pays	Entrée	Sortie	Assurance
Belize	Fumigation : 2,5$ Assurance : 23$	18$	30$/7 jours
Guatemala	Fumigation : pas pour les motos Permis d'importation : 20$ Taxe municipale : 8$	aucune	
Salvador	Photocopies	aucune	
Honduras	Taxe d'entrée : 3$/pers Permis d'importation : 35$ Fumigation : 3$ Photocopies	aucune	
Nicaragua	Taxe d'entrée : 12$/pers Fumigation : gratuit	2$	12$ à la frontière
Costa Rica	Fumigation : pas nécessaire Photocopies	aucune	17$/1 mois
Panama	Taxe d'entrée : 1$/pers Photocopies	aucune	15$

Routes

Pour aller du Mexique à Panama vous n'aurez guère le choix, juste de faire un détour par le Belize ou par le Salvador. Le Belize a la réputation d'être très beau mais plus cher que les pays avoisinants. Le Salvador souffre de problèmes d'insécurité et ne mérite pas forcément le détour. Le Honduras n'est pas en reste dans ce domaine. Notez que vous entrez dans une zone où la malaria fait des dégâts, prenez les précautions d'usage (« Santé », p. 63).

Une excellente idée, qui est d'ailleurs très populaire, est de s'arrêter quelques semaines dans un de ces pays pour prendre des cours d'espagnol, si vous ne le parlez pas. C'est assez bon marché dans des pays comme le Guatemala avec des formules école + séjour chez l'habitant très agréables. Et comme la suite du voyage est presque exclusivement hispanophone, vous risquez de vous priver de beaucoup de rencontres enrichissantes si vous avez des lacunes dans le domaine.

Panama

Après avoir négocié (dans l'ordre) le Guatemala, le Honduras, le Nicaragua et le Costa Rica, Panama City est l'étape finale avant l'Amérique du Sud. Même si la panaméricaine continue encore sur presque 300 kilomètres, elle s'interrompt à 90 kilomètres de la frontière colombienne dans la région de Darién. Il n'y a pour l'instant pas de projet de construire une route à travers ce qu'on appelle le *Darién Gap* pour relier le Panama et la Colombie par la route. Non seulement l'environnement est très hostile et les coûts de construction seraient énormes, mais l'existence de cette zone tampon infranchissable arrange bien tout le monde, en particulier les USA, qui cherchent à mieux contrôler le trafic de drogue et l'afflux d'immigrants illé-

---

A **droite :** une petite île dans les San Blas entre Panama et la Colombie.

Darién Gap

Panama n'est pas comme la plupart des pays avoisinants. Si le nord autour du canal ressemble un peu au Costa Rica et est parcouru de nombreuses routes, tout le sud du pays est couvert d'une jungle impénétrable, et farcie de contrebandiers et tribus rebelles de tout genre. A pied, depuis le dernier village colombien il est donc un peu compliqué d'arriver sur territoire panaméen : des canoës avec moteur hors-bord relient en 2-3 heures le premier village du Panama. Mais arrivé juste de l'autre côté de la frontière, la route la plus proche est encore à 50 km. Il faut reprendre un bateau pendant 4-5 heures jusqu'au prochain village qui possède une piste d'atterrissage, et espérer embarquer dans un petit avion pour Panama City, ou alors embarquer dans un autre bateau. Pour le motard, c'est une aventure qui ne vaut probablement pas la peine d'être tentée.

On est obligé de mentionner ici Helge Pedersen, un motard aventurier qui est arrivé là en 1988 à la moitié de son tour du monde. Il est devenu célèbre pour avoir franchi le Darien Gap, alors que c'était réputé impossible. Certes, il a traversé la région avec sa moto et il a survécu, mais il n'a probablement pas dû brûler beaucoup d'essence : il n'a en fait pas passé le Darien Gap à moto : il a porté, tiré, hissé sa moto à travers la jungle avec l'aide d'un gars rencontré sur place. A 200 kg la R80GS, la performance n'est pas mince. Mais on ne peut s'empêcher de se demander : à quoi bon ? cet exploit est plus proche de l'haltérophilie que du pilotage. Cela restera sûrement dans les annales du voyage et de l'aventure, mais cela prouve aussi qu'il est absolument impossible de traverser cette région à moto, en roulant. Helge a vécu son rêve et sa passion, c'est bien ça le plus important. Il a décrit son aventure dans un livre, « 10 Years on 2 wheels ». Sa notoriété lui a ensuite permis de lancer son agence de voyage, globeriders.com, qui organise des voyages accompagnés à moto pour des clients très très riches - et qui, ironiquement, leur offre une expérience totalement dénuée d'aventure.

gaux. Le Panama, quant à lui, est pas mécontent de garder les guérilleros colombiens à distance. On imagine aussi que le transport des véhicules en transit amène un trafic bienvenu dans le port et l'aéroport.

Le gros dossier logistique du voyage en Amérique est donc : comment passer du Panama en Colombie (ou vice-versa depuis le sud) ? quel est le moyen le plus facile et au meilleur prix ? De temps en temps, un nouveau service de ferry est lancé, puis assez vite fait faillite et interrompt ses opérations (p.ex. ferryxpress entre 2014 et 2015). Il reste donc deux possibilités pour envoyer sa moto : l'avion ou le container. S'il est possible d'économiser de l'argent en utilisant un container partagé entre plusieurs motos ou avec une voiture, en général la solution de l'avion est plus facile, plus rapide et coûte à peu près la même chose. A Panama City (et Cartagena) vous trouverez une troisième possibilité, plus agréable et plus populaire : utiliser un des petits bateaux de croisière qui transportent les routards entre Panama et la Colombie en passant quelques jours dans les îles San Blas à fêter et se baigner dans des eaux transparentes. Ces croisières sont devenues une activité très lucrative pour quelques propriétaires de bateau qui facturent environ 500$ par passager pour 5 jours de voyage. Quelques-uns acceptent d'attacher des motos sur le pont, tout en suivant l'itinéraire habituel dans les San Blas. Vu la popularité de cette option chez les motards, les capitaines se sont enflammés sur les prix ces dernières années : cela coûte actuellement environ 1000 $, ce qui correspond, coïncidence, à peu près au prix du transport de la moto et d'un billet d'avion. Entre courir les locaux de la douane et siroter du rhum sur une plage déserte, le choix est vite fait. Un des bateaux que l'on peut recommander est le Stahlratte (www.stahlratte.de). Un site internet, dariengapinfo.dreamhosters.com, liste d'autres possibilités. Il vaut mieux réserver son passage à l'avance, ou alors, arrivé à Panama, vous trouverez des petites annonces pour des croisières dans les hôtels de backpackers – et de même à Cartagena.

Les Caraïbes

Comme dans les autres chapitres, on parlera très peu des îles, qui sont en général trop difficiles d'accès et qui offrent des possibilités de rouler assez restreintes. La majeure partie des pays des Caraïbes

qui transporte des motos entre Panama et la Colombie, effectue chaque année un circuit dans les Caraïbes qui passe par Cuba. C'est un des moyens les plus simples (mais loin d'être bon marché) pour explorer cette île au guidon de sa moto. Étonnamment, les douanes de ce pays marxiste ne sont pas un problème insurmontable et acceptent sans trop de mal d'immatriculer temporairement un véhicule étranger. Et c'est clairement un des derniers territoires encore à peu près inconnu des motards baroudeurs.

se prêtent mieux à la visite à pied et en transport en commun qu'à moto. Sauf peut-être Cuba qui est une très grande île et un pays agréable et intéressant à visiter. Malheureusement, il n'existe pas de ferry pour véhicules en direction de Cuba. Par contre, le *Stahlratte*, ce voilier

Deux bateaux qui transportent aussi des motos à bord entre Panama et la Colombie : Fritz The Cat **(à gauche)** et Stahlratte **(à droite en haut)**.
Ci-dessus : Arrivée à Cartagena, Colombie.

CARTE 26. Amérique du Sud

Colombie

La Colombie n'est pas qu'un refuge pour les cartels de la drogue et une prison pour les otages des FARCs. C'est aussi un pays extraordinaire qui combine la montagne, la jungle, des plages sur deux océans et un héritage colonial espagnol, de quoi satisfaire tous les baroudeurs. Heureusement, les choses semblent aller dans la bonne direction, les rebelles ont déposé les armes et le pays est nettement plus stable qu'il y a quelques années en arrière. Beaucoup d'eau a coulé sous les ponts depuis que Glenn Heggsted (*Two Wheels Through Terror*) a été kidnappé au guidon de sa moto et, actuellement, les FARCs sont prêts à poser les armes. Il n'y a donc plus de contre-indication à voyager dans ce pays, mais bien sûr certaines zones restent plus dangereuses que d'autres : notamment les régions frontalières. Renseignez-vous quand vous êtes sur le point de parvenir dans le pays, les conditions de sécurité évoluent vite.

Si vous entrez en Amérique du Sud par la Colombie, vous avez le choix : soit de descendre vers l'Équateur, comme tout le monde, soit de partir à l'est vers le Venezuela. Ce sont les deux seules possibilités car le sud-est du pays est entièrement recouvert par la forêt amazonienne et il n'y a donc aucune route ni vers le Brésil, ni vers le Pérou. Notez que les routes principales en Colombie sont à péage, mais comme souvent dans les pays pauvres, les motos en sont exemptées. Étonnamment, la police est en général peu corrompue, donc le voyage

Ci-dessus : pont suspendu près de Medellin, Colombie.

devrait être plus tranquille qu'en Amérique centrale.

Les Andes commencent dès la Colombie et ce ne sont pas des petites collines : les routes montent déjà au-dessus de 3000 mètres. Le pays n'est pas avare en jolies petites routes de montagne, mais par contre, comme il pleut beaucoup, les éboulements sont fréquents et les routes en assez mauvais état. Peut-être est-ce pour toutes ces raisons que l'on trouve dans ce pays une assez importante communauté de motards, ainsi que probablement les meilleurs concessionnaires avant l'Argentine.

Le pays est relativement bon marché et le tourisme reprend en force, ce qui veut dire que vous trouverez facilement de petits *hostals* pas très chers (10-15 €), ainsi que de nombreuses possibilités de camper. C'est maintenant qu'il faut profiter de la Colombie, avant que le pays ne devienne trop touristique. Le passage en Équateur se fait très facilement par la panaméricaine, entre Ipiales et Tulcán. C'est une des rares fois où il sera préférable d'emprunter la route principale plutôt que les routes secondaires, à la fois pour des raisons de sécurité mais aussi parce que c'est à peu près la seule bonne route de la région.

Équateur

L'Équateur est un pays très agréable et très bon marché pour voyager. Vous économiserez surtout sur le budget carburant car l'essence coûte moins de la moitié du prix colombien (même si au sud de ce pays en approchant de l'Equateur les prix auront déjà sensiblement

commencé à baisser pour lutter contre la contrebande).

Le pays est très montagneux et compte plusieurs des plus hauts volcans du monde. Il faut prendre le temps de l'explorer en partant à la découverte des petites routes et des pistes.

Quito est situé à 3000 mètres d'altitude, vous devrez donc vous acclimater tranquillement à l'altitude avant d'attaquer l'altiplano péruvien et bolivien et leurs cols à plus de 4000 mètres. Même en ayant dormi pendant tous vos cours de géo, vous aurez compris que c'est dans ce pays que vous passerez dans l'hémisphère sud, avec sa cérémonie de photo obligatoire (en plus, la panaméricaine fait un S juste au niveau de l'équateur et le traverse trois fois en quelques kilomètres). Vous retrouverez peut-être la ligne d'équateur au Brésil en remontant sur la BR-174 et à Macapá (p. 348).

Ci-dessus : le col Abra Malaga, 4316 m, en route vers le Machu Picchu.

Si le Pérou est bon marché, les Péruviens ne sont pas stupides et ils ont bien compris que le site du Machu Picchu, à l'instar du Taj Mahal pour les Indiens, représente équivalent d'une très bonne planche à billets. Non seulement l'entrée du site est extrêmement chère (environ 50$ aux dernières nouvelles), mais il faut aussi prendre un train pour y parvenir, à 150$ minimum le ticket aller-retour de Cuzco. Heureusement pour les motards au budget serré, il existe une possibilité de visiter cette merveille sans vendre un de ses reins : il faut passer le spectaculaire col Abra Malaga qui monte depuis Ollantaytambo et, arrivé à Santa Maria, quitter le goudron et prendre une piste taillée à flanc de montagne jusqu'à Santa Teresa, un petit village où vous pouvez camper et laisser votre moto à l'abri. En bus ou en camion vous rejoignez ensuite la *hidroeléctrica*, une usine électrique au bout de la ligne de train. Depuis là, il vous reste à prendre un ticket ou marcher le long des voies pendant environ deux heures pour atteindre Aguas Calientes, un centre très touristique où l'on peut dormir et manger. L'entrée du site de Machu Picchu est à environ 1h1/2 de marche du village, ou alors en quelques minutes et 18$ avec le bus.

Si vous êtes allergique aux hordes de touristes (en particulier entre juillet et août), il n'y a pas de honte à traverser le Pérou sans visiter le Machu Picchu.

Pérou

Première surprise en arrivant au Pérou : pas de groupe de musiciens en poncho qui jouent de la flûte de pan ; ils sont probablement tous en Europe. Clichés mis à part, le Pérou n'en reste pas moins un pays tourné vers la montagne, ce qui fait le bonheur des motards, au contraire des conducteurs de voitures qui sont condamnées à traîner derrière les camions ou les bus surchargés qui montent les cols au pas. Bien évidemment, vous laisserez de côté la route panaméricaine qui longe la côte, à travers une région très aride et monotone, et vous attaquerez le vif du sujet en traversant tout le pays du nord au sud (ou inversement) par les hauts cols andins, parfois à presque 5000 mètres.

Le Pérou rassemble aussi une bonne partie du tourisme sud-américain : de magnifiques paysages très variés, entre montagne et jungle, d'impressionnants sites archéologiques, un coût de la vie modéré et un climat agréable… que demander de plus ? Le centre de gravité touristique se trouve à Cuzco, point de départ de la visite du **Machu Picchu**, un des rares sites pré-colombiens qui n'a pas été pillé par les colons. A Cuzco, il est presque obligatoire d'aller boire une bière au *Norton rat's bar*, sur la place centrale, dont le propriétaire est un ancien baroudeur qui s'est finalement établi là.

Les routes au Pérou sont, sans surprise, très mauvaises, sauf la panaméricaine le long de la côte. Entre mai et novembre les petites routes de montagne sont un terrain de jeu idéal pour nous motards. Des cartes routières pas trop fantaisistes sont disponibles sur le site du ministère des transports (www.mtc.gob.

pe/transportes/caminos/normas_car-
reteras/mapas_viales.html), pratiques
pour avoir un support papier en plus des
cartes GPS. Heureusement, en venant
de l'Équateur ou de la Bolivie, l'acclima-
tation se fait en douceur et l'altitude ne
devrait pas être un problème. Par contre
si vous arrivez du Brésil par l'Amazonie,
ou de la côte par la panaméricaine, passez un ou deux jours entre 2500-3000
mètres avant d'attaquer les plus hauts
cols. D'une manière générale, passer un
très haut col et redescendre immédiatement n'est jamais un problème; là où
vous pouvez souffrir du mal de l'altitude
c'est si vous passez la nuit à une altitude
beaucoup plus élevée que la nuit précédente.

La machine également souffre de
l'altitude: en particulier, les carburateurs sont réglés trop riche en altitude.
Pour quelques jours ça n'est pas un problème, les bougies sont juste un peu plus
encrassées et la consommation un peu
excessive. Mais, si vous restez plusieurs
semaines sur l'altiplano péruvien et bolivien jusqu'en Argentine et au Chili, il
est préférable de changer le gicleur. Avec
une injection électronique, le calculateur
s'adapte automatiquement à la pression
atmosphérique ambiante et il n'y rien à
toucher.

Depuis le Pérou, vous serez probablement attiré par la Bolivie et le Sud
Lipez, en passant la frontière près du lac
Titicaca. Ou alors vous pouvez décider
de couper à travers le continent et entrer
au Brésil. Il existe une route en plutôt
bon état qui relie la Bolivie à Porto Velho dans l'Amazonie brésilienne.

Bolivie

Le baroudeur ne peut pas aller en Amérique du Sud sans passer par la Bolivie.
On y trouve les routes les plus pourries
et les double-tracks les plus perdues, le

Ci-dessus : la route panaméricaine le long de la côte du Pérou.
A droite : la fameuse « route de la mort ».

tout dans des décors époustouflants. Le pays est un des plus pauvres du continent; il possède peu de ressources à part la fameuse coca. Sachez que s'il est légal de mâcher des feuilles de coca, la possession et la consommation de cocaïne sont fortement réprimées. Les locaux prétendent que mâcher la coca aide à lutter contre le mal des montagnes; c'est peut-être vrai, mais ce qui est sûr c'est que le goût est répugnant.

Il y a quelques années, un reportage de la BBC a créé la légende de la fameuse « **route de la mort** », ou *camino de la muerte*, comme on l'appelle ici. Ou pas, car en Bolivie seules les agences de voyage de La Paz appellent

ainsi cette ancienne route qui n'est plus utilisée que par les *gringos* qui la descendent en vélo. Les Boliviens, eux, l'appellent *Yungas Nord*, mais surtout ils empruntent maintenant une nouvelle route et plus personne ne meurt sur la route de la mort, heureusement. Cela reste quand même une belle expérience : une piste étroite taillée sur le flanc de la montagne au bord de précipices impressionnants. Traditionnellement on roule à gauche ici, car il est plus facile aux conducteurs de camion de voir exactement combien de millimètres restent entre leurs roues et le précipice. Pour la parcourir, il vaut mieux éviter la fin de matinée quand les groupes de touristes en mal de sensations la dévalent à toute vitesse.

En partant de **La Paz**, la route des Yungas Nord vous amènera à Coroico, d'où vous pouvez revenir sur La Paz dans la même journée par la nouvelle route (insert carte 27, p. 333). Ou alors vous pourrez poursuivre la route et effectuer une plus longue boucle par les Yungas Nord et Caranavi, ou encore par les Yungas Sud et Chulumani, deux routes qui sont d'ailleurs tout aussi dangereuses que la fameuse route de la mort. Depuis La Paz une autre excursion d'une journée est de monter à la « station de ski » de Chacaltaya qui culmine à 5270 mètres.

Comme en Équateur, l'essence est ici très bon marché, environ 0,30 €/l (3 bolivianos/litre). Mais le problème est que pour lutter contre la contrebande, les étrangers, ou plus exactement les véhicules aux plaques étrangères doivent payer plus du double (8 bol/l). Il est souvent possible de trouver un petit arrangement avec le pompiste pour un prix intermédiaire, toujours nettement au dessous des prix pratiqués dans les pays avoisinants. Ou alors vous pouvez remplir des bidons à la station service au prix local. Reste à savoir si ça vaut le coup de transporter des jerrycans pour faire le plein un peu meilleur marché.

Itinéraire 12 : Sud Lipez

Tout motard qui se rend en Amérique du Sud a déjà vu ces images surréalistes de véhicules roulant sur une surface blanche éclatante et parfaitement plate sur des dizaines de kilomètres. Qui ne rêve pas de parcourir ces paysages de l'altiplano bolivien, sur le plus grand lac salé du monde, le **salar de Uyuni** ? Mais cette région du sud de la Bolivie entre le Chili et l'Argentine a encore bien plus à offrir: des paysages à couper le souffle, quelques bonnes pistes, de la tôle ondulée, des bivouacs au bord de lacs aux couleurs fantastiques, des volcans de 6000 mètres et des cols à 4000 mètres d'altitude. Cette région du sud-ouest de la Bolivie s'appelle le **Sud Lipez** (carte 27, p. 333). On y accède soit depuis Uyuni, une ville très touristique au bord du salar du même nom, soit depuis l'Argentine ou le Chili. Et de fait, c'est l'itinéraire idéal pour passer de Bolivie en Argentine (ou inversement), à moins que vous soyez dans un des cas suivants: si vous avez une moto pas adaptée (routière, trop lourde, pas assez d'autonomie), si les pluies ont transformé les pistes en mares de bouillasse, ou

Ci-dessus: le plus grand terrain de camping du monde, 10 000 km^2 bien plats pour planter votre tente dans le Salar d'Uyuni.

CARTE 27. Sud Lipez et Bolivie

enfin si vous avez de la peine à vous acclimater à l'altitude.

Du point de vue logistique, il faut savoir que vous serez là-bas très loin de toute ville d'importance et la plus grande partie du temps sans signal GSM. La nourriture et l'eau ne sont pas un problème si vous n'êtes pas trop regardant: les légumes et fruits frais sont très rares mais les pâtes et le riz feront l'affaire. Quant à l'eau, il faut la traiter mais on vous en trouverez assez facilement. Pour dormir les *refugio* feront l'affaire, ce sont des pensions qui font aussi épicerie. Mieux, si vous êtes équipé chaudement vous ne manquerez pas d'aller planter votre tente dans un endroit isolé, plat et si possible abrité du vent. Finalement, le principal problème est l'essence: il faut compter au minimum 450 km entre Uyuni et San Pedro de Atacama au Chili, les deux endroits où vous serez sûr de trouver de l'essence. Il est parfois

possible d'acheter un jerrycan d'essence dans un village sur la route, mais c'est très incertain. N'oubliez pas qu'à cette altitude, sur des pistes sablonneuses, la consommation sera beaucoup plus élevée que normale.

Le climat est très rude dans le Sud Lipez : si les journées sont chaudes et confortables, les nuits sont glaciales avec une température qui descend souvent au-dessous de zéro. Il faut partir tôt le matin, car l'après-midi se lève un fort vent du sud-ouest qui devient vite très désagréable. Lors de la saison des pluies (novembre - mars) les pistes se dégradent vite, sauf sur les hauts cols où c'est la neige qui peut vous bloquer. En hiver (juillet - août) le temps est parfait, les ciels sont d'un bleu limpide mais les touristes arrivent en masse. Juste après, les fumées des brûlis peuvent voiler l'at-mosphère, mais juste avant, en mai et juin, la période est idéale.

En venant du nord, une bonne route goudronnée mène jusqu'à Uyuni, un bon endroit pour faire des provisions pour la suite. Le point d'entrée principal pour le salar se trouve dans le village voisin, à Colchani. Pour le trouver ce n'est pas très compliqué, il suffit de suivre les jeeps de touristes et surtout rester dans leurs traces lorsque vous pénétrez dans le salar. En effet, le « rivage » est la partie la plus piégeuse du lac, une fine pellicule de sel recouvre des étendues d'eau, vous risquez de passer à travers et de vous embourber. Une fois passées les premières centaines de mètres, vous trouverez une surface dure, vous serez complètement libre sur les quelque dix mille kilomètres carrés de surface blanche immaculée et plate. Enfin, c'est la situation en saison

---

Ci-dessus : vue sur le salar d'Uyuni depuis l'île d'Incahuasi.
A droite : attention aux dégâts que peut provoquer l'eau salée.

sèche; si vous arrivez pendant ou après les pluies (en gros entre janvier et février), le salar se transforme en un lac de quelques dizaines de centimètres de profondeur. Il est alors encore possible de rouler dessus, mais c'est bien sûr un peu plus délicat. On imagine bien les dégâts que le sel peut faire à votre moto, surtout à l'électronique si les contacteurs sont mal protégés. D'ailleurs, à cette période, les locaux refusent de s'y rendre avec leur 4x4. Vous trouverez à Uyuni des places de lavage et il est fortement recommandé d'y passer en sortant du salar pour éliminer les dépôts de sel, même en saison sèche.

Au milieu de cette étendue plate se trouve une île où tous les guides s'arrêtent, l'Isla d'**Incahuasi** (S20 14.598 W67 37.530). Les Boliviens n'étant pas plus bêtes que nous, ils y ont installé une buvette et en saison on a donc un peu l'impression d'être dans une station de ski. Pour profiter au maximum de l'atmosphère, il faut aller un peu plus loin sur l'île voisine et moins fréquentée de Pescado (S20 08.940 W67 48.510), souvent confondue avec la précédente. Il est parfaitement possible et même conseillé de bivouaquer sur le lac, mais prévoyez des sardines solides pour percer la surface de sel!

Il existe deux autres entrées bien marquées sur le salar: une au nord à Jirira près du volcan Tunupa (S19 52.142 W67 33.601), l'autre au sud près de Colcha K (S20 36.253 W67 34.950). Si vous sortez du Salar par là, le prochain village est San Juan, où il est parfois possible d'acheter de l'essence. A partir de là, vous serez livré à vous-même sur des pistes très isolées. Enfin, pas si isolées que ça si vous restez sur l'itinéraire des convois de touristes. Il existe de nombreuses pistes qui s'entrecroisent, il n'est pas toujours évident de trouver la meilleure piste (un GPS avec les waypoints des bifurcations n'est pas du luxe). En cas de doute, demandez à un chauffeur de jeep.

Depuis San Juan il reste 350 kilomètres jusqu'à San Pedro de Atacama au Chili. Vous pourrez l'effectuer en une journée si vous êtes à l'aise sur les pistes et si vous êtes vraiment très pressé. L'idéal est plutôt de commencer par une étape pas trop longue en vous arrêtant souvent pour prendre des photos, en faisant un ou deux détours pour explorer la **Laguna Colorada** (S22 11.650 W67 46.642) ou l'*Árbol de Piedra* (S22 03.122 W67 52.993).

Si vous le pouvez, allez dormir près d'un des magnifiques lacs aux couleurs toutes différentes, les Laguna Blanca et **Laguna Verde** (S22 47.649 W67 50.357) au pied du volcan Licancabur, certainement un des plus beaux panoramas d'Amérique du Sud (voir double-page en début de chapitre, p.305). Sinon vous aurez le choix entre l'*Hotel del Desierto* (S21 50.662 W68 02.412), un bâtiment construit entièrement en sel, un des *refugios* autour de la Laguna Coloroda, de la Laguna Verde ou un hôtel dans un des villages le long de la route. A Laguna Colorada il faudra payer environ 16 € pour entrer dans le parc (valable 4 jours). Notez que la laguna Verde est à 4300 mètres d'altitude et pour y parvenir il faut passer un col à presque 5000 mètres, vous risquez donc de dormir assez mal si vous n'êtes pas bien acclimaté.

L'itinéraire des jeeps touristiques passe également par le champ de geysers et fumerolles de **Sol de Mañana** (S22 26.100 W67 45.467), un petit détour qui vaut la peine. En bonus, vous pourrez prendre un bain chaud dans les eaux volcaniques, un luxe que vous n'au-rez pas dans tous les refugios. Un détour un peu plus long vous amènera au volcan **Uturuncu** (S22 15.857 W67 11.222), sur une des pistes les plus hautes du monde.

Depuis la laguna Blanca et Verde, la frontière chilienne n'est plus qu'à quelques kilomètres. Selon l'humeur des douaniers ils essayeront peut-être de vous faire payer une taxe de sortie, mais en principe c'est gratuit. Peu après la piste rejoint la route du Paso de Jama, il ne reste alors plus qu'une longue descente jusqu'à **San Pedro de Atacama**, à 2400 mètres, où se font les formalités d'entrée au Chili.

Si vous ne désirez pas prendre de pistes trop difficiles, depuis Uyuni vous pouvez suivre la route des bus vers Tupiza et la frontière argentine. En direction du Paraguay, la route par Tarija jusqu'à la *Transchaco* est également assez bonne.

Argentine et Chili

Ces deux frères ennemis sont en immense majorité de culture européenne, les populations indiennes ayant été entièrement occidentalisées. Les Argentins et les Chiliens sont adorables et plutôt accueillants, les paysages sont exceptionnels et les amateurs de pistes roulantes (ou pas) seront gâtés.

En descendant en direction de la Terre de Feu, on est amené plusieurs fois à passer d'un pays à l'autre, à travers les Andes, en passant par certains des plus beaux cols d'Amérique du Sud. La Terre de Feu ayant été partagée (non sans heurts) entre les deux pays, pour atteindre Ushuaïa depuis l'Argentine on est obligé de passer par le Chili ; et, la Carretera austral se terminant en cul-de-sac, pour atteindre la Terre de Feu chilienne depuis le reste du pays on doit forcément transiter par l'Argentine. Heureusement, ces deux pays sont maintenant en bons termes et les passages de frontières se font sans trop de formalités. Seul petit désagrément, le Chili interdit l'importation de divers aliments, notamment les légumes et fruits frais, comme d'autres pays sud-américains d'ailleurs ; les Chiliens sont très stricts là-dessus et même si les motards sont naturellement moins visés que les camping-cars, vous pourrez aussi être fouillés à la douane. La moto a en théorie le droit de rester 90 jours au Chili et jusqu'à 8 mois en Argentine,

mais cela reste à la discrétion des agents des douanes qui vous délivrent le permis d'importation. De toute façon, il suffit de faire un rapide aller-retour dans un pays voisin pour remettre le compteur à zéro.

Ajoutons encore, ce n'est pas le moins important, que le coût de la vie y est relativement cher, presque autant qu'en Europe. Bien sûr en campant et en cuisinant vous-même vous économiserez beaucoup d'argent mais dans tous les cas l'essence est chère (en 2014 env. 1 € en Argentine et 1,20 € au Chili par litre de *nafta*). Cela peut sembler peu par rapport à chez nous, mais avec 4000 km minimum entre la frontière bolivienne et la Terre de Feu (et plutôt 5000 km avec les détours), le budget carburant sera forcément conséquent. De plus, il faudra pouvoir compter sur une autonomie importante : si l'intervalle entre deux stations-service est au maximum de 350 kilomètres (entre Tres Lagos et Bajo Caracoles en Patagonie argentine), les pompes sont souvent à sec.

A gauche : El Anfiteatro / valle de La Luna. Région d'Atacama, Chili.
Ci-dessus : glacier de Perito Moreno, Argentine.

CARTE 28. Patagonie

La **Ruta 40** traverse toute l'Argentine du nord au sud sur 5000 kilomètres. Malheureusement (ou heureusement si vous préférez le confort de l'asphalte), les deux tiers ont déjà été goudronnés et chaque année quelques kilomètres de plus sont recouverts. Restent principalement les parties nord, entre Cafayate et la frontière bolivienne, et sud, entre Bariloche et la Terre de Feu, qui sont toujours en *ripio*, comme on appelle ici le revêtement de terre et de gravier. Ceci dit, le jour où vous devrez en même temps lutter contre un vent latéral

à décorner des bœufs et négocier de la tôle ondulée avec des ornières sableuses, vous vous direz que le goudron, finalement, c'est pas si mal. De toute façon, personne ne nous force à rester sur la très touristique ruta 40 et il existe bien d'autres *ripios* sur les routes secondaires qui raviront les amateurs.

En arrivant du nord, après la traversée de la Bolivie et du Sud Lipez, la route mène soit à San Pedro de Atacama au Chili ou à La Quiaca en Argentine. Le côté argentin est le plus intéressant, il offre plus de belles routes d'altitude. Côté chilien, c'est le désert d'Atacama, un terrain idéal pour le Paris-Dakar, mais pas indiqué pour une moto surchargée. Et sur la côte pacifique la panaméricaine est certainement le dernier choix pour voyager à moto, sauf si vous êtes très pressé. Des dizaines de cols permettent de passer du Chili en Argentine à travers les Andes, on citera ici les plus intéressants :

En haut : les Quarantièmes rugissants, sur la Ruta 40.
En bas : le fameux *ripio* argentin.

■ Tout au nord près de la Bolivie se trouve le **paso de Jama** (4400 m), qui est goudronné et donc très fréquenté par les camions et les bus. On l'utilisera surtout pour accéder à la route des lagunes et le Sud Lipez en Bolivie (p. 332).

■ Le **paso de Sico** (4000 m), un peu plus au sud, est préférable au paso de Jama car c'est un beau *ripio* dans un décor magnifique à l'écart du trafic.

■ Plus au sud encore, le **paso de San Francisco** (4700 m) passe au pied d'une série de pics à plus de 6000 mètres, dont le magnifique Ojos del Salado, le plus haut volcan du monde.

■ Pour une expérience vraiment irréelle dans un paysage d'un autre monde, il faut emprunter le **paso Pircas Negras** (4100 m), très peu fréquenté et complètement isolé : il y a 350 kilomètres entre les deux plus proches localités de part et d'autre du col. Le poste de douane n'est ouvert qu'en janvier et février, et encore, uniquement du jeudi au dimanche.

■ La route goudronnée entre Mendoza (et Buenos Aires) et Santiago passe par un poste-frontière très fréquenté entre les deux pays, sur le **paso de los Libertadores** (3200 m). Les lacets pour parvenir au tunnel près du col sont très sympathiques, mais ils sont interrompus par un tunnel très peu engageant. L'Aconcagua, plus haut sommet des Andes à 6962 mètres, est visible depuis la route. Vous pouvez enchaîner ce col avec le paso Picas Negras pour une très belle boucle à travers les Andes. Ou alors profiter pour visiter Santiago mais surtout Valparaiso, le grand port de la côte pacifique, qui est une très jolie ville beaucoup plus agréable que la capitale.

A partir du paso de los Libertodares, plus vous descendez au sud et plus les altitudes baissent (et les températures aussi d'ailleurs). Contrairement au nord du pays, la **Patagonie** est plus intéressante au Chili qu'en Argentine : les vents humides dominants en provenance du Pacifique viennent buter contre les Andes et relâchent toutes leurs pluies du côté chilien, ce qui permet à de magnifiques forêts luxuriantes de prospérer. Du côté argentin, c'est la pampa aride, plate et monotone. Selon vos préférences, vous resterez en Argentine ou vous repasserez au Chili pour rejoindre une des routes mythiques du continent, appelée tout simplement la *Carretera Austral* (route du sud).

Ci-dessus : col de los Libertadores, coté chilien.
A droite : carretera austral vers Coyhaique.

Itinéraire 13 : Carretera Austral

Pinochet a lancé un projet pharaonique dans les années 1970, celui de créer une route pour désenclaver la Patagonie chilienne. La construction s'est arrêtée en 2000 à Villa O'Higgins, à 1200 km de **Puerto Montt** (carte 28, p. 338). Dès le départ vous vous rendrez compte qu'il n'a pas été facile de construire une route dans ce paysage de fjords et de lacs : après 45 kilomètres, déjà, il faut emprunter le premier (court) ferry. Puis, après 90 km de route, vous atteindrez le deuxième embarcadère, pour un trajet de 4 h 1/2, suivi d'un court trajet de 10 km et un nouveau ferry de 30 minutes. Tout cela prendra donc le plus clair de la première journée. Pour s'éviter ces transferts, l'alternative est de commencer ici la Carretera Austral en la rejoignant depuis Esquel en Argentine par la magnifique route de Futaleufú.

Après une première journée où vous aurez passé plus de temps sur le bateau que sur la selle, la deuxième étape sera beaucoup plus roulante : **Coyhaique** est à 450 km, dont 260 de ripio. Enfin, pour la dernière étape, il restera 90 km de goudron et 360 km de ripio jusqu'à Puerto Yungay, un passage en ferry de 30 minutes et finalement 100 km de ripio pour finir en cul-de-sac à **Villa O'Higgins**, au bord du lac éponyme. La géographie de la région est si tourmentée qu'il n'est pas sûr que la jonction se fera un jour avec Puerto Natales, 350 km plus au sud à vol d'oiseau. En tous cas cela donne un air de bout du monde à cette bourgade qui n'a pas beaucoup d'autre attrait en tant que tel. El Chaltén en Argentine n'est pas très loin mais, si des cyclistes bien motivés peuvent rejoindre cette ville à l'aide de deux ferries et un peu de portage, avec nos motos c'est mission impossible. Il faut revenir en arrière et passer du côté argentin par l'un des nombreux points de passage (on ne peut plus vraiment parler de col), par exemple le paso Roballos qui est le plus au sud et le plus sauvage.

Malgré les distances et l'isolement de la région, la logistique n'est pas un problème sur la carretera austral. Les stations essence sont peu espacées, l'eau y est abondante (pas étonnant avec ce climat), les campings et les *hospedaje* fréquents. Par contre, la saison pour y venir est relativement courte, entre novembre et mars. En décembre et janvier, la haute saison, les températures sont agréables mais par contre les moustiques sont à la fête. Et finalement, quelle que soit la saison, vous aurez forcément un peu de pluie sur le trajet. Le ripio peut alors devenir très glissant, surtout avec des pneus mixtes. Mais de manière générale, la route est franchissable en tout temps car elle est en plutôt bon état et il n'y a presque pas de déclivité. En cas de chute ou de blessure, vous êtes sûr de voir arriver un véhicule dans l'heure, en haute saison, car la région est très touristique.

Ci-dessus, en haut : route vers El Chaltén dominée par le Fitz Roy.
En bas : temps typique à l'arrivée du ferry sur la Terre de Feu.
A droite : THE END. Il n'y a plus qu'à faire demi-tour.

Après être repassé du côté argentin de la Patagonie, vous reprendrez la Ruta 40 qui longe les Andes en direction du sud. La route alterne des passages de *pavimento* (goudron) et de *ripio* (gravier), au rythme de l'avancement des travaux. Les étapes sont longues, monotones et souvent inconfortables lorsque le vent souffle très fort, ce qui est presque toujours le cas en janvier et février. L'approvisionnement en essence est aléatoire dans cette région ; il n'est pas rare de voir des queues se former à une station en attente de livraison d'essence. La plus longue distance entre deux pompes sur la ruta 40 est d'environ 350 km, entre Tres Lagos et Bajo Caracoles. Et même plus si vous prenez des pistes annexes. N'oubliez pas que sur piste et avec un fort vent la consommation est plus élevée.

Heureusement tout n'est pas que vent et moutons en Patagonie. Un détour par El Chaltén permet d'aller trekker dans le parc national **Los Glaciares**, autour du célèbre pic **Fitz Roy**. Et un peu plus bas, à El Calafate, il faut absolument aller admirer le glacier du **Perito Moreno** qui se jette dans un lac. Ensuite, une alternative se présente à vous pour vous rendre à Ushuaïa (si vous êtes arrivé jusque ici ce serait dommage de ne pas pousser jusqu'à la pointe sud du continent) : l'itinéraire habituel part de Rio Gallegos sur la côte atlantique, traverse le détroit de Magellan par un ferry suivi d'une courte traversée sur sol chilien. Ushuaïa n'est alors plus qu'à une grosse journée de route par 150 km de ripio assez mauvais et 300 km de goudron. La seconde possibilité est de continuer côté chilien par le spectaculaire parc de **Torres del Paine**, Puerto Natales et **Punta Arenas**. De là, un

ferry relie la partie chilienne de la Terre de Feu et vous retrouverez le goudron vers Ushuaïa après la frontière argentine. Dans les deux cas, il faudra obligatoirement passer par un peu de ripio, le seul passage non goudronné inévitable entre la Colombie et Ushuaïa.

Si vous arrivez à **Ushuaïa** autour de Noël, comme c'est souvent le cas, vous n'aurez pas l'impression d'être au bout du monde : la ville est envahie de milliers de touristes à cette période où le climat est le plus favorable. Après quelques jours de détente sur place, si vous avez avalé le choc des prix des hôtels et des restaurants, il ne reste plus qu'à retourner sur le continent sud-américain, si possible par un itinéraire différent de celui de l'aller. Si vous êtes à court de temps, ou d'argent, vous aurez intérêt à prendre la Ruta 3, qui est entièrement goudronnée sur 2500 km entre Rio Gallegos et **Buenos Aires**. Notez qu'en hiver la neige est fréquente sur les routes de Terre de Feu.

Uruguay

L'Uruguay est un petit pays coincé entre le Brésil et l'Argentine dont la capitale, **Montevideo**, est située presque en face de Buenos Aires de l'autre côté du Rio de la Plata. C'est un pays très agréable, bénéficiant d'un climat méditerranéen, parfait pour bronzer sur les plages entre janvier et mars. Montevideo est une capitale très vivable, mais le reste du pays est occupé en grande partie par les cultures et les troupeaux de vaches. Ce n'est donc pas là que vous trouverez les routes les plus intéressantes du continent. En revanche, comme en Argentine, les amoureux de la viande de bœuf vont adorer ! Les amateurs de cigarettes qui font rire également, vu que le pays vient de légaliser la vente et l'usage de cannabis. Ce qui intéressera plus les overlanders, c'est que Montevideo est un excellent point d'entrée sur le continent, plus facile administrativement que le Brésil ou que l'Argentine.

Brésil

Le pays de la samba et du football jouit d'un climat agréable toute l'année et d'une bonne infrastructure routière, sauf dans la région amazonienne où les routes sont souvent mal entretenues. Le Brésil est le cinquième plus grand pays du monde. La population est concentrée sur la côte et une grande partie du pays est occupée par la forêt vierge de l'Amazonie – bien qu'elle soit de moins en moins vierge à cause des plantations et des défrichements illégaux. Il est tentant de suivre les plages magnifiques le long de l'Atlantique en passant par **Rio de Janeiro**, Salvador, Fortalezza, jusqu'à Belém, où la route est interrompue par l'immense delta de l'Amazone, qui ne se franchit qu'en bateau. Mais vous pouvez aussi choisir de traverser le pays par l'intérieur, qui est une espèce de far-west partagé entre les ranchs de plusieurs milliers de têtes de bétail et la forêt impénétrable. Malheureusement vous ne verrez plus guère de forêt depuis les grandes routes, mais plutôt le résultat lamentable de la déforestation massive, que le gouvernement semble impuissant à endiguer. L'extrémité nord-ouest, près de la Colombie et de l'Équateur, est plus préservée justement parce qu'aucune route n'y pénètre.

La vie est facile au Brésil, mais pas si bon marché que ça. L'essence est chère et la plupart des hôtels sont hors de prix. Par contre vous trouverez un peu partout des *pousadas* (maisons d'hôte) pas très chères et qui réservent souvent un accueil chaleureux. Rappelons que les Brésiliens parlent le portugais et que, même si la plupart comprennent l'espagnol, très peu sont capables de le parler.

Quand vous en aurez marre des plages, des mini-bikinis et des caipirinhas, il faudra plonger à l'intérieur du pays pour trouver de belles pistes pour baroudeurs. Dans le sud, le **Pantanal** est une région exceptionnelle et bien préservée, avec une faune abondante : des jaguars, des caïmans, des capybaras, une espèce de gros rongeur et surtout une diversité d'oiseaux exceptionnelle. Pour en profiter au maximum il vaut mieux s'adresser à une agence qui organise des tours dans le parc national du Pantanal ou directement à une pousada. A moto, une piste vaut la peine d'être parcourue : la **Transpantaneira**, qui s'enfonce sur 150 kilomètres de long dans le Pantanal. Comme son nom ne l'indique pas, elle se termine en cul-de-sac, la route n'ayant jamais été complètement terminée en direction du sud.

Le gros dossier de ce pays, pour le baroudeur, c'est bien sûr la traversée de

l'Amazonie. Il y a trois façons de parvenir à Manaus, la ville que l'on considère comme le centre de la région amazonienne. Beaucoup de Brésiliens utilisent un ferry qui remonte l'Amazone, afin d'éviter les mauvaises routes et économiser sa voiture, mais le baroudeur vient ici justement pour rouler sur des routes un peu difficiles. Par la route, vous ne pourrez parvenir à Manaus que par le nord, par le Venezuela ou le Guyana, ou par le sud moyennant un court ferry à travers l'Amazone, par une des pires routes de toute l'Amérique du Sud, la **BR-319** entre Porto Velho et Manaus.

Porto Velho elle-même s'atteint soit par le sud (en venant du Pantanal par exemple), soit par l'ouest, en venant du Pérou, soit par l'est, par la **transamazonienne** (*rodovia Transamazônica*, BR-230), qui relie la côte atlantique à Humaitá. Au départ, le projet était de relier le Pérou et les autres pays andins, mais l'entreprise s'est révé-lée bien trop gigantesque et pour l'instant la piste s'arrête au milieu du pays. Pour rejoindre le Pérou ou la Bolivie, il existe toutefois une autre route, asphaltée, depuis Porto Velho.

En mettant bout à bout les routes les plus sauvages et isolées de l'Amazonie, on obtient une boucle très attractive pour le baroudeur, qui traverse l'Amazonie et les trois « Guyanes », c'est à dire le Guyana, le Suriname et la Guyane française.

Notez que grâce à ses immenses plantations de canne à sucre, le Brésil produit une grande quantité d'éthanol qui permet de fabriquer deux carburants : l'E100, de l'éthanol pur, qui doit être absolument évité sur une moto ; et l'E25, appelé ainsi car il contient au maximum 25% d'éthanol, qui devrait être inoffensif (p. 111). En brésilien on dit *álcool* pour éthanol (E100) et *gasolina* pour l'essence (E25).

Ci-dessus : transport de canne à sucre pour la fabrication d'éthanol, au Brésil.

Belém est le point de départ (et d'arrivée) de cet itinéraire depuis le Brésil, mais vous pouvez aussi y accéder depuis le Venezuela si vous venez depuis la Colombie par exemple. Belém est située à l'embouchure de l'Amazone, un dédale de petites îles tellement vaste qu'il est impossible d'y construire une route. Même en amont, le fleuve fait souvent plusieurs kilomètres de large donc aucun pont ne le traverse.

Depuis Belém, la route est goudronnée jusqu'à Altamira, point

CARTE 29. Amazonie

de départ ou d'arrivée des ferries (*balsa* comme on les appelle ici) qui relient l'État d'Amapá, au nord de l'Amazone, au reste du pays. C'est aussi là que vous rejoindrez la transamazonienne et que vous laisserez de côté le goudron et le confort pour quelques jours. Ces 1500 kilomètres de pistes qui sont assez fréquentées par les camions ne posent normalement pas de problème en saison sèche. De décembre à mai par contre, pendant les pluies, c'est une autre histoire. Juste avant **Humaitá** il faudra passer le Rio Madeira en ferry. Le vrai challenge commence là, à la bifurcation vers le nord, avec la **BR-319**. Cette route a été construite pour désenclaver Manaus, puis abandonnée, puis réparée pour y faire passer un câble de télécommunications. Les ponts sont donc en bon état car il faut garantir le passage aux équipes de maintenance du câble. La piste est tout à fait praticable

en saison sèche, la principale difficulté étant qu'il n'y a pas de ravitaillement sur 600 kilomètres et qu'il faut accepter de bivouaquer le long de la piste là où c'est possible. Dans de bonnes conditions, il est envisageable de la parcourir en deux jours, ou en trois jours si vous n'êtes pas à l'aise sur piste, ou bien plus en période de pluie. La piste est goudronnée sur les derniers 100 kilomètres jusqu'au bord du Rio Negro (et de l'Amazone) que l'on traverse en *balsa*. **Manaus** est un bon endroit pour se ressourcer un peu, quoique la suite soit plus facile, une route goudronnée de 900 kilomètres jusqu'à la frontière avec le Guyana. C'est là aussi que vous pourrez quitter cette boucle pour rejoindre le Venezuela.

Le passage en **Guyana** se fait en ferry, comme pour les trois prochaines frontières. Vous arriverez alors au troi-

sième challenge, une route toute pourrie qui traverse le pays du sud au nord jusqu'à la capitale Georgetown. Avant de se rendre dans la région, il faut savoir que :

■ Le Guyana est relié au Brésil mais pas au Venezuela.

■ Le Suriname est relié à ses deux voisins mais pas au Brésil.

■ La Guyane française est reliée au Suriname et au Brésil, mais uniquement par la côte.

■ Le Guyana et le Suriname sont les seuls pays du continent où l'on roule à gauche.

■ Le Suriname est le seul pays du continent pour lequel les Européens doivent obtenir un visa (ou une carte touristique).

Les conditions sur cette route du sud du Guyana sont très difficiles, même en saison sèche. Vous aurez vraiment l'impression d'être au bout du monde. Plusieurs rivières se traversent en ferry, qui ne sont pas payants dans le sens sud-nord. Arrivé à **Georgetown,** il faudra aller au consulat du Suriname pour obtenir un visa (45 $).

Le **Suriname** est une ancienne colonie hollandaise, donc on y parle… le néerlandais. Le passage en **Guyane française** se fait encore une fois en ferry. Les douaniers français vérifieront votre carte verte, donc pensez à faire réactiver votre assurance si vous l'aviez suspendue à votre départ. Au guidon d'une moto non européenne il faudra acheter cette assurance en Guyane, ce qui en rebute plus d'un car le prix est très élevé. Question navigation, vous aurez peu de chance de vous perdre car il n'existe qu'une seule grande route le long de la côte, assez roulante bien que remplie de nids-de-poule, entre Georgetown au Guyana et St-George en Guyane française. Le reste du pays est recouvert de

---

Ci-dessus : orage sur l'île de Marajo dans le delta de l'Amazone.

forêt dense et on ne s'y rend qu'en pirogue ou en avion.

Le passage de la Guyane française au Brésil se fait à **St-George de l'Oyapock** par un unique bac, dont le propriétaire s'enflamme un peu sur les prix: il faut attendre qu'il soit rempli de voitures pour obtenir un prix décent. Reste finalement la dernière épreuve de la boucle, la **BR-156** entre la frontière et Macapá, une piste très mauvaise dans une région peu sûre: 600 kilomètres (dont 400 de mauvaise piste) à passer au plus vite.

A **Macapá** (plus exactement à Santana), il faut aller négocier le passage vers Belém (ou Santarém) avec un propriétaire de *balsa* qui prend aussi des véhicules. Ce trajet est une expérience unique, environ deux jours sur l'Amazone à admirer la nature et la vie des locaux au gré des escales.

Le climat est déterminant sur cette boucle. Le plus simple est de la faire

Pour franchir l'Oyapock, le fleuve qui marque la frontière entre la Guyane et le Brésil, les deux pays se sont entendus pour construire un magnifique pont, que Sarkozy est même allé inaugurer sur place. Mais on avait oublié de lui préciser que les travaux du côté brésilien n'étaient pas finis... actuellement encore, en 2014, il est impossible d'emprunter ce «pont inutile», plus de deux ans après son «achèvement».

dans le sens des aiguilles d'une montre: la saison (la plus) sèche est entre juillet et août à Manaus et entre septembre et octobre en Guyane. Dans l'autre sens, la fenêtre disponible est un peu plus courte entre juillet à Macapá et août à Manaus.

Venezuela

Vous pouvez entrer au Venezuela par la route depuis la Colombie ou le Brésil, mais pas depuis le Guyana. Le Venezuela est connu surtout par son ex-président un peu fantasque et foncièrement antiaméricain, Hugo Chávez, et par le nombre de Miss Univers qui sont originaires de ce pays. Pour le motard, la bonne nouvelle est le prix de l'essence: elle est quasiment gratuite (p. 92). Comme on l'imagine, le marché noir est très actif près des frontières. Pour lutter contre ce trafic, l'essence est donc rationnée dans ces régions et réservée aux habitants locaux, ce qui peut être un peu problématique si vous passez la frontière presque à sec. Sur l'ensemble du pays, les contrôles de police sont fréquents mais se passent en général sans problème.

L'attraction la plus connue du Venezuela est sûrement la fameuse chute d'eau de **Salto Ángel**, la plus haute du monde, mais qui est malheureusement inaccessible par la route: les touristes y arrivent en avion. L'autre attrait de ce pays est la qualité des plages sur la côte des Caraïbes.

Il y a deux routes principales en direction de la Colombie, au nord par Maracaibo et au centre entre Táriba et Cúcuta.

Paraguay

Reste un pays dont personne ne parle, où peu de touristes se rendent et que les *overlanders* oublient un peu, presque par mégarde : le Paraguay. C'est par conséquent un grand bol d'air frais pour qui rechercherait à fuir le *gringo trail* et les zones trop touristiques. Le Paraguay a pourtant beaucoup à offrir, notamment les paysages et la vie sauvage du Chaco et une partie du parc du Pantanal. Accessoirement, la zone franche de **Ciudad del Este** est connue pour être le lieu de tous les trafics d'Amérique du Sud. Si vous avez besoin de remplacer un gadget électronique, c'est ici qu'il faut venir pour éviter les taxes très élevées des autres pays (surtout du Brésil). La ville est située au carrefour de trois pays, très près des chutes d'Iguaçu, qui sont parmi les plus impressionnantes au monde mais qui ne se visitent que depuis le Brésil ou l'Argentine.

Le **Chaco**, la région qui occupe les deux tiers du pays au nord-ouest, donne une image du far-west comme il aurait pu l'être il y a cent ans aux États-Unis : de grandes étendues semi-arides peuplées en grande majorité de vaches, gardées par quelques *vaqueros*, comme on appelle ici les cow-boys. La **route Transchaco** permet de traverser la région sans mal jusqu'à la frontière de la Bolivie, quoique beaucoup de baroudeurs lui préféreront une des nombreuses double-tracks permettant d'éviter ainsi le trafic de bus et de poids-lourds. La région se prête bien au hors-piste et d'ailleurs chaque année on peut y assister au *Transchaco rally*, une des courses les plus célèbres d'Amérique du Sud. S'il est facile d'aller à la rencontre des locaux, qui sont très chaleureux, vous aurez peut-être un peu de peine à les comprendre. En effet, la langue maternelle de la majorité des habitants du Chaco est le guarani, bien que tous parlent aussi l'espagnol. Et si vous croyez entendre parler l'allemand dans les rues, ce ne sont ni des touristes comme en Namibie, ni de vieux dignitaires nazis, ce sont des membres d'une des communautés mennonites du Chaco qui continuent à parler un dialecte allemand tel que leurs ancêtres le parlaient en Allemagne au 19ème siècle avant d'émigrer en Amérique du Sud. On aurait dû se douter de quelque chose quand on entre dans une ville qui s'appelle *Neu-Halbstadt* au milieu de l'Amérique du Sud...

Ci-dessus : on trouve encore beaucoup de grosses américaines des années 60 - 70 au Venezuela. La consommation n'est pas vraiment un problème.

Afrique

10

L'AFRIQUE EST UNE DESTINATION PHARE pour la plupart des baroudeurs. C'est le continent le plus sauvage et le moins développé, le lieu supposé de toutes les aventures, dans des paysages de savane écrasés par le soleil. C'est là que l'on compte le plus d'ethnies et de cultures différentes, encore vivaces, mais c'est aussi là que le voyageur doit affronter le plus de policiers verreux, de douaniers corrompus et de fonctionnaires d'ambassades lunatiques. Et c'est probablement le dernier endroit au monde où on risque encore de tomber sur un éléphant ou un hippopotame en sortant de sa tente en pleine nuit.

Cette combinaison est extrêmement attirante pour les baroudeurs à l'instinct un peu aventurier et ceux qui cherchent tantôt à se perdre dans les petits villages, tantôt à passer du bon temps avec d'autres occidentaux dans les bars ou sur les plages. Mais l'Afrique en impose et on hésite à se lancer, on a peur de ne pas être à la hauteur, d'être submergé par les difficultés de circulation, les maladies, les pistes infranchissables et la multiplication des frontières à traverser. Pourtant en adoptant le style local, fait d'enthousiasme, de naïveté et de laisser-aller et en se laissant contaminer par l'insouciance et l'optimisme des Africains, on arrive toujours à se frayer un passage parmi les pires situations. Rien n'est impossible en Afrique, mais tout prend plus de temps.

L'Afrique s'aborde de manière progressive, crescendo, ses extrémités étant les plus occidentalisées et les mieux développées. Le Maroc est extrêmement fréquenté et sur la liste de toutes les agences de voyage; en Afrique du Sud une partie de la population vit entièrement à l'occidentale. Mais plus on s'enfonce à l'intérieur du continent et plus l'Afrique sauvage reprend ses droits. C'est en Afrique équatoriale et de l'Ouest que le choc culturel est le plus grand. Autant il est facile au Kenya ou en Namibie de rester dans les circuits touristiques, de dormir dans des draps impeccables et de manger de la nourriture aseptisée, autant au Congo ou en Guinée ce confort est quasiment impossible à trouver.

Chacun adaptera son itinéraire selon ses préférences, ses affinités et ses envies, mais une particularité de l'Afrique est que pour la traverser il faut forcément négocier des passages un peu scabreux et faire preuve d'improvisation pour se sortir de situations inévitablement difficiles. Ce sont ces moments qui font défaut à la plupart des voyages en Amérique du Sud ou en Asie. Même si, bien sûr, il reste possible de se mettre dans des galères sur tous les continents, en Afrique on n'y coupera pas.

Petit best-of subjectif

Meilleures routes :
Afrique du Sud, Namibie, Maroc.

Pires routes :
RDC, Congo, Nigeria, Liberia, Sierra Leone, Guinée, Cameroun, Lesotho.

Plus belles pistes pour se faire plaisir :
Maroc, Éthiopie, Namibie, Afrique du Sud.

Pays les plus agréables à vivre :
Maroc, Mali, Ghana, Malawi, Afrique du Sud, Éthiopie, Ouganda.

Pays les meilleur marché :
Éthiopie, Guinée, Soudan.

Pays les plus chers :
Djibouti, Angola, Afrique du Sud, Botswana, Kenya et tous les pays d'Afrique noire quand on recherche un minimum de standing.

Pays les moins accueillants :
Égypte, RDC, Mauritanie, Botswana, Zimbabwe, Angola.

Pays les moins touristiques et qui méritent d'être plus connus :
RDC, Liberia, Angola, Congo, Soudan du Sud, Somaliland, Lesotho.

Pays où on est le plus sollicité pour un bakchich :
RDC, Sénégal, Égypte, Nigeria.

Meilleurs endroits pour rencontrer d'autres overlanders :
Assouan (ferry), Addis-Abeba (Wim's Holland House), Nairobi (Jungle Junction), St Louis (Zebrabar), Bamako (Sleeping Camel), Ouagadougou (OK Inn), Lomé (Chez Alice), Brazzaville (Hippocampe), Windhoek (Cardboard Box).

Meilleure nourriture :
Maroc, Éthiopie, Afrique du Sud.

Moins bonne nourriture :
..à peu près partout ailleurs.

Plus belles plages :
Casamance, Sierra Leone, Ghana, Kenya, Zanzibar, Mozambique, Malawi (lac).

Visa les plus difficiles à obtenir :
Angola, Libye, Algérie, Éthiopie, Guinée équatoriale.

Formalités

Une des particularités de l'Afrique est la complexité et la diversité des procédures pour obtenir des visas. Alors qu'il est possible de traverser toute l'Amérique du Nord, centrale et du Sud sans passer par une ambassade et sans débourser un cent, on ne traverse pas l'Afrique (et surtout l'Afrique de l'Ouest) sans avoir fait les démarches pour obtenir un visa. Lorsqu'on part pour plusieurs mois de voyage, il est rare de pouvoir demander un visa avant de partir qui soit encore valide lorsqu'on entre dans le pays concerné.

A gauche : Himba de Namibie.

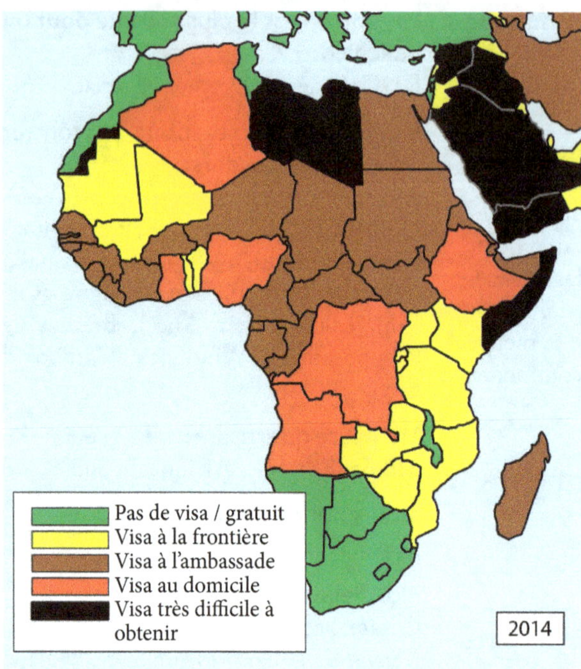

CARTE 30. Politique de visas pour (la majorité) des Européens en Afrique

Non seulement l'obtention des visas prend du temps et de la patience, mais cela coûte aussi très cher. Pour une traversée de l'Afrique par la côte Ouest, il faut compter environ 1000$, un peu moins en coupant au plus court, bien plus en faisant des détours pour visiter le maximum de pays. Les plus chers sont en Afrique équatoriale, 80-100 € en moyenne. Et c'est sans compter les assurances et autres frais de douane.

Le voyage par la côte Est est plutôt bon marché en comparaison, le visa est à 50 $ dans la plupart des pays. A part l'Éthiopie, qui demande à ce que l'on fasse son visa dans son pays de domicile, les autres visas s'obtiennent soit à la frontière, soit très facilement dans un consulat en quelques heures (carte 30, p. 354).

En Afrique australe le voyage est plus facile car les visas sont gratuits (pour la plupart des nationalités européennes) en Afrique du Sud, en Namibie, au Botswana et au Lesotho, et les visas pour la Zambie et le Mozambique sont payants mais peuvent être obtenus très facilement à la frontière.

Les pays les plus pénibles sont ceux dont les ambassades ne délivrent de visas qu'aux locaux, ou à ceux qui ont un permis de résidence. Heureusement, l'Afrique étant ce qu'elle est, l'ambassadeur a en général le dernier mot et les règles sont rarement gravées dans le marbre. Il est fréquent de tomber sur une oreille bienveillante qui comprenne la situation dans laquelle se trouve l'overlander et décide de lui accorder un visa. Les plus inflexibles sont probablement les Éthiopiens et les Angolais. En dernier recours, il faut envoyer son passeport à un proche resté au pays pour qu'il effectue les démarches là-bas, ce qui rajoute des frais.

Pour corser le tout, il faut trouver l'ambassade en question, car le passe-temps favori des ambassadeurs africains semble être de déménager leurs bureaux. Il est à peu près certain que la moitié des ambassades décrites dans le Lonely Planet ne seront plus à l'adresse indiquée lorsque vous la chercherez. Il y a aussi les papiers à fournir qui varient sans arrêt, le nombre de photos à joindre, les relevés bancaires, certificat de vaccination contre la fièvre jaune, papiers du véhicule, lettre d'introduction, etc. Les Angolais sont passés maîtres toute catégorie dans l'art de mettre des bâtons dans les roues des touristes, en réclamant tous ces papiers et plus encore, mais aussi des documents écrits en portugais impeccable (et uniquement au stylo noir pour une certaine ambassade!). Une fois toutes les pièces réunies, il faut encore avoir la chance de tomber sur un jour d'ouverture, car les ambassades cumulent bien sûr les jours fériés du pays local et de celui qu'ils représentent. Quant aux horaires d'ouverture, ils peuvent être réduits à quelques heures certains jours de la semaine seulement. Finalement, il faut attendre entre 24 heures et une semaine que le visa soit fourni, à moins de payer très cher pour un service express.

Enfin, il faut compter avec les pays qui exigent un carnet de passage. Si vous en avez un, les passages de frontières sont bien plus faciles et vous pourrez vous rendre partout avec votre moto. Si vous décidez de partir sans, ce qui est compréhensible quand on voit le prix que cela coûte (p. 147), vous pourrez quand même entrer dans tous les pays sauf en Égypte et au Ghana (et au Sénégal si votre véhicule a plus de huit ans). Le Sénégal et le Ghana peuvent être facilement évités – quoiqu'Accra soit un bon endroit pour acheter des visas difficiles à obtenir – mais l'Égypte est un passage obligé sur la côte Est (p. 410). De plus, si vous décidez de faire transporter votre moto directement en Afrique du Sud ou en Namibie, il faut savoir que les douanes portuaires exigeront un carnet de passage.

Dans tous les cas, il faut retenir une chose: en Afrique, les règles changent très vite. Il est probable qu'au moment où vous lisez ce chapitre, certains «trucs» pour obtenir un visa ne marchent plus,
ou que les formalités pour tel pays ont changé drastiquement. En 2013, le Sénégal a réintroduit le visa pour les Français et la Côte d'Ivoire a divisé par deux le prix du sien. Le meilleur endroit pour échanger des tuyaux est probablement le HUBB (horizonsunlimited.com/hubb). Heureusement, on peut compter sur la solidarité des overlanders que l'on rencontre sur la toile mais aussi et surtout sur la route pour obtenir les dernières informations pertinentes.

Vivre

Un souci quotidien du baroudeur est de savoir où dormir. Lorsqu'il y a pléthore de campings et de petites pensions, comme en Europe ou en Asie du Sud-Est, ce n'est pas un problème. En Afrique, et surtout en Afrique de l'Ouest, les hôtels sont généralement très médiocres ou très chers, souvent les deux à la fois. De plus, cette région est très peuplée donc il est difficile de trouver un endroit où camper dans la nature. Heureusement, il reste deux options: d'abord, il est souvent possible de loger chez l'habitant, surtout si c'est dans un petit village isolé (c'est par contre beaucoup plus difficile en ville). Et deuxièmement, les églises et paroisses accueillent très souvent les voyageurs gratuitement ou pour un prix très raisonnable. C'est très utile dans les villes très chères, c'est pourquoi on mentionne ici la Procure Ste-Anne à Kinshasa ou le Foyer international de l'Église presbytérienne de Yaoundé. Quantité d'autres missions catholiques ou protestantes un peu partout en Afrique proposent également des lits. Quelques bonnes adresses sont mentionnées dans les chapitres suivants mais ne vous attendez pas à trouver ici un guide de voyage complet du type Lonely Planet ou Routard.

Pour se nourrir, aucun problème tant que vous acceptez de manger local, aussi insipide que cela soit (vous aurez vite marre du manioc) et avec les risques que cela comporte pour votre estomac, bien sûr. Évitez la viande, de toute façon presque toujours immangeable – sauf en Afrique du Sud et en Namibie – et ne commandez du poisson que si vous le voyez sortir du bateau du pêcheur.

Bakchichs

Impossible de parler de l'Afrique sans évoquer une des plaies des pays pauvres, la corruption généralisée des policiers et douaniers. Vous ne pourrez pas traverser ce continent sans entendre des douzaines de demandes de cadeau, sans qu'on vous reproche des infractions au code de la route fantaisistes ou qu'on vous réclame des taxes imaginaires. Certains pays sont spécialistes de ce sport, le Sénégal, le Nigeria et la RDC se classent dans le trio de tête.

Même si c'est très désagréable, ces pratiques font partie intégrante d'un voyage en Afrique et pour bien comprendre il faut souligner trois choses :

Premièrement, cela n'est pas uniquement une manière de taxer les blancs de passage, la plupart des Africains subissent aussi chaque jour des demandes de bakchich. Deuxièmement, certains de ces policiers ou militaires n'ont pas été payés depuis plusieurs mois et leur seule source de revenu pour entretenir leur famille vient de ces cadeaux, ce qui explique que ce fonctionnement soit entré dans l'ordre des choses. Troisièmement, ne croyez pas que le douanier, qui extorque 10 € à chaque véhicule qui passe fasse fortune. Il est probable qu'il doive partager ce butin avec toute sa hiérarchie et qu'il ne lui reste pas grand chose en fin de journée ; peut-être doit-il même rembourser le bakchich qu'il a lui-même dû verser pour obtenir son poste de douanier ou de policier.

Ceci dit, les Africains sont en général de bons gars – je ne parle pas pour vous Messieurs les douaniers de Rosso (p. 368) – et il est souvent possible de discuter et négocier. Ils n'ont pas un mauvais fond, ils font simplement comme tout le monde, c'est un peu comme gruger la TVA en France. Personnellement, j'ai réussi à faire le tour de l'Afrique sans payer un seul bakchich et même en évitant de payer un PV pour un excès de vitesse qui était bien réel.

Avec l'expérience, vous mettrez au point des combines pour éviter ou se défaire d'une situation où un flic vous demande un cadeau. Ce qui a marché pour moi :

1. Ne vous arrêtez pas si un flic seul et non armé vous fait signe de vous arrêter au bord de la route. Regardez ostensiblement de l'autre côté et accélérez. En général, il ne se fatiguera pas à essayer de

---

Ci-dessus : vendeur de viande grillée ambulant, Lubumbashi, RDC.

vous poursuivre. En revanche, obéissez scrupuleusement à tous les ordres dans les zones de conflit.

2. Évitez de vous retrouver en position de faiblesse, donc ayez toujours vos papiers en ordre et (essayez) de ne pas vous faire prendre en flagrant délit d'infraction. S'il vous manque un papier, une assurance par exemple, expliquez que vous vous êtes fait voler vos papiers et tout votre argent. Si un document est expiré, il n'est pas trop compliqué de faire une « extension » soi-même…

3. Ayez sur vous plein de documents à présenter, des cartes plastifiées avec votre photo si possible, carte de la bibliothèque, sécu, etc. Certains voyageurs ont même fait de fausses lettres officielles à l'entête d'un ministère imaginaire qui vous recommande aux bons soins de la police. Les flics ne savent en général pas ce qu'est une assurance ou à quoi ressemble le permis de votre pays, donc inondez-les sous les papiers. La carte Vitale avec photo passe très bien pour un permis de conduire par

exemple. Même si on ne peut en général recommander de faire de faux papiers, dans ce cas précis c'est de bonne guerre.

4. Évitez de donner votre permis ou votre passeport, car c'est un moyen pour le flic d'empêcher que vous partiez. Faites des copies plastifiées de votre permis, ou donnez une copie de votre permis international ; si la discussion s'éternise il vous suffit de partir en gardant les originaux. Cette tactique est bien sûr impossible en douane.

5. Un truc qui marche bien est de détourner l'attention. Lorsque vous vous faites arrêter, ne laissez pas le temps au fonctionnaire de commencer sa petite histoire. Prenez les devants et avant qu'il n'ait ouvert la bouche, demandez-lui le chemin. En général c'est un bon type et il vous répondra. Ou alors déviez la discussion sur le foot, c'est un sujet qui marche toujours (« écoute ça, son voisin c'est Lionel Messi..! »). Après quelques échanges, dites merci et démarrez immédiatement avant qu'il n'ait le temps de réaliser pourquoi il voulait vous arrêter.

---

6. Dans les cas les plus difficiles, faites comprendre que vous avez tout le temps. Les flics et les douaniers comptent sur les touristes pressés qui s'énervent et préfèrent payer plutôt que de poireauter des heures à un poste. Asseyez-vous ou couchez-vous, enlevez votre veste, vos bottes, prenez quelque chose à boire, installez-vous comme si vous alliez dormir dans le bureau. Une fois qu'ils ont compris que vous n'êtes pas le touriste lambda, ils vous laisseront peut-être partir sans dommage.

7. Surtout, et c'est le conseil le plus important, soyez souriant et très aimable, voir lèche-cul. Les douaniers et flics ont pris ce métier par besoin d'être respecté (c'est le cas chez nous aussi), donc en flattant leur ego ils seront tout de suite plus conciliants. Parlez beaucoup, rigolez, plaisantez sur le montant demandé. Si un flic vous demande «qu'est-ce que tu as pour moi?», ne répondez surtout pas «rien», mais plutôt «mon entière considération» ou «les salutations de mon président», etc. en rigolant. Soyez détendu, les douaniers sont allergiques

Ci-dessous : ce genre de petite douane se passe beaucoup mieux que les grandes.

aux blancs agressifs qui commencent à monter sur leurs grands chevaux : ce serait le plus sûr moyen de faire monter les enchères.

8. A l'inverse, si vous ne parlez pas un mot de leur langue (et souvent il n'y a pas besoin de faire semblant), faites l'idiot ahuri, ils vont parfois perdre patience avant vite.

9. En dernier recours, usez du bluff : vous connaissez le ministre du tourisme, vous allez appeler votre ambassade pour qu'elle porte une plainte officielle à leur ministre. Soyez créatif, essayez de les battre à leur propre jeu.

10. Quand rien de tout ça ne marche, passez au marchandage : ils partent toujours sur un prix 4 ou 5 fois trop élevé. Vous pouvez peut-être vous en tirer pour quelques euros. En tous cas ne payez pas d'office, cela les encourage dans leur racket et cela rend la tâche plus difficile pour les prochains.

Tout ceci ne doit pas vous dissuader de partir en Afrique : les inconvénients de ce type seront bien vite effacés par les rencontres et les paysages fantastiques de ce continent incroyablement riche de surprises.

Pays	Visa / formalités
Afrique du Sud	pas de visa. Assurance comprise dans le prix de l'essence
Angola	en principe, visa **uniquement** au domicile. Possible à Abuja, Lomé, Cotonou ou de préférence à Accra
Bénin	visa de 48h à la frontière (ext. à 1 mois), 15 000 CFA.
Botswana	visa gratuit. 160 Pulau pour l'assurance
Burkina	47 000 CFA pour un mois. Beaucoup plus cher à la frontière. Laissez-passer : 5000 CFA
Burundi	visa de transit de 3 jours à la frontière, 40 $, extensible à Bujumbura. Visa d'un mois à l'ambassade pour 90 $
Cameroun	50 000 CFA pour 1 mois à Abuja, Calabar ou Brazzaville
Centrafrique	pays actuellement en guerre civile
Congo (-Brazzaville)	Abuja : 15 000 nairas. Windhoek : 65 000 CFA. Yaoundé : 50 000 CFA. Libreville : 30 000 CFA
Côte d'Ivoire	58 € pour 1 mois, visa à faire au domicile (en théorie). Paiement online : http://www.snedai.ci/fr/
Djibouti	55 $ à l'aéroport, prix variable selon l'ambassade.
Égypte	visa à la frontière, 15 $. **CdP nécessaire !**
Éthiopie	visa **uniquement** au domicile. 20 $ si vous arrivez à convaincre une ambassade.
Gabon	en général 50 000 CFA mais 35 000 CFA à Lomé. Possible à la frontière depuis le Cameroun (Bitam)
Ghana	visa **uniquement** au domicile. En général, visa possible après explications à Bamako (20 000 CFA), Abidjan (30 000), Ouaga (17 000), Lomé (15 000). **CdP nécessaire !**
Guinée	30 000 CFA / 1 mois
Guinée Bissau	20 000 CFA / 1 mois à Ziguinchor
Guinée équ.	très improbable, prix de 600 € et plus…
Kenya	visa à la frontière, 50 $ / 3 mois + taxe routière. Visa combiné Kenya - Rwanda - Ouganda : 1 mois pour 100 $
Lesotho	visa gratuit. Taxe de 30 rands
Liberia	100 $ / 1 mois, pas de lettre d'invitation requise à Freetown
Madagascar	visa gratuit de 1 mois à l'arrivée à l'aéroport
Malawi	pas de visa pour la plupart des Européens, Suisses : 100 €
Mali	15 000 CFA. Laissez-passer 5000 CFA

Pays	Visa / formalités
Mauritanie	55 € pour 15 jours à la frontière avec le Maroc ou le Sénégal (Rosso). Plus de visa vendu à Rabat.
Maroc	pas de visa pour les Européens. Carte verte d'assurance valable dans le pays.
Mozambique	visa à la frontière, 70 $ (selon la nationalité) + assurance
Namibie	pas de visa, taxe routière de 140 N$
Niger	30 000 CFA / 1 mois à Bamako ou Ouagadougou. Ou alors, visa d'entente à Ouagadougou pour 25 000 CFA.
Nigéria	visa en principe au domicile, mais ouverts à la discussion. Visa à Bamako 40 000 CFA/1 mois. Aucun problème à Buea avec réservation d'hôtel. Bissau 50 000 CFA / 3 mois. Ouagadougou 50 000 CFA pas de question de résidence. Les prix sont en fonction de la nationalité et varient beaucoup.
Ouganda	visa à la frontière, 50 $ / 3 mois, taxe 50 000 shillings. Visa combiné Kenya - Rwanda - Ouganda : 1 mois pour 100 $
RDC	visa en théorie **uniquement** au domicile. Possible à Libreville (57 500), ou à Lomé : 40 000 CFA + 25 000 CFA pour un permis de résidence. Abuja : 17 000 NGN (76 €). Cotonou : 50 000 CFA. Dakar : 65 000 CFA.
Rwanda	visa à la frontière après pré-enregistrement online, 50 $. Visa combiné Kenya - Rwanda - Ouganda : 1 mois pour 100 $
Sénégal	visa à demander online, récupéré à la frontière, 50 €. http://www.snedai.sn/fr/
Sierra Leone	100 $ / 3 mois
Somalie	fortement déconseillé, pays en guerre civile
Somaliland	40 $ à Addis ou à Djibouti
Soudan	visa à Assouan ou à Nairobi, 50 $, difficile à Addis Abeba
Soudan du Sud	fortement déconseillé, pays actuellement en guerre civile
Swaziland	visa gratuit, taxe de 50 rands
Tanzanie	visa à la frontière, 50 $ / 3 mois, taxe de 5 $
Tchad	70 € / 3 mois
Togo	visa de 7 jours (ext. à 1 mois) à la frontière, 10 000 CFA.
Zambie	50 $ / 1 mois à la frontière
Zimbabwe	visa à la frontière 30 $ / 3 mois + taxe routière 20 $

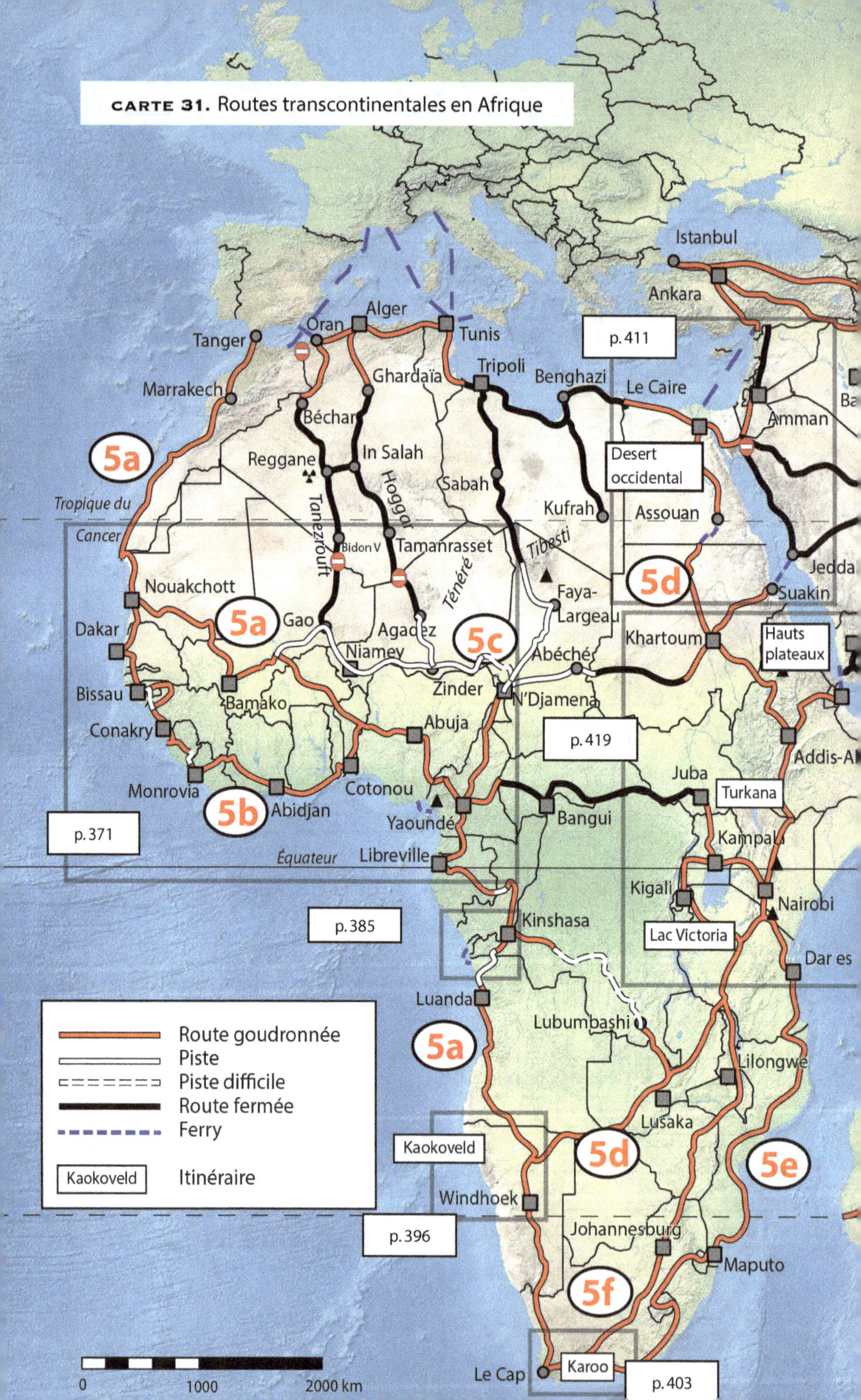

CARTE 31. Routes transcontinentales en Afrique

Istanbul
Ankara
p. 411
Tanger
Oran
Alger
Tunis
Marrakech
Ghardaïa
Tripoli
Benghazi
Le Caire
Amman
Béchar
Reggane
In Salah
Sabah
Desert occidental
Hoggar
Kufrah
Assouan
Jedda
Tropique du Cancer
5a
Tanezrouft
Bidon V
Tamanrasset
Ténéré
Tibesti
5d
Suakin
Nouakchott
Faya-Largeau
Khartoum
Hauts plateaux
Dakar
5a
Gao
Agadez
5c
Abéché
Addis-A
Niamey
Zinder
N'Djamena
Bissau
Bamako
Conakry
Abuja
p. 419
Juba
Turkana
Monrovia
Cotonou
5b
Abidjan
Yaoundé
Bangui
Kampala
Équateur
Libreville
Kigali
Nairobi
Lac Victoria
p. 385
Kinshasa
Dar es
Luanda
5a
Lubumbashi
Route goudronnée
Piste
Piste difficile
Route fermée
Ferry
Kaokoveld   Itinéraire
Lilongwe
Kaokoveld
5d
5e
Lusaka
Windhoek
p. 396
Johannesburg
Maputo
5f
0   1000   2000 km
Le Cap   Karoo   p. 403
Ba

Accéder à l'Afrique

Les points d'entrée en Afrique du Nord sont presque aussi rares que la clim dans les taxis-brousse camerounais. L'**Algérie**, dont la traversée du grand Sud a longtemps été un rite de passage pour les motards, s'est refermée suite aux prises d'otage et aux guerres en Libye et au Mali. La **Tunisie** est devenue un cul-de-sac, la **Libye** étant livrée au bon vouloir des chefs de guerre tribaux (sous Khadafi, il était certes possible d'y entrer, mais uniquement accompagné d'un guide). L'accès par le Proche-Orient étant coupé par la guerre en Syrie, seul le **Maroc** résiste encore au chaos et reste un havre de paix et de stabilité qui offre les dernières occasions de goûter au Sahara.

Tout cela fait qu'il ne reste plus que deux routes pour traverser le Sahara et rejoindre l'Afrique noire : à l'ouest le long de l'Atlantique à travers le **Maroc**, le Sahara Occidental et la Mauritanie (« Côte Ouest », p. 364) ; et à l'est à travers l'**Égypte** et le Soudan (« Proche-Orient et Côte Est », p. 410). Durant l'âge d'or des voyages en Afrique du Nord, la principale route transsaharienne passait par l'Algérie, par la route du Hoggar entre Tamanrasset et Agadez au Niger, ou par la route du Tanezrouft entre Reggane et Gao au Mali. C'était beaucoup plus beau et plus intéressant que l'interminable route atlantique à travers le Sahara occidental et la Mauritanie, même avant son goudronnage. La route du Hoggar est aujourd'hui entièrement goudronnée sauf quelques kilomètres entre la frontière nigérienne et Arlit, mais les troubles dans cette région ne permettent pas encore de s'y rendre.

Entre la Libye et le Tchad, la route traverse une zone de non-droit, de plus il subsiste de nombreux champs de mines suite à la guerre entre ces deux pays. C'est dommage car la région de Faya-Largeau est une des dernières du Sahara où l'on peut se rendre sans risque. Mais sans liaison avec le nord, la destination est peu attractive pour les baroudeurs.

Impossible de parler de l'Afrique sans mentionner **Madagascar**, une île presque aussi grande que la France, qui offre de magnifiques possibilités pour le motard. Malheureusement, comme il n'existe pas de ferry pour les véhicules qui fasse la liaison entre le continent et Madagascar, le seul moyen pour l'overlander d'y accéder est de s'arranger avec un cargo qui fait la liaison afin de charger sa moto parmi le fret. Il est donc beaucoup plus facile de louer une machine sur place.

L A ROUTE POUR LA côte Ouest de l'Afrique commence à Algeciras, en Espagne, où on prendra le ferry pour le Maroc, voir pour l'enclave espagnole de Ceuta. Inutile de réserver à l'avance, il y a des départs presque toutes les heures (env. 90-100 € a/r), il suffit d'aller directement au guichet du port. Selon les saisons, un ferry effectue aussi la liaison entre Sète et Tanger, ce qui permet d'économiser les mécaniques et les organismes, surtout en hiver.

là aussi, directement au port, que vous achèterez votre billet si vous rentrez en France. Le Maroc se visite en toute saison, mais si vous partez en plein hiver, comme c'est souvent le cas pour éviter les grosses chaleurs africaines, il faudra renoncer à visiter l'Atlas, les plus hauts cols y étant souvent enneigés.

Ce n'est qu'à partir du sud de Marrakech que vous vous sentirez vraiment en Afrique. Les températures grimpent

Route Atlantique

L'arrivée au **Maroc** se fait maintenant en général au port de Tanger Méditerranée, éloigné de quelques kilomètres de la ville. C'est

et le désert se rapproche. Les oasis de Merzouga et Zagora sont des destinations très populaires car ce sont parmi les derniers endroits au Maghreb où l'on peut admirer (ou jouer dans) les grandes dunes du Sahara en toute sécurité. Vous ne trouverez pas dans ce livre d'itinéraire détaillé au Maroc, simplement parce

Ci-dessus : Atlas marocain.
A droite en haut : profitez de la bonne nourriture au Maroc avant l'Afrique noire.
A droite en bas : les dunes marocaines, parmi les dernières accessibles au Sahara.

qu'il existe déjà des guides spécialisés qui offrent des roadbooks très détaillés, notamment les guides 4x4 Gandini en français et le guide *Morocco Overland* de Chris Scott en anglais. Le Maroc en lui-même offre suffisamment d'itinéraires pour passer deux semaines à explorer le pays – sauf peut-être en plein hiver puisque la plupart des belles pistes passent dans l'Atlas ou l'anti-Atlas. La carte Michelin est assez correcte, mais vu le rythme auquel les Marocains asphaltent leurs routes, elle est forcément un peu dépassée. Il existe aussi une carte électronique qui contient la plupart des pistes intéressantes, qu'Olaf met à disposition gratuitement sous :

www.motor-europe.com/morocco.php?lang=en

A partir d'Agadir vous aborderez une section obligée (on dirait « une liaison » dans le Dakar) et particulièrement fastidieuse de 900 kilomètres à travers le **Sahara occidental**, où heureusement l'essence est détaxée, mais où les pièges de la police sont plus fréquents qu'ailleurs (voir encadré p. 367). Les possibilités de s'éloigner de la route principale sont rares, n'oubliez pas que la région est parsemée de mines antipersonnel (p. 37). Cela n'empêche pourtant pas de bivouaquer au bord de l'océan et éventuellement faire une pétanque avec

quelques uns des milliers de retraités français qui passent l'hiver ici dans leur camping-car.

A partir de là et jusqu'au Sénégal ou au Mali, les check-points de l'armée deviennent très fréquents. A chaque fois vous êtes sensé vous enregistrer avec vos coordonnées et celles de la moto. Pour éviter une longue session de transcription du passeport et des papiers du véhicule dans leur registre, il est fortement conseillé de préparer une fiche avec tous les renseignements et d'en faire quelques dizaines de photocopies… eh oui, vous aurez à en distribuer presque cinquante entre le Maroc et la Mauritanie en direction du Mali ! Voici un exemple de fiche avec les données qu'il faut fournir (qui sont similaires entre le Maroc et la Mauritanie, à part la date et le lieu d'entrée bien sûr) :

Nom		Date de naissance	
Prénom		Lieu de naissance	
Nationalité		No de passeport	
Profession		Délivré à	
Situation familiale		Délivré le	
Adresse		Valable jusqu'au	
Nom du père		Date d'entrée au *Maroc / Mauritanie*	
Nom de la mère		Lieu d'entrée au *Maroc /Mauritanie*	
Marque du véhicule		Motif du voyage	
Immatriculation du véhicule		CIN	*(Maroc)*

Les soldats en faction dans ces check-points ont l'habitude de ce système de fiches, en général il suffit de leur tendre le papier pour repartir en quelques secondes, ils recopieront ensuite tranquillement ces renseignements dans leurs registres. Dans tous les cas, arrêtez-vous à tous les check-points. Comme on l'a dit précédemment, si parfois en Afrique les contrôles de police ne sont que pur racket, ils sont ici tout à fait légitimes et tout se passe très bien. La Mauritanie avait la réputation d'être pénible à traverser à cause des demandes de cadeaux insistantes, mais le gouvernement a mis au pas les flics corrompus. Essayons donc de garder de bonnes relations entre overlanders et forces de sécurité.

Arrivé à la frontière avec la **Mauritanie**  vous devez traverser le fameux *no-man's land*, un tronçon d'un ou deux kilomètres non goudronnés, lieu de tous les trafics, dépôt de voitures volées et de marchandises de contrebande abandonnées. Contrairement à ce que l'on peut

vous raconter, le passage est très facile et très bien marqué. Ce sera aussi votre première rencontre avec les *fixers*, cette espèce de parasites qui pullulent à la plupart des postes frontières et vivent sur le dos des voyageurs en essayant de les convaincre qu'ils sont indispensables. En fait, les formalités ne posent pas de problème, ni du côté marocain, ni du côté mauritanien ; il vaut donc mieux ignorer leurs propositions d'aide. Le visa mauritanien est vendu directement à la frontière, pour 55€. En quittant le Maroc, vous sortez de la zone de validité de votre assurance européenne, il faudra donc acheter une assurance mauritanienne à la douane (env. 25€) et une taxe routière de 10€. Vous pouvez aussi changer à la frontière vos derniers *dirhams* contre des *ouguiyas* mauritaniens, mais à un taux évidemment assez bas. Il vaut mieux aller à un bureau de change dans la prochaine ville, Nouadhibou, qui n'est qu'à quelques kilomètres (camping Chez Abba, N20 54.510 W17 03.200).

Depuis 2005, les 500 kilomètres de Nouadhibou à Nouakchott sont goudronnés et se parcourent facilement en une journée. Ou alors, si vous êtes irrésistiblement attiré par l'appel du désert, à l'aise dans le sable et en complète autonomie, vous pouvez emprunter la piste sableuse qui longe la voie de chemin de fer sur 500 km entre Nouadhibou et Atar, puis la bonne piste vers Chinguetti et Ouadâne. L'Adrar est une très belle région qui offre de nombreuses possibilités de rouler hors des sentiers battus. Pour dormir, le point de rencontre habituel des overlanders à Atar est Bab Sahara (N20 31.160 W13 03.720). Pour revenir sur Nouakchott la route est goudronnée. Il serait en principe possible de rejoindre le Mali directement depuis Atar en passant par le désert, mais c'est une expédition plus facile à monter en 4x4 qu'à moto. Depuis le début de la guerre (et même avant), les autorités ont fermé la région, qui sert de refuge aux milices qui sévissent au Mali.

A gauche : la route de l'Atlantique à travers le Sahara Occidental.

A Nouakchott, il faudra choisir entre partir au sud vers le Sénégal ou prendre la «route de l'espoir» vers le Mali (route 5a), une option souvent utilisée pour éviter les tracasseries administratives sénégalaises et le passage de douane le plus corrompu de toute l'Afrique, à Rosso. Si vous choisissez le Sénégal (route **5b,** p.371), il faut savoir que les véhicules de plus de 8 ans ne peuvent entrer sans carnet de passage, mais aussi, contrairement à la pratique habituelle, que celui-ci devra être rempli à Dakar. En arrivant à la douane mauritano-sénégalaise à Rosso vous serez immédiatement assailli par une nuée de *fixers* qui se battent pour vous tirer un maximum d'argent en un minimum de temps. Les douaniers, qui sont de mèche avec ces fixers, se chargeront de vous délester de ce qui vous reste, euros, dollars, tout est bon. En période sèche, il est fortement conseillé de longer le fleuve Sénégal sur une piste qui mène au barrage de Diama, où les douaniers sont un peu moins corrompus. Au minimum il faudra quand même vous acquitter d'un droit de passage dans un parc national (comme par hasard, la route traverse ce parc) et du péage pour passer sur le barrage. Ensuite, c'est selon vos talents de négociateur, mais dans le meilleur des cas vous arriverez à passer sans rien payer. N'oubliez pas d'acheter une assurance à la douane, la police vérifie que les touristes sont en règle quelques kilomètres plus loin, sur la route de Saint-Louis. Le Sénégal est couvert par la *carte brune*, une assurance commune à (presque) tous les pays de l'Afrique de l'Ouest. Avec cette carte, vous êtes couverts jusqu'au Bénin et au Niger.

Le **Sénégal** est un très beau pays qui se  visite agréablement une fois passées les formalités d'entrée. On y trouve à la fois des structures touristiques très développées reliées par de bonnes routes et des pistes beaucoup plus difficiles dans

Ci-dessus : transports en commun au Sénégal.

les régions isolées. En fait, il est possible de rouler de Tanger à Dakar sans quitter le goudron (à part le *no-man's land* entre le Maroc et la Mauritanie), 3200 kilomètres que les plus pressés avalent en quatre jours. Les Français ont longtemps été exemptés de visa, mais depuis 2013 ce n'est plus le cas et tout le monde doit obtenir un visa biométrique (50 €). Pour cela, il faut se pré-enregistrer online (www.snedai.sn/fr/) et choisir dans quel consulat ou à quelle frontière vous irez le chercher. Au moment de son instauration, les divers consulats de France, le consulat de Bruxelles, le consulat de Nouakchott ainsi que le poste de Rosso et quelques autres étaient équipés pour fournir le visa biométrique. Connectez-vous sur le site pour avoir la liste à jour des ambassades des points d'entrée disponibles. N'oubliez pas de demander un visa à entrées multiples si vous désirez passer par la Gambie, sinon vous devrez de nouveau payer 50 € pour un visa.

Depuis Dakar vous avez le choix entre partir plein est vers le Mali, le Burkina, le Bénin et le Nigeria (route **5a**), qui est la route la plus facile et qui demande le moins de visas, donc celle qui est préférée par la majorité des overlanders ; ou alors privilégier les routes difficiles hors des circuits touristiques et longer la côte du golfe de Guinée à travers la Guinée Bissau, la Guinée, la Sierra Leone, le Libéria et la Côte d'Ivoire (route **5b**). Au moment de la rédaction de ce chapitre (début 2014), cet itinéraire était envisageable mais demande plus de visas que la route du Mali et les pistes y sont beaucoup plus difficiles. En saison des pluies (juin-octobre), beaucoup de routes peuvent être rendues impraticables par la boue. Dans une variante un peu allégée vous pouvez éviter la Sierra Leone et le Libéria par la Guinée, un des pays les plus intéressants de la région. Et il existe des dizaines d'autres itinéraires possibles dans cette région du golfe de Guinée où les frontières sont toutes ouvertes.

Sahel

Voir route **5a**, carte 32, p. 371.

En venant de Mauritanie, l'itinéraire le plus direct évite le Sénégal et entre au Mali par une longue route en assez mauvais état, avec quelques passages encore non goudronnés, appelée **Route de l'Espoir**. La région est très sensible, surtout depuis le début de la guerre au Mali, en conséquence les contrôles sont très nombreux, plus encore qu'entre Nouadhibou et Nouakchott. Attendez-vous à distribuer plusieurs dizaines de fiches le long des presque 1000 kilomètres entre Nouakchott et Ayoun (voir p. 366 pour le modèle). Plusieurs pistes bifurquent successivement au sud en direction du Mali, la principale et la meilleure partant de Ayoun vers Nioro. Durant la saison des pluies (juin - septembre), c'est probablement la seule praticable. La plus difficile relie Kiffa à Kayes, où il faut s'attendre à devoir négocier beaucoup de sable. Il y a de l'essence à Kiffa, mais après c'est plus aléatoire. A Timbedra une autre piste pas trop difficile descend vers Nara, puis enfin à Néma la route s'arrête, c'est le point le plus à l'est que l'on puisse atteindre en Mauritanie. La traversée en direction de Tombouctou est absolument déconseillée, toute la région entre le Mali et l'est de la Mauritanie étant extrêmement dangereuse. Notez qu'à partir du Sahel vous serez également sous la menace de la malaria, qui présente un danger non moins important. Entre mars et juin il fait normalement entre 40 et 50 degrés dans la région, il faut donc emporter une grande quantité d'eau avec soi.

CARTE 32. Routes principales en Afrique de l'Ouest

Libye
Hoggar
Tamanrasset
nezrouft
Bidon V
Algérie
Tessalit
Zouar
Ténéré
Arlit
Aïr
Agadez
Niger
Gao
Tchad
Zinder
5c
Niamey
urkina Faso
Lac Tchad
Kano
N'Djamena
Nigeria
Maidiguri
Bénin
Bauchi
Nikki
Parakou
Abuja
Togo
Ngaoundéré
5a
Niger
Cotonou
Lagos
Lomé
Bamenda
Accra
Mamfé
Coast
RCA
Calabar
Port Harcourt
Bertoua
Douala
Malabo
Limbé
Yaoundé
Yokadouma
Kribi
Cameroun
Guinée équatoriale
Bitam
Congo
Gabon
Ouésso
Équateur
Libreville
5a
Lambaréné
Francoville

Si vous n'avez pas l'autonomie suffisante pour parcourir les 450 kilomètres entre Kiffa et Nioro, vous risquez de devoir acheter de l'essence en jerrycans à un prix « spécial touriste » à Ayoun. Le passage de la frontière est très facile, mais la région ayant connu quelques enlèvements, les Maliens peuvent vous imposer une escorte jusqu'à Nioro, voir jusqu'à Diéma. En principe cette escorte devrait être gratuite, mais en pratique il vous faudra probablement payer pour cela, 10-20 € devrait suffire. Depuis l'intervention de l'armée française, la route Kayes - Bamako est sous contrôle, donc si les Maliens veulent vous coller une escorte jusqu'à Bamako, ce sera uniquement pour faire un peu d'argent. Mais bien sûr, la situation change vite dans ce pays et il y a des chances pour que ce qui est valable aujourd'hui en 2014 ne soit plus d'actualité dans un ou deux ans.

Depuis la fin de la guerre au **Mali**, il n'y  a aucune raison de ne pas se rendre dans ce pays, en tous cas dans le sud du pays. Les Maliens essaient de ressortir la tête de l'eau et l'argent du tourisme participe à cet effort. Pourtant la chasse aux djihadistes / indépendantistes n'a pas cessé et la région au nord du fleuve Niger est toujours déconseillée, voire interdite. La frontière avec l'Algérie est de toute façon fermée. Si vous avez décidé de passer par le Sénégal, la route vers le Mali par Kayes est entièrement goudronnée. Contrairement à la plupart des pays africains, le Mali n'exige pas de visa à l'avance. Vous achetez un visa temporaire de 48 heures à la frontière (15 000 CFA) que vous pourrez ensuite étendre gratuitement à un mois à Bamako (ou à Mopti pour quelques CFA). Bamako est une grande ville très bruyante et chaotique, mais particulièrement vivante et sa scène musicale est très renommée. De manière plus prosaïque, vous y trouverez aussi les ambassades nécessaires à la suite du voyage. A Bamako le Sleeping Camel (N12 37.530 W7 59.283) offre des chambres et quelques places de camping. L'endroit est très populaire parmi les overlanders parce que le staff est anglophone, ce qui est rare en Afrique de l'Ouest.

La route **5a** vers l'est passe par Sé-
gou et Mopti, mais les pistes le long de
la rive droite ou gauche du fleuve sont
plus agréables et permettent de visiter
Djenné notamment. Si vous voulez absolument poursuivre jusqu'à Tombouctou pour le symbole que cela représente,
vous risquez d'être déçu par cette ville
qui s'est fortement développée et mo-
dernisée. De toute façon, la région au
nord du fleuve Niger est toujours déconseillée. Depuis Mopti, Bandiagara
est la porte d'entrée pour visiter le pays
Dogon, qui heureusement pour nous,
mais malheureusement pour eux, est actuellement déserté par les touristes qui
affluaient encore par avions entiers il y a
quelques années.

A partir de Mopti, si les conditions de
sécurité le permettent, vous pourrez
continuer dans le désert en direction de

Gao et du **Niger** (**5c**). Depuis l'inter-

vention française au
Mali, l'itinéraire est redevenu envisageable
mais pas entièrement
sûr toutefois. Rensei-
gnez-vous sur place
avant de partir. La
route principale par Niamey et le sud du
pays donne accès directement au nord
du Nigéria, qui est une région également
très instable et déconseillée. Au nord du
pays, la route est ouverte jusqu'à Agadez
mais celle qui continue vers la frontière
avec l'Algérie est fermée. Il est également impossible de visiter le fameux désert du Ténéré, qui a fait les grandes
heures du Paris - Dakar. A l'est, la route
se dirige vers le lac Tchad qu'il faudra
contourner par le nord pour atteindre
N'Djamena et le Cameroun, un itinéraire hors pistes, très mal balisé, pour

---

A gauche : le Sahel offre de très belles pistes au motard.
Ci-dessus : un bac au Mali. En saison des pluies, la traversée peut devenir un peu
plus compliquée (il pleut beaucoup dans le sud du Mali en été).

Notez que la traversée du continent d'ouest en est le long de l'équateur est pratiquement impossible de nos jours. Depuis le Cameroun, la route passe par la **Centrafrique**, qui n'a jamais été  un pays très accueillant et qui est actuellement en pleine déliquescence et quasi en guerre civile. Depuis le Tchad, la route bute sur la région du Darfour au Soudan qui est également très dangereuse. Plus au sud, le nord-est de la RDC est constamment en guerre et il n'y a de toute façon pas vraiment de routes. Le passage d'une côte à l'autre de l'Afrique passe donc forcément par la Namibie et la Zambie, tout au sud.

lequel il faut être bien préparé (carte 32, p. 371).

Le **Tchad**, qui a été le théâtre de plu-  sieurs guerres, connaît actuellement une longue accalmie. Les vols directs de Point Afrique entre la France et Faya-Largeau ont d'ailleurs repris en 2013 après plusieurs années d'interruption, preuve que le trafic d'armes et les mouvements de combattants islamistes en Libye toute proche sont ici à peu près sous contrôle. Toutefois le trajet entre N'Djamena et Faya au nord par la piste est une expédition qui n'est pas à prendre à la légère. Comme les frontières avec la Libye et le Soudan sont fermées, la Centrafrique en plein chaos (en 2014) et le

nord du Nigéria peu sûr (p. 379), la seule porte de sortie du Tchad est vers le Cameroun au sud.

Ainsi, depuis Mopti, il est conseillé de suivre la route **5a** en direction du **Burkina-Faso**, un pays stable aux très  belles double-tracks et single-tracks. Attention, le visa disponible à la frontière est vendu au double du prix. Il vaut mieux l'obtenir auparavant à Bamako (47 000 CFA pour 3 mois). Ouagadougou est une des rares capitales d'Afrique qui soit très agréable à vivre. Elle est relativement peu étendue et le trafic y est incroyablement calme et respectueux des règles. On est loin du chaos de Bamako ou de Cotonou (sans même parler de Lagos ou Kinshasa). Les overlanders peuvent camper gratuitement à l'hôtel OK Inn dans un parc ombragé (N12 20.148 W1 30.836). Ouagadougou est aussi le seul endroit où l'on peut encore acheter un **Visa touristique d'entente**[1], un visa unique valable pour une entrée en Côte d'Ivoire, au Niger, au Bénin et au Togo. Notez que le visa prend fin dès que l'on sort de ces pays, donc si vous faites Côte d'Ivoire - Ghana - Togo - Bénin, il ne sera valable que pour la Côte d'Ivoire. Pour l'obtenir, il faut aller à la DGM (N12 21.630 W1 32.453) avec deux photos et revenir chercher son visa le lendemain après-midi.

Beaucoup de voyageurs se dirigent ensuite vers le Ghana, qui offre les plages les plus animées de la région, pour quelques jours de détente à base de baignade, bière et musique (p. 378).

---

1   Bien que certains l'aient obtenu au consulat du Bénin à Barcelone par le passé.

Golfe de Guinée

Voir route **5b**, carte 32, p. 371.

Le route principale qui relie Dakar à la Casamance passe par la **Gambie**, un pe-tit pays très touristique enclavé dans le Séné-gal. Les Français et les Suisses ont besoin d'un visa pour y entrer; vous pourrez en principe l'obtenir à la douane d'Amdallai près de Banjul (comme tou-jours en Afrique, selon l'humeur du douanier, et pour 27 € minimum). Pour éviter cette taxe, vous pouvez à la place contourner le pays par Tambacounda. Depuis là, vous aurez le choix entre re-joindre la route **5a** par le Mali, entrer en Guinée Bissau en passant par la Casa-mance ou en Guinée par Koundara (fa-cile) ou Kédougou (difficile).

La route vers la Guinée Bissau offre la possibilité d'explorer la Casamance et la promesse de quelques jours de détente sur les belles plages de Cap Skirring (attention: il y a un Club Med à Cap Skirring… vous aurez été prévenus). La **Casamance** a mauvaise réputation de-puis que quelques indépendantistes ont commis des attentats, mais globalement la situation est relativement sûre, en tous cas sur les grands axes et les lieux touristiques. A Ziguinchor, le consulat de Guinée-Bissau fournit un visa d'un mois pour 20 000 CFA, bien moins cher qu'à l'ambassade à Dakar. Bissau n'est qu'à quelques heures de Ziguinchor, sur une bonne route (et un ferry). Profitez, vous ne verrez plus d'aussi bonnes routes avant longtemps dans les pays du Golfe de Guinée.

La **Guinée Bissau** offre l'exotisme et le dépaysement d'une ex-colonie portugaise enclavée dans cette ré-gion à majorité franco-phone. Le pays est sou-vent secoué par des coups d'État et des élections agitées; selon la situation, il peut donc être prudent de l'éviter. De-puis Bissau, la meilleure route mène en Guinée par le Fouta-Djalon, au nord,

---

Ci-dessus: faites confiance aux normes de construction guinéennes.

une région montagneuse magnifique à explorer à moto. Pour les plus braves, la route « directe » vers Conakry est particulièrement difficile et même impraticable par temps de pluie.

En arrivant en **Guinée** par le Fouta-Djalon, vous entrez  dans sa plus belle région. La route de Guinée-Bissau par Gabù et Koudara est très mauvaise et celle qui vient du Sénégal, entre Kédougou et Mali-Ville, est encore pire. Cela vaut pourtant la peine de tenter l'aventure pour les paysages magnifiques, le climat agréable et les petites routes de montagne qui sont rares en Afrique de l'Ouest. Conakry par contre n'offre aucun intérêt et le détour ne se justifie que pour visiter une ambassade. Pour poursuivre le voyage, vous avez le choix entre : rejoindre le Mali et Bamako ; longer la côte et passer en Sierra Leone ; ou alors traverser toute la Guinée en direction du Libéria et de la Côte d'Ivoire. Quelle que soit votre destination, les routes en Guinée sont généralement très mauvaises, surtout les routes asphaltées où les nids-de-poule prennent plus de place que le goudron. Cela mis à part, c'est un des pays les moins chers de la région et l'atmosphère y est très cool – sauf pendant les coups d'État, qui est une des spécialités de ce pays. Le visa coûte 30 000 CFA pour 45 jours.

La **Sierra Leone** était une destination très touristique avant qu'elle ne sombre dans le chaos et une guerre civile particulièrement meurtrière. Depuis la fin de la guerre il y a une douzaine d'années, elle a retrouvé paix et stabilité. L'attrait de ses plages magnifiques (et l'abondance de la *ganja*) ne tardera pas à faire revenir les touristes. Les routes sont en-

Ci-dessus : il est plus facile d'éviter les mares de boue en moto qu'en voiture.
A droite : des traditions encore vivaces en Côte d'Ivoire.

core très mauvaises, surtout au sud près de la frontière libérienne. La traversée vers le Libéria et Monrovia prendra quelques jours, selon la résistance de votre dos aux nids-de-poule et la disponibilité des ferries. Le visa coûte environ 100 $ pour trois mois.

Le **Liberia**, quant à lui, a beaucoup plus de peine à récupérer de sa propre guerre civile mais le pays est globalement sûr, sauf le long de la frontière avec la Côte d'Ivoire. Le pays vit toujours sous perfusion de l'aide internationale et des ONG, ce qui fait qu'il est difficile d'y trouver un hôtel abordable. Le Liberia est une destination complètement hors des sentiers battus, c'est d'ailleurs son principal attrait. Les grands axes ont été refaits et sont praticables en tout temps, mais les autres routes sont atroces. C'est sûrement le pays de la région qui a les plus mauvaises routes et comme il pleut très souvent, les déplacements peuvent prendre beaucoup plus de temps que prévu. En particulier, la route vers Harper, sur le littoral près de la Côte d'Ivoire n'est guère plus qu'une succession de pistes plus difficiles les unes que les autres. La frontière avec la Côte d'Ivoire ferme de temps en temps selon les opérations contre les milices qui n'ont pas encore déposé les armes. En comparaison, la route nord en direction de la Guinée et de Man en Côte d'Ivoire est bien meilleure.

La **Côte d'Ivoire** a connu récemment sont lot de violences et de brutalités mais certainement pas autant qu'au Liberia voisin. Aujourd'hui, la situation est presque entiè-

rement sous contrôle, à part peut-être la région qui borde le Libéria, où d'ailleurs les casques bleus de l'ONU sont toujours présents. Ceci dit, il est possible de circuler partout sans problème et on peut imaginer que d'ici quelques années la Côte d'Ivoire retrouve son attrait d'antan. Pour les overlanders, c'est redevenu une destination très attrayante, surtout depuis que le prix du visa a été divisé par deux. Il coûte maintenant 58 € et s'il est en principe disponible que dans le pays de domicile, comme toujours en Afrique, la règle connait des exceptions. En venant du nord, il est plus avantageux d'acheter un Visa touristique d'entente à Ougadougou (p. 374) qui couvre notamment la Côte d'Ivoire.

Si vous arrivez depuis le Liberia par Tabou, la route côtière est d'abord très mauvaise, puis s'améliore progressivement pour devenir très bonne en arrivant à Abidjan. En chemin, vous trouverez de magnifiques plages désertées et autant de langouste et de poisson grillé que vous pourrez en manger. En arrivant de Guinée ou du nord du Libéria, vous traverserez d'abord la magnifique région de Man avant d'atteindre la ca-

pitale artificielle et sans âme, Yamous-
soukro, célèbre pour sa réplique de la
basilique St-Pierre de Rome. Entre Man
et Tabou, le long de la frontière avec le
Liberia, dans une région encore tirail-
lée entre les deux ex-belligérants de la
guerre civile, se trouvent des forêts magnifiques où des colonies de chimpanzés
ont miraculeusement survécu à la guerre
et au braconnage. Abidjan est une ville
moderne typique de l'Afrique, où la
misère absolue côtoie les supermarchés
aussi bien achalandés que dans nos pays
et où les expats vivent une vie à la française dans les quartiers riches.

Depuis Abidjan, les routes sont
nettement meilleures. Vous pourrez rejoindre le Mali ou le Burkina au nord ou
alors continuer de suivre la côte à travers
le Ghana, le Togo et le Bénin (route **5b**).
Avec la qualité de la route, le trafic augmente également, surtout en traversant
les grandes villes.

Le **Ghana** est un pays très stable et anglophone, ce qui en fait

une destination de
choix pour les
overlanding trucks et
quantité de routards
des pays non franco-
phones. Le seul pro-
blème est d'ordre administratif: tout
d'abord les ambassades ghanéennes n'accordent (en principe) de visa qu'aux résidents du pays hôte, les voyageurs devant
l'obtenir dans leur pays de domicile.
Toutefois, en insistant un peu on arrive
en général à acheter son visa en route,
notamment à Ouagadougou (18 000
CFA). D'autre part, les douaniers exigent un carnet de passage, impossible
d'entrer avec un *passe-avant* comme

dans tous les pays environnants. Certains overlanders ont réussi à passer sans
carnet en empruntant des petites
douanes hors des grands axes, mais il ne
faut pas trop compter là-dessus. Comme
mentionné plus haut, si vous êtes entré
en Côte d'Ivoire avec un visa touristique
d'entente, celui-ci perd sa validité à l'entrée au Ghana et ne peut donc plus être
utilisée pour le Togo.

Le **Togo** et le **Bénin** sont des pays fa-

ciles à visiter car le visa
est disponible à la fron-
tière (15 000 CFA pour
un visa de 48 heures
pour le Bénin, exten-
sible à Cotonou à un
mois, 10 000 CFA pour
sept jours pour le Togo, extensible également à Lomé). Ces deux petits pays se
traversent dans la journée mais méritent
d'y passer quelques jours à explorer les
petites pistes. Aussi incongru que cela
puisse paraître, on trouve un concessionnaire **KTM** à Lomé, Toni (N06
07.715 E01 14.368). Si vous êtes client
de cette marque, il pourra sûrement vous
vendre des pièces d'usure, ou même
commander des pièces en le contactant à
l'avance. Lomé est également un bon
endroit pour faire ses achats de visas. La
plupart des overlanders campent Chez

Ci-dessus: un maquis est un bar, au Bénin.
A droite: aperçu de l'état de la plupart des routes au Nigeria.

Alice (N6 10.000 E1 20.483) à Avepozo, 12 kilomètres à l'est de Lomé.

Au Bénin, le parc de la Penjari est un des rares endroits en Afrique de l'Ouest où vous pourrez observer de la vie sauvage. Évitez autant que possible la route côtière Accra - Lomé - Cotonou - Lagos qui est très fréquentée et sur laquelle les passages de douane sont un peu pénibles (surtout entre Cotonou et Lagos). Pour entrer au Nigeria, il vaut mieux passer par un poste de douane isolé au nord du Bénin près de Nikki, qui ne pose aucun problème (la douane est à la ville de Nikki, l'immigration à la frontière, 60 km plus loin).

Avec le Bénin se terminent les pays «faciles» de l'Afrique de l'Ouest. Beaucoup décident alors de revenir en Europe, par manque de temps, ou alors d'envoyer leur moto par bateau en Namibie pour éviter les casse-têtes dus à la fois aux visas et aux mauvaises routes de l'Afrique équatoriale. En effet, le Nigeria pose des problèmes de visa mais aussi de sécurité et également une traversée de frontière vers le Cameroun très pénible en période de pluie, les Congos ont des routes très mauvaises ou inexistantes et enfin, les visas pour la RDC et l'Angola sont toujours très difficiles à obtenir.

Le **Nigeria** est un très grand pays de 170  millions d'habitants aux énormes ressources pétrolières, quoique cela ne se voie pas tant l'infrastructure est délabrée. Les routes sont défoncées et l'électricité est coupée la plupart du temps. C'est de loin le pays le moins touristique de la région, probablement à cause des problèmes de sécurité. Le Nord (musulman) subit les attaques terroristes de Boko Haram, le Sud (chrétien) est plus clame mais il souffre de banditisme lié au trafic de pétrole près du delta du Niger. Le visa est aussi un problème car en principe les ambassades n'ont pas le droit d'en accorder aux touristes de passage. Pourtant à Bissau, à Ougadougou, à Accra et à Buea au Cameroun il semble que les règles ne sont pas appliquées à la lettre et il devrait être possible d'y acheter un visa. Le prix dépend de la nationalité, environ 90 €.

Si le nord du pays (en gros, au nord d'Abuja) est sinistré par la violence, en revanche, le transit par le sud est tout à fait envisageable, le seul problème étant les nombreux contrôles de police et surtout les demandes de bakchich par les *stick men*, des hommes en civil armés de gourdins qui balancent des planches cloutées devant les voitures pour les forcer à s'arrêter et leur extorquer quelques *nairas*. Difficile de savoir s'ils ont une fonction officielle ou s'ils travaillent pour eux-mêmes. Mieux vaut ralentir et s'arrêter, quitte à repartir rapidement en contournant leur planche lorsqu'ils parviennent à votre hauteur. Une tactique à ne surtout pas appliquer à un barrage gardé par les forces militaires ou paramilitaires lourdement armées !

Abuja, la capitale nigériane construite très récemment, n'a d'autre intérêt que de pouvoir y acheter des visas, notamment pour le Cameroun (bien qu'il soit aussi disponible au consulat de Calabar au sud-est du pays) ou pour le Burkina, qui sera le dernier visa à prendre à l'avance si vous vous dirigez vers l'Europe. La vie est extrêmement chère à Abuja et les hôtels sont inabordables. Le bon tuyau que les overlanders se refilent en Afrique c'est qu'il est possible de camper sur le parking du Sheraton. C'était autrefois gratuit, car les overlanders sont en général de bons clients du fameux *Elephant Bar* de l'hôtel, puis le prix est passé à 500 nairas et récemment à 5000 nairas par nuit (20 €)! Vous aurez peut-être plus de chance à *couchsurfer* chez un des milliers d'expatriés qui vivent dans des *lifecamps*, des enclaves occidentales ultra-sécurisées et avec tout le confort moderne. Essayez de prendre contact sur advrider. com, certains motards établis à Abuja ont créé un club d'enduro et accueillent volontiers les baroudeurs de passage. Le Nigeria avait il y a peu de temps encore une essence très bon marché, c'est un peu moins vrai maintenant que le gouvernement a réduit les subsides, mais le prix reste bien plus avantageux que dans les pays voisins.

Au total, bien que dangereux, le Nigeria est un passage inévitable sur la route de l'Afrique du Sud ; l'alternative par le Niger oblige à faire le tour du lac Tchad avant d'entrer au Cameroun par un itinéraire désertique non balisé qu'il est un peu risqué d'aborder seul (p. 373).

Afrique équatoriale

A partir du sud du Nigeria, vous entrez dans une région équatoriale qui est caractérisée par des pluies diluviennes et des forêts impénétrables, ce qui veut dire que les conditions de circulation sont souvent difficiles sur des routes qui se dégradent très rapidement après le départ des Chinois (ce sont eux en général qui construisent les routes en Afrique).

Ci-dessus : la forêt équatoriale est magnifique, mais les pistes souffrent.
A droite : tous les villages ne sont pas comme ça au Cameroun.

Scoop : en 2016 la piste mythique **Ekok - Mamfé**, qui était célèbre comme étant le pire passage de la traversée de l'Afrique de l'Ouest, a disparu sous une belle couche de goudron tout neuf. Certes, un mythe africain est mort, mais heureusement on peut maintenant passer du Nigeria au Cameroun en toute saison et avec tout véhicule.

Il existe également une route qui évite la forêt équatoriale et passe par l'extrême nord-est du pays. Elle est quasiment entièrement goudronnée mais elle passe par l'État Nigérian de Borno, où se déroulent régulièrement des combats meurtriers entre l'armée et les milices de Boko Haram, on ne peut donc la conseiller actuellement. Si la situation le permet, attendez-vous quand-même à passer des check-points tous les 5 à 10 kilomètres. Le poste frontière est à Banki, un village paumé à cheval entre le Nigeria et le Cameroun, à quelques kilomètres du Lac Tchad. Du côté camerounais, la route est en grande partie goudronnée jusqu'à Yaoundé.

Le **Cameroun** est un pays très contrasté, avec des forêts équatoriales au sud et le Sahel au nord. Vous y trouverez de belles plages pour vous reposer (ren-dez-vous à Kribi), un peuple accueillant et de la bière en quantité un peu partout. Les routes principales sont goudronnées mais l'intérêt du pays réside dans ses pistes isolées : par exemple la *ring-road* à l'ouest dans la partie anglophone, les montagnes du Mandara au nord ou encore les pistes de l'est à proximité de la Centrafrique, une région de grandes forêts et malheureusement aussi de déboisements sauvages. Notez qu'à partir du Cameroun (et du Tchad) vous repassez au franc CFA, mais comme en Afrique tout est plus compliqué qu'ailleurs, c'est un autre CFA. Les CFA de l'Afrique de l'Ouest sont différents des CFA de l'Afrique centrale, mais valent exactement la même chose, car les deux ont été liés au franc français au taux fixe de 100 CFA = 1 franc français, donc 1 € = 656 CFA. Il est donc facile de débusquer les arnaqueurs, un changeur devrait vous donner au minimum 650 CFA pour 1 euro. Le visa coûte environ 90 € pour un Français, mais le prix varie fortement en fonction des nationalités. Il est facile à obtenir à Abuja ou au consulat de Calabar, ou à Brazzaville ou Libreville en provenance du

sud. A Yaoundé, vous pouvez camper au Foyer international de l'Église Presbytérienne (N3 52.734 E11 31.350), qui est situé près des ambassades.

Le **Gabon** est un pays cher mais très  agréable, un des rares pays stables et relativement prospère (pour la région et malgré les milliards détournés par les Bongo père et fils au pouvoir depuis 45 ans). Le visa n'est pas donné (100 €), sauf apparemment à l'ambassade à Lomé (55 €). On est ici au cœur des forêts équatoriales qui sont exploitées plus ou moins lé   par les vendeurs de bois exo-   grumiers, ces camions qui transp   es énormes troncs d'arbres lancés   ne vitesse sur les pistes en latérite   t n danger constant pour le motard abord quand on les croise, car ils n'hésitent pas à vous serrer dans le bas-côté, mais aussi quand on les suit sur une piste car ils lèvent un mur de pous-

sière quasiment impénétrable. Sous la pluie, mieux vaut de toute façon ne pas se risquer sur les pistes et rester sur les bonnes routes goudronnées.

La **Guinée équatoriale** est peut-être un  pays fantastique mais peu de monde le saura car ils ne vendent de visa qu'à un prix délirant, de 600 € jusqu'à plus de 1000 €..! Ce pays n'étant pas sur la route directe, mieux vaut simplement l'ignorer.

Si vous vous êtes habitués aux bonnes routes du Gabon, l'arrivée au **Congo** (République du Congo ou Congo-Brazzaville) par Lékoni sera un choc: vous passez directement du goudron à la boue, au sable et aux ornières de camions. Des équipes chinoises ont commencé à construire une route goudronnée entre la frontière Gabonaise et Okoyo, il y a donc peut-être déjà une bonne route jusqu'à Brazzaville au mo-

Ci-dessus: transition brutale entre le Congo et le Gabon.

ment où vous lisez cela. L'alternative par Doussala et Dolisie est plus longue et en très mauvais état, avec de nombreux passages de fech-fech (poudre de sable très fine). Les formalités de douane se font à Lekoni.

Brazzaville ressemble un peu à une ville de province, surtout comparée à Kinshasa de l'autre côté du fleuve, qui est dix fois plus peuplée. Bonne nouvelle, les overlanders peuvent camper et utiliser les douches gratuitement à l'hôtel Hippocampe (S04 16.400 E15 16.650). C'est un bon endroit pour rencontrer des overlanders et échanger les derniers nouvelles sur les visas et l'état des routes. Olivier, le propriétaire français, pourra vous renseigner sur les ambassades, ce qui est surtout utile en direction du nord. En direction du sud, les visas pour la RDC et pour l'Angola sont de toute façon quasiment impossibles à obtenir ici.

Il existe une route du Cameroun vers le Congo en évitant le Gabon qui offre un vrai défi pour le baroudeur en quête d'aventure. Depuis Yaoundé la route est sans histoire vers Bertoua, puis Yokadouma, près de la frontière avec la Centrafrique. Puis la piste devient nettement plus difficile, et même impossible en saison des pluies : les autorités camerounaises posent des « barrières de pluie » qui empêchent les véhicules de circuler, surtout à cause des camions qui endommagent la piste et risquent de la bloquer définitivement en s'embourbant. En période sèche, par contre, il faut faire attention aux énormes grumiers qui participent à la déforestation massive de cette magnifique forêt équatoriale. La route est encore relativement fréquentée jusqu'à Mambélé, puis elle pique droit au sud vers le coin extrême sud-est du Cameroun à travers le parc de Lobéké, en territoire pygmée. Arrivé à Socambo, vous êtes au bord du Sangha, le grand fleuve qui descend se jeter dans le Congo. Il est possible ici de charger sa moto sur une barge et descendre jusqu'à Brazzaville en 6 à 8 jours, mais bien sûr il serait dommage de manquer les prochains 200 kilomètres de mauvaise piste au Congo ! La première chose à faire est de passer l'immigration et les douanes, en essayant d'échapper aux bakchichs habituels. Puis, trouver un bateau qui fait la liaison avec Ouésso, de l'autre côté, au Congo, en négociant bien le prix du chargement et déchargement de la moto. Du côté Congolais vous devriez être bien rôdé pour passer les formalités de douane sans trop de mal, et ensuite vous enfoncer dans la forêt sur 200 kilomètres en direction de Yengo et le début du goudron qui mène à Brazzaville (ou en tous cas, c'était l'état en 2014). Normalement, vous devriez trouver de l'essence à Ouésso et à Oyo, séparés de 400 kilomètres. Entre les deux, si besoin, il faudra acheter des jerrycans au marché noir. Au total, cela représente environ 500 kilomètres de très mauvaise piste, un parcours inoubliable qui passe dans les régions les plus isolées et les moins visitées de l'Afrique (sauf par les bûcherons malheureusement). Bien sûr, quand les Chinois auront achevé la route goudronnée, cette région aura définitivement changé de visage.

L'arrivée en **RDC** (République démo-  cratique du Congo, ou Congo-Kinshasa, ex-Zaïre) se fait souvent par le ferry entre Brazzaville et Kinshasa. Ce bateau peut prétendre légitimement au prix du pire ferry au monde (mention honorable pour le bateau de bananes entre la Malaisie et l'Indonésie (p. 291) et le tas de rouille qui traverse la Caspienne entre l'Azerbaïdjan et le Turkménistan (p. 207). Le trajet a l'avantage d'être très court, moins d'une heure entre les deux capitales séparées par le fleuve Congo. Mais les procédures pour y monter et en débarquer sont si compliquées qu'on y passe facilement la journée. Il faut tout d'abord parvenir au port (Le Beach à Brazzaville, Beach Nobila à Kinshasa), avec un premier péage pour entrer au port de Brazzaville. Puis trouver le propriétaire d'un des bateaux ou un agent habilité à vous vendre un billet. S'ensuit forcément une négociation acharnée pour obtenir un prix raisonnable. Ensuite, il faut passer le contrôle des douanes et de l'immigration, en repoussant les demandes insistantes de bakchich. Lorsqu'on a enfin franchi ces obstacles, il faut encore se frayer un chemin avec sa moto sur la barge au milieu des porteurs de ballots qui courent et entassent leur marchandise un peu n'importe comment. Arrivé de l'autre côté, il faut effectuer les démarches d'entrée, notamment une taxe de désinfection de la moto à Kinshasa qui est difficile à éviter. Inutile de préciser que ce serait une très mauvaise affaire, financièrement, de ne pas pouvoir présenter des documents impeccables, notamment un certificat de vaccination contre la fièvre jaune.

Ci-dessus : sur le ferry Kin-Brazza, une expérience unique.

Les baroudeurs qui veulent affronter l'Afrique dans ses côtés les plus intenses et énervants tenteront l'aventure du ferry entre Brazzaville et Kinshasa. Les autres, non moins aventuriers mais peut-être moins habitués à marchander les prix et gérer des douaniers corrompus, opteront pour l'itinéraire bis: un ferry un peu plus bas sur le Congo, à Luozi ou à Pioka. La route pour y parvenir est extrêmement mauvaise et la douane est peu fréquentée, ce qui veut dire que les douaniers sont moins corrompus qu'à Brazzaville ou Kinshasa. En partant de Brazza en direction de Pointe-Noire, il faut prendre l'embranchement en direction de Boko à Kinkala. La bonne route s'arrête à Boko, à partir de là et jusqu'à la frontière (et même jusqu'au goudron en RDC) cela devient plus technique. Sur le sec c'est assez plaisant, mais en saison des pluies c'est un véritable combat contre les éléments. Le passage de frontière devrait poser nettement moins de souci qu'aux ports de Brazzaville et Kinshasa, quoiqu'un douanier restera toujours un douanier…

Juste après la frontière, vous arriverez au bord du fleuve Congo. En principe, un ferry traverse ici, mais s'il ne fonctionne pas, le point de passage principal est un peu plus en aval à Luozi. La traversée se négocie avec le patron du ferry, le prix dépendra de vos talents de négociations et du nombre de véhicules présents. Un 4x4 devrait coûter 15-20 $, une moto bien moins si elle n'est pas seule sur le bac. Parfois le réservoir est à sec, le propriétaire comptant sur les camions ou voitures pour payer le passage en diesel. De l'autre côté du Congo, la piste est encore pire, si c'est possible, jusqu'à Mbanza-Ngungu, où vous retrouverez enfin le goudron de la route Kinshasa - Matadi. La route qui semble la plus directe, le long de la façade atlantique, passe par l'enclave angolaise de Cabinda et nécessite donc un visa à double entrée (carte 33, p. 385).

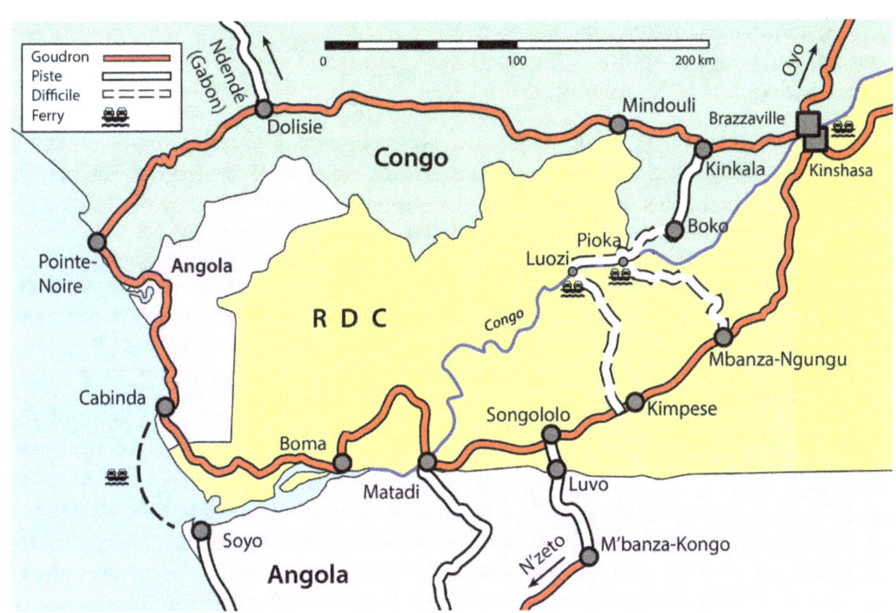

CARTE 33. Traversée du Congo et de la RDC

Kinshasa est une des plus grandes villes d'Afrique, personne ne sait exactement combien de personnes y vivent, mais probablement autour de 10 millions actuellement. Si ce n'était le sentiment d'insécurité ambiant, on passerait volontiers quelques jours à explorer la ville, qui se révèle sous deux facettes. Ce qui frappe d'abord c'est le chaos et la pauvreté des habitants, pauvreté qui n'est certes pas inattendue pour le baroudeur venant de traverser la moitié de l'Afrique, mais qui atteint ici des proportions considérables et qui contraste avec le train de vie luxueux de la petite communauté de hauts fonctionnaires et de délégués des ONGs. D'un autre côté, c'est une ville très vivante et une des principales scènes musicales de l'Afrique centrale. Les hôtels étant extrêmement chers, pour y dormir la solution (comme souvent en Afrique) est à chercher du côté de l'église catholique : en sortant du port de Beach Nobila vous tomberez presque immédiatement sur l'église St-Anne ; la Procure St-Anne située juste derrière offre quelques chambres relativement bon marché et la possibilité de camper dans le parc (S4 17.974 E15 18.928).

Depuis Kinshasa, la route est goudronnée jusqu'à Songololo, un répit avant de repartir sur des pistes en direction de Luanda – à moins bien sûr que les Chinois, qui sont particulièrement actifs en Angola, aient bien avancé dans leurs travaux.

Le trajet entre Libreville et Luanda est le plus compliqué de la route transafricaine habituelle (route **5a**), à la fois par la qualité des routes mais aussi à cause de la difficulté d'obtenir les visas pour la RDC et l'Angola. Pour l'Angola, le pays qui pose le plus de problèmes pour y entrer, les meilleurs endroits pour obtenir le fameux visa de transit sont les ambassades d'Accra au Ghana et de Lomé au Togo (en venant du nord), du Cap (en venant du sud) et avec un peu de chance le consulat à Matadi en RDC. La solution de dernier recours est d'envoyer son passeport à la maison et demander à un proche de faire les démarches là-bas. Pour le visa de RDC, il faut tenter votre chance à Cotonou, Abuja, Lomé ou Libreville en venant du nord et Lusaka ou Windhoek au sud (90 €). Attention, même si le visa est accordé officiellement par une ambassade, certains overlanders ont été refoulés par les douaniers lorsqu'ils ont remarqué qu'il n'a pas été émis par l'ambassade du pays de résidence. Cela est d'autant plus vrai à Kinshasa en débarquant du ferry et à Matadi en provenance d'Angola. A des passages qui voient très peu d'étrangers, comme à Kasumbalesa près de Lubumbashi ou à Luozi pour la traversée du fleuve Congo les douaniers sont semble-t-il moins stricts.

Si par malheur vous n'arrivez pas à obtenir l'un ou l'autre de ces visas, c'est alors le moment d'envisager un plan B. Si vous ne pouvez pas entrer en RDC, vous pouvez aussi passer par l'enclave angolaise de **Cabinda**, depuis Pointe-Noire, et essayer de trouver un bateau qui fait la liaison avec Soyo et le reste de l'Angola (carte 33, p. 385).

Dans le cas où c'est le visa angolais qui fait défaut, ou juste par sens de l'aventure, vous pourrez alors tenter la traversée de la RDC de Kinshasa à Lubumbashi, près de la frontière zambienne. Cette alternative n'est pas à prendre à la légère : il s'agit d'une des dernières grandes aventures africaines, un voyage épique de dix à vingt jours, selon les conditions et selon ses aptitudes, sur les pires routes de tout le continent, dans une partie du pays presque

entièrement isolée et laissée à l'abandon. Mais heureusement sans gros problème de sécurité à part les éventuelles arnaques et demandes de bakchich qui sont l'ordinaire de l'Afrique. Les chemins tracés par les vélos autour des trous rendent le trajet beaucoup plus agréable à moto qu'en 4x4, par temps sec. En saison des pluies, la boue s'en mêle et il est alors quasiment indispensable de rouler en convoi avec un camion ou un 4x4 bien équipé et de se délester de ses bagages. Cette route a longtemps été considérée comme trop difficile ou trop dangereuse, mais elle a été dernièrement parcourue par plusieurs motards, ce qui prouve que c'est loin d'être impossible pour un baroudeur très motivé et voyageant léger. Pour vous donner une idée, lisez le récit de mon aventure p. 440.

Une autre possibilité encore plus aléatoire est de prendre une barge sur le Congo entre Kinshasa et Kisangani et de là rejoindre Goma et le Rwanda, un parcours rendu célèbre, quoique très exagéré et romancé, par Tim Butcher dans son livre *Blood River*. Même si le trajet de deux à trois semaines sur le fleuve est envisageable, la région du Nord-Kivu est actuellement aux mains des rebelles qui font des massacres régulièrement et que ni l'armée régulière ni les casques bleus de l'ONU n'arrivent à contrôler.

Depuis la RDC, la meilleure route pour entrer en Angola est jusqu'à présent entre Songololo et Luvo; la route depuis Matadi vers le sud est beaucoup plus mauvaise. Pour optimiser l'utilisation de votre visa de transit de cinq jours, l'idéal est de camper juste avant

---

Ci-dessus: les vélos en RDC sont le principal moyen de transport de marchandises, y compris les plus encombrantes (ici des cochons vivants).

la frontière et de la passer le lendemain à la première heure. Du côté angolais la piste est relativement correcte jusqu'à M'banza-Kongo et N'zeto, puis elle est très mauvaise jusqu'à Caxito près de Luanda. Vous trouverez de l'essence seulement à partir de M'banza-Kongo, qui comme partout en Angola est très bon marché.

L'**Angola** connait un développement exponentiel dû aux exportations de pétrole vers la Chine qui sont compensées par d'importants travaux d'infrastructure. Les grands axes sont maintenant presque entièrement reconstruits et goudronnés par des entreprises chinoises. Etant donné que vous ne disposerez probablement que de cinq jours pour traverser le pays, c'est appréciable. Si vous ajoutez à cela un prix de l'essence très bas et une population en général très accueillante, vous regretterez de ne pas avoir pu décrocher un visa d'un mois.

Aussi incroyable que cela puisse paraître, Luanda est considérée comme la ville la plus chère du monde. Ceci est dû à l'afflux de pétrodollars et de consultants des compagnies pétrolières étrangères, pour lesquels les prix sont sans importance. Comment peut-on vendre une bouteille d'eau à 3 € alors que la majorité des Angolais ne gagnent pas autant en une semaine ? Le cube Maggi, le plus élémentaire des ingrédients, coûte en Angola quatre fois plus cher que dans les autres pays africains. La chambre d'hôtel la plus basique est à 200 $, alors un bon plan pour le baroudeur est de camper gratuitement au Yacht Club de Luanda (S8 47.908 E13 13.441), un endroit également sécurisé. Dans le reste du pays le coût de la vie est plus raisonnable, sauf pour les hôtels qui restent chers (et rares vu l'absence de tourisme). Si vous optez pour le camping sauvage, n'oubliez pas que le pays n'a pas encore été complètement déminé – mieux vaut se renseigner auprès des locaux. Voir aussi les cartes des zones minées sur le site web cité p. 37.

Après le stress de la traversée de la RDC et le transit très fatigant de 2000 kilomètres à travers l'Angola, l'arrivée en Namibie offre enfin la possibilité de se détendre et de visiter le pays à son rythme, sans harcèlement et en dehors des foules de l'Afrique de l'Ouest et centrale.

Pour obtenir le fameux visa angolais, il semble que le meilleur endroit soit à l'ambassade d'Accra (N5 36.736 W0 11.219). Certains voyageurs ont même obtenu un visa d'un mois, valide pendant deux mois, pour 160 $. Pour cela il faut présenter une lettre de présentation (en portugais impeccable) et des copies de vos relevés bancaires. La procédure prend huit jours. Au moment de la rédaction, cela semble être la meilleure option. Lorsque vous lirez ceci, la situation aura peut-être déjà changé. De toute façon il semble qu'ils traitent les demandes à la tête du client plutôt que selon une règle bien définie.

A gauche: ne cherchez pas les directions sur votre GPS en RDC…
Ci-dessus: l'entrée du village que les Chinois ont construit pour leurs employés, qui font tout depuis les routes jusqu'aux stades et aux voie ferrées (ici en Zambie).

Afrique australe

QUE L'ON ARRIVE EN Afrique australe par la Namibie, la Zambie ou le Zimbabwe, l'influence de la colonisation anglaise se fait immédiatement sentir: il y a bien sûr la langue mais aussi la conduite à gauche qui surprend, surtout quand on descend la côte Ouest. La plus faible densité de population dans cette partie de l'Afrique engendre une atmosphère plus sereine. C'est assez évident en arrivant en Namibie depuis l'Angola ou en Zambie depuis la RDC, mais surtout en passant du Mozambique en Afrique du Sud. Certains apprécieront de pouvoir décompresser, d'autres regretteront le souffle de vie des villes bouillonnantes de l'Afrique de l'Ouest ou équatoriale. Quoi qu'il en soit les motards apprécieront les pistes magnifiques de Namibie et d'Afrique du Sud, ainsi que la possibi-lité de faire une grosse révision à sa moto grâce à la présence de concessionnaires des grandes marques.

Si vous commencez votre voyage en Afrique du Sud ou en Namibie, le contraste culturel sera forcément moindre que si vous arrivez par la route. De plus en plus de baroudeurs décident d'envoyer leur moto d'Afrique de l'Ouest directement en Namibie par bateau pour échapper au problème du visa pour l'Angola et pour éviter les routes les plus difficiles d'Afrique. Si vous circulez sur des monstres de 300 kg ou si vous n'êtes pas particulièrement à l'aise sur les mauvaises pistes, c'est une bonne solution. Dans tous les cas, entrer dans le pays par un port nécessite de pouvoir présenter un carnet de passage, ce qui n'est pas le cas par la route. Un des ports les plus souvent utilisés, car il pose très peu de problèmes et il est idéalement situé dans un des plus beaux pays d'Afrique, est Walvis Bay en Namibie.

Les pays d'Afrique australe (Afrique du Sud, Namibie, Botswana, Lesotho, Swaziland) ne requièrent pas de visa pour les ressortissants de la plupart des pays européens, dont la France, la Belgique et la Suisse. La Zambie et le Zimbabwe demandent un visa mais il s'achète très facilement à la frontière.

L'Afrique du Sud est le centre de gravité de l'Afrique australe. C'est de loin le pays le plus développé du continent et sa puissance économique se fait sentir chez tous ses voisins. Sa monnaie, le rand, est acceptée partout en Namibie, au Lesotho et au Swaziland à la place de la monnaie locale. Le rand namibien est d'ailleurs aligné et a la même valeur que le rand sud-africain ; les deux s'utilisent indifféremment en Namibie.

Ce qui caractérise avant tout cette région d'Afrique est la liberté de voyager où l'on veut et comme on le veut, les espaces sont immenses et les magnifiques pistes sont très bien entretenues – surtout en Afrique du Sud et en Namibie. Seuls quelques uns des riches parcs animaliers sont ouverts aux deux-roues, ceux qui ne sont habités que par des herbivores. Mais vous pourrez aussi rencontrer des animaux sauvages hors parc dans une grande partie de la Namibie, notamment, ce qui est impossible en Afrique de l'Ouest.

La période la plus favorable pour visiter le Sud du continent africain est celle de la saison sèche, qui correspond à l'hiver, soit de mai à septembre. Les journées y sont chaudes mais pas caniculaires et les nuits sont fraîches, voire glaciales en altitude. La région du Cap est une exception car le climat y est méditerranéen. La meilleure période pour en profiter est l'été, soit d'octobre à

A gauche : les magnifiques dunes du parc de Sossusvlei en Namibie.
Ci-dessus : caractéristique de l'Afrique du Sud, pour les motards : les excellentes pistes en gravier (accessoirement, les panneaux sont aussi un peu différents).

mai, l'hiver étant froid et humide. Pour l'observation de la faune dans les parcs, il vaut mieux y être en fin de saison sèche, quand la végétation est au plus bas, que l'eau est rare et que les animaux se regroupent en fin de journée autour des points d'eau.

Il n'existe pas de circuit « typique » du baroudeur en Afrique australe, mais la plupart des overlanders suivent le même parcours général: en venant de la côte atlantique, ils passent un peu de temps en Namibie, puis descendent assez vite au Cap pour atteindre le point le plus au sud du continent, un objectif majeur pour certains, un bon endroit pour se reposer pour d'autres. En venant de la côte est, la plupart obliquent vers le centre à travers la Zambie, les chutes Victoria, le Botswana et la Namibie avant de rejoindre le Cap. Mais il existe autant de variations d'itinéraires que de voyageurs.

Namibie

En arrivant d'Angola, souvent après un marathon de cinq jours dicté par la durée du visa de transit, la Namibie offre un peu de répit et surtout une succession de paysages à couper le souffle. Le Nord du pays est le plus spectaculaire, il est très aride et occupé traditionnellement par les tribus locales. Le Sud du pays est beaucoup plus vert et largement encore aux mains des éleveurs blancs qui ont clôturé une grande partie du pays pour créer d'immenses domaines. Il est donc plus facile de sortir des routes dans le nord, un bon moyen de rencontrer des populations indigènes comme les Hereros et les Himbas. Ces derniers sont un des derniers peuples d'Afrique qui résistent encore à l'occidentalisation et à

Ci-dessus: en Namibie on peut observer la vie sauvage juste à côté de la piste.
A droite: les Himbas vivent encore comme ça tous les jours, ils ne se déguisent pas pour les touristes comme d'autres tribus africaines.

la modernité et qui vivent à peu près en autarcie dans la région la moins accessible de Namibie. Quant à l'héritage colonial des Allemands, il n'en reste guère que quelques noms de rue étranges à Windhoek ou à Swakopmund, ainsi que des prénoms à consonance germanique, sans compter les touristes allemands qui déferlent dans le pays pendant les vacances de juillet-août. A Windhoek, vous trouverez également une espèce rare en Afrique, le concessionnaire officiel. Le choix de pneus y est limité mais il est très facile d'en commander et de se faire livrer depuis l'Afrique du Sud, si vous êtes vraiment trop juste pour arriver jusque là-bas.

On l'a déjà dit, le baroudeur se doit de quitter le confort des grands axes pour s'imprégner de l'esprit africain. C'est d'autant plus vrai en Namibie où la belle route goudronnée promet de rallier rapidement et sans effort l'Angola à la pointe sud du continent. Il serait tellement dommage d'ignorer le **Kaokoveld** et le **Damaraland**, deux régions aux paysages spectaculaires, peu-

plées de petits villages traditionnels et parcourues encore par les girafes et les éléphants sauvages (carte 34, p. 396). Le seul bémol est qu'il faudra s'assurer d'une grande autonomie pour partir sur les pistes les plus éloignées, les stations d'essence et les points d'eau étant rares (« Itinéraire 16 : Kaokoveld et Damaraland », p. 395).

La *skeleton coast* est malheureusement en grande partie zone interdite, mais au sud de Walvis Bay commence une autre région riche de belles pistes et de paysages magnifiques, le désert du Namib. Il faut acheter un permis pour entrer dans le parc de **Namib-Naukluft**, mais il n'est pas très clair si les motos y sont autorisées. Vous y trouverez d'excellentes pistes et pas mal de vie animale (springboks, autruches, kudus, etc.) Un peu plus au sud, les dunes de **Sossusvlei** sont un spectacle à ne pas manquer, une des cartes postales de la Namibie, mais il faut un peu d'organisation car elles sont situées dans un parc qui est interdit aux motos. Vous pourrez essayer au camping de Sesriem de vous faire inviter par un voisin qui aurait une place libre dans son véhicule, ou alors acheter un tour en bus depuis Windhoek. Autre possibilité, louer une voiture et en profiter pour visiter **Etosha**, qui est également interdit aux motos. Si vous prenez la route vers Sossusvlei, il faut absolument vous arrêter à Solitaire, une station service genre *Bagdad Café*, pour déguster le meilleur et le plus improbable *Apfelstrudel* du pays (S23 53.601 E16 00.271).

A l'est de la route principale Windhoek - Keetmanshoop, la plupart du pays est occupée par des immenses élevages de bovins et est donc peu propice au hors-piste. Le désert du Kalahari, à cheval avec le Botswana, est pratiquement réservé aux expéditions en 4x4 car on n'y trouve ni eau ni essence. Tout au nord-est du pays vous aurez remarqué un étrange bras de territoire coincé entre

Ci-dessus : Spitzkoppe, Namibie.
A droite : Panneaux inconnus au code, en France.

l'Angola et le Botswana : le **Caprivi Strip**. Il est issu de négociations de marchands de tapis entre les Britanniques et les Allemands, ces derniers ayant échangé l'île de Zanzibar contre un accès au Zambèze. Le Caprivi Strip suit l'Okavango jusqu'au point où quatre pays se rejoignent : la Namibie, la Zambie, le Zimbabwe et le Botswana. Une grande concentration d'éléphants se promènent librement entre ces pays, d'où les panneaux indicateurs qui n'existent nulle part ailleurs. Depuis là vous accédez facilement soit au Botswana et au delta de l'Okavango, soit au Zimbabwe ou à la Zambie pour les chutes Victoria, deux merveilles de la nature qui attirent les touristes du monde entier.

Au sud-ouest du pays se trouve **Lüderitz**, une charmante petite bourgade où vous aurez plus l'impression d'être au bord de la mer Baltique que de l'Atlantique sud. L'attraction principale en est la ville fantôme de Kolmanskop, qui a été abandonnée aux tempêtes de sable depuis le début du 20ème siècle, malheureusement l'accès y est strictement contrôlé et il faut obtenir un permis pour s'y rendre. C'est le cas également de la zone diamantifère si-

tuée entre Lüderitz et la rivière Orange qui marque la frontière avec l'Afrique du Sud. Entre cette zone et le poste-frontière de Noordoewer se trouve le parc national de **Fish River Canyon**. Le canyon de Fish River est un des plus impressionnants du monde et mérite largement le détour. Juste de l'autre côté de la rivière, en Afrique du Sud, le parc national de **Richtersveld** est également favorable aux itinéraires isolés hors piste. La frontière entre la Namibie et l'Afrique du Sud se franchit très facilement car les deux pays partagent une union douanière : on ne vous demandera donc pas de présenter un carnet de passage.

Itinéraire 16 : Kaokoveld et Damaraland

Le clou de la Namibie, pour les motards qui aiment l'aventure, est certainement le Nord-Ouest du pays, qui regroupe le Damaraland, le Kaokoveld et le pays Himba. Non pas que le reste du pays soit banal, loin de là, mais les bonnes routes goudronnées et les camping-cars n'ont jamais fait le bonheur du baroudeur. Le Nord est aussi la partie du pays qui échappe à la main-mise des grands éleveurs de bétail (blancs) et les clôtures sont donc beaucoup plus rares. Comme elles l'ont fait depuis des siècles, les tri-

bus locales circulent librement avec leurs troupeaux, y compris à travers la route, donc prudence ! Par ailleurs, pour passer du Sud au Nord du pays ou vice-versa, il faut franchir une barrière vétérinaire qui interdit le transit de viande et produits frais. Bien sûr les motards sont moins concernés que les camping-cars, la viande ne restant pas fraîche très longtemps sur une moto. Les paysages de cette région sont superbes, le goudron quasi inexistant et les pistes sont moins roulantes. Le véritable problème pour

CARTE 34. Nord de la Namibie

le motard est que l'essence y est rare : il faut prévoir une autonomie d'au moins 500 kilomètres, même plus, pour visiter les vallées de Marienfluss et Hartmann. La récompense est une impression d'authenticité qui est de plus en plus rare en Afrique. Du côté de la vie sauvage, c'est un des seuls endroits sur le continent où vous aurez de bonnes chances de rencontrer des éléphants et des girafes en totale liberté. La population locale, comme partout en Afrique, subit l'influence de la modernité et pourtant, tels les Gaulois d'un certain village, une tribu résiste encore à l'hégémonie de la civilisation occidentale : les Himbas vivent quasiment en autarcie, très isolés du reste du pays. La plupart n'ont pas d'électricité, pas d'eau courante, ni de véhicule, les enfants ne vont pas à l'école et pourtant ils vivent en grande harmonie avec leur environnement et certainement bien mieux que dans les *townships* de Windhoek. Heureusement pour eux, le gou-

vernement les laisse encore relativement en paix. Les pistes très dégradées de la région aident également à les mettre (à peu près) à l'abri des fléaux habituels de la modernité : alcool, téléphones portables, sacs en plastique, etc.

Depuis le sud, le point de départ de l'itinéraire est à **Swakopmund**, la grande ville coloniale allemande de la côte atlantique. C'est un bon endroit pour faire le plein de provisions, d'essence et éventuellement de *schnitzel* et de *schnaps*. Une route remonte au nord sur 300 km le long de la **Skeleton Coast**, un endroit désolé à l'atmosphère très particulière, uniquement fréquenté par les 4x4 des pêcheurs sud-africains. Malheureusement, à partir de Torra Bay l'accès est interdit et les permis quasiment impossibles à obtenir : il faudrait pour cela réserver un des lodges à 1000 $ la nuit !

Derrière le cordon de dunes qui longe la côte atlantique s'étend la région du **Damaraland**. Elle est d'un accès facile, notamment les sites populaires de **Spitzkoppe** et **Brandberg** qui sont reliés à Swakopmund par des bonnes pistes – sauf après de fortes pluies bien sûr. Il existe également de nombreuses pistes alternatives plus ou moins bien marquées, au cas où vous trouveriez la route principale trop facile. Après avoir passé l'embranchement pour Torra Bay et la Skeleton Coast, vous arriverez à **Palmwag**, une oasis qui marque l'entrée dans le **Kaokoveld**. Un peu plus loin, à **Sesfontein**, il ne faut pas manquer la dernière pompe à essence avant **Opuwo** : il y a environ 450 kilomètres en passant par **Purros**, par une piste correcte, où vous ne traverserez que de petits villages, quelques fois avec un magasin qui vend quelques provisions et du coca tiède. C'est à l'occasion d'une pause dans un de ces magasins que vous pour-

---

Ci-dessus : famille Himba près de Van Zyl's pass.

rez faire la rencontre la plus inattendue du pays : des femmes Herero, qui s'habillent encore à ce jour comme les Anglaises à l'époque victorienne.

Entre Palmwag et Purros, les plus aventureux prendront une piste non balisée qui passe dans le lit de la rivière **Hoarusib** : c'est là que vivent les éléphants du désert, qui ont un mode vie très différent des éléphants de savane qui vivent dans le reste de l'Afrique. Ils sont normalement assez peu intéressés par les deux-roues bruyants, mais la prudence est quand même de mise car ils peuvent être agressifs. Depuis Purros, la route (souvent très mauvaise) mène à Opuwo, le chef-lieu de la région, où il faut faire de l'essence avant de continuer en direction de l'Angola ou du Botswana sur de bonnes routes goudronnées. Ou alors, pour les vrais baroudeurs, vous pouvez tenter de pénétrer au plus profond du pays des Himbas, dans une région quasiment inhabitée et où les touristes ne viennent en général qu'en avion dans des lodges de grand luxe : les **Hartmann's Valley** et **Marienfluss** qui sont des endroits magiques, très isolés et encore préservés, au bord de la rivière Cunene marquant la frontière avec l'Angola. Un peu comme dans le Sahara, les seuls points de repère sur les pistes sablonneuses qui relient ces vallées sont des fûts peints en orange, bleu et rouge, appelés simplement *oranjedrom*, *bloudrom* et *rooidrom*. Au fond de Marienfluss on trouve le seul campement accessible, Camp Synchro (S17 15.850 E12 26.640). Malheureusement le problème de l'essence rend le voyage quasiment impossible à moins d'être accompagné par un 4x4, ou d'organiser un dépôt d'essence dans un des lodges ou campement.

L'accès à cette région depuis le nord se fait par le célèbre **Van Zyl's pass**, une des pistes 4x4 les plus difficiles de l'Afrique australe. Ce n'est pas tellement le col lui-même qui est difficile, même si la descente est très raide, c'est aussi la route d'accès qui est très cassante, car visiblement elle n'est plus entretenue depuis longtemps.

Ci-dessus : Kubu Island au Botswana, un endroit magique.
A droite : gaaaaaz !

A Opuwo, vous trouverez des hôtels (avec internet), de l'essence et des supermarchés (fréquentés aussi par des femmes Himba qui font leurs emplettes... tous les Himbas ne sont pas complètement isolés de la civilisation). Depuis Opuwo, une bonne piste mène à **Epupa Falls**, de jolies chutes sur la rivière Cunene à la frontière de l'Angola. Il n'y a pas moyen de traverser la rivière ici, mais vous pouvez la suivre sur 150 kilomètres par une piste assez difficile jusqu'à **Ruacana**, le plus petit (et le plus facile) des points de passage entre la Namibie et l'Angola. Du côté angolais, une piste rejoint la route principale qui mène au poste-frontière principal d'**Oshikango**.

Depuis Ruacana, la route goudronnée à travers le Caprivi Strip relie la Namibie au Botswana, à la Zambie et au Zimbabwe, (route **5d**, carte 31, p. 362).

Botswana

Le Botswana est un des rares pays de la  région qui a connu une transition vers l'indépendance sans guerre ni violence, aidé en cela probablement par la relative richesse apportée par les mines de diamants. Actuellement, ce pays profite beaucoup du tourisme de luxe qui a été développé autour de l'exceptionnelle richesse de ses parcs nationaux. En effet, certains lodges affichent des prix entre 1000 et 2000 $ *la nuit*. Pourtant, même si vous êtes millionnaire, ne vous imaginez pas rouler au milieu des lions et des girafes: les motos ne sont pas acceptées dans les parcs, qui d'ailleurs ne sont pas toujours accessibles par la route, la plupart des déplacements se faisant en bateau ou en avion. Comme le reste du pays est partagé entre les mines de diamant, le désert du Kalahari et les élevages de vaches, le pays offre finalement relativement peu d'intérêt à moto. Il vaut mieux

se poser dans un camping à Maun ou à Kasane et acheter un tour en bus ou en *mokoro*, ces pirogues traditionnelles sur l'Okavango.

Même sans visiter les parcs, il reste un itinéraire caché qui vaut le détour : une route nationale traverse une partie du parc de **Chobe** entre la douane Namibienne de Ngoma Bridge et Kasane. Il faut signer un registre au début et à la fin de la route auprès des rangers, qui vont essayer de vous dissuader d'y aller mais ne peuvent pas empêcher les motards de rouler sur cette route de transit. Avec la piste de la rivière à Purros (p. 398) et les environs de Victoria Falls (p. 407), c'est de loin la meilleure chance de croiser des éléphants sur sa moto – si cela fait partie des expériences que vous rêvez de vivre.

Afrique du Sud

L'Afrique du Sud est une exception sur le continent, de par son développement et son infrastructure proches des pays européens, mais aussi parce qu'une grande partie de l'économie est encore aux mains des Blancs. Comme on y trouve des concessionnaires officiels pour toutes les marques, vous pourrez effectuer les réparations qu'il était impossible de faire avant par manque de pièces et, enfin, changer de pneus. La communauté de motards sud-africains est très active et très accueillante. En cas de galère, vous obtiendrez sûrement de l'aide à travers leur forum internet, wilddog.za.net.

Ceci dit, le pays est indubitablement africain et en grande majorité noir. Beaucoup de villages gardent encore une organisation très traditionnelle, bien loin du mode de vie des Blancs. Si les grandes agglomérations, Johannesburg en tête, sont célèbres pour leur taux de criminalité record, vous n'aurez pas de souci particulier dans la campagne et les villages isolés. Il est donc inutile de s'inquiéter à l'idée de traverser ce pays : tant que vous restez hors des grandes villes, ou que vous évitez les quartiers dangereux, vous n'y serez pas plus en danger que dans le reste de l'Afrique[1].

En venant de Namibie vous entrez dans la province du **Northern Cape**, qui est très désertique, pas très peuplée et offre de belles pistes très roulantes. Juste au sud de la rivière Orange se trouve le parc national de **Richtersveld**, un parc peu fréquenté où, contrairement à la plupart des autres parcs, on ne vient pas pour la faune mais pour les paysages désertiques grandioses. Ce qui veut dire que les motards y sont les bienvenus, bien qu'il faille être en autonomie complète car la région est très isolée. Par la route nationale, vous aurez 680 kilomètres à parcourir entre Vioolsdrif, à la frontière namibienne, et Le Cap, sans attraction majeure. Les baroudeurs en bout de parcours et un peu fatigués feront une grosse étape pour rejoindre Le Cap et atteindre enfin l'extrémité de ce continent magnifique mais très exigeant.

Si par contre vous n'en avez pas assez, vous profiterez d'un petit détour par le **Cederberg**, entre Clanwilliam et Worcester qui évite la route nationale par des petites double-tracks très intéressantes (carte 35, p. 403). L'itinéraire commence par le col de Pakhuis, à la sortie de Clanwilliam, puis bifurque sur une bonne piste vers **Wupertal**, un petit village à l'architecture coloniale allemande,

---

1. si ceci ne vous rassure pas plus que ça, disons pas plus en danger qu'à Marseille…

en passant par les cols de Hoek se Berg et de Kouberg. La piste continue ensuite par les cols de Eselbank, Grootrivier et Blinkberg, qui ne sont jamais très hauts ni très raides, mais assez plaisants tout de même. Il n'est pas évident de bivouaquer en route car la région est très cultivée, mais certaines propriétés offrent des places de camping – les Sud-Africains sont des grands amateurs de camping et de *braai* (barbecue). A partir de **Die Dorp Op Die Berg**, un village qu'il vaut la peine de connaître rien que pour son nom (cela veut dire simplement : « le village sur la montagne »), le goudron reprend et il ne reste plus alors que 220 kilomètres jusqu'au Cap. On est ici loin de l'Afrique noire, la région est habitée en majorité par des Blancs qui parlent surtout afrikaans. On se rapproche plus de l'atmosphère de l'outback australien que de la brousse du Congo. Attention, comme souvent après de grosses pluies, certains gués peuvent être infranchissables.

Le Cap (Capetown) offre un cadre de vie décontracté à la méditerranéenne pour ceux qui ont les moyens, mais également des *townships* (ghettos noirs) où la misère la plus totale perdure même depuis la fin de l'apartheid et l'arrivée au pouvoir des Noirs. Pour ceux qui se dirigent vers le nord le long de la côte Ouest, le consulat d'Angola du Cap daigne parfois accorder le fameux visa de transit, quoiqu'au prix de plusieurs semaines de démarches alambiquées.

Le Cap de Bonne-Espérance est une excursion très sympathique, mais pour la vraie photo souvenir du point le plus méridional du continent, cela se passe au **cap Agulhas**. On passera sur la route des vins et la Garden Route qui sont bien décrits dans tous les guides touristiques. Après avoir dégusté un ou deux cabernets, vous n'aurez qu'une envie : quitter l'autoroute, partir à la découverte du **Klein Karoo** (ou Little Karoo), magnifique région semi-désertique traversée par de nombreuses pistes très roulantes.

Ci-dessus : col de Swartberg, Afrique du Sud.

Depuis Le Cap, il est très facile de rejoindre Port Elizabeth sur la côte de l'océan indien en environ 750 km par une autoroute parfaitement entretenue – et donc parfaitement inintéressante. Ou alors, vous pouvez aligner 1000 km de piste à travers le Klein Karoo, entre Montagu et Patensie, à travers des cols superbes, des villes aux airs de far-west et des réserves animalières, dont Baviaanskloof, une des merveilles de l'Afrique du Sud. Un itinéraire *lekker* comme disent les Sud-Africains, c'est-à-dire génial, magnifique. La majorité du trajet se fait sur de belles pistes très roulantes où vous vous surprendrez à dépasser les 100 km/h. Mais il y a aussi des double-tracks un peu plus caillouteuses et quelques passages à gué qui peuvent être infranchissables après de grosses pluies. Le seul inconvénient et que la piste est souvent bordée de part et d'autre de clôtures, ce qui fait que le camping sauvage n'est pas si évident. Par contre, vous trouverez des terrains de camping officiels dans les réserves naturelles de Swartberg et de Baviaansklo-of et quantité de propriétés qui ont aménagé un coin camping - *braai* (barbecue).

Montagu est le point de départ de cet itinéraire. Les quelques routes et cols au goudron impeccable, entre Le Cap et Montagu, sont l'un des rares endroits en Afrique où vous pourrez faire frotter vos valises dans les virages ! Peu après Montagu vous pouvez profiter d'une route qui traverse un parc animalier pour essayer de croiser un éléphant ou une girafe. Sanbona Wildlife Reserve est un parc commercial qui fait payer cher le droit de le visiter. Mais en restant sur la route publique, tout le monde a le droit de le traverser gratuitement. En arrivant au portail d'entrée, il faut simplement déclarer que vous désirez vous rendre à Ladismith. Le gardien va alors appeler un 4x4 comme escorte, pas tellement pour vous protéger d'une charge d'éléphant mais surtout pour être sûr que vous traversez sans vous arrêter et sans dévier du chemin.

Une fois sorti du parc, vous pouvez faire un détour par **Ladismith** pour faire de l'essence, un bled typique du Little Karoo. Ensuite vous n'aurez que l'embarras du choix pour rejoindre Oudtshoorn, par exemple par la R327. Comme toujours en Afrique du Sud, les pistes sont en excellent état et peu fréquentées, donc vous pouvez vraiment vous faire plaisir sur environ 180 km.

Oudtshoorn est le point central du Klein Karoo, depuis lequel vous accédez aux cols du Swartberg ou du Meiringspoort et à la côte par le col de Montagu. Tous les trois méritent le détour, mais le plus beau est peut-être le **Swartberg**, un enchaînement magnifique de petits virolos sur une piste en bon état, dont la construction révèle le talent des ingénieurs du 19ème siècle. Au milieu du col,v vous devez absolument faire une excursion vers Gamkaskloof, qui amène au lieu-dit **Die Hel** (l'enfer) par le col de Elands, célèbre chez les motards et 4x4-istes d'Afrique du Sud ; attention donc au croisement avec les *bakkies* (pick-ups) dans les virages serrés. La piste n'est pas très roulante mais pas très technique non plus. Arrivé au fond de la vallée en cul-de-sac, il ne reste plus qu'à faire demi-tour et revenir au col de Swartberg en quelques heures, ou alors profiter du très joli camping pour y passer la nuit.

De l'autre côté du Swartberg, **Prince Albert** permet de se ravitailler avant de repartir à l'est pour rejoindre la N12. Ensuite vous avez le choix entre le très beau col (goudronné) de **Meiringspoort** pour revenir sur Oudtshoorn, ou alors 100 kilomètres de belle piste vers **Willowmore**. L'arrêt à la pompe y est nécessaire car il y a 220 kilomètres avant la prochaine pompe à essence, dont 170 sur piste. Vous attaquez ensuite la traversée du **Baviaanskloof** (*kloof* en afrikaans veut dire vallée et *baviaans* babouin). La piste est habituellement en assez bon état ; de fait on peut en général traverser le Baviaanskloof avec une voiture de tourisme. Les quelques passages à gué sont assez faciles en saison sèche, car souvent le fond est bétonné, mais ils peuvent devenir problématiques en cas de fortes pluies. Il faut payer un droit d'entrée, raisonnable, car vous entrez dans une zone protégée, où les hommes cohabitent avec les buffles et les zèbres. La traversée ne prend que quelques heures

lorsque les conditions sont bonnes, une journée au maximum en s'arrêtant souvent le long du chemin pour des photos. Vous pouvez aussi camper à la belle étoile ou dans un camping organisé, ou même dormir dans une des nombreuses guesthouses de la vallée. Le début de la piste se trouve à 36 kilomètres de Willowmore, au col de Nuwekloof. Les premiers 70 kilomètres sont hors du parc et gratuits, ensuite il faut payer un permis (30 rands) pour avoir le droit d'entrer dans la réserve. Il faut franchir quelques gués faciles et passer trois cols avant de sortir de la réserve, après 80 kilomètres. Il ne reste alors plus que 20 kilomètres jusqu'à **Patensie**.

Si vous en avez marre des bonnes pistes, à Rus en Vrede la piste 4x4 de **Baviaans-Kouga** quitte le Baviaanskloof sur une double-track un peu plus technique, qui rejoint la R62 goudronnée à Kareedouw (péage de 100 rands).

Depuis Oudtshoorn, une excellente alternative est de descendre au bord de la mer vers George, mais en évitant de prendre le col récent et en préférant l'ancien col historique de Montagu. C'est à **George** que débute l'excellente piste de la route des sept cols (**Seven Passes Road**) jusqu'à **Knysna** (de funeste mémoire pour les amateurs de foot français). Au nord de Knysna se trouve une des plus belles forêts d'Afrique, que vous pouvez traverser par une jolie piste au nom exotique de **Kom-se-Pad**. Finalement vous rejoignez le goudron et il ne reste plus qu'à revenir à Oudtshoorn par le col de Prince Alfred.

Ci-dessus : attention aux bêtes sauvages dans le Baviaanskloof.
A droite : Sani Top, donnant accès au Lesotho depuis l'Afrique du Sud.

A partir de la province de l'**Eastern Cape** vous rencontrerez une beaucoup plus forte proportion de Noirs et une atmosphère plus «africaine», notamment dans le Transkei, qui était au temps de l'apartheid destiné à être un territoire réservé aux Noirs. Aujourd'hui vous irez vous perdre dans la **Wild Coast** et sa myriade de petites pistes, rencontrer les ethnies locales très traditionnelles et bivouaquer au bord de l'océan indien, ou au contraire faire la fête dans les guesthouses de Coffee Bay ou Port St Johns. C'est aussi à partir de là en remontant vers le nord que l'on rencontre les célèbres parcs animaliers. Tous ceux qui sont habités par des prédateurs, des éléphants ou autres animaux dangereux sont interdits aux motards; mais ils sont par contre facilement accessibles aux voitures de tourisme, il suffit donc d'aller en louer une. Les pistes sont en général excellentes donc vous n'avez pas spécialement besoin d'un 4x4, bien que prendre le volant d'un *bakkie* en Afrique du Sud,

c'est un peu comme rouler aux USA en pick-up, ou en France en deuche... c'est tellement plus authentique !

En descendant la côte est, la plupart des baroudeurs évitent le nord de l'Afrique du Sud par la Zambie et la Namibie. Il est vrai que cette région n'offre pas les plus belles possibilités de balade d'Afrique du Sud, pourtant le baroudeur trouvera son bonheur sur les pistes impeccablement entretenues et dans les paysages sauvages et magnifiques. Le Drakensberg, par exemple, une magnifique chaîne de montagne qui borde le Lesotho, est une destination à ne pas manquer.

Lesotho

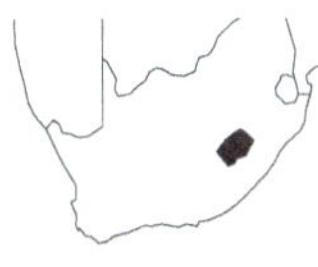

Ce petit pays montagneux et enclavé dans l'Afrique du Sud offre d'innombrables double-tracks très escarpées, plutôt difficiles, dans un environnement beaucoup moins développé qu'en Afrique du Sud. Le pays, très pauvre, n'a jamais été colonisé et conserve un mode de vie authentique. Vous y trouverez peu de supermarchés et de stations service, très peu de routes goudronnées, pas de McDonald's ou de Kentucky Fried Chicken. L'arrivée depuis l'Afrique du Sud offre un vrai choc culturel, un retour aux racines de l'Afrique noire, surtout si vous avez commencé votre voyage au Cap.

La route d'accès la plus belle mais aussi la plus difficile est le fameux col de Sani (Sani Top), qui part d'Underberg au pied du Drakensberg. Passée la douane sud-africaine, au pied du col, et l'avertissement que seuls les voitures 4x4 sont autorisées, la route se dégrade et monte en pente très raide jusqu'à 2800 mètres. Au sommet du col, les douaniers du Lesotho vous feront payer une taxe routière symbolique, mais ne vous demanderont pas de visa, les Français, les Suisses, les Belges et les Canadiens en étant exemptés. Il est inutile de changer de l'argent, le rand sud-africain est accepté partout

sans problème. Passée la frontière, vous attaquerez tout de suite sur une très mauvaise piste le col de Kotispehola, à 3240 mètres, avant de redescendre sur la route goudronnée. Ensuite vous n'aurez plus qu'à suivre les nombreuses petites pistes pour vous perdre et rendre visite à des petits villages isolés qui vivent encore très simplement.

Swaziland

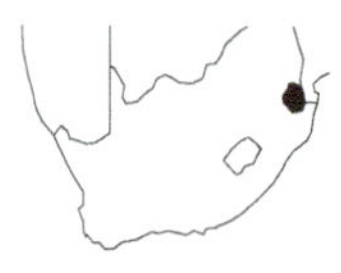

Le petit Swaziland conserve le titre de dernière monarchie absolue d'Afrique, un statut qui n'empêche pas ses habitants de vivre aussi bien (ou mal) qu'en Afrique du Sud. Contrairement à l'arrivée au Lesotho qui offre un grand contraste avec l'Afrique du Sud, vous n'aurez pas l'impression de changer de pays en entrant au Swaziland. Les pistes sont excellentes, mais après l'Afrique du Sud vous serez un peu blasé. En arrivant du nord,

par le Mozambique, la qualité des pistes est en revanche une grande nouveauté. Le carnet de passage n'est pas demandé aux frontières du Swaziland et la plupart des Européens sont exemptés de visa.

Zimbabwe

Depuis que Robert Mugabé est arrivé au pouvoir, il y a plus de 30 ans, ce pays est surtout connu pour ses violations des droits de l'homme et son inflation record. Aujourd'hui le calme est retrouvé (mais pas la démocratie) et les billets de 1 milliard de dollars zimbabwéens ne sont plus vendus que comme souvenirs: tous les achats se font maintenant en dollars US.

Cela garantit une plus grande stabilité des prix et la disponibilité de l'essence un peu partout.

Peu de baroudeurs passent par le Zimbabwe, car la Zambie et l'Afrique du Sud offrent des attractions et des paysages similaires dans un environnement plus stable et à meilleur marché. Le principal attrait est Victoria Falls, du côté sud des **chutes Victoria**, qui offre un point de vue différent du côté zambien.

Zambie

La Zambie est une destination facile et agréable, à la limite entre l'Afrique de l'Est (Tanzanie), l'Afrique équatoriale (RDC) et l'Afrique australe.

A gauche: village au Lesotho.
Ci-dessus: le cheval est encore très utilisé pour se déplacer au Lesotho.

Elle a connu une indépendance paci-fique et est en paix depuis lors. Vous y trouverez de nombreuses et jolies pistes et double-tracks qui permettent d'explo-rer ce pays de long en large – ou presque, car de nombreuses fermes ont clôturé le paysage sur des milliers d'hectares. Si vous cherchez à atteindre au plus vite les spectaculaires chutes Victoria et la Na-mibie, une très bonne route goudronnée traverse le pays depuis Mbeya en Tan-zanie jusqu'à Linvingstone en passant par Lusaka (1600 kilomètres). Le visa est disponible à la frontière pour 50 $ (3 mois en principe), plus des taxes carbone et routières qui semblent être à géomé-trie variable...

La très grande majorité des parcs sont interdits aux motos mais il existe heureusement quelques exceptions en Afrique du sud. On trouve par exemple une réserve privée où les motards sont les bienvenus, l'Imbabala lodge, qui comprend même un circuit d'enduro et où on vient pour des stages de pilotage. C'est un peu comme un zoo sur plusieurs centaines d'hectares; les animaux sont habitués au bruit des motos et se laissent approcher. Bien entendu, le parc n'est peuplé que d'inoffensives girafes et de paisibles zèbres, mais ça change des sangliers de la Lozère. Dans la réserve du Baviaanskloof, je suis tombé nez-à-nez avec un couple de buffles sur la piste, ce qui peut être un peu effrayant quand on sait que ces animaux provoquent plus de morts chaque année que les lions ou les léopards. Dans les réserves de Amatikulu et d'Eland Lake, ouvertes à tous, on peut pic-niquer en compagnie des zèbres qui broutent comme les vaches dans nos campagnes. Finalement, pour espérer éventuellement capter sur votre GoPro un lion vous poursuivant (ou pas), vous pouvez toujours traverser la réserve privée de Sanbona (Itinéraire 16, p. 395).

Ailleurs en Afrique, certaines routes traversent des parcs nationaux, comme au Botswana entre Kasane et Ngoma, en Zambie à travers le parc de Kafue ou en Tanzanie où l'A7 traverse le parc de Mikumi. Il semble que le seul parc qui contienne des grands prédateurs et qui laisse encore (officieusement) entrer des motards soit le Queen Elizabeth National Park en Ouganda. Paradoxalement, Hell's Gate au Kenya interdit l'entrée aux motos, mais autorise de s'y rendre en vélo! Bien sûr il n'y a pas de lions, mais il vaut mieux avoir pris sa dose d'EPO pour espérer distancer un buffle qui charge!

Malgré leur taille, ces parcs et réserves donnent quand même un arrière-goût de grand zoo. Pour pouvoir librement circuler au milieu des éléphants et des girafes vraiment sauvages, il ne reste plus guère que le Nord-Ouest de la Namibie (p. 395).

A gauche: berger du Lesotho.
Ci-dessus: rencontre dans le parc de Central Kalahari au Botswana (en voiture!)

L E VOYAGE SUR LA côte Est est beaucoup plus facile que sur la cote Ouest, pas tellement en terme de kilométrage (en gros 12 000 contre 14 000 kilomètres, au plus court), mais surtout par le nombre moins élevé de visas et par la relative facilité à les obtenir. Il est aussi plus facile d'y venir avec des motos plus lourdes et plus « routières » car les routes sont en général meilleures. En fait, il ne reste que quelques kilomètres à goudronner pour pouvoir effectuer le voyage Le Caire - Le Cap sans quitter l'asphalte – mais pas sans nids-de-poule bien entendu. D'ailleurs au début 2013, une équipe au volant d'une Fiat Panda à rejoint Le Caire depuis le Cap en six jours et battu le record de vitesse Le Cap - Londres en dix jours et demi.

Proche-Orient

Jusqu'en 2011 la côte Est de l'Afrique était facilement accessible par le Proche-Orient, avant que la guerre en **Syrie** ne coupe le seul itinéraire terrestre  entre l'Europe et l'Égypte. Les overlanders passaient par la Turquie, la Syrie, la Jordanie et un court ferry pour éviter Israël (carte 36, p. 411).

La **Jordanie** est un pays désertique, très 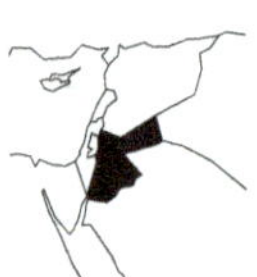 pauvre, mais stable et qui vit en paix avec ses voisins, en particulier avec Israël. C'était aussi un passage obligé sur le chemin de l'Afrique lorsque la Syrie était ouverte. Afin d'éviter Israël la plupart des overlanders empruntaient un ferry entre **Aqaba** et **Nuweiba** en Égypte. Actuel-

lement, il est très difficile d'atteindre la Jordanie en revenant d'Afrique car le Sinaï est souvent fermé.

Le **Liban** ne peut normalement être at-  teint que par la Syrie, ses frontières avec Israël étant fermées, il est donc actuellement difficile de s'y rendre par la route. Mais même avant la guerre syrienne, peu de baroudeurs faisaient le détour car les Libanais imposent une taxe d'entrée assez chère aux véhicules étrangers. Il fallait de plus un visa à double entrée pour revenir en Syrie.

Israël est un cas particulier. C'est un 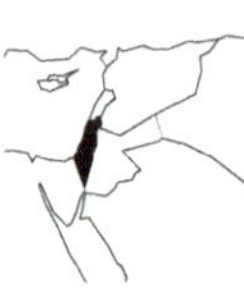 pays oriental peuplé en majorité d'immigrés venus d'Europe et développé à l'américaine. Les Israéliens eux-mêmes sont plutôt accueillants, même si les interrogatoires à la frontière sont très inquisitoires et peuvent durer des heures. Le pays a une infrastructure moderne et tout le confort occidental, ce qui veut dire aussi que la vie y est très chère. Le problème de l'overlander est que certains pays arabes refusent l'entrée aux personnes qui ont visité Israël auparavant. Il s'agit notamment du Soudan[2], passage obligé en direction de l'Afrique du Sud et de la Syrie, bien que visiter ce pays ne soit plus d'actualité maintenant. Pour vérifier vos dires, les douaniers arabes vont non seulement éplucher votre passeport, mais ils peuvent également fouiller vos bagages à la recherche de reçus, de pièces de monnaie, de n'importe quel indice prouvant

---

2. mais aussi des pays suivants: Liban, Iran, Arabie Saoudite, Oman, Yémen, Qatar, Koweït et Algérie.

CARTE 36. Egypte - Soudan et Proche-Orient

votre passage en Israël. Les douaniers israéliens sont au courant de ces pratiques et si vous leur expliquez que vous devrez vous rendre dans un de ces pays, ils placeront le tampon d'arrivée (et de départ) sur une feuille séparée. C'est très bien si vous arrivez par avion, mais en entrant par la Jordanie ou l'Égypte vous aurez forcément un tampon au nom du poste frontière d'un de ces pays. Les douaniers soudanais seront assez malins pour deviner par où vous avez passé.

Une solution est de disposer de deux passeports (p. 144), un avec les tampons israéliens et jordaniens et un vierge. Toutefois il faudra bien cacher le premier passeport et expliquer comment vous êtes entré en Égypte sans visa. Cela peut être un peu difficile à faire passer. L'astuce habituelle est de passer par le pont Allenby, qui relie la Jordanie directement aux **Territoires Palestiniens**. Comme les Jordaniens considèrent la Cisjordanie comme partie intégrante de leur territoire, ils ne placent pas de tampon de sortie, ni de tampon d'entrée en repassant par le même endroit, le visa étant toujours valable. Le seul problème est que ce point de passage est interdit aux véhicules privés. Vous ne pourrez donc utiliser ce tour de passe-passe que pour une excursion en transports publics, par exemple pour visiter Jérusalem, qui est de loin la destination la plus intéressante en Israël.

Les passages de frontières entre l'Égypte et Israël à Taba/Eilat ainsi qu'entre la Jordanie et Israël à Sheikh Hussein Bridge/Beit She'an ou Aqaba/ Eilat ne posent pas de problème si ce n'est que les vérifications de sécurité sont très longues. Une fois en Israël, il ne reste plus qu'à prendre un ferry entre Israël (Ashdod ou Haïfa) et Chypre, l'Italie ou la Grèce. Depuis Chypre, il faut ensuite passer du côté turc et reprendre un ferry vers la Turquie (Voir les horaires et les prix avec la compagnie Grimaldi sur www.cruisecyprus.com).

Côte Est

Actuellement (début 2016), la seule porte d'entrée en Afrique de l'Est avec un véhicule est le ferry entre la Turquie et l'Égypte (**Iskenderun - Damietta**, souvent supprimé). Il est possible d'aller en **Tunisie** mais la **Libye**, est en état de guerre civile (en 2015) et donc totalement inaccessible.

La bonne nouvelle est qu'à partir du Kenya, en direction du sud, on peut obtenir presque tous les visas à la frontière jusqu'en Afrique du Sud, sans devoir visiter les ambassades. Mais comme toujours il y a des exceptions, donc il faut bien vérifier avant de partir. Je pensais naïvement que c'était le cas jusqu'à ce que le douanier à l'entrée au Malawi me demande où est mon visa… effectivement, les Suisses, contrairement aux ressortissants de l'UE doivent obtenir un visa à l'avance. Heureusement, après un peu de discussion, un air de chien battu et des marques de respect et de déférence appuyées, j'ai obtenu une autorisation temporaire d'entrée sur le territoire pour aller chercher mon visa dans la première capitale provinciale. Les passages de frontière africains sont souvent assez pénibles, mais tout est possible et pour une fois le bon vouloir du douanier a fonctionné en ma faveur.

Dans l'autre sens, pour revenir d'Afrique par la côte Est, les conducteurs de voitures ont la possibilité d'obtenir à Khartoum un visa de transit de 72h pour l'**Arabie Saoudite**, que l'on atteint en empruntant le ferry Suakin - Jeddah. Cela permet d'atteindre facilement la Jordanie, puis Israël (voir ci-dessus), mais aux dernières nouvelles il semble que les motards ne sont pas acceptés.

L'**Égypte** est célèbre pour ses formalités  très longues, pénibles et ruineuses à la frontière. Et pour faciliter les choses, toutes les paperasses sont rédigées en arabe uniquement. Au point d'entrée, il faudra montrer un carnet de passage, obtenir des plaques d'immatriculation temporaires et probablement payer un ou deux bakchichs. Pour épargner vos nerfs vous aurez intérêt à accepter les services d'un fixer, qui peut être assez cher et de qualité très variable, mais qui facilite en général énormément les choses. A Damietta, en arrivant par le ferry, il faudra également payer bien d'autres frais de port et de manutention. Renseignez-vous auprès des autres voyageurs sur un bon contact, efficace et digne de confiance. Et surtout faites lui comprendre que le prix convenu comprend tous les bakchichs qu'il faudra payer, à lui de négocier cela au mieux. En principe, le prix des plaques, permis et autres taxes officielles revient à environ 120 €, mais avec les bakchichs et le fixer, vous devez vous attendre à payer un peu plus.

Une fois cet obstacle franchi, il vous faudra encore endurer chaque jour l'assaut des vendeurs de camelote et des conducteurs de chameaux affamés, maintenant que le tourisme est au point mort, ainsi que les check-points fréquents et les pénuries d'essence (faites le plein chaque fois que c'est possible). Une perspective qui n'est pas enthousiasmante mais qu'il faut aborder avec sou-

---

Ci-dessus : la ville du Caire s'étend actuellement jusqu'au site de Gizeh.

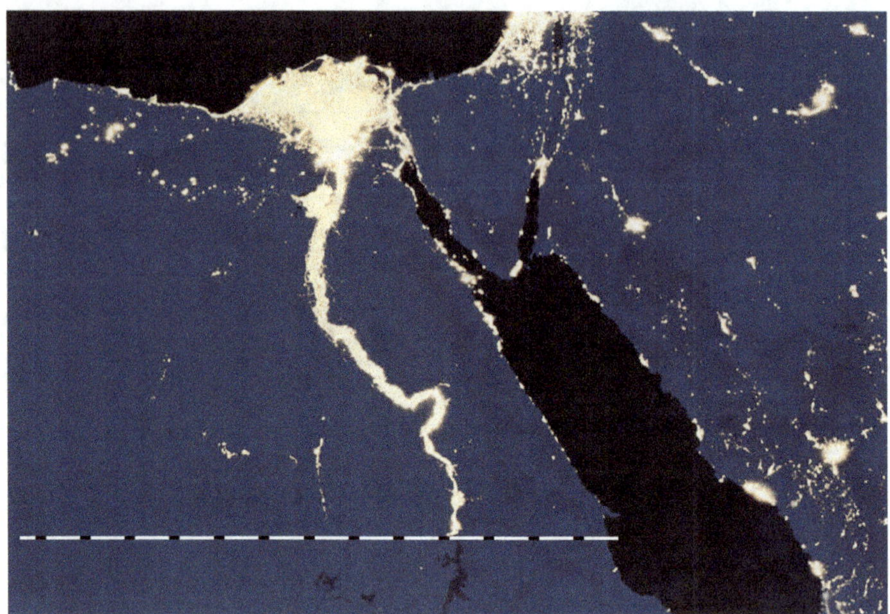

rire et décontraction, après tout c'est un des aspects incontournables du voyage au long cours, surtout en Afrique.

En venant de Nuweiba sur la Mer Rouge, il est interdit sortir de la route principale jusqu'au canal de Suez, le Sinaï étant une zone militaire. Et d'ailleurs les combats entre les forces de l'ordre et les tribus bédouines ou les groupes islamistes sont très fréquents et parfois la région entière est fermée aux touristes. Depuis un certain temps, l'accès au Sinaï est d'ailleurs interdit aux 4x4 et aux motos. Renseignez-vous sur les derniers développements car la situation change de mois en mois.

Le Caire est une étape qui permet de faire un peu de tourisme archéologique. Si vous préférez éviter de vous plonger dans le chaos indescriptible de la circulation de cette ville de dix millions d'habitants, sachez que le visa sou-danais s'obtient également au consulat du Soudan à Assouan (pour 50 $ et en 3 jours) et de toute façon, la photo sur un chameau devant les pyramides fera toujours un peu kitsch.

Il y a trois possibilités pour rejoindre la frontière soudanaise : la route principale de la vallée du Nil, le désert occidental ou la côte de la Mer Rouge. La route du Nil est la plus courte mais pas forcément la plus rapide ; elle est aussi la plus chargée et surtout, les check-points de l'armée sont un peu pénibles. La route qui longe la côte de la Mer Rouge est beaucoup plus tranquille et offre de belles stations balnéaires pour se reposer, mais pas vraiment d'autre intérêt. La route à travers le désert à l'ouest du Nil est la plus longue, mais de loin la plus intéressante.

Ci-dessus : photo satellite de l'Égypte, de nuit. L'immense majorité de la population se concentre le long du Nil (jusqu'à la frontière avec le Soudan).
A droite : formations rocheuses du Désert Blanc.

C'est un détour parfait pour les amoureux du désert qui ne sont pas enthousiasmés à l'idée de parcourir 900 kilomètres sur du bon goudron entre Le Caire et Assouan. Toutefois ne vous attendez pas à devoir franchir des dunes, il est strictement interdit de sortir de la route sans un permis spécial, accordé uniquement si vous êtes accompagné d'un guide. Voir carte 36, p. 411.

L'itinéraire part d'Alexandrie et longe la Méditerranée jusqu'à **Marsa Matruh**, où vous entrez dans le Sahara. La route est entièrement goudronnée jusqu'à l'oasis de **Siwa**, le seul problème est que la route est parfois interdite aux touristes. Dans ce cas, la route du Caire à **Bawiti** devrait être ouverte. Depuis Siwa, la route continue vers l'oasis de **Bahariya** près de Bawiti, puis vers l'oasis de **Farafra**. C'est peu avant d'arriver à Al-Farafra que la route traverse le célèbre désert blanc et ses formations rocheuses incroyables. Vous avez juste la droit de prendre quelques photos, mais pas de rouler hors piste. Toujours sur une bonne route (mais avec parfois des bancs de sable) vous traversez les oasis de **Dakhla** et **Al-Kharga**, avant de retrouver la route principale Louxor - Assouan.

Depuis Louxor, la route mène directement à **Assouan**, au bord du lac Nasser. Notez que toute la partie du pays au sud du 23ème parallèle et à l'ouest du Nil est interdite sauf avec des permis et sous escorte (payante bien sûr); c'est le cas du plateau de Gilf el-Kebir et Jebel Uweinat.

A Assouan, le visa soudanais s'obtient facilement au consulat. Le fameux ferry vers Wadi Halfa ne transportant plus que des passagers (voir encadré page suivante), la frontière se franchit actuellement près d'Abou Simbel.

En venant du Soudan, le visa égyptien s'obtenait auparavant en sortant du ferry à Assouan ; le problème est qu'il n'est pas (encore ?) disponible à la nouvelle douane terrestre. Si vous prévenez votre fixer à l'avance, il vous attendra à la frontière avec un visa. Sinon, vous pouvez l'obtenir facilement à l'ambassade de Khartoum. En remontant du

sud toujours, le visa soudanais quant à lui s'achète à Nairobi (50 $) ou à Addis Abeba, mais c'est plus cher.

En octobre 2014, la nouvelle douane de **Qustul** près d'**Abou Simbel** a enfin été ouverte officiellement, permettant de réduire la traversée du lac Nasser à un court ferry de 1h, au lieu du fameux (et très pénible) voyage de 36h sur toute la longueur du lac entre Assouan et Wadi Halfa. Puis, en 2017, un autre poste de douane est ouvert à **Argeen**, sur une route qui reste sur la rive gauche du Nil en évitant Wadi Halfa et sans ferry jusqu'à Dongala. Malheureusement, les champions de la bureaucratie ne se sont pas avoués vaincus et il faudra quand même franchir plusieurs obstacles administratifs. Notamment, l'obligation d'obtenir des plaques égyptiennes en entrant dans le pays, ainsi qu'une attestation de la police de la route que vous n'avez pas commis d'infraction. Et bien sûr, il faut absolument avoir un carnet de passage en sa possession. En principe, il est possible de faire toutes les démarches par soi-même, mais cette douane est peut-être la seule au monde où il est raisonnable de prendre un *fixe*. Dans tous les cas, ne payez pas plus de 50$ - 100$ pour ses services, ne faites pas comme ces voyageurs qui ont payé jusqu'à 400 ou 500$!

En partant d'Égypte, la première chose à faire est de passer au tribunal de la circulation (*traffic court*) à Assouan et obtenir un tampon dans votre passeport qui garantit que vous n'avez pas de contravention non payée dans le pays. C'est aussi à Assouan qui vous obtenez facilement un visa pour le Soudan (50$ pour un mois). Un bon hôtel à Assouan est le Kaylany (N24 05.333 E32 53.841). Pour camper et rencontrer des overlanders, la meilleure adresse est *Adam Home* (N24 10.135 E32 51.971), à un dizaine de km au nord d'Assouan sur la rive gauche.

La route entre Assouan et Abou Simbel fait environ 300 km, si vous prenez la route du ferry. La route par Argeen fait un peu moins de 500 km entre Assouan et Dongala sans ravitaillement, sauf si vous arrivez à négocier un bidon au restaurant du poste frontière ou dans un des villages de la rive gauche.

Une fois le lac traversé (50 EGP / 6€), il ne reste que 35 kilomètres jusqu'au poste frontière. Avant d'y retrouver votre fixer, vous devrez payer une première taxe de 150 LE (18€) juste pour pouvoir passer la première barrière. Dans tous les cas, il vous faudra beaucoup de patience, d'où la nécessité de prendre le premier ferry le matin à 8h. Du côté soudanais les formalités sont tout aussi compliquées, pour un coût total d'environ 500 SDG (env. 45$ au taux du marché noir), tout le reste ira dans la poche de votre fixer.

Dans le sens inverse, le formalités égyptiennes sont un peu plus compliquées vu que vous devez obtenir des plaques temporaires et payer une taxe pour tamponner votre carnet de passage, au total cela devrait vous revenir à env. 150$ - 200$. Si vous faites toutes les formalités vous-même et ne parlez pas arabe, ne paniquez pas : le temps est de votre coté, si les douaniers veulent rentrer chez eux à l'heure il devront bien vous aider !

Les fixers suivants sont sérieux et recommandés par de nombreux overlanders :

Soudan : Mazar Mahir. +249 12 238 0740 ou +249 91 107 5226. mazarhal-fa@gmail.com

Égypte : Kamal, +20 100 532 26 69 ou + 20 1221393492, kamalaswanegy@yahoo.com

Le grand avantage de ce nouveau poste de douane est la flexibilité, il est ouvert tous les jours, et vous ne quitterez jamais votre moto des yeux.

Arrivé au **Soudan**, vous serez frappé par le changement d'attitude : les gens sont plus respectueux, accueillants et moins avides de vendre leur camelote. Et pourtant le Soudan a un passé sulfureux : il a accueilli Oussama Ben Laden pour un temps et il vient de sortir d'une très longue guerre civile. Ceci dit le pays est maintenant calme, sauf pour la région frontalière avec le Soudan du Sud qui est encore disputée et la région du Darfour, à la frontière avec le Tchad, qui connait encore des combats sporadiques. Autre danger, plus insidieux, en venant du nord il faudra ici commencer à vous protéger contre la malaria.

Le tourisme est encore balbutiant au Soudan, ce qui est une bénédiction quand on arrive d'Égypte : il est encore possible de visiter de magnifiques pyramides en étant quasiment seuls. Conséquence des sanctions internationales contre ce pays, les cartes de crédit sont inutilisables au Soudan ; il faut donc emporter une provision de dollars (récents et en bon état) à changer sur place, de préférence au marché noir qui offre de bien meilleurs taux. La vie est globalement très bon marché, en dehors des hôtels pour occidentaux (à noter que c'est uniquement dans les grands hôtels de Khartoum que vous trouverez de l'alcool car le pays est très strict là-dessus). Les baroudeurs dormiront dans un *lokanda*, ces hôtels très basiques et économiques où les lits sont souvent installés dans la cour pour bénéficier de la fraîcheur de la nuit.

Dans un pays occupé en grande partie par le Sahara, il y a bien sûr de nombreuses occasions de quitter le goudron, mais pour une vraie expédition dans le désert, comme par exemple vers le magnifique Jebel Uweinat, des autorisations sont nécessaires – sans compter que les distances sont telles qu'un véhicule de support est indispensable. En fait, la route Wadi Halfa - Khartoum n'a été terminée par les Chinois (encore eux, bien sûr) qu'en 2009. Avant cela, la traversée du nord du pays se faisait dans le sable avec comme seul repère la voie ferrée, une aventure épique. Aujourd'hui la piste existe toujours mais comme elle n'est plus guère utilisée vous seriez beaucoup plus exposé en cas de panne ou de coup dur. Le trajet dessiné par la route est complètement différent, il suit principalement le Nil en le traversant plusieurs fois, toujours sur des ponts, jusqu'à Khartoum. Un trajet de 1000 kilomètres qui peut se faire aisément en deux étapes. Vous aurez la possibilité d'explorer les différents sites des pyramides nubiennes, en particu-

Ci-dessus : Pyramides Méroé au Soudan.

lier celles de **Méroé**. Même si elles sont moins impressionnantes que celles de Khéops, elles ne sont pas moins belles et surtout, il est plus facile de les apprécier sans la foule et les harcèlements des vendeurs égyptiens.

A **Khartoum**, une ville très chère, la plupart des overlanders vont se poser au camping du Blue Nile Sailing Club (N15 36.696 E32 32.058). C'est donc un bon endroit pour rencontrer des collègues et échanger des histoires, mais le lieu n'est pas particulièrement avenant; le National Camping (N15 31.490 E32 34.225) ou le Youth Hostel (N15 35.478 E32 32.386) sont des bien meilleurs choix. Si besoin, vous irez ensuite enregistrer votre visa à l'*Alien Registration Office* (N15 33.555 E32 32.197). N'oubliez pas que si vous vous dirigez vers le sud, l'ambassade éthiopienne refusera de vous accorder un visa, seule l'ambassade de votre pays de résidence étant habilitée à vous le fournir. Vous pouvez également tenter votre chance à l'ambassade d'Arabie Saoudite si vous voulez prendre le ferry et rejoindre le Moyen-Orient, peut-être que leur politique de visa changera à l'avenir. Actuellement, s'ils ont déjà accordé des visas de transit à des overlanders *en voiture*, ils refusent systématiquement l'entrée aux motos.

Il y a quelques très belles plages au bord de la mer Rouge au nord de **Port Soudan**. Si cela vous tente vous aurez besoin d'un permis pour vous y rendre, fourni gratuitement à l'office du tourisme (N15 34.815 E32 33.997). En direction de Gedaref et la frontière éthiopienne vous sortez progressivement du Sahara, 600 kilomètres de bon goudron qui se font facilement en une journée.

La frontière avec l'**Érythrée** n'est pas loin, mais il est quasiment impossible de voyager librement dans ce pays totalitaire, dernier pilier du marxisme en Afrique.

L'arrivée en **Éthiopie** marque un changement net de culture et de géographie. Vous quittez les plaines semi-désertiques pour monter dans des montagnes beaucoup plus arrosées. Vous quittez aussi le régime strictement sans alcool soudanais, donc la première *St. George* aura une saveur particulière. Une particularité de l'Éthiopie est que c'est le seul pays africain qui n'a jamais été totalement colonisé. Est-ce la cause ou la conséquence, en tous cas le pays a gardé une culture forte, un alphabet très particulier et une religion chrétienne aux rites d'un autre âge. Vous remarquerez aussi des incidences dans la vie de tous les jours, par exemple les Éthiopiens ont leur propre calendrier (comme les Musulmans et les Japonais) et une façon de mesurer les heures très différentes de la nôtre : à l'instar des Romains, ils commencent la journée au lever du soleil (6 h du matin pour nous) et donc à midi il est 6 h selon leur système.

Une autre particularité est la cuisine, originale et savoureuse, contrairement à la plupart des autres pays africains, où, il faut bien le dire, on mange plutôt mal. *L'injera* est la spécialité locale, impossible de la louper, elle est servie partout, mais il faut aussi mentionner les meilleures pastas de toute l'Afrique. Pour l'apéro, il faut essayer le *sprice*, un mélange de jus d'avocat et de mangue, servi dans un grand verre. En-

CARTE 37. Éthiopie et Lac Victoria

fin, contrairement à beaucoup d'autres pays africains producteurs de café qui exportent la totalité de leur production et ne consomment que du Nescafé, l'Éthiopie est un pays où le café (*buna*) est consommé depuis longtemps et sa préparation suit une cérémonie très particulière.

Le pays est de plus en plus touristique, car il rassemble une remarquable combinaison de paysages spectaculaires, d'ethnies originales et de sites archéologiques relativement bien préservés. Comme partout, l'afflux de touristes aisés dans un pays extrêmement pauvre a eu des conséquences regrettables : des gamins habitués à quémander (les *you*, *you* qu'ils vous lancent n'ont rien à voir avec les you-yous maghrébins, cela veut dire «argent, argent») et même à jeter des cailloux sur les véhicules, des tribus transformées en intermittents du spectacle et le célèbre *merkato*, le marché d'Addis où on trouve la plus grande concentration de pickpockets au monde. Tout ceci est ressenti différemment selon son caractère. Il semble que la majorité des visiteurs de ce pays en reviennent fascinés et rêvent d'y retourner et certains, dégoûtés, ne regrettent pas d'en être sortis.

Encore plus qu'ailleurs, il est important de choisir la bonne période pour arriver en Éthiopie. La saison des pluies y est très marquée et comme les plus belles pistes passent à travers de hautes montagnes, celles-ci deviennent vite impraticables. En hiver par contre, d'octobre à mi-février, le temps est sec et ensoleillé. Heureusement, l'hiver étant aussi la meilleure saison pour traverser le Sahara, le timing sera parfait pour qui vient du nord. En venant du sud, il faudra essuyer la fin des pluies de novembre et décembre en Tanzanie et au Kenya pour être en Éthiopie au bon moment. Si vraiment il pleut trop, vous pourrez toujours vous réfugier sur les routes goudronnées, sauf pour le tronçon Marsabit - Moyale, qui devient très, très difficile quand il est boueux. Les différences de température selon la saison sont beaucoup moins marquées qu'au Soudan, l'influence principale étant l'altitude : il peut faire 40 degrés dans le désert au niveau (ou sous le niveau) de la mer quand il fait zéro degré sur les hauts plateaux à 3000 mètres.

A part le problème du visa, qui ne peut (en théorie) s'obtenir que dans le pays de résidence, la principale difficulté logistique sera de trouver de l'essence. L'Éthiopie connait de graves problèmes de pénurie, comme on le remarque vite en croisant de nombreuses stations à sec à travers le pays. Il est donc recommandé d'avoir une grande autonomie si on ne veut pas risquer d'être bloqué quelques jours à attendre le camion citerne, ou devoir acheter de l'essence au marché noir à un prix prohibitif.

Gondar est la première ville d'importance en arrivant du Soudan. Vous pourrez vous y arrêter quelques jours pour s'imprégner de l'atmosphère éthiopienne, si différente des pays arabes précédents. Le lac Tana tout près vous offrira quelques jours de détente, par exemple à Kim & Tim Village (N12 13.740 E37 17.930).

Ci-dessus une termitière et, comme partout en Ethiopie, des gamins.
A droite : choc des cultures dès que l'on sort des villes et des lieux touristiques.

L'itinéraire direct vers le Kenya passe par la route goudronnée, mais celle-ci évite la plus belle partie du pays, les montagnes du nord. C'est un détour de 800 km qui est certainement un des plus beaux parcours de toute la côte Est, avec un mélange de paysages magnifiques, de belles pistes et de trésors archéologiques et culturels.

Itinéraire 19 : Boucle des hauts plateaux

Cet itinéraire offre un contraste saisissant avec le désert du Soudan et les grandes plaines du Kenya, car il traverse des hautes montagnes qui culminent à 4500 mètres d'altitude, les **Simien**. Depuis Gondar, près de la frontière du Soudan, il faut prendre la route vers le nord, en direction du parc national des **Simien**. L'entrée du parc est payante, évidemment, et le règlement veut même que l'on soit escorté par un garde ; mais s'il voit qu'il n'y a à l'évidence pas de place pour lui sur votre moto, il vous laissera partir seul, après avoir empoché le prix de l'escorte bien entendu. C'est un haut lieu du trekking, donc si vous avez du temps vous pouvez arranger une balade de quelques jours dans le parc avec un guide. La route entre Gondar et Aksum est absolument magnifique, c'est un must pour les motards qui aiment le pilotage sur gravier. Vous pouvez rejoindre Shire ou même Aksum en une journée en partant tôt, ou alors en prenant votre temps il est aussi possible de camper en route ; mais n'oubliez pas que les nuits sont très froides et surtout qu'il peut pleuvoir en toute saison. La route monte jusqu'à 3000 mètres, puis redescend sur Aksum par une série d'épingles très, très sympathiques. Profitons-en avant que les Chinois n'y déversent une couche de goudron.

Cette route spectaculaire, construite par les Italiens dans les années 30, représente probablement, avec le café espresso et les macaronis, les seules conséquences positives d'une brève colonisation.

Aksum mérite un jour d'arrêt pour la visite des obélisques, mais guère plus. La route s'améliore progressivement en direction d'Adigrat, où vous pouvez faire un petit détour par le fameux monastère de Debre Damo, perché sur un plateau que l'on atteint uniquement en escaladant une falaise à l'aide d'une corde. Vous êtes ici très près de l'Érythrée, mais les relations entre les deux pays sont toujours aussi mauvaises et la frontière est fermée. Depuis Adigrat vous pouvez choisir soit la route goudronnée vers Mekele, pour une visite des églises troglodytes, soit la très belle piste qui part d'Adwa directement vers Lalibela (il existe aussi plusieurs pistes permettant de passer entre les deux routes). **Mekele** est le point de départ pour visiter les églises troglodytes du

Ci-dessus : messe en plein air à Lalibela autour d'une église creusée dans la roche.

Tigray, mais aussi pour organiser une expédition vers le désert du **Danakil** (voir encadré p. 422).

Pour visiter les nombreuses églises troglodytes de la région, notamment l'incroyable église d'Abuna Yemata Guh, creusée à même la roche, qui s'atteint au prix de quelques mètres d'escalade, la procédure normale est d'aller prendre un guide au village, négocier un prix raisonnable et partir avec lui jusqu'aux églises. Non seulement le chemin pour accéder aux églises n'est pas toujours évident, mais de plus le guide s'occupera de prévenir le prêtre dans son village pour qu'il vienne ouvrir l'église (et réclamer son obole). C'est un job qui permet à une famille de vivre.

Pour aller à Lalibela depuis Mekele, l'idéal est de rejoindre la piste Adwa -

Lalibela, au lieu de faire le tour par la route goudronnée : c'est moins long, il y a très peu de trafic et c'est beaucoup plus beau.

Les églises creusées dans la roche de **Lalibela** sont uniques au monde, elles valent largement le détour et les 20 $ pour l'entrée aux sites. Bien sûr c'est une attraction très touristique et donc vous ne serez pas vraiment seuls. En particulier, la période de Noël (épiphanie, début janvier) est à éviter pour échapper aux hordes de touristes attirés par les processions hautes en couleur. Depuis Lalibela, la route principale remonte ensuite vers des hauts plateaux entre 2000 et 3000 mètres, pour rejoindre soit Bahir Dar et Gondar, en direction du Soudan, soit Dessie et Addis Abeba pour ceux qui descendent au sud.

Addis Abeba est comme beaucoup de capitales africaines, bruyante et chaotique. Elle est située en altitude donc il n'y fait jamais trop chaud. La plupart des overlanders se retrouvent traditionnellement chez Wim's (Holland Place, N9 00.593 E38 45.314). La perspective de pouvoir échanger des histoires de baroudeurs et recueillir les dernières informations sur la route, voir de se joindre à d'autres pour les difficultés à venir, est la seule raison de choisir ce guesthouse qui est à part cela une des moins bonnes auberges d'Addis. Vous pouvez aussi y laisser votre véhicule en dépôt dans le cas où vous désirez faire une pause et revenir pour finir le voyage la saison suivante. Une meilleure adresse pour camper est par exemple la Baro Pension (N9 01.844 E38 45.197).

Si la Somalie est bien trop dangereuse pour s'y rendre, l'état quasi indépendant du **Somaliland** est relative-

ment épargné par la guerre, quoique les problèmes de sécurité peuvent compliquer sérieusement la visite à moto. **Djibouti**, un minuscule pays francophone, est une excursion possible et intéressante, mais comme la frontière avec l'Érythrée est fermée et le transit par la Somalie exclu, le retour par l'Éthiopie est obligatoire, il faut donc prévoir un visa à entrées multiples – à moins que vous ayez décidé d'envoyer votre moto depuis le port de Djibouti.

Un des derniers mythes de l'Afrique est tombé, la célèbre route entre **Moyale** et **Isiolo** par **Marsabit** est maintenant entièrement goudronnée, selon les derniers motards qui y sont passés (fin 2016). Il est donc possible de rouler entre Le Caire et Le Cap sans quitter le goudron. Cela peut rassurer certains, pour d'autres c'est

Moyale - Marsabit - Isiolo… en bus

Nous étions deux en Éthiopie sur une moto bien chargée et la très mauvaise route Moyale Marsabit vers le sud nous inquiétait. Une fois arrivés à Moyale, nous avons décidé que Laurent partirait seul et léger pour ménager sa moto et que je prendrais le bus avec le maximum de bagages. Une fois les formalités de douane passées, il était trop tard, le bus quotidien était déjà parti. Laurent est quand même parti devant, pour prendre de l'avance au cas où un pépin surviendrait. Il me restait une journée à tuer en attendant le départ du bus le lendemain matin, dans la charmante bourgade de Moyale. La ville est en fait séparée en deux parties : au nord la partie éthiopienne, sans intérêt, mais relativement sûre ; au sud la partie kényane où j'étais installée, passablement mal fréquentée comme beaucoup de villes frontières.

Inutile de décrire l'état plus que sommaire de l'hôtel (et encore, un des moins pires de la ville !) La particularité du sud de Moyale est de ne pas être relié au réseau d'eau, ce qui explique le trafic incessant d'ânes chargés de bidons à travers le no man's land qui sépare les deux parties de la ville. Donc, pas question de prendre une douche, quand arriver à obtenir un seau d'eau pour les chiottes relève déjà de l'exploit… J'hésitais à abandonner les bagages dans la chambre étant donné que la porte n'était fermée que par une ficelle ; de toute façon, aller se balader tranquillement était exclu vu que j'étais la seule européenne, blonde, et de surcroit célibataire (tous les relous du coin avaient parfaitement bien repéré que mon homme était déjà parti sur la route…).

Après une journée d'ennui à boire du thé, je bataillais toute la nuit contre les moustiques, les cafards… et l'envie d'aller aux toilettes – mais pas question de quitter la chambre vu le nombre de gars éméchés qui dormaient dans les couloirs et sur la terrasse (l'alcool est interdit dans cette région plus ou moins musulmane mais l'Éthiopie n'est qu'à cinq minutes…). Le lendemain matin vers 11h, le bus pré-

vu aux aurores étant finalement prêt à partir (il fallait attendre qu'il soit bien plein), on a fini par décoller en direction de Marsabit : c'était parti pour une quinzaine d'heures de trajet. La piste est réputée être très mauvaise à moto, mais en bus ce n'était finalement pas beaucoup mieux ! Les chauffeurs roulent à fond, sans doute pour passer au-dessus de la tôle ondulée, mais aussi pour faire la course avec les camions qui parcourent cette route. Les chaos sont tels que les passagers, même ceux qui ont la chance d'être assis et dont je faisais partie, se cognent régulièrement la tête contre les parois et le plafond du bus ; le casque que j'avais gardé avec moi, trop précieux pour être laissé avec les bagages entassés et écrasés sur le toit, aurait presque pu être utile ! Quinze heures de trajet avec la musique à fond et le haut-parleur juste au-dessus de la tête, impossible d'échanger deux mots avec les voisins. Ils avaient pourtant l'air bien sympathiques et semblaient s'inquiéter de voir mon teint devenir verdâtre au fil des kilomètres (la bouffe de la veille à Moyale était à la hauteur du reste…). Après une pause pipi express au milieu du désert, plat à 360°, sans un arbre à l'horizon (là, on n'a plus de pudeur…) et quelques stops pour embarquer ou débarquer des bergers Massaï sortis d'on ne sait où, nous sommes enfin arrivés à Isiolo et j'ai retrouvé le confort d'être passagère, même sur des pistes mal entretenues, c'est un luxe… ouf !

Moyale - Marsabit

Jusqu'en 2015, on roulait sur une piste faite tantôt de tôle ondulée très prononcée qui avait épinglé à son tableau de chasse des dizaines d'amortisseurs, tantôt de grosses ornières de camion bordées de pierres volcaniques. Souvent les deux à la fois. Ou alors de la bouillasse pendant les pluies. C'était une épreuve pas très agréable de 450 kilomètres. Malgré l'aura dramatique et mythique qui entourait cette route, des douzaines de motards l'ont empruntée depuis des années et la plupart s'en sont bien tirés et sont très heureux de pouvoir raconter leurs souvenirs. Peu la regretteront toutefois.

l'Afrique qui perd de sa magie et se rapproche du monde moderne. Pour les locaux, bien sûr, c'est une bénédiction.

La route entre Addis et Moyale est goudronnée et sans histoire, 800 kilomètres qui se font facilement en deux jours. Mais ce serait manquer une autre magnifique route d'altitude qui passe à travers les monts **Bale**. La route a été nouvellement goudronnée entre Shashemene et Dinsho, elle traverse un col à 3500 mètres, puis se transforme en piste plus au moins agréable, selon les conditions météo. A Robe vous bifurquerez au sud vers Goba, puis vous monterez sur le plateau de Sanetti à un peu plus de 4000 mètres, où vous apprécierez les poignées chauffantes, voire même la veste chauffante. Pour l'anecdote, vous pourrez faire un petit détour de quelques

Ci-dessus : lac de cratère au sud de l'Ethiopie où des plongeurs vont récupérer le sel.

kilomètres vers l'emplacement d'une antenne au mont Tullu Deemtu, sur la plus haute route d'Afrique à 4370 mètres. La route redescend ensuite rapidement vers 1000 mètres pour des températures plus africaines. La boucle entière depuis Shashemene jusqu'à Mega sur la route Addis - Moyale fait plus de 700 kilomètres et, comme toujours en Éthiopie, l'approvisionnement en essence n'est pas garanti.

La ville de **Moyale** est séparée en deux parties, éthiopienne et kényane, mais les locaux circulent librement d'un côté à l'autre de la frontière sans autre forme de procès. La partie kényane est à éviter à tout prix, elle est sinistre et les possibilités de s'y loger sont très médiocres (voir encadré). En arrivant dans l'après-midi d'Éthiopie, vous pouvez effectuer les démarches à la douane et l'immigration en avance, ce qui peut prendre entre une demi-heure et deux heures, dormir du côté éthiopien et partir tôt pour la première étape.

Profitez du goudron tout neuf avant que les nids-de-poule fassent leur apparition, ce qui ne prend jamais longtemps en Afrique. Vous rencontrerez très peu de trafic sur cette route, ce qui rend encore plus difficile de s'habituer à rouler à gauche, une habitude que vous devrez garder jusqu'en Afrique du Sud et en Nambie (sauf si vous faites un détour par le Rwanda ou le Burundi).

A **Marsabit** vous trouverez des hôtels (Jey Jey, N02 19.948 E37 59.396), des restaurants et une station-service pour faire le plein. Vous pouvez aussi camper au Henry & Rosanna's camp (www.dommann.com/campsite/overlanders, N2 20.800 E37 58.000). En sortie de Marsabit se trouve le dernier secteur d'une trentaine de kilomètres encore difficile, surtout par temps de

pluie, jusqu'à ce que lui aussi ne soit recouvert d'asphalte. Le goudron neuf reprend vite et vous accompagne jusqu'à Archer's Post, où vous atteignez l'ancienne route goudronnée, qui est déjà attaquée par les nids-de-poule. Vous traversez ensuite le parc de Samburu et il n'est pas rare de croiser des animaux sauvages sur la route.

Si tout cela vous semble manquer d'aventure, il existe un autre itinéraire beaucoup moins fréquenté et très isolé, forcément plus difficile mais certainement plus intéressant : la piste le long de la rive (est) du Lac Turkana. Cela reste une des dernières grandes aventures africaines, une expédition à ne pas prendre à la légère : non seulement il faut prévoir 900 à 1000 kilomètres d'autonomie en carburant, mais la région étant désertique et le trafic quasiment nul, il faut prévoir une solution de secours si vous tombez en panne. La route est assez facile pour des 4x4 bien équipés mais beaucoup plus difficile à moto. Il faut pouvoir négocier des pistes sablonneuses et rocailleuses avec une moto surchargée en carburant, eau et vivres. Certains l'ont fait sans trop de problème, d'autres s'y sont cassé les dents, je pense notamment à un couple de motards sur une 1100GS qui ont cassé le cadre au milieu

du parcours et se sont fait plumer en louant à prix d'or un pick-up pour ramener leur machine à Nairobi. Le plus facile (mais le moins gratifiant) est de rouler en convoi avec un 4x4 qui transporte le carburant et l'eau. Notez qu'il n'existe pas de vrai poste-frontière kényan sur cette route, juste un check-point de la police : il faut donc avoir obtenu un visa à l'ambassade en Éthiopie et le faire viser à Nairobi en arrivant, ainsi que faire tamponner son carnet de passage. Dans le sens sud-nord, il faut penser à faire tamponner son passeport et son carnet à Nairobi, puis effectuer les formalités normales d'immigration et de douane éthiopiennes à Omorate.

Un autre possibilité encore est la piste à l'ouest du lac Turkana qui est un peu moins belle mais aussi un peu plus facile.

Itinéraire 20 : Lac Turkana

Le point de départ de cet itinéraire est situé dans la région de la vallée de l'**Omo**. Cette vallée est connue pour abriter une grande diversité de tribus qui ont gardé un mode de vie traditionnel, dont l'image emblématique est la tribu des Mursi et leur « femmes à plateau ». C'est l'image d'Épinal de l'Afrique et le lieu est donc devenu une destination très touristique, trop d'ailleurs, au point que l'exploitation mercantile qui en est faite est devenue caricaturale : il faut payer pour un guide, obligatoire dans la plupart des villages, payer ensuite pour l'organisation du spectacle de danse folklorique et, bien sûr, il faut payer pour chaque photo que l'on prend. Les marchés sont très courus car on y voit des femmes habillées traditionnellement venues vendre leur production ou acheter des victuailles ; mais on y rencontre aussi des hommes en jeans et baskets venus recharger leur téléphone avant de repartir se changer pour la prochaine danse traditionnelle. Il y a vingt ans c'était probablement un région fabuleuse, de nos jours il vaut mieux s'attendre à être déçu. Ou alors avec un peu de chance, en partant au hasard à travers le pays, vous pourrez peut-être découvrir un

Ci-dessus : arrivée au lac Turkana.
A droite : sortie du désert en direction de l'Éthiopie.

village plus accueillant où les voyageurs ne seront pas considérés que comme des portefeuilles ambulants.

Konso est la ville principale de la région, où l'on trouve la dernière station-service avant Isiolo, 900 kilomètres plus loin. Il est parfois possible d'obtenir de l'essence à mi-chemin auprès des rangers du parc de Sibiloi, mais c'est très incertain. Turmi est une ville agréable qui offre un des plus jolis marchés de la vallée de l'Omo et un camping assez confortable (Mango Camp, N4 58.549 E36 30.931). Le détour par **Omorate** est obligatoire pour faire tamponner son passeport. Ensuite il faut revenir environ 18 kilomètres en arrière, bifurquer plein sud sur une double-track et traverser des lits de rivière asséchées (en saison des pluies le gué peut être problématique). Le passage de la frontière elle-même n'est pas marqué, tout juste remarquerez-vous au premier check-point que les policiers portent l'uniforme du Kenya. C'est à Illeret, un peu plus loin, qu'il faut s'enregistrer auprès de la police kényane. Ils vérifient simplement que vous avez un visa valable mais ils ne vous donneront pas de tampon d'entrée : il ne faudra pas oublier d'aller le chercher en arrivant à Nairobi. A Illeret vous pouvez camper gratuitement au poste de police ou à la mission catholique.

La piste mène ensuite à l'entrée du parc de **Sibiloi** (entrée 20 $ par personne). En principe, on pourrait prendre une route qui contourne le parc pour économiser le ticket d'entrée, mais la piste est très mauvaise et il serait malvenu de s'y perdre. Il faut aussi payer une taxe si vous désirez y camper.

La piste dans le parc n'est pas toujours évidente à trouver et elle est bien entendu en très mauvais état, pierriers et

passages sablonneux sont de mise. Une fois sorti du parc, vous atteignez rapidement le village de **Loyangali** au bord du lac et son camping très agréable, le Palm Shades (N2 45.379 E36 43.236). Vous pouvez vous y ravitailler en eau potable, mais pas en essence. Le trajet Illeret - Loyangali peut se faire en une grosse journée assez éprouvante, surtout s'il fait chaud. Il n'est pas rare de voir des températures supérieures à quarante degrés dans cette zone.

Seulement 88 kilomètres séparent Loyangali de **South Horr**, l'occasion donc de faire la grasse matinée, de profiter un peu du lac et de rencontrer les habitants du village. A South Horr vous pouvez poser votre tente au Samburu Sports Club (N2 06.329 E36 55.427). Ensuite vous avez deux possibilités pour rejoindre le reste du pays par le réseau routier: partir au sud par Baragoi et **Maralal**, où vous trouvez de l'essence et un camping (Yare Camel Club and Camp, N1 05.589 E36 42.111), mais le risque de rencontrer quelquefois des bandits sur cette route n'est pas exclu, donc il vaut mieux se renseigner avant. Ou alors rejoindre la route Marsabit - Isiolo mentionnée plus haut à Laisamis, 20 kilomètres avant le début du goudron. Cette région est également connue pour ses violences, qui sont en général causées par des voleurs de bétail (il n'est pas rare de voir des bergers avec un fusil sur l'épaule). Pour cette étape, il faut compter 160 km de piste, puis 120 km de goudron jusqu'à Isiolo et la station-service. Répétons-le, entre Jinka et Isiolo (ou inversement) vous devez assurer un minimum de 950 kilomètres d'autonomie, ce qui n'est pas une mince affaire, surtout qu'il faut compter avec quelques jardinages pour trouver la bonne piste.

Comme souvent en Afrique, il existe un itinéraire encore plus détourné, en passant par la rive ouest du lac Turkana. On s'approche là d'une région instable aux frontières mal définies entre l'Éthiopie, le Kenya et le Sud-Soudan. La principale difficulté est de traverser la rivière Omo, car il n'y a pas de pont. Une occasion pour un Éthiopien de faire une bonne affaire avec son bateau. Après 320 km de piste vous arrivez à **Lodwar**, sur la route qui relie Nairobi au Sud-Soudan.

La frontière entre le Kenya et le **Soudan du Sud** est une des moins fréquentées

par les touristes, certainement encore moins depuis que la guerre civile y a repris. Si la situation le permet, vous pourrez aller jusqu'à **Juba** la capitale (très chère car fréquentée uniquement par les ONGs et les compagnies pétrolières) mais ensuite vous n'avez pas trop le choix: au nord, du côté du Soudan, les relations sont toujours aussi tendues et des escarmouches se produisent de temps en temps. A l'ouest, le Centrafrique est en voie de décomposition et bien trop dangereux (situation en début 2014), alors que c'était avant le seul passage à peu près sûr – quoique très corrompu – entre l'est et l'ouest de l'Afrique (voir encadré p.374). Enfin la région frontalière avec la RDC au sud-ouest est encore sous la menace des combattants de la LRA. Reste la route de l'Ouganda au sud qui est assez fréquentée et à peu près sécurisée.

Avant d'arriver à Nairobi, vous êtes presque obligé de vous arrêter et de prendre la photo rituelle devant le panneau marquant le passage de l'équateur (et son indispensable démonstration loufoque de cuvette qui se vide en tournant dans un sens ou dans un autre selon si le gars se tient d'un côté ou de l'autre de la ligne imaginaire tracée dans le sable). A Nairobi tous les overlanders, en moto comme en 4x4 ou en camion, se retrouvent à Jungle Junction (S1 21.767 E36 44.438), un guesthouse / camping / parking tenu par Chris, un Allemand mécanicien moto. Côté cour, c'est un excellent endroit où obtenir les derniers tuyaux sur les routes et également faire un peu de maintenance sur sa machine. Côté jardin, eh bien justement, le jardin ressemble de plus en plus à un grand parking et il est assez

A gauche: la piste du Turkana est souvent tracée à travers un désert de pierres.
Ci-dessus: le mauvais goudron du Kenya est parfois plus pénible que la piste.

déplaisant de camper entre une roue de camion et la table de camping du 4x4 allemand voisin. Si vous roulez en KTM, Ian Duncan est votre ami: il a ouvert la seule concession de l'Afrique de l'Est (S1 21.933 E36 44.560) et peut obtenir des pièces et des pneus (chers, vu les coûts de transport).

Depuis le Kenya, et jusqu'à l'Afrique du Sud, la côte de l'océan indien offre des plages magnifiques pour se reposer quelques jours. Le **Kenya** lui-même n'est pas extrêmement intéressant pour le motard (à part la piste du lac Turkana): son grand attrait réside dans ses parcs animaliers, qui sont interdits aux motos. Les plus pressés partiront directement vers la Tanzanie, ce qui serait dommage car l'Ouganda et le Rwanda sont deux pays magnifiques qui méritent amplement le détour. Si vous avez deux ou trois semaines de libre vous devez absolument faire une boucle autour du lac Victoria par l'Ouganda, le Rwanda (éventuellement le Burundi) et la Tanzanie.

Malgré son histoire marquée par la violence, l'**Ouganda** a

retrouvé la stabilité et est redevenu un pays sûr et pas encore aussi touristique que son voisin le Kenya. De plus, les Ougandais sont très accueillants et relax et le pays est absolument magnifique. Si vous arrivez du Kenya, la route d'Eldoret à Kampala est goudronnée mais en assez mauvais état et très chargée. Le visa ougandais s'obtient à la douane, très facilement, contre 50 $, mais pour cet itinéraire il vaut mieux essayer d'obtenir le visa combiné Kenya - Ouganda - Rwanda (voir encadré). Les possibilités sont infinies pour explorer le pays et pas seulement à moto : du raft sur le Nil à Jinja, un safari à Murchinson Falls ou Queen Elizabeth NP, ou juste quelques jours de détente dans un camping sympathique et bon marché autour du lac Bunyoni, par exemple le Bunyonyi Overland ou le Kalebask Camping (S1 16.097 E29 56.288), à manger un *rolex* (une omelette dans un chiapatti). Ou encore, allez voir les plus belles montagnes d'Afrique, dans un des endroits les moins accessibles à moto : les Rwenzori, surnommées « les montagnes de la lune » à cause du brouillard quasi-permanent qui les

entourent, où subsistent encore les derniers glaciers africains à 5100 m d'altitude.

Au guidon de votre machine, vous trouverez beaucoup de très jolies pistes à travers les collines et les forêts magnifiques, même la possibilité d'entrer dans un parc national avec la moto. Que demander de plus ? Ah oui, pour rendre visite aux gorilles, comptez 500$ pour une heure sur place...! Et c'est encore plus cher au Rwanda : 750$. Il parait que l'expérience est unique, même si pour ce prix là vous pouvez vivre confortablement deux mois dans le pays.

A gauche : séance photo dans les Rwenzori.
Ci-dessus : vous avez le bonjour du livreur de bananes en Ouganda.

Pour entrer au **Rwanda,** il faut enregistrer une demande de visa deux jours à l'avance sur le site officiel de l'ambassade (www.migration.gov.rw), sauf pour les Anglais, les Allemands et quelques autres nationalités. Une fois celle-ci acceptée, il suffit de se présenter à la frontière avec le reçu et 50 $. Le Rwanda est tristement célèbre pour le génocide perpétré il y a vingt ans contre les Tutsis, mais aujourd'hui il s'en sort plutôt bien. A moto le « pays des mille collines » offre des petites routes idéales. Malheureusement c'est un pays cher, les hôtels à moins de 50 $ la nuit sont rares. Les coopérants des ONGs sont prêts à payer des hôtels à 100 $ la nuit et les touristes qui sont prêts à payer 750 $ pour voir un gorille ne recherchent pas vraiment des auberges de jeunesse, alors bien sûr les Rwandais en profitent. Le pays étant très densément peuplé, le camping sauvage est à peu près exclu et les vrais campings excessivement rares. Signalons un beau camping au bord du lac Kivu : Paradis Malahide (S1 44.028 E29 16.391). A Kigali, vous pouvez camper au Discover Rwanda Youth Hostel (S1 57.038 E30 05.615). Sinon il reste les missions catholiques, qui sont comme souvent en Afrique un bon plan pour passer la nuit. Accessoirement, il faut aussi se réhabituer (temporairement) à conduire à droite. Selon la situation, il est possible d'obtenir un visa pour une excursion à Goma en RDC, mais c'est un visa qui n'est pas valable pour le reste du pays. D'ailleurs, cette région du Nord-Kivu est extrêmement dangereuse et en général déconseillée.

Depuis le Rwanda, vous avez le choix entre suivre le lac Victoria par la Tanzanie ou faire un détour par le **Burundi**. Ce pays n'est plus en guerre depuis une dizaine d'années mais la criminalité encore est un gros problème à Bujumbura et dans les villes principales. Un visa de transit de trois jours s'obtient à la frontière contre 40 $, ce qui est suffisant pour traverser ce petit pays à moindre frais (le visa de 3 mois coûte 90 $). Une fois en Tanzanie vous pouvez continuer le long du lac Tanganyika vers Kigoma. Inutile d'essayer de passer en RDC, la région frontalière est encore très instable.

La **Tanzanie** (visa à la frontière, 50 $) n'est guère plus intéressante que le Kenya pour les motards. Ses parcs sont aussi fermés aux deux-roues et il n'y a pas vraiment de belle route de montagne ou de désert à parcourir. L'ascension du mont Kilimandjaro ferait une très belle excursion s'il ne fallait débourser au minimum 1000 $ pour les droits d'entrée et les porteurs. Vous pouvez juste essayer d'apercevoir une girafe ou un éléphant

A gauche : il faut utiliser les belles pistes du centre du pays en Tanzanie.
Ci-dessus : mais attention aux vaches, elles prennent de la place.

au bord de la route principale qui traverse le parc de Mikuni. La plupart des overlanders empruntent la seule route goudronnée qui traverse le pays du nord au sud et qui passe par Dar es Salaam, la capitale économique. Les baroudeurs allergiques au goudron pourront prendre un « raccourci » sur de belles pistes à travers le centre de la Tanzanie – et par la même occasion éviter les nombreux radars et les ralentisseurs installés devant chaque village sur la route principale.

L'île de **Zanzibar** est un vrai petit paradis et offre peut-être les plus belles plages de l'océan indien. Le passage en ferry de la moto étant plutôt cher, la meilleure solution est de la garer dans un hôtel à Dar es Salaam et de prendre le ferry à pied, quitte ensuite à louer une mobylette sur l'île.

La route goudronnée repart ensuite vers la frontière du Malawi. Il n'y a pas vraiment de route le long du lac Tanganyika, mais pour varier les plaisir vous pouvez emprunter un ferry qui longe le lac du nord au sud, le MV Liemba, de Kigoma à Mpulungu en Zambie. Depuis Dar es Salaam, il existe également une route qui suit la côte jusqu'au fleuve Rovuma qui forme la frontière avec le Mozambique. La traversée peut se faire soit à l'embouchure du Rovuma, en mettant la moto sur un petit bateau (il faut prendre le temps de négocier le prix), soit par une piste sablonneuse sur 200 kilomètres en amont de la Rovuma où le *Unity Bridge 1* franchit la rivière ; il reste ensuite encore 300 kilomètres de double-tracks et de ponts branlants pour rejoindre le goudron à Mueda (route **5e**).

Ci-dessus : pas facile quand la route est transformée en champ de patates.
A droite en haut : lac Malawi.
A droite en bas : encore un cycliste qui n'a peur de rien au Malawi.

Le nord-ouest du **Mozambique** est une  région très sauvage et très peu développée, où les routes sont à peu près inexistantes. Par contre les routes principales sont plutôt bonnes, les plages magnifiques et le poisson grillé bon marché. Le Mozambique est tout en longueur : pour atteindre Maputo à l'extrême sud depuis la frontière tanzanienne il faut presque 3000 kilomètres. C'est un pays fascinant mais peu connu car la route la plus populaire (route **5d**, carte 31, p. 362) évite entièrement le Mozambique. Le visa est disponible à la frontière pour 70 $ (en général un peu moins dans une ambassade).

Depuis Dar es Salaam, la route goudronnée repart vers le sud-ouest jusqu'aux frontières de la Zambie et du Malawi. En partant vers la Zambie (route **5d**), vous choisissez les grands espaces de savane et la route directe vers les chutes Victoria.

En transitant par le **Malawi** (route **5f**),  vous aurez l'occasion de passer un peu de temps dans ce petit pays très pauvre mais très agréable à vivre, près du lac du même nom qui offre de belles plages (quoique infestées de bilharziose).

Lubumbashi - Kinshasa

Juin 2010, Namibie. Longeant la frontière angolaise, j'essayais d'échafauder un plan pour remonter en Europe par la côte Ouest afin de boucler mon tour de l'Afrique. Mes visites à divers consulats de l'Angola n'avaient rencontré que mépris et indifférence de la part des employés, qui n'ont que faire des touristes. En même temps, au fond de ma tête, l'idée de prendre un itinéraire largement inexploré faisait son chemin et peut-être qu'inconsciemment je n'ai pas remué ciel et terre pour décrocher ce sésame. Entre l'Angola où l'infrastructure se reconstruit à la vitesse éclair depuis la fin de la guerre civile (grâce aux Chinois) et la Tanzanie, où les routes sont bonnes (et où j'avais déjà passé), l'Afrique sauvage, brute et inhospitalière était là et je ne restais pas insensible à ses appels. La République Démocratique du Congo ou RDC est lancée dans une plongée en enfer et ressemble de plus en plus aux cartes du XIXᵉ siècle où son territoire était alors la dernière *terra incognita* du continent.

En regardant une carte (p. 362), on se dit que l'itinéraire direct à travers l'Afrique devrait logiquement passer par là, mais dans les faits, il ne reste plus guère de route praticable en RDC. Les récits de traversée de ce pays par des overlanders ne sont pas légion. Tout au plus ai-je retrouvé un récit de traversée en Land Rover et un en moto par deux Néo-Zélandais qui présentent l'expérience comme un vrai cauchemar. La difficulté des routes additionnée au harcèlement des policiers corrompus en font un cocktail détonnant. Et pourtant je me disais que s'il reste sur ce continent une aventure à vivre, je ne devais pas la rater. J'ai potassé la carte Michelin, mais parmi toutes les routes dessinées, difficile de savoir lesquelles existent encore et lesquelles ont été réclamées par la forêt depuis les décennies que les cartographes n'ont pas mis les pieds dans le pays. Et surtout, impossible de connaître leur état réel. Je devais y aller, non pas parce que c'est possible mais parce que c'est dur.

Ce qui suit est le récit d'une des parties les plus intéressantes de mon dernier voyage à moto en Afrique. C'est un cas un peu extrême qui n'est pas vraiment représentatif d'un voyage autour du monde (heureusement!). La plupart du temps, le bonheur rencontré sur sa bécane est composé de multitudes de petits détails qui sont difficiles à transcrire ici. Mais de temps en temps, le voyage prend une dimension très particulière qui est beaucoup plus facile à raconter - quoique cela restera forcément bien en-deçà de la réalité.

Grâce aux cartes satellite, je commence par relever le tracé approximatif de la route à travers le pays. Le GPS ne m'aidera pas à trouver la route, mais il m'indiquera si je suis plus ou moins dans la bonne direction. Je charge également deux TKC 80 neufs que je chausserai au moment de quitter le goudron et je prends la direction de la Zambie. Une excellente route m'amène jusque tout au nord, dans la *Copper Belt*, la région productrice de cuivre. La Zambie est un pays qui s'en sort relativement bien. Si la majorité des habitants sont très pauvres, ils ont au moins évité les guerres qui ont plongé les pays voisins dans le chaos. Arrivé à la frontière avec la RDC je m'arrête devant l'immeuble flambant neuf de la douane zambienne. Un employé insiste pour que je me gare dans le parking également neuf, dont l'entrée est gardée non pas par un employé comme d'habitude en Afrique, mais par une barrière électronique comme dans les derniers parkings européens. A la différence près qu'aucun ticket n'est émis et qu'elle ne s'ouvre pas. J'explique à la petite troupe qui s'est formée autour de moi que je n'ai pas de temps à perdre, mais que je payerai quelques kwachas pour que quelqu'un garde ma moto. Cela semble leur convenir, je gare donc ma moto en n'emportant que le sac réservoir avec appareil photo, GPS et tous les papiers.

Les démarches avec les Zambiens réglées, je reprends ma moto et ses bagages intacts et roule quelques centaines de mètres jusqu'au poste frontière congolais, un ensemble de baraques décrépies et de véhicules abandonnés. Je suis immédiatement accosté par un groupe très excité de Congolais qui me proposent leurs services. L'atmosphère est radicalement différente du côté zambien, ici on sent que

---

A gauche : munitions pour le voyage.
Ci-dessus : trace de l'auteur entre Lubumbashi et Kinshasa. RN 1 sur la Michelin.

les autorités ne contrôlent pas vraiment la situation. Je transpire un peu en réalisant que je suis le seul Occidental au milieu de quelques centaines de Congolais et que je dois laisser ma moto pour aller effectuer les démarches de douane. J'essaie de parler à un des moins excités et je lui propose un marché pour qu'il me garde ma moto en échange de quelques dollars. Pas trop rassuré, je plonge dans la fosse aux lions.

Je ne suis pas déçu, l'officier d'immigration me demande 20 $ immédiatement pour tamponner mon passeport. Après quelques palabres je m'en tire sans frais. Le gars, pas rancunier, me donne même deux bananes qui lui restaient de son lunch. Prochaine étape, la visite sanitaire. Je montre mon carnet de vaccination contre la fièvre jaune, mais l'infirmière me demande 1000 francs en plus pour le certificat. Je parlemente de nouveau et j'obtiens mon papier gratuitement. Ensuite je suis dirigé vers une baraque déglin-guée où un fonctionnaire exige de moi 50 $, puis 20 $ puis 10 $ pour un improbable service tou-ristique. Je campe sur mes posi-tions et refuse de rentrer dans la combine. Heureusement le gars perd patience plus vite que moi et je repars sans dommage. 3-0 pour le touriste jusqu'à présent. Il ne reste plus qu'à tamponner le carnet de passage, ce qui se fait bien plus facilement que je ne le craignais. Ouf, tout est réglé, je retrouve ma moto intacte et je

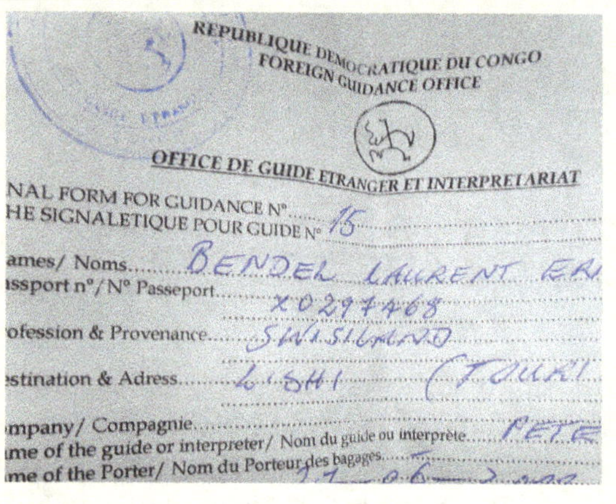

paie mon gardien avec un petit bonus. Je démarre et m'avance jusqu'à la barrière, m'attendant à voir surgir à tout moment un nouveau fonctionnaire qui demande sa part. Mais non, le portail s'ouvre et j'entre en RDC. Ah oui, en plus on roule à droite, ça fait du bien !

La route de la frontière à Lubumbashi, une petite centaine de kilomètres, est goudronnée et agrémentée de limitations de vitesse fantaisistes, genre 40 km/h. A l'évidence, elles ne sont là que pour remplir les poches de la flicaille du coin. Je ne vais évidemment pas faire le trajet au ralenti, alors je me cale juste derrière le cul d'un bahut ce qui me permet d'arriver à Lubumbashi sans me faire repérer et alpa-guer. A l'entrée de la ville, je m'arrête pour changer de l'argent et acheter une carte SIM pour mon téléphone, comme d'habitude en entrant dans un pays. Ce sont d'ail-leurs les mêmes vendeurs qui s'occupent des deux business, ils sont assis devant une petite table où ils ont entassé des dizaines de liasses de billets. La plus grosse coupure, 500 francs congolais, valant à peu près 0,50 $, les gens ne comptent que les liasses de 20 billets. En fait, le dollar US est la deuxième monnaie officieuse du

pays, utilisée pour les gros achats comme l'essence. Les téléphones portables se vendent comme des petits pains, comme partout en Afrique. En fait, la poste centrale de Lubumbashi est maintenant occupée par un magasin de portables, de toute façon le courrier n'est plus acheminé dans ce pays, faute de voies de communication!

A Lubumbashi, je rejoins Didier, mon hôte de *couchsurfing*, auprès de qui je m'enquiers de l'état des routes pour Kinshasa. Il ne sait pas trop, ici Kinshasa est un peu à l'autre bout du monde. Grâce aux mines de cuivre, la région du Katanga est très bien reliée à la Zambie et de là aux ports de l'océan, mais il ne semble pas essentiel de pouvoir aller à la capitale. Et ceux

qui doivent vraiment se déplacer prennent l'avion. Il existe bien une ligne de train, mais elle ne mène qu'à Ilebo, au bord de la rivière Kasai. En fait, ce train ne fonctionne plus qu'une fois par semaine et prend environ six jours pour le voyage de 1500 km. De toute façon, il n'y a plus de bateau entre Ilebo et Kinshasa. Quant à la route, elle n'est plus utilisée que par quelques rares camions 6x6 qui font en moyenne une centaine de kilomètres par jour (par temps sec) et les 4x4 de Médecins Sans Frontières, la seule ONG qui va encore dans les villages du centre du pays. Comme je le constaterai moi-même plus tard, la plupart des échanges de marchandises (poisson séché, bières, coca, etc.) se fait… par vélo! Tout cela pour dire que je n'obtiens aucune information fiable à Lubumbashi. Certains me disent que c'est impossible, d'autres que ce n'est pas un problème avec une moto.

Le seul moyen de savoir est donc d'aller voir sur place. Je change mes Heidenau K60 et Michelin Sirac (à moitié usés seulement) pour la paire de TKC 80 que je transporte depuis la Namibie. Il est important que je m'allège au maximum et que j'aie un bon grip. Ah oui, je fais aussi une petite extension… hmm… «artisanale» de ma carte d'assurance, au cas où (en fait, personne ne me la demandera). Je pars le lendemain de la fête nationale, en prévoyant entre 2 et 3 semaines pour arriver à Kinshasa. En principe, il y a un peu moins de 2500 kilomètres entre Lubumbashi et Kin, dont 800 de goudron.

La route jusqu'à Likasi commence très bien, sur du goudron en très bon état. Je refais le plein, car je ne sais pas où sera la prochaine pompe. Heureusement que j'ai le gros réservoir supplémentaire, je peux compter sur une autonomie de 600 à 700 km. La route se transforme en gravier, toujours de très bonne qualité mais cela veut dire qu'il faut traverser des murs de poussière pour dépasser les camions, un problème que je ne rencontrerai plus lors des deux prochaines semaines. J'arrive au premier check-point de la police avec appréhension, étant donné toutes les histoires que l'on raconte sur la corruption en RDC. Finalement tout se passe très bien et je repars sans qu'on m'ait demandé de cadeau. A partir de là, je suis sur le qui-vive pour ne pas louper l'embranchement vers le nord, dont j'ai noté la position approximative sur les cartes satellite. Je repère une petite double-track et après vérification auprès des locaux, c'est effectivement la route qui relie les deux villes principales du pays. Quelques kilomètres plus loin, je commence à comprendre le problème : la piste est tellement détériorée qu'elle est impraticable sauf par un 4x4 ou un camion. Les villages se succèdent le long de la piste, ce qui me donne l'occasion de m'arrêter pour manger du *bukari* avec quelques morceaux de poulet. Le bukari c'est des boulettes de manioc, la nourriture principale du pays, aussi appelé *foufou* en Afrique. L'autre manière de préparer le manioc c'est le *chikwangue*, quand il est enroulé dans des feuilles de bananes. En Afrique de l'Ouest, le manioc est plutôt consommé sous forme d'*attiéké*, un peu comme du couscous, ce qui est bien meilleur. Mais je n'ai pas trop le choix, j'ai peu de chance de croiser un camion pizza par ici. Le poulet est pas trop mal donc j'en achète quelques morceaux de plus pour le soir.

Ci-dessus : facile à moto, pas évident en voiture.
A droite : atmosphère coloniale décrépite à Lubudi. Pas une voiture dans la ville.

J'arrive progressivement dans une zone montagneuse, la piste est plus raide et forcément un peu plus technique, négociée en 1re ou 2e. C'est là que je rencontre mon premier souci : le voyant de température du moteur s'allume. Certes, je roule souvent en 1re mais il ne fait pas très chaud, cela ne devrait pas poser de problème. Je laisse reposer la moto et je repars, mais le voyant se rallume. Je vérifie le circuit de refroidissement, car j'avais connu un problème similaire à Oman lorsque la pompe à eau s'était désamorcée. Je connais donc la manip, je purge le circuit mais le problème est ailleurs. On s'en doute bien, ce n'est pas vraiment l'endroit où tomber en panne, je suis à peine parti et il me reste encore 2300 km jusqu'à Kin… Comme le soir approche, je commence à chercher un coin où monter ma tente, tout en gambergeant sur mes problèmes. Heureusement je suis encore dans une végétation de type savane sèche, il n'y a pas trop de villages et donc le campement est vite trouvé, pas très loin de la route. De toute façon, le trafic est quasiment nul : je n'ai croisé qu'un camion et quelques vélos depuis que j'ai quitté la route principale. Je cuis un peu de riz pour manger avec mon poulet, c'est quand même meilleur que le manioc. Faute de poulet vivant je dois renoncer à la cérémonie de désenvoûtement de ma bécane.

Total jour 1 : 315 km

La nuit est froide, il fait 4 degrés au petit matin ! J'espère secrètement que ma panne s'est miraculeusement réparée pendant la nuit, mais quelques kilomètres plus loin, je suis rattrapé par la réalité : le même signal de surchauffe s'allume. J'essaie de rouler tranquillement tout en étant obligé de m'arrêter régulièrement pour laisser

refroidir le moteur. Impossible d'aller jusqu'au bout comme cela, mais j'aimerais au moins arriver à la première ville. Puis aussi mystérieusement qu'il est apparu, le problème disparaît. Je mets cela sur le dos d'un capteur de température défectueux et, de fait, je n'aurai plus jamais ce problème.

Je passe sans m'arrêter la première ville, Lubudi, qui exhibe quelques restes de son passé colonial à moitié mangé par la forêt, puis j'arrive devant mon premier obstacle : un pont emporté par la rivière. C'est la grande inconnue de cette route, les ponts sont-ils praticables ? Dans ce cas-là il s'agit d'une petite rivière, mais les rives sont très escarpées. A moto, j'arrive à passer sans mal sur les troncs posés à travers la rivière, mais pour le camion qui m'a précédé c'est impossible : il est en train d'être déchargé et les marchandises passées à dos d'homme sur l'autre rive, afin qu'il puisse traverser à vide. Cela donne du travail à tout le village, j'imagine que ses habitants ne sont pas très pressés de voir un nouveau pont construit.

Je passe ensuite Lueda, qui du temps des Belges abritait une grande usine métallurgique et surprise : je trouve une piste bien entretenue jusqu'à Bukama. C'est la première ville d'importance que je rencontre et d'ailleurs je me perds un peu dans les petites rues et les marchés. Il me faut de l'essence, mais il n'y a semble-t-il pas de station service. Je demande au marché et je reçois une première proposition à 2500 francs le litre. En comparaison, j'ai payé mon dernier plein à 1500 francs le litre… Les négociations sont difficiles, j'arrive à peine à gratter 100 francs. En pensant aux camions qui doivent amener les jerrycans par la route que j'ai prise, je me dis que

le prix est à peu près correct. La rivière ici s'appelle la Lualaba, qui devient le Congo à partir de Kisangani et elle fait déjà une centaine de mètres de largeur. Les locaux m'expliquent qu'ils traversent sur le pont de chemin de fer avec leur petite 125cc chinoises. Je cherche une solution plus facile et finalement, je comprends qu'il y a un vrai pont quelques kilomètres plus loin. Je dois retourner en arrière au dernier check-point de la police et prendre l'autre embranchement. Effectivement, la traversée se fait sur un très beau pont mais de l'autre côté je retrouve très vite une petite piste tout moisie. Je m'arrête dans un village pour faire le plein d'eau qui est ma deuxième priorité. Je galère un peu à expliquer sans parler le swahili (ou quelle que soit la langue qu'ils parlent ici) jusqu'à ce qu'un gars qui parle français vienne voir ce qui cause cette attraction. Avec son aide (et celle d'une cinquantaine de gamins) je pars au puits faire le plein d'eau. Il m'annonce qu'elle est potable et je sais que je peux lui faire confiance, les locaux savent exactement quels sont les puits qui sont propres.

Le pilotage est toujours aussi intensif et à la nuit tombée je suis vidé. Je pourrais facilement demander l'hospitalité dans un village, je sais que je serai le bienvenu mais je sais aussi que je deviendrai immédiatement le centre d'attention et je ne trouverai pas beaucoup de repos. Je repère une petite cabane au bord de la route dont je recherche le propriétaire. Je tombe sur des gamins qui ne parlent pas français, ils me font comprendre que leur père est dans les champs un peu plus

---

Ci-dessus : squatt au bord de la route.
A droite : nid-de-poule ? Nid-de-dinosaure !

loin. La hutte semble abandonnée, donc je leur donne 1000 francs et je m'installe. Ils semblent être contents du deal (mais peut-être qu'ils n'ont rien compris). Je commence à faire à manger en attendant de voir si quelqu'un arrive. La nuit tombe, illuminée par les feux de brousse qui sont allumés par les villageois pour nettoyer les champs, comme c'est la pratique en fin de saison sèche, mais personne ne vient. Il doit être 20h30 et je m'écrase dans mon sac de couchage. La nuit est excellente et très calme. C'est probablement le seul endroit au monde où je choisirais de camper à côté d'une route nationale !

Total jour 2 : 160 km

Je fais bouillir du thé et je grignote quelques biscuits avant de repartir. Après quelques heures, la route doit franchir une petite crête assez raide, le pilotage devient très technique, je touche souvent le sabot en franchissant des marches ou des grosses pierres. C'est pas évident, mais ça passe sans casse. Après ce traitement j'ai de la peine à réaliser ce que je vois : une niveleuse qui répare la route pour Kamina. J'apprécie le répit. Kamina est une ville assez importante de 300 000 habitants. Les rues sont plus ou moins goudronnées et on y trouve beaucoup de voitures. Et pourtant, aucune des voies d'accès ne sont praticables pour une voiture normale, donc elles ont forcément dû être amenées par camion ou par train. Je tombe sur l'hôtel de la gare, ils ont de l'électricité, donc de la bière fraîche et je commande un repas. A voir l'état du bâtiment, je ne me risquerais pas à y dormir. Bien sûr, je reçois la visite de quelques gars qui cherchent un peu de business, ça tombe bien j'ai besoin d'essence : banco, ils reviennent quelques instants plus tard avec 15 litres (environ…). Je profite aussi de nettoyer le filtre à air, ça ne peut pas faire de mal sur ces routes poussiéreuses.

La route est assez large mais tous les quelques kilomètres un immense cratère barre le chemin : c'est un camion qui s'était embourbé pendant la saison des pluies et qui a été extrait à l'aide des branches que je vois encore prises dans la terre. A moto j'arrive toujours à trouver un passage, mais en 4x4 ou en camion il faudrait souvent passer à travers ces trous. J'imagine les mêmes remplis d'un mètre d'eau… Le seul signe de modernité dans ce paysage post-apocalyptique à la Mad Max sont les antennes GSM qui permettent aux opérateurs de couvrir une grande partie du territoire, c'est bien la seule chose qui marche dans ce pays totalement à l'abandon. L'antenne fonctionne à l'aide d'une génératrice, bien sûr, le tout étant surveillé par un gardien qui vit sur place et défend la réserve de diesel. Un petit écosystème s'est développé autour de ces antennes : des vendeurs de recharges pour les télé-

phones prépayés, bien sûr, mais aussi des propriétaires de génératrices connectées à des douzaines de chargeurs de portables.

Pour la nuit, je choisis un espace dégagé caché par un groupe d'arbres pour bivouaquer. Un ananas frais acheté au marché et quelques pâtes, puis une toilette de brousse avec un ou deux litres de ma vache à eau et je suis au lit. La nuit est très calme jusqu'à ce que je me fasse réveiller par le train. Il se trouve que j'ai choisi mon emplacement à quelques centaines de mètres de la ligne de chemin de fer et, en plus, le convoi hebdomadaire passe justement ce soir-là.

Total jour 3 : 199 km

Je repars le matin sur une piste sablonneuse, qui n'a pas sa pareille pour me réveiller. Je croise un bahut en galère sans m'arrêter, vu l'attitude un peu agressive des gars. Ce qui m'intrigue plus ce sont les dizaines de vélos chargés d'énormes sacs de marchandises. Je m'arrête dans un village là où les « cyclistes » font un break et j'essaie d'en savoir plus. D'abord, je remarque que la plupart n'ont pas de selle ni de pédales. Leur chargement est tellement lourd qu'il ne peuvent que pousser leur

vélo. J'apprends qu'ils transportent 170 kg de poisson séché qu'ils vont revendre à Mbuji-Mayi. Cela fait 10 jours qu'ils sont en route, il en reste encore 5 pour arriver à destination, puis 5 à 6 jours pour revenir à vide, ou avec quelques provisions de la ville. Incroyable !

Je m'arrête à midi dans un bled près de la voie ferrée, il y a une petite gare et je discute avec le chef de gare, qui a visiblement commencé à picoler très tôt. Il me dit que le prochain train devrait partir de Lubumbashi dans dans trois jours et mettre 3 à 4 jours pour parvenir ici, en général, parfois plus suivant le nombre de pannes qu'il aura à réparer. Il semble que le gars ne soit pas surchargé de boulot. Pour aller à Mwene Ditu, la prochaine ville, il me montre un raccourci utilisé par les vélos. Comme les camions n'y ont pas accès, la single track est bien meilleure que la « route ». Par la suite j'utiliserai souvent ces raccourcis pour vélos. Pour ce qui est de la navigation, même sans carte c'est difficile de se perdre : il n'y a qu'une seule piste et il suffit de suivre les vélos.

Pour camper sans public c'est plus compliqué, il y a beaucoup de villages. Je m'arrête pour demander où je peux dormir. Les habitants essaient de me diriger vers l'hôtel de la prochaine ville, j'ai de la peine à leur faire comprendre que je préférerais poser ma tente dans un coin. Au prochain village, je repère un bâtiment abandonné et demande si je peux m'y installer. Je comprends que c'est l'église, alors je monte ma tente juste devant, au milieu des poules et des cochons, sous le regard toujours passionné des gamins.

Total jour 4 : 200 km

A mi-journée, j'arrive à Mwene Ditu et je m'arrête devant une maison qui ressemble à un restaurant. Gagné, ils ont de la bière fraîche, par contre il faut qu'ils préparent le repas, donc j'attends. Pendant ce temps, la nouvelle de l'arrivée en ville d'un « mzungu » (un Blanc) sur une drôle de machine, a fait son chemin jusqu'à la DGM, la Direction Générale de la Migration, une sorte de *stasi* qui surveille toutes les allées et venues dans le pays. Un gars vient me chercher pour que j'aille m'annoncer au bureau mais j'attends toujours ma soupe alors je l'envoie balader. Pour être sûr que

---

je ne parte pas, il attend dehors près de ma moto. Les formalités sont lentes mais sans agressivité ni demande de bakchich, c'est juste une perte de temps. Normalement, j'essaie de passer les villes sans trop m'arrêter, justement pour éviter de me faire coincer par la DGM.

En sortant de la ville, grosse surprise : je tombe sur une route goudronnée en bon état jusqu'à Mbuji-Mayi ! En fait la province du Kasaï est un gros producteur de diamants et la route permet un accès facile au chemin de fer. Les 130 km de goudron sont expédiés en un clin d'oeil. Je passe sans encombre un check-point sur le pont qui marque l'entrée de la ville. Les flics sont trop occupés à frapper un pauvre gars donc ils me laissent passer sans autre forme de procès. En ville j'achète 22 litres d'essence et je repars avant de me faire remarquer par la DGM. A la sortie de la ville en direction de Kamina, nouveau check-point. Je donne mes papiers et, en attendant qu'ils recopient mon passeport, j'observe le trafic des vélos. Chacun paie 500 francs pour passer. Ha-ha, je connais le prix, ils ne m'auront pas ! Je récupère mes papiers, prépare un billet de 500 et au moment de repartir, le préposé lève la barrière, sans rien me demander ! C'est bien la première fois que les Africains font payer leurs congénères mais pas les Blancs. Je suis presque gêné…

A partir de là, je rencontre du sable de plus en plus mou. Parfois il y a une étroite bande de terrain ferme utilisée par les vélos, puis quelques kilomètres d'ornières de camion ensablées qu'il faut négocier sans se vautrer. Plus souvent, l'érosion des saisons de pluie successives ont creusé des tranchées d'un ou deux mètres, c'est très impressionnant. Après une soixantaine de kilomètres très intenses le soleil commence à se faire bas et je suis crevé, c'est le signe que je dois commencer à chercher un coin pour dormir. Je m'arrête dans un village mais le moulin à manioc communautaire fait un boucan d'enfer. Au prochain bled, je repère un champ d'herbe, parfait pour moi. Je cherche quelqu'un pour obtenir l'autorisation d'y planter ma tente. Je demande à un gamin qui va chercher l'instit du village. Il se trouve que je suis sur le terrain de l'école, mais pas de problème pour camper ici.

Le directeur m'explique qu'il y a ici 642 élèves répartis en six classes. Cela fait beaucoup d'élèves par professeur, je comprends pourquoi beaucoup savent à peine parler le français (les cours sont donnés en français). Le directeur cultive aussi quelques plants de café, mais il a de la peine à écouler sa récolte faute de moyen de transport. Je suis vanné, je veux juste préparer un peu de thé et m'étendre un peu.

Ci-dessus : à gauche la route, à droite la déviation pour les 2-roues.
A droite : public fourni pour l'opération d'allumage du réchaud à essence.

Pour la tranquillité il faudra repasser, il y a au moins 50 gamins autour de moi qui m'observent et commentent tout ce que je fais. Au départ ils se tiennent à distance, puis ils se rapprochent petit à petit jusqu'à être tout près de moi, tout en discutant bruyamment. Je leur fais la visite de mon campement mais ensuite je pars me promener pour me relaxer et espérer qu'ils se dispersent : impossible de se reposer au milieu de cette foule. Heureusement, le directeur revient et renvoie tous ces

minots à la maison. Je peux enfin préparer un peu de riz pour le dîner et admirer le coucher de soleil sur la forêt magnifique.

Total jour 5 : 255 km

Reposé, je repars batailler dans les ornières de sable mou. Après une trentaine de kilomètres, j'arrive près d'une mission catholique installée près d'un lac. Je vais me renseigner, ils ont des chambres à louer. Elles sont un peu chères (15 $ avec des seaux pour douche), mais après 5 jours assez durs, ça me fera du bien de faire un break. Je commence par un petit déjeuner avec pain, confiture, Nutella, thé et café… L'endroit est à la fois paisible et étrange car c'est un îlot de normalité dans un pays dysfonctionnel. Les tracteurs flambant neufs sont les premiers que j'ai vus dans ce pays. Est-ce que j'ai précisé qu'ils ont de la bière fraîche ? L'après-midi je donne mes affaires à laver, pour moi c'est siesta.

Total jour 6 : 29 km

Je suis à peu près à mi-chemin de Kinshasa et jusque là, ça va. Le père Yves me dit qu'il y a 3 h ½ de jeep jusqu'à Kananga. Je mettrai finalement presque deux fois plus de temps pour négocier le sable mou brassé par les camions. Je me vautre quelques fois, la dernière un peu stupidement et je plie le levier de changement de vitesse. Je vais chercher les outils qui sont dans la valoche mais la serrure est bloquée par le sable et je n'arrive pas à l'ouvrir… Je n'arrive qu'à descendre le levier donc je continue quelques kilomètres en 1re jusqu'au prochain village où à l'aide d'une pelle je déplie le levier suffisamment pour pouvoir monter les vitesses. Kananga n'est plus très loin et il y a même encore un peu de goudron sur la route. Je m'arrête chez un réparateur de pneus pour essayer de réparer ma serrure. Avec de l'air comprimé et un peu d'huile j'arrive à la débloquer et à ouvrir la valise, pour trouver la clé Allen qui me permet de démonter le levier (à l'origine sur une BMW c'est du Torx, mais je l'ai changé avant de partir pour un modèle avec extrémité montée sur ressort). Je donne le levier à un gars qui me le redresse en quelques coups de marteau. Tout cela gratuitement, au milieu d'une foule de personnes, dont un qui me prend en photo avec un appareil des années 60. Du coup, ça laisse le temps à la DGM de me repérer, mais l'enregistrement se fait très rapidement et dans la bonne humeur. Au sortir de la ville, la niveleuse qui venait de passer a laissé une belle couche de sable pas encore tassé. Comme c'est plat ça passe à fond de 3e, mais j'ai toujours peur de me faire embarquer par mon monstre. Je progresse assez vite mais au fur et à mesure que j'avance, les camions ont eu le temps de détruire la piste et après 67 km, je me remets à zigzaguer dans des ornières de 50 cm. A la tombée de la nuit, j'en ai plein les bottes. Je ne veux surtout pas m'arrêter dans un village, je suis trop crevé pour cela. Malheureusement je traverse une forêt assez dense. Je trouve finalement une petite déviation pour poser ma moto hors de vue de la route et étendre mon matelas et mon sac de couchage, sans tente. Je ne pense même pas aux serpents et autres bêtes qui doivent vivre dans ces forêts. Je cuisine deux paquets de nouilles instantanées chinoises et je m'effondre dans mon sac de couchage.

L'avantage de monter la tente ce n'est pas seulement de se protéger des bêtes, c'est aussi de se créer un petit espace privé. Forcément, les villageois ne tardent pas à me trouver. Alors qu'il ne fait pas encore nuit et que j'essaie de m'endormir, je les entends qui chuchotent à une dizaine de mètres. Ils n'osent pas approcher, moi je fais semblant de dormir en espérant qu'il s'éloignent. Je les entends qui me disent « m'sieur, faut pas rester là, faut venir dormir au village ». C'est pas très sympa de les ignorer, mais franchement, je suis trop crevé. Finalement ils partent, ou je m'endors, je ne sais plus.

Total jour 7 : 161 km

L'autre problème quand on dort sans tente est qu'on se réveille trempé par la rosée. Je repars sur une piste difficile, où la fatigue accumulée commence à se faire sentir. L'objectif de la journée est Tshikapa, à 200 km. L'humidité du petit matin aide à compacter le sable, mais à mi-journée cela devient vraiment pénible. Sur de longs tronçons, il est impossible de sortir des ornières de camion et, au fond de celles-ci, le sable est vraiment très mou. Je couche la bécane quelques fois, la dernière fois je me fais un peu mal et je commence à fatiguer. Pour couronner le tout, je remarque que le joint spi d'un tube de fourche a lâché et l'huile fuit. Ce n'est pas vraiment un gros problème quand on roule à 20 km/h, bien sûr, mais à ce moment-là ce n'est pas vraiment le bienvenu. En général, lorsque je galère pour redresser ma bécane, des passants viennent m'aider spontanément. Pour les remercier, je leur refile parfois un peu d'argent, s'ils ont passé du temps. Cette fois, je suis crevé et je demande de l'aide à des jeunes qui regardent la scène. Ils commencent par me demander de l'argent, je réponds en gueulant que c'est pas des manières et je les insulte comme du poisson pourri. Ils finissent par venir quand même et tirent tellement sur la bécane que je n'arrive pas à la retenir et elle retombe de l'autre côté. Evidemment je gueule de nouveau, ils croient avoir fait une connerie alors ils s'enfuient en courant. D'autres arrivent et demandent de nouveau de l'argent. Ça m'énerve tellement que je pousse sur ma bécane comme un bœuf et elle se retrouve à la verticale mais posée à 90 degrés entre deux ornières de sable, impossible de la bouger. Là c'est trop et je craque, je commence à gueuler pour que les spectateurs viennent m'aider au lieu de demander de l'argent. Fatigués par ce con de Blanc qui arrête pas de gueuler, ils viennent quand même m'aider en marquant bien leur mauvaise humeur. En fin de compte, ils m'ont donné un bon coup de main alors je leur file quelques biftons et on se quitte en bons termes.

D'un coup je me sens vidé. On n'est qu'au début de l'après-midi mais je n'ai plus l'énergie de continuer. Et surtout j'ai perdu confiance en mes moyens alors que dans le sable il faut avoir du culot pour se lancer et prendre un minimum de vitesse. Je discute avec un gars plutôt sympa qui m'amène jusqu'à son village, près de la route, afin que je puisse faire une bonne pause et manger quelque chose. Quand la piste est difficile, on oublie souvent de se reposer et surtout, de bien manger pour garder des forces.

J'arrive vers un groupe de maisons et je demande au père de famille si je peux m'installer sous un arbre : pas de problème. Il envoie même sa fille chercher un bidon d'eau au puits pour que je puisse me laver. Je sors le réchaud et commence à faire du thé, ce qui ne manque pas d'intriguer mes hôtes, surtout le petit réchaud à essence. J'aime bien offrir quelque chose en arrivant et comme je ne transporte que le minimum, je partage une casserole de thé et quelques biscuits. Je sers une tasse au vieux et je reviens faire un peu de rangement. C'est alors que je remarque que le sachet de thé que j'avais sorti et posé à côté du réchaud a disparu. Je vois alors que quelqu'un a récupéré le sachet et l'a mis a séché sur la porte… C'est à des petits détails comme cela que la pauvreté des gens nous saute à la figure. Je prépare ensuite des pâtes avec du concentré de tomates et une boîte de sardines, que je partage également avec la famille. C'est peut-être la première fois qu'ils mangent des pâtes, en tous cas ils ont l'air d'aimer. Du coup je donne à la fille la boîte de sardine qui me reste. Je l'observe piler les noix de palmier et les cuire pour en extraire l'huile. Les autres filles s'activent autour de la maison, les garçons eux ne font rien, comme toujours. Je suis pas mal ici, à quoi bon reprendre la route ? Je demande si je peux rester pour la nuit, ce que le vieux accepte immédiatement.

Je fais la connaissance d'Augustin qui parle très bien français, je lui demande donc de me faire visiter le village. Mauvaise idée… Je suis vite entouré de la moitié de ses habitants qui veulent faire ma connaissance. Surtout deux jeunes un peu casse-pieds dont un qui veut absolument parler en anglais alors que je ne comprends pas un mot de ce qu'il dit. Au détour d'une conversation je comprends que c'est le prof d'anglais… et bien c'est pas gagné pour les Congolais. Je préférerais rentrer et me reposer, mais c'est trop tard, je ne peux pas refuser les invitations. Le

Ci-dessus : bon, on fait quoi maintenant ?

premier arrêt est chez le dealer d'eau-de-feu, il n'y a pas de bière ici alors ils distillent un mélange de mais et de manioc particulièrement répugnant. Je refuse fermement de commencer une soirée d'ivrogne, qui finit rarement bien, mais je ne peux pas refuser d'offrir une bouteille de gnôle à mes nouveaux amis. Ensuite, il faut aller faire le tour des popotes et dire bonjour à l'oncle, la belle-sœur, etc. Et chaque fois, ils insistent pour que reste à partager leur repas. Il est tard et il n'y a bien entendu aucun éclairage public, ni aucune maison éclairée et je suis parti sans ma lampe frontale. La nuit noire n'est troublée que par les feux sous les marmites, ou occasionnellement par l'écran d'un téléphone portable. Ils ont l'habitude de se repérer et circuler dans le noir complet, pour moi c'est plus compliqué, alors je demande à ce qu'on me guide pour revenir à la maison où je dois dormir. On me montre une pièce entièrement vide où je pose mon matelas et mon sac de couchage. A côté de moi, un adulte et trois gamins viennent s'allonger tout habillés sur une natte avec juste une mauvaise couverture pour se protéger de la fraîcheur de la nuit.

Total jour 8 : 146 km

Le lendemain je pars tôt sans visiter le marché comme je leur avais promis, pour ne pas y passer la matinée. Je donne quelques billets à mon hôte qui disparaissent vite dans sa poche, mais jamais il n'a demandé quoi que

Ci-dessus (en haut et en bas) : ma famille d'accueil.
A droite en haut : toutes les rues sont comme ça à Tshikapa.
A droite en bas : chargement de la bécane dans le camion.

ce soit ou fait mine d'attendre de l'argent. Il faut que je reprenne la mauvaise piste jusqu'à Tshikapa, une ville importante, où j'espère que la route s'améliorera. J'y vais lentement en m'arrêtant souvent pour discuter avec les pousseurs de vélo. Je suis leur chemin qui évite les plus mauvais passages de la route (vous vous imaginez pousser un vélo de 150 kg dans du sable mou? Quelquefois ils s'y prennent à deux pour pousser un vélo à tour de rôle). Je me paume dans Tshikapa, il n'y a pas de route, toutes les rues sont en sable mou que je dois franchir à fond de 1re. Les locaux sur

leur petite 125cc légère ont beaucoup moins de problèmes. J'arrive un peu par hasard devant une grande cathédrale où je rencontre le pasteur qui m'invite à manger une assiette de foufou avec un coca tiède et ce qui ressemble à une boîte de nourriture pour chien. Ça fait du bien de s'arrêter un moment. Je me renseigne sur la suite de la route: apparemment, c'est comme ça jusqu'au début du goudron.

Le problème quand on roule en solo, c'est qu'on ne peut compter que sur soi-même, il n'y a personne pour vous pousser lorsque vous avez un gros coup de mou. Et là, je me sens vraiment au bout du rouleau. Peut-être ai-je présumé de mes forces? Ce n'est pas tellement le physique mais le moral qui manque. La volonté n'y est plus. Je demande s'il y a des camions qui vont dans ma direction et qui pourraient charger ma bécane. Le pasteur demande à un gamin de me montrer le chemin jusqu'au centre de la ville. Tshikapa compte environ un demi-million d'habitants mais pas d'électricité et très peu de voitures, juste quelques motos pour se déplacer.

Je trouve le propriétaire d'un camion en partance pour Kikwit, sur la route de Kinshasa. Il vient vers moi avec des étincelles dans les yeux, il flaire le bon coup. Je le douche vite avec mon pre-

mier prix, du coup, les discussions s'engagent sur de bonnes bases et on arrive assez vite à un accord sur un prix raisonnable. On charge la moto dans le camion vide, un 6x6 Mercedes comme il y en a beaucoup en Afrique. Je la sangle proprement et je vais m'asseoir devant une « Primus » fraîche. S'il ne reste qu'une usine en état de fonctionnement dans ce pays, ce sera sûrement une brasserie. Je refuse d'acheter un siège dans la cabine, je préfère rester dans la benne pour surveiller mes affaires. C'est aussi une manière de voyager dans les mêmes conditions que les locaux pour savoir ce qu'ils doivent endurer. En principe le camion doit partir en fin d'après-midi et arriver le lendemain soir. Mais comme on est en Afrique, je m'attends à ce que cela prenne plus de temps. Si je savais…

Vers 16h arrive l'ordre d'embarquer. En fait, le camion va chercher de l'essence à Kikwit donc il part uniquement avec des passagers. C'est donc entre 80 et 90 personnes qui s'entassent, les femmes et les enfants assis dans la benne et les hommes à califourchon sur les barres de toit. Quant à moi, je prends place sur la selle de ma moto, ce qui se révélera être beaucoup moins confortable que prévu, mais au moins je garde mes affaires à l'œil. Entassés comme des sardines, on attend. 15 minutes, 30 minutes passent, 17 h et on n'est toujours pas partis. Les Africains sont patients, c'est normal, personne ne s'énerve, même si on aurait pu attendre dehors. 18 h, 19 h, finalement c'est à… 23 h que le camion démarre enfin. Pour une grosse première étape d'environ 52 mètres (mesurés au GPS) avant de s'arrêter au milieu de la rue principale. Le mécanicien sort ses outils et 1 h plus tard on repart enfin

Ci-dessus : les femmes en bas, les hommes en haut.
A droite : désensablage (en haut), réparations de fortune (en bas)… la routine quoi.

456

pour… 500 mètres ! Il y a du progrès, cette fois on est ensablés. Les aides sautent du camion avec les pelles et on repart péniblement jusqu'au prochain ensablement. Finalement, à 1h30 du matin, on s'arrête au bord de la route dans la brousse et tout le monde descend. Je prends mon sac de couchage et je vais m'étendre dans un coin comme tous les autres.

Un peu plus de 9 heures après avoir embarqué on a fait un total de 8 km. Restent environ 150 km. Le voyage risque d'être long.

Total jour 9 : 60 km à moto et 8 km en camion.

Le lendemain à l'aube on embarque et on arrive à parcourir au moins 1 km. Le camion s'arrête au milieu d'un village sur la seule piste praticable, donc on bloque les autres véhicules. Le mécanicien repart sous la cabine, cette fois, semble-t-il, pour un problème de suspension. Après 2 h de réparation, c'est le moteur qui a des problèmes à redémarrer. 12 km plus loin, vers midi, on s'arrête de nouveau, cette fois pour changer une durite de carburant. Tout le monde descend du camion, c'est alors que les passagers trouvent un sac en plastique rempli d'habits sales et de quelques photos. Ils étalent et en examinent le contenu, il semble que cela a appartenu à une personne morte et que cela nous amène le mauvais œil. Ils cherchent le propriétaire, mais comme personne ne s'annonce, ils versent un peu de diesel sur le ballot et y mettent le feu. Selon eux, tout devrait aller mieux à partir de là et je suis prêt à les croire. Plus rien ne m'étonne en Afrique. Je profite de l'arrêt pour aller au village voisin acheter quelques bananes. Je ne compte pas trop sur un arrêt au McDrive et à ce rythme on en a encore pour une semaine. Il me reste aussi des cacahuètes et du biltong de Zambie que je partage avec mes voisins. Eux ne mangent pas, ils semblent attendre l'arrivée à destination. J'ai aussi emporté 3 litres d'eau en bouteille donc je devrais être paré.

Une fois l'effet de surprise passé, je cesse d'être le centre d'attention, les gens ne me calculent plus trop. Les femmes qui sont assises avec moi dans la benne discutent beaucoup, chantent, se disputent de temps en temps aussi et à un moment ça tourne même à la baston. A 16 h, enfin on redémarre et on roule jusqu'à 21 h pour notre plus grosse étape jusque là de 36 km. On fait une pause de 2 h, puis encore 13 km et une nouvelle pause de 2 h. Parfois on s'arrête parce qu'on est ensablé, parfois pour réparer le moteur. On roule encore toute la nuit pour rattraper le retard (on était sensé arriver le soir). Il faut s'accrocher sérieusement pour ne pas passer par dessus bord, donc il est exclu de dormir. Au petit matin, on s'arrête dans un village juste avant le Pont du Cinquantenaire sur la rivière Loange, un long pont qui a l'air assez récent. Impossible de passer, le président va venir en visite et toute la circulation est bloquée. Je descends prendre un petit déjeuner avec un collègue d'infortune, un vendeur de diamants qui a acheté une place dans la cabine devant (partagée avec 5 autres passagers). Bien sûr, je me fais repérer par la DGM donc je dois aller me faire enregistrer. Le fonctionnaire qui m'interroge n'est pas un génie et prend une bonne demi-heure pour remplir un formulaire avec nom, prénom, occupation, etc. Sa bêtise crasse m'exaspère un peu mais je ne suis pas pressé, de toute façon le camion est bloqué. Un gradé finit par arriver au bureau et c'est lui qui s'énerve sur le pauvre gars ; du coup il prend les choses en main et me libère.

Ce petit intermède m'a fait réfléchir. Les 40 dernières heures ont été les plus pénibles de tout mon voyage en Afrique (mais aussi les plus incroyables). Tout ça pour économiser 120 km de sable. Est-ce que cela vaut vraiment la peine ? Ce voyage est mal parti et franchement, je n'ai aucune idée de combien de temps il faudra encore pour parcourir les derniers kilomètres. Il faut que je reprenne ma liberté : je fais débarquer ma bécane, je serre la main au boss, je  file quelques biftons aux gars qui m'ont aidé et je reprends la route. Je laisse à leur triste sort mes compagnons qui n'ont pas le luxe d'avoir leur propre véhicule et dont les déplacements se transforment souvent en galère.

Total jour 10 : 112 km en camion

Bien sûr, la route est tout aussi catastrophique, mais au moins je ne dépends que de moi-même. J'y vais à mon rythme et j'arriverai bien au bout. Je passe plusieurs niveleuses abandonnées, probablement qu'il leur manquait une pièce qu'ils n'ont jamais reçue et depuis la route est laissée à l'abandon. A Kilembe je prends le temps de déguster une assiette de foufou (pour changer) et je repars. 30 km plus loin je m'arrête parce que je ne vois plus de vélos ; c'est suspect, j'ai du me tromper de route. Je rencontre un gars qui me fait un petit schéma avec les différents villages à traverser jusqu'au fameux «km 622» qui marque le début du goudron. Surtout, il me montre une nouvelle piste, bien large et plate, en sable et sans aucune ornière. Je re-

Ci-dessus : impossible d'échapper à la DGM.
A droite en haut : ça c'est de la piste ! **En bas** : … ça aussi, je prends.

pars donc dans de bien meilleures conditions, sans vraiment comprendre. En fait, il manque encore les ponts sur cette route, elle est donc impraticable par les camions. C'est là que la moto est le bon choix : les cyclistes ont construit des ponts temporaires étroits que je peux aussi traverser. Cette piste semble faire un détour mais comme

je roule beaucoup plus vite je progresse bien. Cela faisait longtemps que je n'avais pas passé la troisième, ça fait du bien au moral. Le soleil se couche avant que je n'arrive au bout de la piste, j'ai donc encore une nuit (au moins) à passer en bivouac. Je trouve un vieux bâtiment abandonné derrière lequel je peux cacher ma bécane. Je préfère ne pas être vu depuis la route, on ne sait jamais.

Total jour 11 : 99 km

Le lendemain, je me réveille avec la pêche : selon mes calculs, il devrait rester environ 22 km jusqu'au goudron. En fait ce sera le double et la belle piste plate est finie. Il faut reprendre les ornières de camion. Les vélos ont tracé un petit chemin sur le bord de la piste surélevé de 50 cm, que j'essaie parfois de prendre sans me gaufrer. Ou alors, ils ont carrément tracé tout droit à travers champs. Ils doivent un peu râler lorsque je les dépasse et qu'ils se serrent sur le côté, mais ils ne le montrent pas. Ces single-tracks sont plutôt agréables et assez amusantes. Au sortir d'un chemin

je rejoins enfin un chantier où les bulldozers construisent une nouvelle route. En fait, on m'expliquera que ce n'est pas la N1, la route nationale qui traverse le pays. C'est une bretelle qui rejoint un petit village qui, coïncidence, se trouve être le village où est né le premier ministre… Juste avant de toucher le goudron, je vois un cycliste arrêté qui répare une crevaison. Je

vais le voir et je constate que le gars est en train de découper des bouts de semelle dans sa paire de tongues pour les utiliser comme rustine sur sa chambre à air, qui doit déjà avoir une douzaine de réparations. Je sors mon kit de crevaison et je lui colle trois vraies rustines sur sa chambre à la place des bouts de tongue. Et je lui laisse la boîte, je vais vers la civilisation et il en aura plus besoin que moi.

J'enquille donc le gravier puis le goudron flambant neuf sur quelques kilomètres, jusqu'à la jonction avec la N1 où s'arrête le goudron, appelé « KM 622 » simplement parce qu'il y a 622 km depuis Kinshasa. Je montre mon passeport et c'est à ce moment qu'un gars me lance « Monsieur Laurent ! ». Je me retourne, incrédule, qui peut me connaître ici ? Je reconnais un des passagers du camion, c'est un flic qui retourne chez lui. Je suis étonné de le voir ici, le camion devrait être arrivé avant moi à Kikwit. Il m'explique que le camion est tombé en panne sèche à quelques kilomètres d'ici et qu'ils ont envoyé un gars à pied chercher du diesel. Pendant ce temps, ils se cotisent pour acheter de la nourriture pour les gamins qui n'ont rien mangé depuis deux jours… ! J'en crois pas mes oreilles, qu'est-ce que j'ai eu raison de quitter cette galère. Même si la moto est sans aucun doute le meilleur moyen pour voyager en Afrique, je dois dire que vivre en personne ce trajet en camion restera peut-être comme l'aventure la plus marquante. Je repars sur le goudron, le trafic est inexistant, je passe la quatrième, la cinquième, tiens il y a encore une sixième ? je suis euphorique, il faut que je me calme, après 11 jours de galère à travers les pires routes d'Afrique ce serait bête de se vautrer sur ce goudron parfait.

J'arrive à Kikwit à mi-journée, je m'arrête pour faire le plein, de l'essence en bidon de 5 litres pour ma bécane qui ne m'a pas lâché et 0,6 litres de Primus pour le pilote qui a tenu le coup, finalement. Je ne m'attarde pas parce qu'il reste encore un peu plus de 500 km jusqu'à Kinshasa, que je compte atteindre avant la nuit. J'atteins les faubourgs à la tombée de la nuit, mais je galère dans des embouteillages monstres comme j'en ai jamais vu. Il me faut encore ¾ h pour arriver à la mission catholique, promesse d'une bonne douche et un vrai lit. Pas de chance, ils sont

---

Ci-dessus : culasse ouverte au bord de la piste. Bonne chance…
A droite en haut : les vélos ont d'autres soucis. **En bas** : YESSSS !!

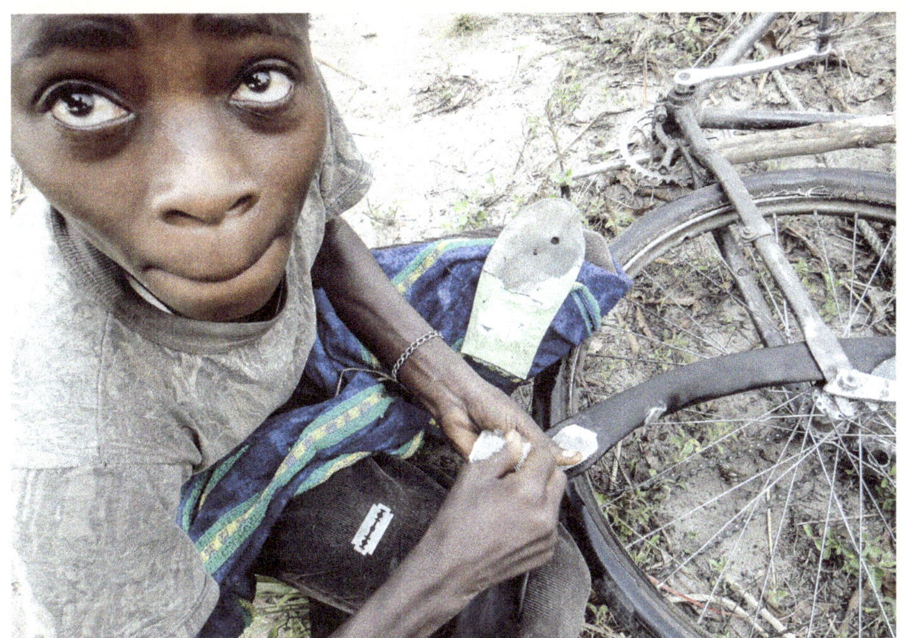

en rénovation et n'ont plus de chambre disponible. Je peux quand même planter ma tente dans le jardin mais pas de salle de bain ; je vais me planquer derrière des arbres avec deux seaux d'eau pour me prendre une douche comme je peux avant de m'écrouler sous ma tente après une journée de 12 h presque non-stop sur la selle.

Ça y est, j'y suis, je l'ai fait, j'ai réussi mon pari : traverser le Congo en solo ! Demain ou après-demain, je m'occuperai de la prochaine épreuve, prendre le ferry pour traverser le fleuve Congo vers Brazzaville.

Bibliographie

Voyages

Bᴏᴜᴠɪᴇʀ Nicolas. *L'Usage du monde*. Payot, 1963.

Bᴀʀᴢɪɴɪ Luigi. *De Pékin à Paris: la moitié du monde vue d'une automobile en 60 jours*. Hachette, 1908.

Aᴜᴅᴏᴜɪɴ-Dᴜʙʀᴇᴜɪʟ Ariane. *La croisière noire : Sur les traces des explorateurs du XIXeme*. Glénat, 2002.

Aᴜᴅᴏᴜɪɴ-Dᴜʙʀᴇᴜɪʟ Ariane. *La Croisière jaune : Sur la route de la soie*. Glénat, 2002.

Les frères Marreau du Paris-Dakar : L'aventure en 4L. ETAI, 2011.

Mᴀʀʀᴇᴀᴜ Bernard et Claude : *Le Cap - Alger. 8 jours 22h. 18mn. en Renault 12 Gordini*. Brea, 1981.

Mᴇʀᴄɪᴇʀ André. *Route Sauvage. Le raid Le Cap Alger Paris*. Amiot-Dumont, 1951.

Pᴇʟᴛᴏɴ Robert Young. *The World's Most Dangerous Places*. Collins Reference, 5th edition, 2003.

Raids à moto

Fʀᴀᴢɪᴇʀ Dr. Gregory W. *MOTORCYCLE ADVENTURER. Carl Stearns Clancy: First Motorcyclist to Ride Around the World 1912-1913*. iUniverse, 2010.

Fᴜʟᴛᴏɴ Robert Edison. *One Man Caravan*. Whitehorse Press, 2003.

Tᴜʟᴀɴᴇ Fabrice. *Roues libres, Huit ans autour du monde à moto*. Transboréal, 2007.

Pɪʀsɪɢ Robert M. *Traité du Zen et de l'entretien des motocyclettes*. Seuil, 1998.

Sɪᴍᴏɴ Ted. *Jupiter's Travels*. Penguin, 1980.

Sᴄᴏᴛᴛᴏ Emilio. *The Longest Ride: My Ten-Year 500,000 Mile Motorcycle Journey*. Motorbooks, 2007.

Hᴇɢɢsᴛᴀᴅ Glen. *Two Wheels Through Terror: Diary of a South American Motorcycle Odyssey*. ECW Press, 2010.

Sᴜʟᴋᴏᴡsᴋʏ Zoltan. *Around the World on a Motorcycle: 1928 to 1936*. Whitehorse, 2008.

Pᴇᴅᴇʀsᴇɴ Helge. *10 Years on 2 wheels*.

PTILUC. *Les Mémoires d'un motard : Quand je serai grand, je ferai le tour du monde*. Albin Michel, 2001.

REISCH Max, India: *The Shimmering Dream: The First Overland Journey to India by Motorcycle in 1933*. Panther Publishing Ltd, 2010.

Films

VINCE Austin. Mondo Enduro.

VINCE Austin. Terra Circa.

MC GREGOR Ewan, BORMAN Charlie. *Long Way Round*.

JANI Gaurav. *Riding Solo To The Top Of The World*. http://dirttrackproductions.com/ridingsolo.html

Index

Crédits photographiques

Toutes les photos sont © Laurent Bendel sauf mentionné ci-dessous :

15, 16-17, 19, 20, 28, 29, 57, 58, 95, 96, 97, 139, 142-143, 154-155, 161, 170, 178, 196, 197, 198, 200, 202, 208 (haut), 214, 216: Anders Gimand. 26, 65, 162, 420, 426, 427, 434, 435, 437 : Cécile Miramont. 54, 55, 134, 332, 334, 335, 337, 339 (bas), 342 (bas), 343: Khim Rojas. 288-289, 290, 323, 324, 325 (bas), 327, 328, 330, 331: Sean Jordan. 314: Jean-Marc Gonin. 336: Damien Noel. 430, 431, 432 : Michus Olivier. 30, 271, 300, 349, 414, 415 : domaine public. 32-33, 414: NASA / domaine public. 50: Alex Proimos / CC-BY-2.0. 51, 195: Sergei Drozd / Shutterstock. 282: urfl / 123RF Stock Photo. 283: lukchai / 123RF Stock Photo. 286: David Stanley / CC-BY-2.0. 287: Nathape / Shutterstock. 297: Keith Wheatley / Shutterstock. 303: muha / 123RF Stock Photo. 304-305: hecke / 123RF Stock Photo. 307: Oksana Perkins / Shutterstock. 313: Achim Baque (haut), Alberto Loyo (bas) / Shutterstock. 318: Galyna Andrushko / Shutterstock. 320: Nickolay Stanev / Shutterstock. 325 (haut): Brian Clarke. 339 (haut): Ralf Broskvar / Shutterstock. 340: tourdottk / Shutterstock. 341: aaabbbccc / 123RF Stock Photo. 342 (haut): pabloflyfish / 123RF Stock Photo. 345: nuvolarossa / 123RF Stock Photo. 348: carlosmora / 123RF Stock Photo. 413: David Evers / CC-BY-2.0. 417: Galyna Andrushko / Shutterstock

Toutes les cartes sont le travail de l'auteur. Les données géographiques proviennent de Natural Earth et les photos satellite de la NASA.

Les informations contenues dans cet ouvrage ont été vérifiées avec soin. Il est cependant possible que certaines changent ou aient changé. En aucun cas l'auteur ne peut être tenu pour responsable de tels changements, erreurs ou omissions.

Dépôt légal : septembre 2014